继续教育、成人教育及职业教育中的反思性教学
（第五版）

〔英〕玛吉·格雷格森〔英〕萨姆·邓肯 主编

闫怡恂 马雷静 历娜 译

商务印书馆
The Commercial Press
创于1897

本书编写者

主　　编：玛吉·格雷格森（Maggie Gregson）

　　　　　萨姆·邓肯（Sam Duncan）

联合编写者：凯文·布罗斯南（Kevin Brosnan）

　　　　　杰伊·德里克（Jay Derrick）

　　　　　加里·赫斯本德（Gary Husband）

　　　　　劳伦斯·尼克松（Lawrence Nixon）

　　　　　特里什·斯佩丁（Trish Spedding）

　　　　　蕾切尔·斯塔利（Rachel Stubley）

　　　　　罗宾·韦伯－琼斯（Robin Webber-Jones）

职业教育学术译丛
出版说明

　　自《国务院关于大力推进职业教育改革与发展的决定》颁布以来，我国职业教育得到了长足发展，职业教育规模进一步扩大，职业教育已经成为国家教育体系的重要组成部分。为了更好满足社会经济发展需要，建设更多具有世界一流水平职业院校，商务印书馆与深圳职业技术学院共同发起、组织、翻译、出版了这套学术译丛。

　　我馆历来重视移译世界各国学术著作，笃信只有用人类创造的全部知识财富丰富自己的头脑，才能更好建设现代化的社会主义社会。为了更好服务读者，丛书主要围绕三个维度遴选书目。一是遴选各国职业教育理论著作，为职业教育研究人员及职业教育工作者提供研究参考。二是遴选各国职业教育教学模式、教学方法等方面的书目，为职业院校一线教师提供教学参考。三是遴选一些国际性和区域性职业教育组织的相关研究报告及职业教育发达国家的政策法规等，为教育决策者提供借鉴。

　　深圳职业技术学院为丛书编辑出版提供专项出版资助，体现了国家示范性高等职业院校的远见卓识。希望海内外教育界、著译界、读书界给我们批评、建议，帮助我们把这套丛书出得更好。

商务印书馆编辑部

2022 年 6 月

目　录

第一部分　成为一名反思型专业人员

第二部分　为学习创造条件

第三部分　为了学而教

第四部分　反思结果

第五部分　加深理解

前　言

在本书上一版出版后的五年里，成人教育和职业教育的格局发生了巨大变化。许多继续教育（FE）学院合并，成人教育行业受到挤压，接受教育的成人数量大幅下降。学徒制进行了改革，但这些改革的成果尚未显现。在面向 16 岁以上学生的教育和培训中，教师的工资停滞不前。

然而，尽管面临着这些困难，该职业本身却令人信心倍增——或者也可能是因为不得不面对目前的难题。

教育和培训基金会（Education and Training Foundation，ETF）一直支持英国继续教育和培训行业的高质量教学。2014 年的职业标准经受了时间的考验。近期研究表明，大多数继续教育学院教师和培训师定期使用该标准，近三分之二（65%）的教师每月都这样做。此外，绝大多数人（87%）说，这些标准对他们的职业实践产生了影响。

除了标准本身，教育和培训基金会（ETF）一直对创建和发展教育和培训协会（Society for Education and Training）感到荣幸，该行业的会员机构目前拥有超过 2 万名成员，他们来自 16 岁后教育（post-16 education）的不同领域。我们很自豪地推出了"高级教师资格"（Advanced Teacher Status），特许教学学院也授予"特许教师资格"（Chartered Teacher Status）。这种对真正反思的实践者予以高地位的认可，创造了一种新的、全国公认的精通级标准，这是该领域所有教师都可以为之努力的目标。

哲学和教育领域的辩论也焕发出新的活力，社交媒体在宣传方面发挥了关键作用。"传统与进步"的教育辩论——一个延续了几十年的讨论的新框架——已经让研究人员、政策制定者和实践者展开了直接的对话。最近的这场辩论始于学校，但已经蔓延到成人教育领域，在那里，它以创造性和挑战性的方式，与成人教育或职业教育领域中现有的关于教学与学习的辩论和概念相碰撞。

与此同时，教育研究的作用也变得更加强烈，受到了更密切的审视。将随机对照试验和大数据的力量应用于教育的这个方面取得了重大进展；但是，它反过来又引发了人们对实践者研究以及具有研究素养的教师这一概念的兴趣，教师不仅是一个聪明的研究"消费者"，也是一个关键的研究对话者和一个被授权研究的共同创造者。"研究以创造新知识"和"研究以改进研究者自己的实践"这两个重点已经创造了一种有趣和动态的复杂关系，有时激烈的争论就在于哪种研究模式是最"有效的"，可以最好地促进教学。

这是一个极好的发展——体现出如何最好地处理和利用研究，相关辩论是一个健康的系统。在这场辩论中，教育和培训基金会（ETF）从双方看都处于绝对中心地位。我们支持那些希望对成人教学和学习实践进行大规模研究的组织，以了解趋势、模式和效果。同时，我们也通过与桑德兰大学优秀的教育部门合作的从业者研究项目（Practitioner Research Programme，PRP）大力支持从业者研究。

我很高兴这本经过大幅修订的新版书及其配套的读物和相关网站可以用来支持我们行业的从业人员。我推荐这些书和网站，很高兴基金会对从业者研究项目（PRP）的投资，以及许多参与者多年来所做的工作，由此才产生了如此丰富的材料，现在这些材料可以对全英国甚至更多地区继续教育的教师教育实践发展起到激励作用。

大卫·罗素
教育和培训基金会首席执行官
2019 年 11 月

导　言

　　这本书是为所有在继续教育、成人教育及职业教育（Further, Adult and Vocational Education，FAVE①）——一个非常多样化和充满活力的行业任教或有意愿任教的人写的。这本书由团队共同创作，团队成员在不同行业工作了很多年。由于我们认识到所有实践者面临的挑战和机会，因此写作本书是为了鼓励实习教师、从事研究项目的师范专业学生以及反思专业实践的有经验的教师、教师教育家、管理者和领导者。这本书主要取材于我们在英国各地开展 FAVE 的例子；然而，我们试图以一种广泛的方式来阐述这些问题，使在不同国家工作和拥有不同背景的读者产生共鸣。

　　这本书主要传达了两方面信息。第一，关于教育的道德目的以及我们对教育实践的承诺，我们力求为所有学习者和同事寻求社会公正和个人能力。第二，FAVE 教学是一种大学专业实践，具有明确的意识和责任。我们认为，只有共同地、批判性地反思我们的实践，采取行动，并与同事和学习者测试想法和理论，我们才能实现这两个承诺。

　　由于本书是广泛教育体系中"反思性教学"丛书的一部分，它也借鉴了英国经济和社会科学研究理事会（Economic and Social Science Research Council，ESRC）资助的教与学研究计划（TLRP）的工作。教与学研究计划建立了一系列的原则、维度和概念，以解决专业实践中所面临的难题，无论我们身处教育体系的哪个部分。

　　帮助理解专业实践的模型或框架是有用的工具，但我们不应该把它

---

① 后文将"继续教育、成人教育及职业教育"统一简写成"FAVE"。——译者

们视为固定不变的，因为事实上这些知识是临时的，而且教学的环境也在不断变化。举个例子，我们可以想想目前有多少不同的政策会影响我们的行为。我们必须遵守健康和安全法规、平等和多样性法规、资格制度、专业机构要求、检验和质量框架。我们也需要满足学习者和他们的家庭或社区的希望和需求。因此，在专业实践中，我们必须考虑到一些长期存在的问题。这些问题如下。

- 反思我们在实现社会教育目标中所扮演的角色。
- 确定正规和非正规教育中学习的要素：知识、概念、技能、价值观和态度。
- 考察我们工作的社区环境；家庭、社区、雇主和社会。
- 考察制度背景；为共同愿景而努力，以扩展教育经验并激励学习者。
- 了解学习者的社会需求过程；以人际关系、文化理解和学习者身份为基础。
- 理解学习者情感需求的过程；考虑学习者的观点、经验、感受和特点。
- 学习者认知需求的理解过程；通过提供适当的支持和挑战来满足这些需求。
- 识别持续改进和学习的结果；提供教育经验，有助于发展知识、概念、技能和态度。
- 识别资格证书和终身学习的用处；让学习者具有终身学习的能力。（改编自 TLRP，2010：11）

我们还需要从日常的教学工作中抽身出来，通过观察三个领域的活动来审视我们的专业实践：课程、教学法和评估。在这些领域的基础上，有许多概念可以加深我们对 FAVE 的理解、知识和经验。本书提出的所有观点都有待进一步探索、检验和辩论。因此，我们认为参与教育和专业实践是一个永无止境的旅程，一路上有挑战和惊喜，也有满足和喜悦。

我们提供了一种方法，在可能的情况下，通过与同事和学习者共同工作来检查实践。这种方法被称为联合实践发展（Joint Practice Development，JPD）。在整本书中，我们提供了 FAVE 中各类型教师和管理人员开展的项目案例。联合实践发展（JPD）从单独反思转向合作的、共同改进和变革的方法。它遵循以下四个指导原则，邀请从业者：

1. 为信任、开放和诚信留出空间；

2. 努力建立对教育问题的共同理解，并理解这些问题的解决会带来怎样的教育意义；

3. 分享关于尝试干预或创新做法的经验；

4. 一起批判性地回顾整体进展。

在本书中，我们将提供有关教学、学习和教育的观点，其中实践是最重要的部分。这种实践是一种社会实践，它有目标，有原则，并寻求有助于人们学习的方法。我们相信，专业实践应该包括仔细思考什么是好的教学、好的学习和好的教育。我们知道思考这些并不容易，会存在争议，但我们也相信不应该回避这些具有挑战性的问题。我们将借鉴一些通过研究和实践形成的框架和理念，帮助思考和讨论教育实践，其中包括教与学研究计划（TLRP）十项原则，即本导言前面介绍的一套十项教学原则。我们相信，这些原则和其他观点将为 FAVE 各行业教师的探索和体验提供一个有益的起点。

由于 FAVE 行业的多样性，我们选择使用"学习者"一词表示任何在 FAVE 项目中学习的人，包括学徒和类似的初始职业项目中的受训者、成人教育环境中参加非完全正规学习的成年人、工作场所的雇员，以及学院和教育机构中的传统正规学习者。同样，我们决定使用"教师"一词来表示从事教学的人，尽管我们认识到有些人通常被称为培训师、讲师、辅导员、促进者、技术员、图书馆员、经理或组织机构中的学习支持人员。我们用"教室"一词来代表 FAVE 中的各种环境，包括传统的教室、实验室、车间、社区大厅和工作场所，以及户外环境和模拟环境。我们希望，无论你的头衔、角色或经验如何，这本书都将帮助你增加专业实践知识和发展理解，并在 FAVE 工作中引导深入探究和理解。

　　你可能会从头到尾系统地阅读这本书，也可能在不同的章节中有所涉猎，特别是当你对某种实践感兴趣时，或者想使用本书支持同事或实习教师的专业发展时。无论你采取何种策略，第一部分都为本书提供整体的理论基础，而接下来的三个部分则提供更多的实践立场，最后一部分提供许多更深层次的基本概念，以及对于进一步发展的想法。因为这个领域多样而且复杂，所以介绍和发展想法总是很困难的。希望我们的方法加上配套的网站和读物，能使你在自己的环境中应用这些建议，无论你的角色是什么，也无论你在哪里工作。希望你会喜欢这本书和自己的教学生涯，也希望在未来听到你的工作喜讯！

使用指南

本书的特色是可以支持所有在 FAVE 行业中从事教学工作的人，涵盖了刚开始接触教师教育课程的教师和有经验的专业人士。在发展技能和加深理解的过程中，无论是对"站在幕后"还是处理细节问题的教育工作者——本书的内容都将有所帮助。

本书包含许多插图和活动等，都是按照出现的章节来编号的，例如，**反思活动 6.2** 是第六章的第二个活动。

在每个章节中

每一章都利用实践者的经历与当代研究相结合，介绍和探讨关键问题。本文是使用指南。此外，你还会发现：

反思活动 每个实践章节中的关键点都是根据推荐的调查开展的，解释了活动的目的、方法和后续行动，可以单独进行，如果兴趣一致，也可以与同事一起进行。

案例研究 这些案例研究说明或探索关键问题，并借鉴了较新的和专家级的从业人员的经验。

教与学研究计划（TLRP）原则

有经验的教师会习惯于变动的教学策略和做法——然而，在有效的教学和学习方面，有一些持久的特点是大多数从业者和研究人员都能认同的。在每一章中，我们邀请大家思考英国大型研究计划教与学研究计划（TLRP）所确定的一些具体的教学原则。

在章节的结尾

主要阅读文献　在每一章的末尾，都有一个简短的、带注释的资源清单，以便进一步研究每章中介绍的问题。这些清单来自最新的研究和出版物，但也强调了"经典"文本。正如我们将看到的那样，许多教育问题是经常出现的，而且会反复出现！

《继续教育、成人教育和职业教育反思性教学读物》　我们并不总是具有进入大型教育图书馆的权限。因此，本书提供了《继续教育、成人教育和职业教育反思性教学读物》的配套链接。后者提供了特殊教育文本的摘录，并按章节分类直接辅助本书。我们在每章末尾的"主要阅读文献"部分强调了这些内容。

在线阅读

本书提及的专门网站，即"反思性教学"（Reflective Teaching）网站，在上面可以找到相关资料。我们还在全书中指出了网上资源的有用之处。

全书概要

第一部分：成为一名反思型专业人员 介绍并构建了成为一名教师**的过程**。第一章首先关注的是将我们带入教学领域的人生历程，以及专业人员能做出哪些重要贡献。然后介绍了对"学习"的理解方式（第二章）——这是专家型教师的判断基础，虽然学习很复杂，但却是一切的关键。关于反思性实践的章节（第三章）讨论了如何提高教学质量。接下来回顾了有效教与学的十个原则（第四章），这些原则来自英国的一项重要研究和发展计划，同时也借鉴了世界各地积累的案例。某些策略的检测效果与基本原则有关。

"反思性教学"网站补充了四章内容：《观察》，关于研究学习者；《指导》，关于支持初始培训；《调查》，关于如何设计小规模的课堂调查；以及《调查技术》，关于如何收集和分析证据。

第二部分：为学习创造条件 支持高质量的教学。我们首先考察了FAVE的不同背景和环境——人们通过自己的行为改变学习环境。然后，我们将重点放在教师和学生的关系上（第六章），这一章非常重要，因为师生关系是课堂成功的关键。第七章进一步阐述了如何通过清晰、公平、沟通和尊重来创造积极的行为循环。最后，我们考察了学院、社区中心、工作场所和其他众多学习空间（第八章），以及它们为正规、非正规和非正式学习提供的元素。除了创造性的有效教学条件之外，这一章还讨论了使用技术、组织学习和团队工作。

第三部分：为了学而教 支持教学的三个经典维度——课程、教学**法和评估方面的实践发展。**

第九章首先回顾了课程目标和设计原则，然后对学科知识的作用展开研究。《规划》（第十章）将这些想法付诸行动，并支持学习计划、工作计划和教案的制定和评价。第十一章提供了对教学法的艺术、技艺和科学的理解——以及教学法的发展过程。《交流》（第十二章）对此进行了扩展，并介绍说、听、读、写在整个课程中的重要作用。教师的核心教学专长也许就在于对话式的教学技能？最后，这部分展示了如何建设性地将评估与教学过程联系起来（第十三章）。简而言之，通过有原则地创造和分享目标、参与、真实反馈、自我评估和回应性教学等策略，我们可以在学习中取得有意义的进展。

第四部分：反思结果 关注人们在学习环境中取得了什么成果，由谁来实现——我们所做的事情有什么影响？第十四章回顾了如何评价FAVE 的学习质量和教学质量。《包容》（第十五章）要求我们思考各个层面的差异性，以及这些差异对教学和学习的意义，包括探索对歧视、偏见、欺凌和排斥的理解。这一章的重点是如何建立更具包容性的课堂社区，以及如何将"好的"教学理解为本质上的包容性教学。

第五部分：加深理解 这是本书的最后一部分，也是综述性部分。它通过对教师专业知识和专业精神的讨论，整合了全书主题。《专业知识》（第十六章）汇集并整合了前几章的有力观点，探讨了专家型思维的各个层面。在第十七章《专业素养》中，我们思考了教师职业在社会中的作用，并为反思型教师如何促进民主进程提出了建议。

第一部分
成为一名反思型专业人员

这一部分肯定了我们作为专业教师所做贡献的意义，并介绍了成为教师的活动。

第一章介绍了我们自己，并承认许多因素影响了我们在 FAVE 中的教学决定。我们讨论了该行业的特点、复杂性和挑战，提供了一种理解反思性实践、实践者研究和协作开发的方法。第二章提出了理解"学习"的方法——这是教师判断的基础。尽管这很复杂，但学习就是一切！第三章介绍了反思性实践的想法并解释了为什么它是非常重要的。第四章概述了有效教与学的十大原则。这些数据来自一个英国的研究和发展项目，也借鉴了从世界各地积累的证据。我们将在本书的后续部分中更充分地探讨一些潜在的概念。

第一章 身份

我们是谁？我们代表什么？

导言

本章重点讨论我们如何被吸引而加入到教师职业，如何理解 FAVE 的性质和目的，以及如何成为这个行业的优秀教师。古德森（Goodson，2003）指出，我们教师所产生、使用和发展的知识方式，与我们对自己和他人的感受和认知密切相关，包括我们所认为的教育目的，即我们和学习者所认为的教育是为了什么（Biesta，2015，**Reading 1.1**）。

这里的关键问题是我们的个人"身份"，以及个人生活是如何影响这个身份的，或者说"一个人（对自己和他人）所讲述的自己生活中的故事"（Duncan，2015，p.37），它们受到教育环境内外的文化、社会和政治因素影响。认识到"生活故事"的重要性，以及每个人进入教育领域的不同方式。这一章首先探讨了人们进入该领域的不同途径，然后（同样以个人介绍的方式）讲述了我们进入 FAVE 行业的历程，以及影响和维持我们职业生活的价值观。

理解我们的教师身份

成为教师和思考原则

FAVE 行业范围广泛，影响深远，涵盖各种形式的成人教育和社区教育以及继续教育和职业教育。它在各个地方和各种情况下提供教育机会。它还为那些在义务教育上不成功的人开辟了新的学习空间。甚至用于描述该行业的术语也是多种多样、不断变化的。此外，成人教育和职业教育在不同的背景下使用不同的名称、标签和缩略语。这些术语包括：继续教育（FE），后义务教育的教育与培训（PCET），终身学习（LLL），永久教育（education permanente），自由成人教育，职业教育和培训（VET），大学专科教育、成人教育和继续教育（TAFE），成人和社区学习（ACL），社区学习和发展（CLD），学习和技能（LS）以及教育和培训行业。然而，该领域环境的多样性和工作者、学习者的多样性是其最稳定的优势之一，许多学习者在之前的正规学校教育中并没有积极的教育经历，有些人甚至没有接受过正规的学校教育，而一些人也只是泛泛地参与了教育。

　　和学生一样，整个行业的教师也具有广泛的背景。许多在该行业任教的人，在工作初始阶段并没有决定要在该教育阶段进行培训和教学。相反，FAVE 行业是许多优秀教师的"终点"，或者他们在早期追求不同的职业后找到了这个方向。他们在此行业工作之前，可能已经参加了教师教育课程，或者已经有过一段教书经历。他们接受师范教育的途径和机会也具有多样性，我们认为这种多样性是非常重要的。本书的原则是鼓励教师的初始职业选择和持续职业发展，因此我们不支持这样的观点：教师和教学的作用是为他人服务，是工具性或技术性的知识传递。对我们而言，教学是一种道德行为，追求个人利益和集体利益相结合，关注公平和社会正义。这就是为什么要用教育价值和原则来指导教师教育和教师工作实践。本书将使用"教师"一词来指代在教育行业任教的人。虽然许多其他术语也在使用，包括导师、讲师、培训师和从业人员，也有些人会觉得"教师"这个词让人不舒服，让人联想到义务教育阶段。然而，鉴于没有任何一个术语可以让各行业中的每个人都认同，至少"教师"这个术语与我们的工作一致，无论怎样，我们都是在教书。出于类似的原因，本书也将使用"学习者"一词（而不是学生或其他术语）。

　　本书以经济和社会研究委员会（Economic and Social Research Council）资助的教与学研究计划（Teaching and Learning Research Programme，TLRP）的研究结果为基础，该项目历时 10 年，涉及 100 多个教育研究项目。这项大规模的纵向研究从许多研究项目的成果，以及与英国教师和各主要教育部门的其他专业人员的广泛商讨中，发展和完善了十项有据可依的原则。教与学研究计划（TLRP）还将其研究结果与世界各地的其他研究进行了比较，生成了十项指导性原则（参见 James & Pollard，2012）。这十项原则可以用来发展教师的职业判断，促进教育政策的制定（参见第四章），关注教育中重要而且频发的问题，并提出了教与学研究计划（TLRP）认为的有效教学指导原则的重要性。然而，教与学研究计划（TLRP）原则并不是要告诉教师该怎么做。每条原则的表述都很笼统，需要教师根据自己对学习者的教育需求和工作环境的了解，结合实际情况加以解释。我们将在本书中解释这些原则。

教与学研究计划（TLRP）原则（参见第四章）

　　教与学研究计划（TLRP）的两项原则与本章教育身份和价值观相关。

　　原则 1：有效的教与学使学习者具备广义上的生活能力。

　　学习的目的应该是帮助人们发展智力、开发个人资源和社会资源，使他们能够作为积极的公民参与进来，为经济发展做出贡献，并作为个人在多元化和不断变化的社会中茁壮成长。这就意味着对学习成果要采取广泛的看法，确保公平和社会正义得到认真对待。

　　原则 9：有效的教与学依赖于教师的学习。

　　讲师、教师、培训师和教辅人员需要不断地学习，以发展他们的知识和技能，尤其是借助基于实践的探究来适应和发展他们的角色。这种学习必须得到承认和支持。

　　那么，谁是在 FAVE 行业工作的教师？是什么让他们（我们）来到这里？我们的写作团队在一定程度上代表了该行业教师的多样性。我们走过不同的道路而成为教师，每个人都教过书，也做过教师教育者，支持他人的专业发展。我们的个人经历代表了不同的目的和价值观，也揭示了机会在每个人生活中的作用。我们相信，通过与读者分享，你会欣赏作者的不同视角，并看到你将要加入或已经工作的行业的多样性。这也说明了 FAVE 实践者的身份是由不同的生活经历形成的，也反过来影响新的生活经历。我们希望你能了解我们写这本书的原因。

教学之旅：我们的故事

杰伊的故事

我 1975 年大学毕业，在布莱顿从事成人读写和计算能力的教学工作，先是担任志愿辅导员，后来成为一名兼职教师。这是我进入教学领域的准备期，也是我终生致力于成人教育和对正规机构之外的学习感兴趣的基础。后来我搬到了伦敦，在内伦敦教育局（Inner London Education Authority）工作，担任社区教育外展工作者。在内伦敦教育局（ILEA）被撤销后，我先后进入伊斯灵顿地方教育局（Islington Local Education Authority）和新成立的城市与伊斯灵顿学院（City and Islington College）开展基础教育。20 世纪 90 年代末，在担任英语与基本技能系系主任期间，我接触到了工作场所基本技能网络（Workplace Basic Skills Network），对工作场所作为学习场所产生了兴趣，我与当地雇主合作，为雇员提供基本技能发展，特别是伦敦地铁有限公司（London Underground Ltd.）。在经营教师教育、政策和研究咨询公司十年之后，2008 年，我又开始教授研究生教育证书（PGCE）课程，该课程旨在为难民成为 FAVE 教师提供就业支持，后来我成为教育学院后义务教育（Post-Compulsory）的 PGCE 课程主任。在担任主任五年之后，我现在正在研究基于实践的学习和创新，并教授专业教育和培训、工程和教育等领域的硕士课程。我还在继续努力提高网球、键盘乐器演奏和欧洲语言能力的水平。

凯文的故事

我 16 岁离开学校，在工厂打过几份工，最后成为一名见习会计师。我在学校的日子还不错，但毕业时没获得资格证书，而且感觉自己在正规教育中的学习能力很"弱"。随着工作生活的发展，我先参加了当地的继续教育（FE）学院（当时叫帕西瓦尔－惠特利学院［Percival Whitley College］）的夜校课程，为了重新参加在学校没有通过的 O 级水平考试，然后又参加了日间课程，在此期间遇到了一位兼职法律讲师（全职律师），他让我认识到可以在正规教育环境中取得成功。我继续完成了课程，并以优异的成绩结业。更重要的是，我发现了自己对学习的热爱，愿意去做一些最初认为具有挑战性的工作。因此，我继续取得了学士学位（这是我家里的第一个学位）、硕士和博士学位，现在我在斯特灵大学主讲"继续教育教学资格课程"。在斯特灵大学，我有幸与FAVE 的下一代教师一起工作，希望他们从我这里学到的东西和我从他们那里学到的一样多。这些都是 16 岁的我不敢相信的！

蕾切尔的故事

我大学毕业时想做一些对社会"有用"的事情，但没有什么具体想法。后来我成为牛津郡种族关系委员会的"家庭教师"，他们为我提供了基本的语言培训，并为我搭配了一位同龄的孟加拉妇女，她无法参加英语课程，因为她有三个非常年幼的孩子，又没有托儿所。对我们两个人来说，这是一个很好的体验，可以分享各自的语言和经历，也让我考虑把教育成人作为职业。我成了社区扫盲和操其他语言者的英语（ESOL）课程的教师志愿者，然后在伦敦读了 ESOL 的 PGCE 课程。我在继续教育学院、培训组织和伦敦布伦特区的成人和社区教育中教授读写能力和 ESOL 课程。后来，我对员工发展和教师教育产生了兴趣，并在 2002 年搬到南威尔士，从事教师教育工作。在我的成人教育工作生涯中，英格兰和威尔士的国家级政策发生了巨大变化，有好也有坏。当我开始教书时，教师并不总是合格的，在读写能力和 ESOL 课程方面也没有全国统一的标准，这让教师和学习者有很大的自由发展个性化学习，但缺乏结构性导致了缺乏目标或进展。当这些科目成为国家政策的重点时，高质量的专业教师教育成为可能，课程和资格测试由国家组织，整个行业也在扩大。但是，伴随着许多积极的变化，"审核文化"也如雨后春笋般出现，可衡量的"结果"变得比人与人之间的互动和个人成长更重要。今天，FAVE 教师面临的主要挑战是，如何让学习者更有意义地学习，同时要与机构和教育部门协商对特定学习成果的要求。

罗宾的故事

我最初为儿童和弱势青年开发和提供教育课程，同时经营一家慈善机构，建立了世界上第一个全职调频广播电台，让儿童自己制作节目。这项工作促使我成立了一家小型的独立培训机构，经营课程开发和技能提高的业务。在这期间，我参与了与继续教育（FE）行业的合作工作，最终在一所大学担任了课程经理的职位。我开发了新课程，与不同的学生合作，带领和管理这些培训课程。这些经历让我在一个更大、更有挑战性的学院获得晋升，在那里，我看到了不同领导力的影响，后来行业削减，工作实践也发生了变化，这是为了确保该行业继续为个人和社区提供帮助。从那以后，我在不同的学院担任高级领导职务，并作为团队成员帮助学习者和学徒做出改进，以取得更大的进步和发展。在我的职业生涯中，我一直参与该行业的实践者研究，这对我和周围人的实践都产生了变革性的影响。我还喜欢关注竞选，我有两个孩子和一只叫蒂莉的狗——这让我一直都很忙碌。

劳伦斯的故事

我离开学校时，拼写能力不强。在我作为后朋克者、自由节庆旅行者的那些日子里，我读了《禅与摩托车维修艺术》（*Zen and the art of motorcycle maintenance*）。波西格讲述了摩托车、大学讲师、品质、价值观和亚里士多德。这是我第一次把老师当作真实的人！后来我成了一名哲学学生，随着阅读量的增加，写作水平有所提高，拼写能力也得到改善。大学时我在成人教育中心的扫盲班帮忙，那是一个包容而有趣的地方，两位优秀的教师带领我们开展了很多教育活动。

基本技能（The Basic Skills）倡议组织为我提供资金，我通过学习成为一名读写能力课程辅导员。现在与以前不同，国家颁布了强制实施的课程、指引、评估和个人学习计划（Individual Learning Plans，ILPs），扫盲教学更专业，资源更丰富，但学习者却没有那么用心。我在学院和成人教育及社区环境中工作，用八年时间完成了哲学博士学位。对于有家庭的全职工作者来说，学习是非常困难的。我又搬到了桑德兰大学，继续教授 PGCE 课程和硕士课程。我从未有过摩托车，但波西格在书中所谈到的品质、价值观和教育问题仍然有意义。

萨姆的故事

我学的是文学和电影，除了阅读和看电影之外，从来没有思考过想做什么。二十出头的时候我住在爱丁堡，在电影委员会工作，却感到困顿和沮丧。有一天，我在城里走了很久，想把烦心事踩在脚下，这时我看到了一个布满灰尘的办公室，里面有志愿工作的信息。我翻看了一份旧文件，找到了关于成人读写能力教学的资料，打了几个电话，很快就参加了培训，成为一名成人读写和计算能力的志愿辅导员。我开始每周为一个小组工作一次——我终于找到了想做的事情。但钱依然是个问题（因为这是志愿工作），所以我继续从事其他工作，经过培训成为一名英语教师，在俄罗斯教英语。一年多后，我来到了伦敦，当时正值"生活技能倡议"（Skills for Life）的第一波热潮，资金正在（奇迹般地）涌向成人扫盲教学。一个月内，我找到了有偿的成人读写能力教师工作，开始教授成人读写能力 PGCE 课程。在接下来的八年里，我一直在教成人读写能力、诗歌、电影和戏剧，现在我在教师教育领域工作，同时也从事相关研究。我虽然不确定在大学工作是否适合我，但总有一天我会搞清楚的。

崔西的故事

我家有七个女孩和两个男孩，作为长女，我在很小的时候就承担起教师的角色，这是出于需要而不是安排！从小学到大学，我走了一条相当传统的道路。大学生活是解放性的，为生活开辟了机会，但一个出身于工人阶级家庭的女孩在很短的时间内是不会有机会的。我在 1978 年获得了一个为 PGCE 课程工作的机会，但因为毕业后在美国工作，没能及时回到这个岗位。我很幸运地又开始了特许图书馆管理员的工作，因为生完孩子后重返工作岗位并不容易。生完三个孩子之后我发现自己做了一系列的兼职工作，信心不足。这时全日制硕士课程为我提供了重新进入高等教育的机会，桑德兰大学教育学博士生的广告为我提供了学习和获得助学金的机会。我找到了自己的位置——教育研究，我在两所继续教育（FE）学院担任教师教育者，然后在 2002 年回到桑德兰大学。当然，这是在大学收费之前。现在，我和年轻时一样，作为一名教师，动力源于对教育的终生热爱和对帮助他人的渴望。

加里的故事

我有一段愉快的成长经历，但正如约翰尼·卡什所说的，"是个不守规矩的孩子"。在我尝试成为流行明星失败后，一位好朋友把我带到了青少年危机干预中心。在那里，我学会了教冒险运动，并与一些不可思议的人一起工作。这个工作的性质就是这样，要么茁壮成长，要么就会倦怠。在这之后，我搬到了北威尔士的一个山地自行车中心，我带着团队去山里，做了相当多的自行车修理工作，后来成为一名见习技师。修车是一项艰苦的工作，我之所以能坚持下来是因为在当地继续教育（FE）学院的在职学习。我对学习产生了浓厚的兴趣，并申请了一个空缺的讲课岗位。我最后得到了这份工作，我的 PGCE 学习和导师起到了很大的作用。两年来，我不是一个糟糕的老师，想学习更多。我报名参加了教育学硕士课程，这后来发展成为博士课程。我转到爱丁堡学院教工程学，最后在斯特灵大学稳定下来，现在我在那里教职业教育和领导力课程。这段旅程中的每一步都对我作为一个教育者的价值观和信念产生了根本性的影响。你正在做什么或已经做了什么真的不重要——理解这一切都在积累经验，这才是成为一名继续教育（FE）教育者的根本所在。

麦琪的故事

在苏格兰拉纳克郡的小学，我喜欢老师用故事、艺术、音乐、诗歌和舞蹈的方式把学习带入生活，激发想象力。然而，后来我了解到，教育系统也有其他目的，那就是可怕的"11+"考试，每个人都害怕"失败"。多亏了老师和父亲的鼓励，我通过了考试，成为家里第一个上文法学校的人。我16岁时离开学校，苏格兰语"O"级成绩和不错的"高级"成绩帮助我在就业部找到了一份工作。在接下来的20年里，我在苏格兰和英格兰各地的岗位上参与实施了一系列就业和培训政策。我觉得我需要了解更多的教育理论和实践，所以学习了在职的教育学硕士课程。1990年，我转到继续教育（FE）行业，在一所大型继续教育（FE）学院担任全职讲师，然后担任入学研究主任，2003年获得纽卡斯尔大学博士学位。我知道，整个行业的专业知识质量和教育实践标准对许多人的生活产生了巨大影响。这就是为什么在后义务教育培训领域成为一名教师教育者对我来说意义重大。

价值观指导实践

我们的这些故事告诉你什么？首先，旅程的隐喻意义非常强，值得注意的是，故事中的大多数人都不是从A地到B地的直接旅行，而是充满了错误的开始、死胡同和曲折的蜿蜒探索。它们表明，我们每个人都做出了与我们基本价值观相关的选择，同时决定不走某些道路，这些甚至都是在我们不太确定要往哪里发展的时候做的。它们也说明了一些关于财富或奖励的概念。FAVE系统中的职业不太可能产生很高的薪水，但它会带来其他的回报。我们都不会想要那种只通过赚更多的钱带来成就感的职业（尽管我们中的大多数人都希望有更高的薪水）。

偶然性是我们故事中的一个强大元素。偶然相遇让我们在这个领域工作。鼓舞人心的老师、朋友、家人或同事，以及学习期间的资金和精神支持，在帮助我们继续前进或开始新的方向上发挥了重要作用。我们中那些有家庭负担的人遇到了一些挑战，特别是在我们试图通过最初的兼职工作迈出一小步时，然后发展到后来更实质性地参与这个行业。

我们的故事表明，这个行业是多么地多样化，它对不同的人成为教师是多么地开放。你不必在离开学校时就决定学习某套科目并接受FAVE培训，尽管这也是一种选择。更常见的情况是，我们有不同的职业，然后才进入这个行业，帮助别人在其选择的领域发展。通常情况下，教师进入这个行业可以获得少量的薪水，他们有时在不同的机构教书，签订不稳定的工作合同，因此在可能的情况下也会逐步争取更多的薪水。

我们的故事中出现的一个主要特点是，我们似乎有共同的价值观。在我们的叙述中，都有一种深刻的社会正义感。尽管这些是有争议的、复杂的、经常被低估的想法，但我们都相信，在努力实现社会公正和自由的过程中，教学起到了非常重要的作用。

我们对教育的目的和重要性所持有的价值观，对我们当初决定成为教师，甚至对我们在整个职业生涯中保持积极性和韧性都是至关重要的。明确自己的价值观，可以指导我们在实践中做到公平公正，在与学生和同事的合作中，我们可以证明自己的行为是合理的。价值观还可以帮助我们评估并适当地应对外部压力、政策要求和其他专业要求。最后，明确我们的职业价值观还可以帮助我们检查所信奉的价值观是否真正落实到教室、讨论室和其他教育环境中的实际工作。换句话说，它们是判断我们在这个世界上真正所做的事情是否与我们所说的价值相匹配的一种手段。在生活的许多方面，我们所渴望的和所实现的存在差距是很常见的。

然而，作为教师，我们需要认识到，实践中的不足会对学生以及所在行业的发展产生深远的破坏性影响。这就是为什么我们要认真思考如何改进课堂上的工作，同时保持对教育行业广泛变革的坚定承诺，这一点尤为重要。由于教与学的改进通常基于对实践数据的收集和分析，所以我们需要做好准备，并能够根据研究的证据和实践经验的"证据"来检验自己的价值立场和信念。

我们相信，教学在本质上不仅是一种艺术和技艺，而且是一种有原则、有道德的实践，可以为不同的目的服务。我们相信，它是实验性的（以后将会更多）。它也是一项始终需要谨慎判断的活动，做出好的判断需要智慧，我们将在全书中解释我们的意思，以及我们希望在教学实践中达到的目的。除了意识到我们进入这个行业时持有的价值观（参见**反思活动 1.1**），我们还需要以这个行业内部和整个行业的共同价值观为指导来工作。这些价值观通常以国家标准、行为准则和实践准则的形式出现，对教师工作所应遵循的价值观提出了明确的期望。制定专业实践守则或标准的原因之一是，它们可以有目的地引导我们的教学和发展。

阅读本书的大多数人都会有一套国家级或地方级标准希望自己能够遵守。在许多情况下，这些标准包括被认为是教学标准基础的价值和原则的声明。我们认为，价值观是专业实践的基本组成部分，你必须能够阐明这些价值观，并思考出一套更正式的标准、价值观和原则，以适用于自己所处的环境。关于这一点，我们将在第四章中详细说明。

本书是关于"反思性"的教学。本章提出什么是重要的以及为什么它是重要的，并在第三章中继续讨论，而且在全书中都会提到。现在，我们要说的是，我们主张教学必须是反思性的。没有反思的教学是未经审视的，有可能陷入停滞甚至平庸。我们认为反思是一个质疑的过程，成为反思型教师的一个重要步骤是了解自己的价值观、信仰和实践是如何受到以前的经验、环境和理解的影响。作为教师，我们需要能够质疑和挑战自己的假设和想当然的行动。这种"反思性"是反思性实践的重要方面。虽然反思性实践可以帮助我们解决教学中广泛的社会、组织和教学因素的问题，但反思性侧重于自我意识和反思自己、从经验中学习的能力。反思性教育实践需要一种有趣和勇敢的道德承诺，即在正确的时间做正确的事情，有着开放的思想和坚忍不拔的精神以及为追求社会正义和所有人的教育机会平等做出奉献。

反思活动 1.1　进入教学的旅程

想一想你自己的教学历程。简要介绍你的故事，正如我们在本章开头所做的那样。请一位同事也这样做。一起看看对你的决定有哪些影响，并研究其中的因素。例如，是否有一些因素与自己的学习者或家庭成员、朋友或居住地有关？如果你的教学生涯刚刚开始，a）你如何理解是什么引导你走到这一步，b）你对这个职业有什么问题想问有经验的同事？如果你已经教了一段时间，a）回顾引导你走到这一步的旅程，你有什么感受，b）你会给想成为 FAVE 教师的人哪些建议？

教师身份

在本节中，我们将重点讨论如何形成和保持教师的专业身份。在探讨教师身份时，不妨问问自己，你认为自己是什么样的人（和／或想成为什么样的人），你想成为什么样的教师。我们在此使用身份的概念来思考自己是谁、做什么以及如何去做。我们的个人和职业认同感在一生中不断发展，并经常受到其他重要的人（如合作伙伴、家人、朋友和同事）认同的影响。同样值得思考的是，我们在多大程度上认为个人和职业是分开的，或者在多大程度上认为二者是密切相关的（也许是一枚硬币的两面）。

在 FAVE 行业，教师经常将自己与专业学科或其他学科联系起来，例如，美发、盖尔语、数学、水管工、读写能力、会计、艺术、戏剧、工程或弗拉门戈舞蹈等科目的教师。上述我们在教学过程中的故事表明，大多数人在进入教师行业时都有一种强烈的个人承诺，即努力实现他们认为的良好教育实践的价值和指导原则。这些价值观和原则可能已被确认并被期望作为专业教师的特征，写入国家标准或教师教育文件。然而，从早期的理想主义到长期的专业主义的旅程并不简单，在职业生涯的每个阶段，都需要平衡职业承诺和实际挑战之间的关系。

你可能已经或正在遭遇这些矛盾的心理关系。面对今天的教学挑战，成功的职业教师需要有强烈的个人和职业认同感，这与他们的基本价值观和信仰相一致。那些能够将个人和职业理解结合起来的教师，往往在帮助学习者方面特别出色，也能更好地实现工作和生活的可持续平衡。我们在第十七章详细讨论了这一点。换句话说，他们是有责任心的教师，也能保持清醒的头脑，并提醒人们，对教师来说，个人和职业在很大程度上是相互关联的。随着时间的推移，身份的性质、适应力和发展将对我们的职业成功做出重大贡献。对哈格里夫斯（Hargreaves，1998）来说，所有的教学都不可避免地包含着情感因素。他提醒我们，重要的不仅仅是我们带着什么样的价值观去教学，而是我们觉得能够在多大程度上将这些价值观付诸实践。他认为，课堂反应无一例外地影响着我们的行动和表达价值观的方式。因此，作为教师，职业能否成功在很大程度上取决于能否以积极的、有教育意义的和提高学习者生活质量的方式与他人联系并"感化"他人。这就是我们在与学习者的互动中不应该自鸣得意或允许自己变得乏味的原因之一。因此，成为一名优秀的教师也与学习如何支持、发展和管理自己的个人能力有很大关系。

教师的个人身份与职业身份的性质和发展非常重要，因为我们的"内在"可以深深地影响我们的学生。每个人都反映了自己过去的经历和环境的独特性，这也是我们在教学中带来的独特性的一部分。此外，通过给我们的工作提供反馈，支持我们持续的专业发展，教师同事们影响并支持了我们的身份和自信心的发展。如果我们与同事的关系不好（或者我们变得孤立无援，觉得自己没有同事），那么这将使专业发展更具挑战性。在开放和信任的关系中与同事合作，可以使我们互相帮助，改善教学实践，充满活力。在莱夫和温格（Lave & Wenger，1991）的工作基础上，科菲尔德（Coffield，2014）指出了参与实践社区的重要性，其核心价值在于成为社区的一部分：

> 刚加入一个行业或专业的人获得了一种归属感和认同感……这样一来，参与团体的活动对……教学动机和身份认同起到了强大的作用：他们开始像专家一样说话、思考和行动。（Coffield，2014，p.106）

科菲尔德认为，通过与其他教师和学习者的合作，我们可以建立实践社区，共同改善教学。在本书的后面（见第十六章和第十七章），我们提供了一些想法，说明可以通过与他人合作，在自己的工作范围内培养实践社区的发展。

教师的工作

作为教师，我们的工作往往在职能、责任和雇佣合同等方面展开。事实上，教师确实有权利了解他们的就业细节，确定自己的角色。合同条件非常重要，它规定了教师应从事多少天或小时的直接教学工作，以及分配多少时间用于准备、计划、评估、管理、年假以及对应该职能角色的其他预期工作。然而，我们如何解释这类合同以及更普遍的教师角色呢？教学是一项复杂的活动，需要一系列素质和能力，这在正式的雇佣合同中不容易体现。使用隐喻可以帮助揭示其中的一些品质，并使人们注意到教学的复杂性。例如，最持久的隐喻是"教学的艺术"（见 Eisner，1985；Woods，1986；Brighouse，1987；Barker，1987），"教学的科学"（见 Sockett，1976；Simon，1985；Hattie，2012）和"教学的技艺"（见 Brown & McIntyre，1993）。

"艺术"的隐喻意义预示着多维度、情感、创造性、想象力、视觉、旋律和诗意等多个方面，这只是教学的几个微妙方面，它还包括使用直觉来形成判断。教学的"科学性"强调了教学要求、按学科组织的事实知识、应用经过考证的知识、系统化工作、结构化的学习、明确的目标、正式的测试以及"一种通过调控来预测的期望"（Eisner，1985，p.91），还有发现"学习规律"的动力（Woods，1986，p.20）。相比之下，强调教师的"技艺"，特别重视实践经验的重要性，以及作为匠人发展高水平的专业知识所需的（漫长的）时间（Derrick，2011）。

这些只是用来试图捕捉教学和教师本质的几个隐喻。其他的隐喻包括：教师是园丁或农民（例如，参见 Bezen et al.，2017），关注学习者个人发展的培养；教师是"远见者、改革者、拯救者和机会主义者"（Castro，2014），强调教师本身的个人使命，以及"教师是（火车）乘务员"，引导学习者的旅程（Vowell & Phillips，2015）。我们用来描述教师和教学的隐喻很重要，因为它们将教师的专业知识和经验的不同方面凸显出来。其中包括决策、创造、指导、引导、协调、导航、鼓励、辅导、培养、支持、促进、激励、领导、保护和捍卫。它们还表明，对于教师工作的性质问题，很难给出一个简单的或"直接的答案"。

反思活动 1.2　教学的隐喻

描述教师工作的最成熟的隐喻是强调教学的艺术、科学和技艺。下面列举了一些用于描述教师工作的其他隐喻。

- 建筑师
- 指挥家 / 司机（管弦乐队或火车，由你选择）
- 园丁
- 工程师
- 电影导演
- 舞蹈家
- 警察

选择上面讨论的几个隐喻，探讨其优点和局限性，以及它们可能引起的教学问题。比如，交响乐团的指挥家协调不同成员的贡献，来创造一部交响乐，但遵循的是通常由其他人创作的乐谱。园丁培育和照料，但园丁也会除草并可能毒害害虫。翻看你的笔记。你如何理解教师工作的性质，你的笔记揭示了什么？它们提出了什么问题？你能想出其他的隐喻来加入这个列表吗？

延伸：a）这个活动可以和同事一起进行，也可以和同事一起讨论和分析提出的问题。b）如果你当前正在教学，可以和一组学习者尝试一下。探讨他们认为每个隐喻为我们理解教学提供了什么，看看他们是否能想到其他隐喻来描述教师的工作。最后讨论一下他们真正看重的教师工作是什么以及为什么。

在本章中，我们已经探讨了个人价值和职业价值，并展示了教师在初始师范教育期间及之后是如何运用自己的身份的。我们研究了教与学研究计划（TLRP）原则，并开始思考这些原则与工作和教师身份复杂性之间的关系。从某种意义上说，本书的全部内容都是在帮助我们分析自己的行为及其后果。当我们把效果带到实践中时，可以逐步反思我们的价值观和目标，这样做有助于发展我们作为教师的专业知识。

我们现在要思考的是我们这个行业的性质和它的学习者。

了解我们的行业和学习者

一个广泛而深远的行业

我们已经展示了 FAVE 的多样性、复杂性和多变性，现在可以转向对该行业本身的简要描述。有些 FAVE 课程在大型的、官方的、热闹的建筑物中进行，有大量学员为大量的资格证书而学习，而其他课程则是在较小的、较安静的楼房里进行，只有少数学员坐在一起，做一些与资格证书完全无关的事情（但却具有极大的重要性）。要传达 FAVE 模式下的所有学习形式，这是一个挑战。即使我们之中对它非常了解的人，也可能对它的某些部分不熟悉。在这里，我们将尝试捕捉这种多样性，首先调查学习的一些分类方法，然后概述它所提供的各种科目、课程和资格证书培训，最后，查看 FAVE 学习发生的实际场所。

我们已经介绍了一些术语，以反映 FAVE 行业的广度和范围。一个流行的术语是"终身学习"，顾名思义，它强调的是人的一生都在进行的学习。终身学习"强调学习是持续的，而不是简单地在义务教育结束或大学毕业时停止。终身学习也被称为继续教育，在欧洲其他国家，像"永久教育"这样的术语试图抓住终身学习的理想状态。然而，童年、青年和成年之间的界限很少被认同，特别是就组织机构为他们提供的学习机会而言。我们对 FAVE 所构建的概念包括了为后义务教育的人提供服务，在某些情况下，也包括为年仅 14 岁的人提供服务，以及为超过100 岁的人提供服务。我们关注的是发生在整个生命过程中的学习，尽管其中是在早期教育、义务教育和高等教育机构之外。

第二个挑战是如何定义什么是学习。《牛津英语词典》（The Oxford English Dictionary，OED）将学习定义为"通过学习、经验或教导获得

（学科）知识或（艺术等）技能"。这种对学习的定义是不固定的，使我们能够专注于学习的内容和方式。这个对学习的定义也包括那些去度假的人，他们在导游的陪同下到当地博物馆参观，发现了各种以前不知道的事情，学到了很多东西。如果你让同事说出成年人的学习方式，可能会有一个长长的、五花八门的清单。在一些情况下，我们甚至没有注意到自己的学习。在过去的一年里，我逐渐学会了如何在超市里使用机器结账，虽然是无意的，也肯定是下意识的。这就是通常所说的"非正式学习"（informal learning）的一部分。非正式学习可能是没有计划的，是偶然的结果。它是普遍存在的，但往往没有被认识到。如果没有非正式学习，人们就不能使用移动电话，不能在陌生的城市找到路，不能在食谱中使用新的食物（Hillier，2010）。这些形式的学习通常不会被认为是 FAVE 行业的一部分。

　　然而，FAVE 确实包括通常被认为是"非正规"（non-formal）学习和"正规"（formal）学习的形式。这些术语是有争议的，而且我们会认为，这些术语是重叠的（参见 Rogers，2014，在非正式学习如何影响非正规和正规学习的背景下，该文献对这些术语进行了有趣的讨论），但它们作为表达该行业性质和范围的一种方式是有用的。非正式学习通常被认为是发生在我们日常生活中的无计划的学习，而"非正规"学习和"正规"学习则被理解为有计划、有组织、有学习目标的学习。在继续教育学院工作的人，在教授英国商业与技术教育委员会（BTEC）三级资格课程"服装、鞋类、皮革或纺织品生产"时，必须遵循严格的指导原则，即教什么，以及学习者必须能够做什么、理解什么、展示什么，才能成功获得这一资格。这是一个"正规学习"（formal learning）的例子，正规是指学院机构是"正规"的，所获得的资格证书也是正规的。在社区教育课程中教授"入门级生活绘画"的教师，可能在教各种各样的成年人，其中一些人出于不同的原因（包括可能出于社会原因）参加这个课程。这个小组不是为了任何形式的资格或认证，而是有一套双方达成共识的学期目标和每周课程安排的灵活性。在这样的学习环境中，教师的作用是帮助人们实现他们的目标，但在这种情况下，没有严格的教学大纲或总结性评估来实现，几乎可以肯定的是，教师仍然需要满足某些标准，即制定一个计划，说明在课堂上将涵盖哪些内容，如何支持学习者的发展。这是一个通常被认为是"非正规学习"（non-formal learning）的例子。这种学习仍然是有计划的，而且是在某种机构内进行的，但这种学习并不是为了取得某种资格而进行。第三年龄大学（University of the Third Age，U3A）是另一个非正规学习的例子。这个组织是完全自愿参与的，成立的目的是鼓励退休或兼职的老年人参与大量活动，如散步、学习新语言、绘画、讨论文学、制作音乐或讨论时事。在这个组织中，成员会仅仅因为共同的兴趣而领导一个小组，形式则由那些想要参加的人决定。

在有明确成果目标的正规教育中，我们还必须满足一些其他要求。如果我们在继续教育学院或社区分中心任教，则需要跟踪学员，登记出勤情况，监测他们在整个课程中的进展情况，并提供课程内容、课程目标以及课程评价方式。我们的教学情况也会收到学院管理人员的观察和评估，如果有外部机构督查，我们还必须确保所有记录都是有序的且遵守学院的标准。然而，在非正规学习环境中，教师角色变得更加灵活，也可能需要遵守上述对"正规"学习形式的记录保存、教学计划和检查的相同要求。同时，我们可能没有固定的教学大纲，也没有在课程初期就通过与学习者共同讨论而达成的固定计划。然而，这并不意味着可以忽视良好教育的基本原则和为如何最好地帮助人们学习而展开的思考。

如果我们想使用这种分类形式，也有相当多的灰色区域。在格拉斯哥的一个图书馆里，每月举行一次读书会，妇女们聚在一起阅读和讨论诗歌，这是不是非正式学习或非正规学习的例子呢？那么，在某人家里举行的读书会呢？如果索马里当地社区中心的一个附属于清真寺的 ESOL 培训班正在努力获得国家认可的 ESOL 资格，这是否就是正规学习而不是非正规学习呢？在贝尔法斯特为成人开设的法语夜校课程涉及正规认证，大多数参与者对认证根本不感兴趣，而是为了提高自己的语言技能，这到底是非正规学习还是正规学习？

罗杰斯（Rogers）认为，非正式学习对于非正规学习和正规学习的重要区别就在于学习计划，非正式学习是无计划的学习，而非正规和正规教育是有计划的学习。他指出"所有的教育都是学习，但不是所有的学习都是教育，教育是有计划的学习"（Rogers，2014，p.7）。罗杰斯（和其他许多人）认为，非正规教育和正规教育之间的（较小的）区别与机构的作用和学习中自我指导的程度有关。这让我们思考，此种分类的意义在于，首先它引起了人们对区别有计划学习和无计划学习的关注，其次它强调了物理位置和资格认证对学习情况的影响。

观察FAVE中丰富的学习机会的另一个角度是研究苏格兰、威尔士、英格兰和北爱尔兰提供的一系列科目和课程，无论它们有没有资格证书的要求，它们都包括：社会学、心理咨询概论、历史、威尔士语、阿拉伯语、酒店管理、舞蹈和戏剧、煤气安装和维修、爵士乐演唱、艺术和设计、计算机图形学、建筑、陶器、珠宝制作、造船工程、动物护理、ESOL课程和键盘乐器入门。在英国，FAVE学习者正在努力获得资格认证，包括（但不限于）商业与技术教育委员会（BTEC）证书、普通教育证书高级水平考试（A-level）证书、高等教育文凭（HND）、高等教育证书（HNC）、苏格兰职业资格（SVQ）、英语和数学应用技能资格、国家进步奖（NPA）和英国教练证书（UKCC）。学习的方式有非全日制和全日制，时段分为上午、下午、晚上和周末，课程时间从几个小时到几年不等。

学习地点也很重要，这将进一步帮助我们了解这个行业的多样性。FAVE学习是在以下地方进行的。

- 成人和社区学习机构
- 武装部队和军警部门
- 儿童中心
- 附属于住宅区和体育场馆的社区中心，包括足球场
- 农场和动物中心
- 继续教育学院
- 家庭——当我们考虑远程和开放学习时，例如学习指导（Learndirect）、国家推广学院（NEC）和网络学习

- 图书馆
- 地方社区中心
- 礼拜场所
- 监狱
- 公共场所，包括酒馆、咖啡馆和购物中心的救助中心
- 小学里用于家庭学习的房间
- 专科院校和指定院校
- 培训机构
- 大学（有额外的壁画课）
- 志愿组织
- 工作场所
- 瑜伽和舞蹈室、体育场馆

谁是学习者？

当然，FAVE 也部分地定义了它不是什么，它不是早期教育、义务教育或高等教育（尽管有灰色地带）。那么从某种意义上说，FAVE 的起点就是义务教育的终点。在苏格兰、威尔士和北爱尔兰，2019 年的义务教育毕业年龄是 16 岁。2015 年，英格兰的这一年龄被提高到 18 岁。然而，在英国四个本土地区中，有一小部分但很重要的低龄学童群体一直在继续教育（FE）学院学习，或者因为这里有职业课程，或者因为这些学童在学校环境中没有成长起来（参见第五章）。FAVE 还包括成年人在完成义务教育几年甚至几十年后可能开始的学习。这显然涉及比刚离开学校的人更广泛的人群。在生命历程的不同阶段，出于不同原因，所有年龄段的成年人都会接受不同的学习机会。人们"遵循人类共同的冲动，满足他们的好奇心和对知识的渴望"（Department for Innovation，Universities and Skills，2008，p.31）。

在此，必须注意 FAVE 领域中学习者惊人的多样性，包括但不限于以下情况。

- 一位中年妇女每周上一次芬兰语课，提高自己的芬兰语水平，因

为女儿去年嫁给芬兰人，这是为了能与她的新姻亲交谈（或者实际上许多不同年龄的成年人，出于各种原因参加不同的外语课程）。

- 一位 70 岁的老人在当地的成人和社区语言中心参与普通中等教育证书（GCSE）数学课程（许多成年人和年轻人出于各种目的在不同背景下参加该资格考试，包括大型继续教育［FE］学院、小型成人教育中心，以及在儿童中心和其他社区中心举办的课程）。

- 青少年在学习基本技能、数学和计算机的同时学习英语，这些都是 ESOL 课程的一部分，让他们能在英国定居，使教育"回到正轨"。

- 一名 25 岁的男子在一所大型继续教育（FE）学院学习美发课程，为了在工作中获得晋升，最终开设自己的美发厅（当然还有许多人出于不同的原因学习职业资格课程）。

- 一位 30 岁的妇女在监狱里参加英语二级技能资格考试，希望在出狱前通过考试，获得职业和发展的建议，用这个资格证书报名参加社会上的其他课程（许多人参加监狱的正规教育计划课程，一些人参加没那么正式的活动，如图书小组和戏剧讲习班，这些仍然是广泛的 FAVE 的一部分）。

我们相信，你可以想出许多不同的例子，关于在继续教育（FE）学院、社区中心、工作场所和监狱中发生的 FAVE 学习；参加各种不同的科目和课程，在职或全日制的，认证或不认证的——每一个（希望如此）都满足个体在生命特定阶段的特殊需求。

当然，不是每个人都参与学习，在 FAVE 领域工作的人面临的挑战之一是鼓励更多的人利用学习机会。英国国家统计局 2018 年的一份公报指出，从 2017 年 10 月到 12 月，英国有 79.4 万名 16~24 岁的年轻人没有接受教育、就业或培训（NEET）。这约占 16~24 岁青年人口的 11%，比 2017 年早些时候增加了 0.1%，比 2016 年减少了 0.3%（Office for National Statistics，2018）。许多项目和倡议都试图解决这个问题，学院、社区工作人员和雇主共同合作，鼓励年轻人参与各种形式的学习。

"成人参与学习调查"（2017 年仅涵盖大不列颠岛而不是全英国）（DfE & Learning and Work Institute，2018）发现，大约 40% 的成年人（17 岁及以上）参与某种形式的学习。它还表明，妇女、"社会等级较高"的人以及拥有黑人、亚裔和少数族裔（BAME）背景的人参与度更高。报告显示，那些全职或兼职工作的人参与学习的程度也更高。虽然一些"非学习者"指出，时间、费用和责任阻碍了他们的学习机会，但38% 的非学习者认为没有任何东西阻碍他们学习。

许多教育政策的重点是通过工作和公民生活鼓励人们更充分地参与到"社会"中，最关键的是通过终身学习。如果你是一名教师，你在这方面的作用显然位于"尖端"，你与那些希望学习或被迫学习的人一起工作教学。如果你是一名管理者，你的角色将主要集中在通过管理同事团队或资源，为学习者创造学习机会。然而，你可能会怀疑这些政策是否真正实现了鼓励所有成年人参与学习的目标。

对于我们这些为年轻人和成年人提供学习机会的人来说，我们面临的挑战是如何对人们现有的兴趣和愿望做出回应，提供广泛的学习机会，并培养更多人对学习的兴趣，同时尊重有人不参与学习的决定。然而，政府政策的主要重点似乎是让人们参与某些形式的学习，以实现经济成功和社会凝聚力。这可能会导致负责资助如此庞大的教育行业的人（即政府）与工作其中的专业人员之间的紧张关系，他们经常争论说，教育不仅仅是为经济需求服务。

人们为什么要抓住学习机会？

在过去的三十年里，为应对全球化和不断变化的人口需求，有许多教育研究倡议研究如何最好地提高经济竞争力和社会福利，其中包括政策与实践信息协调中心（EPPI）和技能、知识和组织绩效中心（SKOPE）。对 1958 年 3 月一周内出生的人群进行的纵向研究（全国儿童发展调查）开始显示出教育的经济和社会回报（Bynner & Parsons，

2006；Vorhaus，Feinstein & Sabates，2008）。这项纵向研究，再加上后来的两批研究，提供了大量信息，关于早期和继续教育对研究对象生活中的机会和经历的影响。它表明，教育是由个人的技能、能力、社会交往以及他们的资历协调组成的，正如本章开头我们的传记所显示的那样。学习的广泛益处研究中心（Vorhaus，Feinstein & Sabates，2008）和泛欧"终身学习益处"（Benefits of Lifelong Learning，BeLL，2014）研究已经证明了教育的各种益处，包括改善健康和福祉、社区和社会凝聚力。这些研究提供了重要的证据，影响了随后的工作并提供了论据，例如教与学研究计划（TLRP）的原则（James & Pollard，2011），围绕着人们为什么要接受学习机会来告知政府和影响其决策。因此，我们有些明白为什么政府希望年轻人和成年人参加各种形式的 FAVE 服务，但我们对人们为什么要这样做有多少了解呢？

当你第一次见到一群学习者时，需要花一点时间询问他们想从学习计划中达到什么目标。即使你是在举办为期一天的研讨会，了解一下学习者的动机和愿望总是有帮助的。回顾 2017 年《成人参与学习调查》（Adult Participation in Learning Survey 2017）（DfE & Learning and Work Institute，2018），大约 27% 参加学习活动的人认为这样做是为了"发展自己的个性"，27% 是为了帮助工作或这样做与工作有关，26% 是出于"对该主题的兴趣"，24% 是"为了获得一个公认的资格证书"（参与者可以选择多个答案）。[①]同样，作为"终身学习益处"（BeLL）研究的一部分，英语访谈的参与者决定参与学习的原因很多，包括帮助恢复健康的工作和生活平衡，发展以前的激情或兴趣，认识更多的人（Duncan，2015）。

专业人士对成年人的学习原因形成了自己的看法或模式。其中一种模式被称为"自由教育"，强调为学习而学习。换句话说，学习者喜欢学习，他们不断地希望这样做（Brookfield，1988；Jarvis，1990；Schuller & Watson，2009）。学习者并不是被功能性需求所驱使，比如

---

① 百分比相加不等于 100%，原文如此。——译者

为了找工作或提升自己的职业而寻求资格。他们只是喜欢了解事物，以及由此带来的个人发展和成就感。这种成人教育模式可以在许多地方法规的条款和大学的校外部门中看到。它也可以在艺术馆、博物馆和许多社团提供的课程中看到。然而，这是终身学习的一个领域，最容易受到政府削减资金的影响，因为人们认为它不如就业学习重要。

第二种模式有时被称为成人教育的激进模式，它赞同教育具有变革潜力的观点。在这种情况下，人们学习是为了改变他们的社会和政治状况。激进教育的理论源于保罗·弗莱雷（Paulo Freire，1972）的工作，他在巴西与很多人合作，通过"意识化"（conscientization，或译为"觉悟启蒙"）的过程使他们获得读写能力，这个过程即意识到压迫的系统。成人教育的激进模式在社区教育中尤为突出，在社区教育中，工作者促进了当地人为改善处境而奋斗的能力。洛维特在北爱尔兰和利物浦的工作就是这种社区教育的例子（Lovett，1988；Westwood & Thomas，1991；Mayo & Thompson，1995），当地人一起学习当地的重要议题，发展强大的社区联系，并采取措施改善他们家庭和邻居的生活。成人教育的激进方法积极寻求改变人们的生活，最近还与更多的全球议题建立了紧密联系，包括可持续性和消除巨大的贫富差距（Derrick et al.，2011；Duckworth，Smith & Husband，2018；Jackson，2011；Lima，2018）。这也与强调教育即公民身份和为公民身份服务的学习模式相一致，即教育的主要目的是让人们为了整个社区的利益而成为更积极生活的公民。

这两点都可以对比与工作相关的学习目的。传统上，继续教育是职业学习的场所，通过为年轻人提供全日制课程，为在职人士提供脱产课程，为那些白天没有时间学习的人提供夜校课程。在这种情况下，对就业路径的突出关注通常被视为一种赋权的过程。然而，强调为工作场所服务的教育也与更具恶意的观点有关，即个人的教育只在某种程度上有利于广泛的经济。然而，许多学习者希望通过学习在工作中得到发展，成为更积极、更自信的公民，并得到更多的满足。尽管人们关注为经济成功提供的教育，但教育也需要满足其他需求和兴趣（Biesta，2015，

Reading 1.1；Coffield，2014，**Reading 1.2**）。

在这里，我们回到对泛欧"终身学习益处"（BeLL）研究的分析和观察中，即成年人当初报名参加课程的原因不一定是他们坚持下来的原因，他们觉得自己从参与中得到了什么跟当初的想法不一定相同。"终身学习益处"参与者所提出的好处，经常在相互关联的"纽带"中提到，包括感觉更能融入当地社区和更广泛的世界，重新解决工作和生活的平衡，学习可以有助于家庭成员的技能，以及与过去的激情重新建立联系。欧洲各地的"终身学习益处"参与者谈到，加入成人教育课程是一种掌握自己人生的方式，他们花时间做他们想做的事情，并成为他们想成为的人（BeLL，2014；Duncan，2015）。

反思活动 1.3　成人教育的模式

收集并评述一些来自当地机构、学院和其他 FAVE 提供者的招生简章，看看你是否能在他们宣传的学习机会范围内发现明确的成人教育模式。将它们与你自己机构的招生简章进行比较。主要的相同点和不同点是什么？

延伸：如果你正在做教学工作，你也可以和学生一起探讨上述成人教育模式，看看哪种模式能和学生产生共鸣。你还可以与你的学习者讨论他们选择学习目前课程的原因，是什么让他们"坚持学习"，以及他们觉得自己从课程中得到了什么，这可能会产生很好的效果。你可能也想反思一下你自己参与任何形式学习的原因，以及你对教育目的的看法。

更广泛的背景

学习机会提供的范围，如何资助以及如何设计、认可和评估学习机会，这些方面一部分取决于已经制定和实施的教育和培训的方针政策。它们是在大范围内制定的，如政府制定的政策，以及在较小的地方层面上由个别机构、课程组、个别辅导员和培训师制定的措施。这些政策也可以被看作基于政治意识形态的广泛战略的一部分（见 Hillier & Jameson，2003；Fawbert，2008；Hillier，2006；Avis，2010）。

　　每个国家都有自己的关于 FAVE 如何形成的故事。菲尔德豪斯（Fieldhouse，1996）对英国教育的历史按时间脉络提供了一个有趣的描述，我们在第五章对 FAVE 背景的调查中会回到这段历史。

终生的学习与教学：引入反思

　　鉴于需要考虑到 FAVE 的多样性和范围，以及教师和学习者的不同目的和需求，我们如何开始了解和发展我们的实践？在本书中，你会遇到一些想法，供你考虑引入自己的实践中。你可能不会在我们所描述的范围内进行教学，但我们希望你能从中吸取教训，并将其应用于自己的实际情况。然而，仅仅引入新的想法并不能帮助专业实践的发展。我们相信，专业发展的基本组成部分是以批判和谨慎的方式对我们的实践进行深入和仔细的反思。为了实现这一目标，需要反思我们的教学。我们的意思并不是说，只是简单地回想一下上一节课的教学情况，琢磨一下发生了什么，然后决定下一节课该怎么上。我们将在第三章中解释反思的含义、重要性以及开展反思的方法。我们希望提供一个反思的理由。让我们思考一下以下两种情况。

案例研究 1.1　挑战性的环境 1

　　丽莎觉得她就是没法成功。每周她都会和一群年轻学生一起上课，这些学生不在学校，但来到大学学习数学，同时学习他们更喜欢的职业科目。她试图将他们需要的数学知识与兴趣关联起来，来激发学习兴趣。她利用足球联赛表、台球和斯诺克比赛以及他们感兴趣的汽车。然而，每周学生们都会骂骂咧咧，乱七八糟，对她的关注度很低。丽莎必须确保她的学员在学院规定的时间内获得资格证书。她觉得自己一直被监控，被置于与国家数据、学院数据和部门数据的比较之中。学院里有一位经理负责她的工作，但他非常忙，他们不能经常见面。丽莎是兼职工作，因为她刚成立了家庭，与其他教师的接触也不多。她发现她现在很害怕教学工作，想放弃。

你会给丽莎提出什么建议？

案例研究 1.2　挑战性的环境 2

乔舒亚为中风后的康复者开办了一个艺术讲习班。他的学习者往往不能说话，而且只有一只手可以使用。这些课程向当地医院的所有病人开放，他从不确定有多少人会参加这些课程。有时病人对中风所造成的影响感到非常沮丧，他们扔下画笔，甚至对人大喊大叫。他看到艺术治疗对中风患者的力量，但不确定自己是否可以开发出一系列方法，帮助这些病人恢复。工作室是由当地社区中心资助的，该中心刚刚被告知必须达到 10% 的效果。他担心他的工作室会成为第一批牺牲品之一。

你会给乔舒亚提出什么建议？

你认为丽莎和乔舒亚面临哪些挑战？他们怎样才能解决自己提出的问题？丽莎和乔舒亚可以列出自己面临的所有问题，并思考如何解决这些问题。这是一个重要的途径，但并不是唯一的途径。他们想到的第一个解决方案并不总是最好的，事实上，可能没有这样的解决方案，相反，而是要尝试各种想法，并发现是否在某些时候一些活动比其他活动更有效。我们相信，要反思实践，不仅需要通过自己的想法和见解，还需要通过其他人的想法。

一个方法是让丽莎和乔舒亚去和他们同行中有经验的人交谈。观察别人在类似情况下的教学是很有帮助的。令人惊讶的是，只要花点时间观察跟我们相似的情况、别人的教育经历，通过观察者的眼睛，而不是教学者的眼睛，就能收获很多。当教师在做报告、演示实践技能，甚至与个别学生或小组合作时，我们有机会观察学习者在做什么。在教学过程中，很难意识到每个学习者在做什么，而观察者可以提供互动的有用信息。

上述两个案例研究表明，教学问题很少是简单的，"解决方案"也很少是通过"固定配方"得出的。这就是为什么教师成为专业实践社区的一部分并有此感受是非常重要的。通过观察别人，我们可以思考在这种情况下自己会怎么做。我们可以从同事的实践中汲取灵感，决定是否要在自己的教学中进行尝试。我们也可以决定不做某事，这也是一个重要的经验。

然而，这些表面的方法虽有助于提升教学，以应对丽莎和乔舒亚的例子中所提出的挑战，但不够深入。教育界已经积累了大量的经验和专业知识以供借鉴，这本书只是众多来源中的一个。在第三章中，我们将更全面地解释对反思的理解，为什么它很重要，论据包括已发表的材料或想法。

乔舒亚和丽莎还面临着其他挑战，这些挑战与他们的教学实践没有直接关系，而是与资金、认证和信息管理等领域有关。一个按小时计酬的教师通常无法影响关于课程经费的决定，也无法影响学生是否可以在没有取得资格的情况下报名参加课程。这些决定都是由机构和国家做出的。不过，了解哪些因素会影响课堂教学，是成为专业人员的重要部分。知道可以采取哪些行动，哪些需要提交给同事进行更大范围的决策，这些都是作为教师的一部分。我们将在第四章更全面地讨论这个问题。我们需要做的是，思考对教学的理解以及为什么我们认为发展这种专业实践的方法是很重要的。

我们的教学观念——暂时的、有争议的和具有巨大实验性的

本书中各章内容是根据我们对教学的独特看法而编写的，这也意味着，我们对教学感受的想法很可能不被理解或实现。但我们不能代替他人理解，每个人只能为自己思考。我们可以从别人那里学习，也可以和别人一起学习，因此，我们认为教学实践首先是人与人之间的社会互动，是一个创造意义、解释和理解的生活过程，而不是一个因果关系或输入和结果的机械过程。尽管我们相信，如果教师对教育过程和实践的复杂性有更多的了解，他们的工作会做得更好，但这种知识绝不是书本上简单告诉我们该怎么做的问题。相反，我们建议创造一个这样的世界，在其中帮助人们去了解新的想法、背景和他人。我们将在接下来的两章中更充分地讨论我们的想法。

与物理学定律不同，教学没有普遍的定律，因为它是人与人之间的互动，人可以自己思考，自己做主。我们认为，在某种程度上，教学是一种实验，因为我们永远无法完全预测我们或学习者会如何反应。然而我们也相信，教学也是一门艺术、技艺和科学，需要有根据证据而采取行动的能力，即在遇见新情况时根据证据调整认知的能力。因此，教学的结果永远无法事先完全预测，也无法在事后进行全面评估。教学总是朝向不断变化的未来发展。有关教育目的、过程和实践的知识帮助我们更好地决定如何教学。这些决定不能被简单地规定，因为它们总是涉及判断。这就是为什么我们认为思考所做的事情非常重要，并认为应该以批判的方式反思实践（参见第三章）。所谓批判性，是指不应该简单地接受别人告诉我们的东西，而应该不断地提出问题，进行质询，挑战假设，形成想法，得出结论，并根据专业知识、证据和专长，独自或与同事一起做出判断和决定。

作为教师，我们拥有的大部分专业知识和专业技能是关于如何做事的知识，也就是我们所说的实践知识。这些知识有一部分是通过经验获得的——包括自己的经验和从其他教师的经验中学习的方式，有一部分是通过其他人的见解，例如研究和理论的形式。就像知识一样，研究和理论是教师用来帮助思考的资源，而不是应该简单遵循的处方。教师的专业知识和专业技能不仅关乎如何做事，还与教学目的有关，也就是说，我们的教学目标是什么（Biesta，2010a，2010b，2012a）。这不是一个关于"如何"的问题，而是一个关于"为什么"的问题。我们认为，教师应该能够对教学的方式和方法以及教育活动的目的做出判断。只有当我们知道想与学习者一道达到什么目的，以及想让学习者达到什么目的时，才能对最佳的实现方式做出正确的判断。例如，当我们希望学习者成为优秀的砌砖工人或幼儿园护士时，不只是希望他们拥有知识和技能，而且还希望他们了解自己在做什么，为什么要这样做，即为了能够独立和专业地行事。

我们相信，教学不仅仅是为学习者提供想要的东西（或我们认为他们想要的东西），满足他们的"需求"。教学还应该挑战学习者，扩大他们的视野，帮助他们质疑自己的想法，即他们认为自己想要什么或需要什么（或我们以为他们想要什么或需要什么）。虽然教师一般都是以学习者的最大利益为出发点，但我们需要认识到权力在教学中也发挥着重要作用。首先我们应该意识到自己与学习者之间的权力关系，而且要始终致力于以合理和道德的方式使用这种权力，也就是说，学生在这个过程中也享有权力。对教师来说，了解工作环境的运作方式是重要的，这样我们就能以负责任的态度行事。第四章讨论了帮助处理复杂关系的基本原则，在地方、国家和国际的限制条件下，为学习者的最大利益考虑。

这一切对于 FAVE 教师意味着什么？

你是如何受到上述问题影响的？你的脑海中出现了哪些问题？有许多因素会影响你的教学。教学资金如何影响你的工作？你的工作又如何符合资格认证的要求？作为一名教师，你工作的地方和空间与教授课程的种类、目标学习者、学习成果密不可分，特别是在资格认证方面，这些成果要求你帮助他们一起达成（Coffield，2014，**Reading 1.2**）。

不仅你任教的学习项目范围可能不同，你的工作对象也是如此。在同一个小组中，会有年长和年轻的学习者，他们会有不同的能力、动机和个性，一起参加课程的也可能会是从未接受正规学习的人和在过去20年里一直在上课的人。与你一同共事的学习者，可能是拥有许多资格证书的人和没有资格证书的人，可能是确诊了和未确诊各种学习障碍的人，可能是那些不再工作但希望保持身心活跃的人。你也可能遇到那些想了解新生活方式的人，比如新手父母、有青春期孩子的父母、有亲属已出现身体或认知障碍的人。你将与一群人一起学习，无论出于什么原因，他们都希望了解你任教的科目。你也有可能与一些人一起工作，他们并不觉得自己想学习你要教的东西，但出于不同的原因，他们还是出现在课堂上。

反思活动 1.4　尝试写反思日记的方法

　　如果你需要写一篇专业日记作为初始教师教育课程或个人发展的一部分，你可以从探索你目前面临的挑战和你预见的挑战开始。无论你是第一次参加继续教育、成人教育及职业教育（FAVE）还是有经验的从业者，与同事或导师分享这些思考都会有所帮助。我们鼓励你以任何你认为最有用的方式记录你的反思：写下句子和段落、记下要点和笔记、录音、录像、画画、保存剪贴簿，任何你认为有用的方式都可以，许多人认为写作、谈话、画画、阅读或倾听的行为是有用的工具，可以让人找出关键的问题并努力想出解决方案。尝试不同的方法，找出适合的方法。阅读本书的其他部分时，你可能想回到这些思考，并发现在哪些方面获得了新想法，以便引入你的教学中。

　　这一章研究了我们自己作为从业者的身份，以及我们的教学背景、我们所教的人和人们想要学习的各种原因。下一章的重点是我们对学习的认识；我们可以借鉴的理论和学习模式，它们可以指导我们在这些不同背景下开展教学。

主要阅读文献

有关理解我们作为教师的文章，请参见：

Bathmaker A. and Avis. J. (2005) 'Becoming a lecturer in further education in England:

the construction of professional identity and the role of communities of practice, *Journal of Education for Teaching,* 31 (1), pp.47–62.

Day, C. and Gu, Q. (2010) *The New Lives of Teachers.* London: Routledge.

Duncan, S. (2015) 'Biographical learning and non-formal education: Questing, threads and choosing how to be older', *Studies in the Education of Adults,* 47 (1), 35–48.

Goodson, I. (2003) *Professional Knowledge Professional Lives.* Maidenhead: Open University Press.

增进对本行业及其学习者的理解，请参见：

Coffield, F. (2007) *Running Ever Faster Down the Wrong Road.* Inaugural Professorial Lecture. London: London University Institute of Education.

Hamilton, M. and Hillier, Y. (2006) *The Changing Faces of Adult Literacy, Language and Numeracy.* Stoke on Trent: Trentham Books.

Hyland, T. and Merrill, B. (2003) *The Changing Faces of Further Education,* Abingdon: Routledge.

Schuller, T. and Watson, D. (2009) *Learning Through Life: Inquiry into the Future for Lifelong Learning.* Leicester: NIACE.

有助于思考终身学习、教学包括反思本身，请参见：

Biesta, G. (2015), edited from: Biesta, G. (2010) Good Education in an Age of Measurement. Boulder: Paradigm Publishers. (**Reading 1.1**)

Coffield, F. (2014) in Coffield, F. with Costa, C., Muller, W. and Webber, J. (2014) *Beyond Bulimic Learning.* London: Institute of Education Press, 1–21 (**Reading 1.2**).

James, D. and Biesta, G. (2007) *Improving Learning Cultures in Further Education.* London: Routledge.

James, M. and Pollard, A. (eds) (2014) *Principles for Effective Pedagogy: International Responses to Evidence from the UK Teaching & Learning Research Programme.* London: Routledge.

第二章　学习

我们如何理解学习者的发展？

导言

教师对学习的理解影响到他们在不同教育场所中做出的选择，这样的选择我们每天都会经历。我们认识到学习者给他们的教育带来了什么，并了解到如何才能最有效地支持他们，这些都是至关重要的。

关于理解人们如何学习的这个问题上，本章介绍了目前有影响力的观点。在阅读过程中，值得注意的是，没有任何一种理论能够为理解学习而提供蓝图。然而，其中每一个观点都提供了重要见解，为思考提供参考，并帮助我们在复杂和不断发展的实践背景下做出正确判断。

尽管不少研究正在帮助我们逐步了解关于学习过程的知识，但这个领域仍然很复杂。事实上，多年来，来自心理学、哲学、社会学、人类学以及最近的神经科学等领域的从业人员，已经产生了各种框架，帮助我们理解学习是如何发生的。这些理论和研究计划旨在解释我们在不同情况下获得、理解、扩展和应用思想、知识、概念、技能和态度的方式。

随着教师生涯的进展，你会越来越意识到，学习者以前的教育和生活经验会以多种方式影响他们如何看待自己的学习能力。这些经历可能已经导致一些学习者甚至给自己贴上了"笨"、"慢"或"蠢"的标签，而另一些人则可能被鼓励认为自己是"聪明"或者"有才"的。因此，了解人类经验的性质和作用，对于形成关于人们如何学习的批判性认识至关重要。

鉴于 FAVE 行业的多样性，所以，任何年龄和来自任何生活领域的学习者给他们的教育所带来的经验，我们都要认识到并以尊重和建设性的方式予以关注。研究关于学习的知识可以帮助我们更清楚地关注学习者的需求，这样我们就可以开始计划如何以周全的方式帮助满足这些需求。只有当我们能够仔细且具有创造性地计划教学、学习和评估时，我们才能创造吸引、激励和支持学习者实现目标的学习环境。这对于帮助那些因为以前的经历而影响自信心的学习者尤为重要。

当然，在人们认为有必要进行正式教育之前，人类已经学习了几千年。事实上，在最简单的情况下，学习可以被看作发展和经验在生活中不断互动的产物。专业教育者的工作是尽可能地了解这个过程，从而支持真正的"终身"学习。

教与学研究计划（TLRP）的第 3、6 和 8 项原则强调了 FAVE 以及终身学习的重要性，即其基础是先前的经验、学习者的积极参与以及正式和非正式的学习机会。

教与学研究计划（TLRP）原则（参见第四章）

有三项原则与本章的学习和教育相关。

原则 3：有效的教与学承认学习者先前经验和学习的重要性。 为了下一步计划，教与学应该考虑学习者已有的知识。这包括以先前的学习为基础，并考虑到不同学习群体中的个人和文化背景。

原则 6：有效的教与学促进学习者的积极参与。 教学的主要目标应该是促进学习者的独立性和自主性。这包括获得一系列的学习策略和实践，培养积极的学习态度，以及树立对自己成为一名优秀学习者的信心。

原则 8：有效的教与学认识到非正式学习的重要性。 非正式学习如校外学习，应被视为至少与正式学习同等重要，因此应该被重视，并在正式学习过程中被适当采用。

理解学习的方法

本章将探讨理解学习的不同方式。在检验这些想法时，重要的是要记住学习是相互关联的（Marton，2014）。这其中有两个关键方面。首先，学习就是学习某样东西；总有学习的对象，如一门学科、一项技能等。在 FAVE 中经常讨论的学习，可以集中在普遍的问题上，这也就否定了学习者总是研究一个特殊的概念、论点、理论或者只运用某一种学习方式。我们需要记住，学习的内容对学习者的体验起着重要的作用。

其次，学习者总是作为特定时间和空间中的人在学习。对"学习者"的一般性讨论往往掩盖了这个事实：正如我们在第一章中所讨论的，学习者都有各自的身份。无论是学院、工作场所还是其他任何FAVE 环境，学习者如何参与他们的课程学习，是由他们的背景、信仰、动机和先前的学习经验，以及他们对特定学习环境中的期望的理解所决定的。

关注学习的这两个方面的方法之一是，将本章的讨论与你自己的学习经验和你所教课程的学习者的经验联系起来。以这种方式来学习本章，可以帮助思考这些观点对日常教学的影响。

学习是习得与参与

在理解 FAVE 中关于学习的众多观点时，有一个宽泛的区分，有助于思考"习得"和"参与"的隐喻在多大程度上有效地理解学习的意义（Sfard，2009，2015）。学习涉及对新知识、新技能或新理解的"习得"，这种想法在日常谈论学习方式时很常见，在许多教育文献中也是如此。不同的理论观点表明，学习是以不同的方式发生的。从复制到主动建构知识，大体的观点是：一个人，即学习者，认识了新的事物并以不同的方式理解世界。虽然关于个人习得的隐喻很普遍，但将学习视为简单的个人习得所面临的挑战之一是，学习者在不同的背景下运用他们所知道的东西时可能会遇到真正的困难（Vosniadou，2007a，2007b）。如果学习是对内在的事实、概念或思维方式的习得，那么为什么将这种学习迁移到其他情境中时常会遇到挑战呢？

第二个隐喻，即学习被视为"参与"，这揭示了为什么学习的迁移会有问题。将学习视为参与的理论家认为，学习是在一个特定社区的实践中获得知识，而不是学习者简单地获得"知识"（Sfard，2009，2015）。学习被看作一个过程，在这个过程中，学习者、认识过程和学习所处的社区是密不可分的。因此，当学习者置身于一个特定的知识社区中时，他们可能会有更大的能力去进行相关实践。学习背景的性质取决于为所在社区做出贡献的学习者。因此，学习更多的是在"正在成为"或"成为"生物学家、工程师、设计师或音乐家的一个过程中，而不是拥有可以迁移到不同语境中的独特知识和技能。将学习视为"参与"，对于解释为什么在一个情境中看起来很熟练、很有知识的学习者，在过渡到另一个环境中时，起初可能很难有效地参与，即使他们所知道的东西可能是与之相关的（Cotterall，2011）。然而，对参与的隐喻过于狭隘的解释，会使其更难解释学习者如何将他们以前所掌握的一些东西带到新的情境中，即使他们还没有完全参与新的情境。

继斯法德（Sfard，2015）和沃斯尼亚杜（Vosniadou，2007a，2007b）之后，本章认为学习的习得和参与这两种隐喻对于理解继续教育、成人教育及职业教育中的学习都有价值，但将其中任何一种隐喻推向极端都是无益的。在本节的其余部分，我们将通过文献中的一些例子来探讨习得和参与之间的区别。

学习是通过奖励行为而习得的

行为主义理论关注的是行为的可观察特征，而不是人们内心的所思所想。实际上，简单地说，根据行为主义学习理论，行为是由刺激与行动后果的联系形成的。例如，如果学生每次尝试回答一个问题，她都"答对了"，并得到了老师的表扬，那么她的学习就会得到肯定。另一方面，如果老师不让她回答，她可能会放弃尝试，完全避免与老师的接触。斯金纳以他对这种"强化"的研究而闻名（参见 Skinner，1954，**Reading 2.1**）。

行为主义学习理论是以桑代克（Thorndike，1911）提出的两个主要前提为基础的："效果法则"和"练习法则"。"效果法则"表明，奖励越大（或越小），联系就会越强（或越弱）。其次，"练习法则"指出，在特定的情况下，一个反应发生的概率会随着这个反应在过去获得奖励的次数而增加。换句话说，重复有助于学习。

因此，这一方法表明，有效的教学需要通过课程活动提供刺激，这将加强学习者的正确行为模式。换句话说，它会影响学习者的行为，使学习者以期望的方式不断做出反应，刺激和反应之间的联系将通过重复得到加强。一个正面的例子是，汽车机械的学徒正在了解汽车引擎零件，当他们找到合适发动机部件，在团队中建立一个测试来更好地诊断引擎问题，并且能在越来越复杂的情况下给出解决方案，这些行为都会被奖励。在这里，一个熟练的教师会多样而重复地完成奖励式教学，来确保学徒们掌握了关于引擎的新知识。然而，必须指出的是，对重复的强调也导致了一些有问题的教学实践，特别是在学校里，在数学和英语方面无休止的"练习"会让学习者们十分沮丧。

在任何情况下，强调学习者成就是很重要的，像表扬一个回答正确的学习者这样简单的事情都能提供高效的反馈。

行为主义方法在教育有情绪和行为障碍的学习者时特别有影响力，通过反复强调某些学习者的行动，取得了巨大的成功。在运动科学科目中也有常见的应用，例如游泳、足球、田径、跳水或舞蹈。在这种情况下，教练或教师会从小的步骤开始，这些步骤可以反复重复，一直到学习者精通为止。这一过程的特点是在每个阶段强化适当的行为。在教育之外，行为主义是当代大量广告的基础，社交媒体平台设计师提供的刺激—奖赏链也可以从这个角度看出来。

总之，行为主义学习方法的一个特别的优点是，当学习者的成功得到奖励时，他们就会表现得很好。另一个是强调创造吸引人的刺激材料来激发和促进学习。

然而，行为主义方法的一个缺点是，它们往往低估甚至忽视了人类的能动性和我们有意识、有思想的头脑力量。在这个模型中，学习被认为是由那些拥有知识的人来设计的，学习者仍然相对被动。这种方法通常与严格的纪律和高水平的教师控制有关。

反思活动 2.1　回想一下……

回想一下你参与学习某种体育运动的时候，比如骑自行车、滑板、滑雪、打球或游泳。想一想你掌握这项新技能的过程。你经历了哪些成功和收获？你如何理解这个过程是行为主义学习的一种形式？你还可以从其他方面来看待这种学习吗？

学习是通过主动建构而习得的

关于学习的建构主义观点在理解学习者的学习方式上具有很大的影响力（Biggs，2014）。建构主义汇集了许多理论观点，但其共同点是将知识的获得和概念理解的发展视为主动的过程，而不是简单的被动迁移（Kivinen & Ristela，2003）。建构主义观点倾向于强调学习者先前的知识和理解如何影响新的学习和理解（Vosniadou，2007a，2007b）。受建构主义影响的 FAVE 课程可能会充分考虑到学习者的兴趣，并在课程的具体内容上提供灵活性和选择，还可能会特别强调通过学习者选择的主题来学习概念和技能。在这个思路下，有大量的研究表明，学习者会在相同的背景下建立起质量不同的理解，而这可能与教师的意图迥然不同。

建构主义观点也存在差异，有的更强调主动知识建构主要来源于学习者的学习过程，也有的认为主动知识建构往往与更多的社会过程和协作过程相关。

关于学习者如何通过积极的对话和共同参与（通过提问、讨论和解释）来提高概念理解，可以在物理学和工程学的"同伴教学"研究中找到特别丰富的例子（Nicol & Boyle，2003；Crouch et al.，2007）。同伴教学被用来鼓励学生在大班授课时积极参与关键概念的学习。首先，在讲座中，通常是以多项选择的形式（尽管也可以有其他形式）向学习者提出问题。然后，学习者对该问题做出单独的回答。接下来，相邻的学习者向对方说明自己答案的正确性，然后对该问题再次作答，这次的答案可能会在同伴讨论的基础上有所改变。最后，教师向全班解释正确的答案，学习者也进行总结。

对经历过同伴教学的学习者的访谈表明，首先，被问到的测试问题促使他们形成自己对问题的理解，然后与同伴的讨论使他们接触到不同的解释，并让他们参与到批判性评价这些有争议的观点的过程中，从而提高他们自己的理解。

另一项关于同伴学习的研究（Light & Micari，2013）确定了六项原则，这些原则是有效的学习者环境的特征。

1. **深入学习**：学习是对知识的主动建构，学习者变得越来越自主、独立，并学会如何学习。

2. **吸引人的问题**：通过有趣的、有意义的、具有挑战性的和其他相关问题来促进学习，这些问题有助于避免误解，同时也有助于对核心概念和想法的理解。

3. **联系同伴**：与志同道合的同学在协作小组中共同学习，所有成员相互尊重地参与讨论问题。

4. **辅导学习**：在同行导师的帮助下学习，他们是前辈，可以成为新学习者的情感和智力的向导。

5. **创建社区**：在一个更广泛的、多层次的社区中学习，其规范和做法让学习者越来越认同，那么他们也越来越有能力。

6. **做研究**：学习作为一种原创性研究，学习者在其中发现问题，体验研究背景、实践、参与者，并学习一系列研究技能。

因此，建构主义学习方法鼓励发展教学过程，邀请学习者单独或共同"理解"并获得新的知识、技能和认识。它要求学习者采取一种积极的、参与性的立场，当任务具有内在的吸引力，并以明确的学习意图来组织以及以形成性的方式提供反馈时，无论这些是来自同伴、导师还是教师的反馈，都是特别有效的（参见第十三章）。

反思活动 2.2　建构主义方法

如果你的目标是在你自己的教学环境中应用建构主义方法，那么——

- 你的重点是什么?
- 你将如何设置情境和任务?
- 你对学习者的期望是什么?
- 你可能会使用什么形式的评估,为什么?

作为一名教师,以"建构主义"的方式思考问题对你有什么好处?它又有什么局限性?

社会文化参与、学习与教学

"社会文化"性的学习方法有很多种,但它们都强调了我们通过参与文化来学习的方式。在这里,我们首先关注的是语言和不同理解形式是如何进入家庭、社区和其他环境的特定文化和社会实践中的。然后,我们继续思考教师如何促进学习者的理解。之后,我们通过对工作场所学习的介绍进一步阐述社会文化方法。

我们思考的方式以及我们的语言、概念和理解的形式经过许多代人的发展,反映了我们在世界上的位置。它们提供了关键的"文化资源",原则上可以供学习者使用。例如,韦尔斯(Wells)展示了文化和社会背景如何影响人们的理解(Wells,1999,**Reading 2.3**)。这种影响从出生时就以非正式的方式开始了,因为婴儿和幼儿与他们的父母和家庭互动,并且通过体验他们文化的语言和行为形式,接受了特定的认知技能、策略、知识和理解(Dunne,1993;Richards & Light,1986)。当人们在一起生活和学习时,他们彼此继承并创造了意义。儿童、青少年和成年人在家庭中、与朋友和工作伙伴在一起时以及在他们社区里同样如此。

就 FAVE 而言,特别值得注意的是非正式学习的作用,以及工作场所的文化和实践对新成员的影响。案例研究 2.1 说明了这一点。

案例研究 2.1　在实践中进行非正式学习

　　TLZ 研发部是一家大型的、历史悠久的国家级广播公司的研发部门，雇用了一些工程师团队，从事一系列复杂的理论和实践项目，通常旨在解决与信号相关的技术问题，或者，开发新的和改良的广播硬件或新的数字产品。

　　公司明确承认员工是学习者，尽管很少使用"学习"和"教学"的术语。新员工得到了不同的入职培训，所有员工都受邀参加各种正式课程，这作为他们工作的一部分并作为项目管理的一部分。但采取的方法绝不是标准化或官僚主义的，正如一位经验丰富的工程师马文所说：

　　　　它是反复的、相互关联的、有效的。它从一个需求、一组需要解决的问题开始。战后有一种对技术研发的信念……我非常相信"深思熟虑的变化"。有效的理论很容易，但实践更难，所以如果你建立在一个以前有效的结构上，你只是完善它，看看它是否有效，事情就会有所发展。

　　所有的研发工程师，甚至是最近招聘的工程师，都理解这种关于开发是一个迭代过程的观点：

　　　　研发部不想错过那些［没有］在大学取得一定成绩的人，即使他们有聪明的头脑：我们寻找的不是善于通过考试的人，而是具有创造性思维的人。（卢克，工程师）

　　　　我的背景是计算机，我也有一些音频方面的技能，但他们已经尽力使我比以前更像一个万事通，所以我们得到了视频和音频技术的培训，当然我们也做了一些相关工作，然后我被送往学习数字信号处理课程，这都是关于复杂的数学和矩阵数学，以及滤波器的设计，更多来自电气工程方面的东西。（汉娜，工程师）

　　研发经理间接地被看作员工学习的促进者，同时也有责任确保组织未来的需求得到满足。所有的经理，以及在某种程度上所有的员工，都必须同时从这两个角度来工作。然而，员工的个人发展主要被看作一个管理过程而不是教学过程。尽管工程师的学习原则上得到了组织的支持，但个人对这种情况的看法主要取决于他们自己，不管是好是坏：监督主要被认为是一种正式的活动，是项目管理的次要内容，在大多数情况下，并没有明确的教学意义。团队领导组织项目工作，以支持年轻的和刚入职的员工发展，但对其中的教学潜力的关注远不如项目管理的多：

> 你不能总是对年轻人，也就是对下一代说，"我们试过了，但没有成功"。在某种程度上，你必须让他们自己去发现问题，因为这是他们学习的一部分，也是他们学习组织知识的一部分。（马文，工程师）

出于这个原因，也因为 TLZ 的研发业务从根本上是为了创新，毫无疑问，员工在原则上被认为是学习者。TLZ 研发部的潜在问题是，如何最好地支持和优化员工的学习，对他们来说，这与如何最好地支持和优化创新工作的任务相同：

> 你需要一个允许专业知识发展的结构和文化。一个能提供资源的组织。没有时间和空间，你就不可能有学习和专业知识的发展。没有时间，什么都无法实现。这意味着你必须在人们从事这项工作时支付他们工资。很高兴有这样的机构存在，比如我工作的地方，教育在那里很重要。除了学习的时间，你还需要目标，也就是你需要专注的项目。这不仅仅是学习锻炼肌肉一样地锻炼大脑。（马文，工程师）

讨论

在上述的案例研究中，注意到现在的学习开始于解决问题，而解决问题被认为是创新的、反复的实践。实践的复杂性和动态性得到了认可。情境被认真对待——不存在"一刀切"的考虑。直接经验和试错是实践中被接受的部分，而且技能和良好的实践需要时间和空间来发展。

因此，社会文化理论关注这样一个事实：语言、思想、实践和理解取决于我们的文化和社会历史，也取决于任何时候可能给人们提供的正规教育。就 FAVE 而言，科利、詹姆斯和戴门特（Colley，James & Diment，2007）探讨了该行业的教师如何发现自己必须适应这种教育文化，因为它塑造了工作环境。从这个社会文化的角度来看，在与他人的互动中可以获得有关思想、语言和概念的知识，可以并确实在构建、挑战、扩展和制约着我们的思维。

这种方法还特别强调，有经验的参与者通过"中介"（mediating）、"搭建脚手架"（scaffolding）和扩展他们的理解来弥补经验不足或能力不足的弱点。维果茨基（Vygotsky，1962，1978，**Reading 2.2**）是这方面的开创者，他提出了"最近发展区"（Zone of Proximal Development，ZPD）的概念：

> 通过解决问题确定的（学习者的）实际发展水平，与在成人指导或与更有能力的同伴合作下产生的潜在发展水平之间的距离。（Vygotsky，1978，p.86）

最近发展区（ZPD）涉及每个人"理解"的潜力。鉴于学习者目前的理解状态，如果他或她得到能力更强的人的适当帮助，会有什么发展呢？如果支持是适当的、有意义的，那么有人认为，学习者的理解力可以远远超过他们自己可以达到的水平。

这种对学习的帮助可以有多种形式。它可以采取由知识渊博的教师进行解释或与之讨论的形式。它可能反映了一群学习者在努力解决一个问题或完成一项任务时的辩论。它可能来自与雇主的讨论，也可能来自观察和模仿一个高度熟练的手工艺人或一个更高级的同伴，或者来自观看一个特定的电视节目或 YouTube 视频。在每一种情况下，干预措施的作用都是扩展和"支撑"学习者对该特定问题的最近发展区（ZPD）的理解。一个恰当的比喻是建造房子。当房子从地基开始逐渐建造时，需要脚手架来支持这个过程。但当它被组装起来，所有的部件都被固定后，脚手架就可以被移除。这座建筑，也就是学习者的理解，将独立存在。

　　图 2.1 是根据罗兰（Rowland，1987）的阐述绘制的，代表了参与社会文化教学过程的学习者和成年人的角色。协商，也许集中在一个主题上，然后是学习者的活动和讨论。然而，教师随后进行建设性的干预，以提供支持和促进讨论，罗兰将这一角色称为"反思者"。这让人注意到一个事实：任何干预都必须是适当的。它必须与学习者的理解和目的相联系，从而使他们的思维得到扩展／挑战（参见 Fisher，2013，**Reading 2.4** 关于发展思维能力的案例）。如果要做到这一点，教师需要利用他们的学科知识和他们对人的理解，特别是对学习者的理解。他们必须准确地判断最合适的输入形式以及是否／何时进行干预。在这个方面，各种形成性评估的技术（见第十三章）可能会有帮助。如果这种判断是精明的，那么输入／干预可以使学习者的思维向前发展，跨越最近发展区（ZPD），超越他们单独达到的理解水平。显然，这个过程可能会有连续的循环。

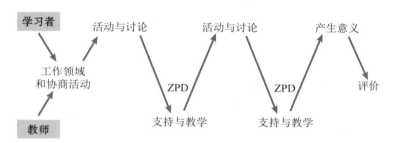

图 2.1　构造教与学过程中的社会文化角色模型
（改编自 Rowland，1987）

工作场所学习是"合法的外部参与"

　　学习是经济成功的关键，这一观点已经存在了很长时间。英国历届政府及其海外领土政府都期望 16 岁后教育体系能够推动经济增长和繁荣，在日益多样化的知识型经济中，为他们的公民提供成长所需的知识和技能。然而，工作场所学习的性质往往被淡化，并被简化为意味着无意识的或工具性的"培训"，即为单一雇主做特定工作所需的狭窄技能组合。

埃文斯和她的同事（Evans et al.，2006）认为，这种工作场所学习的概念已经不再合适了（如果它确实曾经如此的话），它需要被放在一个更丰富的社会文化的背景下，意识到人们在广泛的工作环境和专业实践背景下的各种思考、行动和学习方式。埃文斯等人将工作场所学习定义为"从就业环境中获得目的的学习"。他们继续将工作场所学习概念化为"在工作场所学习、为工作场所学习和通过工作场所学习"（2006，p.23）。

当前对工作场所学习（以及其他非正式环境中的学习）最有影响力的尝试是莱夫和温格的尝试（Lave & Wenger，1991；Wenger，2010）。他们使用"合法的外部参与"这一概念来强调学习和认识总是通过参与特定的社区而发生的。在学习环境如此多样化的情况下，这一点在FAVE 中显得尤为重要。

从这个社会文化的角度来看，学习又被理解为对参与特定工作场所或社区所需的背景知识、理解和"存在方式"的更深层次的理解（Wenger，2010）。学习对于学习者来说是有意义的，因为它提高了有效参与的能力，并在有价值的环境中获得了一种归属感。因此，学习被看作一项深刻的社会和关系事业，它涉及学习者的价值观和自我意识。

就 FAVE 而言，这种方法提供了对超越离散知识或学术任务的认可，这在大学环境中是相对容易明确的。它承认，在一个环境中能力可以共享，其中所学的东西是部分隐性的。

情境学习和基于工作的学习承认社会文化学习过程。当我们学习某些东西时，通常不是在一个真空的环境中。事实上，学习是一个既社会化又个体化的行为。在非正式的 FAVE 背景下，在学院和有组织的课程之外，学习往往可以被认为是一个逐渐参与和文化适应的过程。它成为一个渐进的过程，在此之中，作为"实践社区"成员的身份一直在生成和发展。例如，工程学徒获得了技术知识和技能，但在他学习的这个环境中，他们需要学习的是一种"想当然"的工作方式，尽管这些方式或做法可能没有被正式地规定或阐述出来。这个环境包括介绍前辈们所取得的成就以及为工程思维的发展做出的贡献，他们通过改变之前公认的假设来推动工程实践的发展。

莱夫和温格（Lave & Wenger，1991）认为，我们总是需要从现实世界的应用视角来考察学习，这比在一维甚至二维的层面要复杂得多。重要的是要记住，职业教育和实践所关注的不仅是"训练"人们的技术或无意识地遵循指令。每个实践社区都有自己的文化和做事的方式。我们属于不同的社区：例如，我们可能属于与我们的学科专业有关的社区，也可能属于与工作的机构类型有关的社区，等等。作为一名成人计算能力辅导员，我们属于功能性技能社区，属于计算能力和数学专家社区，也很可能属于继续教育（FE）、成人和社区或基于工作的职业社区。这些社区相互重叠，相互影响，相互关联。一个实践社区的新人需要获得关于他们需要做什么和理解什么的显性和隐性知识，以便自己以该社区成员的身份工作。

正如第十七章所讨论的，作为 FAVE 教师和导师，我们也应该期望在进行持续的专业发展时，向实践社区的目标靠近。

案例研究 2.2　协作工作场所学习

下列事件发生在一个工业培训中心，讲的是两个工程学徒参加工作初期的一次合作学习讨论会。在此背景下，上午的讨论集中在工程实践的各个方面。这些讨论通常围绕着正式的学徒培训计划中已经涵盖的主题展开。上午的讨论包括学徒的互相演示，他们在白板上快速地写着不整齐的数学公式，这些公式往往是前一天的工作成果。学徒们定期拿起白板笔向彼此说明要点，并演示他们如何单独解决、如何克服前一天的挑战。

格雷格首先把计算刀具速度的公式写在车间墙上的白板上。

格雷格试图转换一个公式，以便能分离出所需的变量。格雷格挠着头，揉着下巴。很明显他有点糊涂了。斯蒂芬看着格雷格试图把分子式换掉。他等格雷格试了几次把公式调换后，才走向白板，拿起自己的白板笔。斯蒂芬用不同颜色的记号笔把同样的公式抄在格雷格想要操作的公式对面。格雷格问斯蒂芬："我如何转换这个公式？"斯蒂芬迅速演示了整个过程，讲述了他的原因。公式转换很快就完成了。可是格雷格并没有看懂。他让斯蒂芬指着白板上公式的一个具体方面"告诉我怎么做"。斯蒂芬详细解释了这个过程背后的数学逻辑和数字操作。格雷格站在那里，难以置信地摇着头。他说："我一直在学校，没有人教过我这些。"在这一点上，他们谈话关注的是如何解决数学运算的问题和需要理解背后的公式转换理论。格雷格观看了斯蒂芬进行计算的例子。然后他开始自己重复这些计算。很明显，格雷格正在慢慢掌握公式转换，一种利用公式成功分离出所需变量的能力。斯蒂芬在学校里学过普通教育证书高级水平（A-level）数学，他正在用这些知识来帮助格雷格的学习。

斯蒂芬不仅对整个公式转换过程很有信心，他还解释说，自己"其实很喜欢"这个转换。格雷格认为，在这个阶级，他需要完成的工作就是对公式基本功能的理解和应用。两个人在一起工作的几分钟里，解决了斯蒂芬提出的几个典型问题。在短短的时间内，格雷格向他自己和斯蒂芬证明，他已经充分理解了这个转换的过程，这样他将来就可以自己运用了。

讨论

在上面关于工作场所的案例研究中，我们可以看到上午的讨论如何打开合作学习的可能性。首先，我们可以看到斯蒂芬是如何观察格雷格的行为并注意到他的困惑的。斯蒂芬等待格雷格试图自己解决问题，然后在格雷格要放弃之前介入。在上午讨论中发生的停顿（可能被视为"等待时间"——注意与行动之间的间隔——的形成性评估干预在工作场所的版本）是协作文化和发展同伴评估方面的样例。这段停顿时间证明了自己的教学智慧，他尊重并为学徒提供了时间和空间，学徒需要尝试自己解决问题。接下来，我们还可以看到斯蒂芬如何反复应用公式，演示数学运算，同时与格雷格讨论过程。我们还可以在这里看到斯蒂芬是如何通过仔细倾听和分析格雷格的思路，并在他尝试应用公式时将他的想法成功应用在实践中，帮助格雷格"缩小"其现有水平与潜在水平之间的差距（形成性评估的另一个方面）（Clarke，2001；William，2011）。此外，请注意这是如何证明森尼特（Sennett，2008）的正念重复（mindful repetition）的，学徒反复练习数学过程，向自己和斯蒂芬证明，他已经充分掌握了这些数学知识，并有能力在未来再次将其付诸实践。

（改编自 Todd，2019）

在某个特定学科或职业领域的参与和学习

无论我们把学习看成是习得（被指导的东西）还是参与（在文化中发生的事情），学术学科或职业学科领域都是我们理解高质量学习和塑造我们作为教师的实践的基础（Kreber，2009）。

因此，作为一处非常具体的社会文化应用，我们需要仔细思考在我们的特定学科或职业领域中，我们期望什么，以便证明同事或学习者的工作是高质量的。我们对优质工作的构成要素的理解将在许多年中逐渐发展，这可能是一些难以表达的东西。当我们试图支持和指导那些工作能力较弱、难以理解学习概念的学习者时，这可能会带来真正的挑战。

如何在特定环境下阐述高质量学习的构成是最近高等教育项目的重点，这个问题与 FAVE 有相当大的相关性。该项目名为"加强本科课程教学环境"（Enhancing Teaching-Learning Environments in Undergraduate Courses，ETL）（Entwistle & Hounsell，2007），产生了两个特别有用的想法——"思考和实践方式"（WTPs）和"阈值概念"。研究小组得出如下研究结果。

- 学习者学习特定课程的基础是如何像专家一样思考和把握主题的发展，他们称之为"学科中的思考和实践方式"。
- 学生学习的内容，以及他们在本科课程中如何被教授和评估，都是不可回避的学科维度。

- 尽管大多数课程环境还可以支持学习，但学习者往往对课程工作的指导和反馈不满意。
- 以学习者的课程体验为重点的研究证据，帮助教职员工调整教学环境。

学术（或职业）学科的"思考和实践方式"概念囊括学习者可能理解的事物的丰富性，以及当他们参与学术（或职业）学科课程时，可能如何形成和推进他们的思维（Hounsell & Anderson，2009；McCune & Hounsell，2005）。关注"思考和实践方式"（WTPs）会让我们注意到学习者思考和行动的能力，这种能力更接近于专业的参与者的思考和行动方式。当学习者开始掌握某一领域的"思考和实践方式"时，我们希望他们能够更好地了解该领域是如何形成新知识和理解的，也希望他们拥有良好的知识基础、相关技能和较高的概念理解水平。

安德森和亨赛尔（Anderson & Hounsell，2007，p.466）基于他们对历史学和生物科学的工作人员和学习者的研究，阐明了不同学科领域的"思考和实践方式"的差异。例如，在历史学中，通常会强调"将历史视为社会建构的和存在争议的"和"对'过去的陌生感'的敏感"。然而在生物科学中，批判性思维会采取不同的形式，例如，注重对实验设计的合理解释和对实验研究证据的解释。在更实用的职业领域如商业研究、运动机械、医疗保健等，重点可能是如何应用的挑战，要求理解实际问题的复杂性和多维性，根据不同情景解决问题。

作为教师，我们需要仔细思考学习者将如何掌握我们学科领域的特定思维方式。一个好的出发点是思考我们的学习者通常会在哪里遇到困难。例如，我们可以关注到那些具有挑战性的任务的特点。如果许多学习者无法在课程作业中对自己的论点自圆其说，那么他们对如何使用时间论据可能持有什么误解？

新学习者无法通过简单地呈现相关内容或论点来理解一个主题领域。为了充分理解他们在课堂上听到的或在课本上读到的内容，学习者需要体验（Kolb，2014），并在他们可能还没有掌握的主题领域中，对价值观和历史的争论有良好的把握。诺斯爱奇和麦克阿瑟（Northedge &

McArthur，2009）表明，帮助新学习者更好地理解学科领域的一个好方法是，关注案例研究等可接触到的例子，并通过同伴讨论将其与学习者现有的理解结合起来，这样会有共同合作的感觉，至少达到部分的共同理解，而不是假设这一切仅仅通过简单的阐释就会发生。

另一种帮助学习者理解其学科领域（无论是学术领域还是职业领域）的方法是识别关键的"阈值概念"，并反思我们如何帮助学习者掌握这些概念。阈值概念在给定的主题领域和相关的实践社区的关键思想中，当它们被理解时，就为学习者提供了一种转变的理解方式（Meyer & Land，2005；Land，2011）。对于学习者来说，这些概念往往是"麻烦"的，难以掌握，但却提供了一个机会，让他们对学科领域和世界的观点发生实质性转变。理解阈值概念可能会让你对某个学科领域有更全面的理解，或许还会让你的视角发生不可逆转的变化，这意味着一旦学习者"跨过"了阈值，他们就不太可能回到之前的理解水平。对阈值概念的理解往往也会使学习者具有更好的沟通能力，就像该学科领域更有经验的从业者一样（Baillie et al.，2013）。阈值概念的例子可能包括会计学中的"折旧"、统计学中的"中心极限定理"和物理学中的"熵"（Meyer & Land，2005）。掌握阈值概念对于学习者的学习成功以及作为学习者或实践者的自我意识具有重要意义。这并不是像一个惊叹"啊哈"的瞬间，它可能需要时间更长的努力。

反思活动 2.3　学习者的期望

这项活动鼓励我们详细思考，在我们所教的科目和职业领域中，我们对学习者的期望是什么。

- 思考你所教授的特定学科或职业领域。
- 牢记显性和隐性的期望，在你的学科或职业领域中哪些思考和实践方式是最重要的？
- 你的这些期望到底有多明显？
- 学习者如何掌握更多的隐性思维和练习方式？

> ● 是否有什么特别重要但又理解困难的阈值概念值得注意呢？
> 　　回顾这些问题可以让你确定可以采取哪些步骤，通过将相对抽象的正式学习与实际的思维和应用练习方式连接起来，这很重要。

理解学习者

在本节中，我们描述了一些影响学习者在 FAVE 中学习体验的因素。我们研究的大部分内容来自过去四十年来对学习者"学习方法"的研究，其中大部分都集中在高等教育方面。这些文献表明，学习者以很不同的方式进行学习，这与他们学习的原因、他们对学习的信念以及他们对教学和评估方式的看法有关（Entwistle，2018）。然而，与所有的概念模型一样，学习者的参与也有一些方面没有被强调。

图 2.2 列出了一个简化的学习者学习模型，它由三个要素组成：预设，即学习者进入教学情境之前存在的那些因素；学习者对教学过程的体验，以及学习的产出或结果。

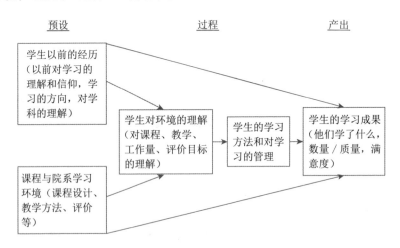

图 2.2　FAVE 学习者学习的预设—过程—产出简化模型

这个模型很有用，因为它强调了学习者学习的一些关键因素。

首先，学习者有先前的经验和理解，这些经验和理解有助于形成他们对 FAVE 教学环境的理解。显然，这种理解也建基于任何他们先前进入的大学、工作场所或其他学习环境和实践社区。

其次，这些理解导致他们以特殊的方式来感知教学环境，这影响了他们学习的方式。

最后，这些方式塑造了他们的学习成果，包括学习的质量和学习的程度。

预设：学习者先前的学习经历

先前的理解

学习者如何理解一门学科或科目，是影响他们在新环境中学习的关键因素。先前的学习成绩是最早被确认为对学习结果有很强预测作用的因素之一（Ausubel et al.，1978），而且后来它被发现是决定学习者大学学术表现最有力的特征之一（Cassidy，2012）。因此，正如我们将在第十一章中研究的那样，考虑到我们的学习者已经知道的东西，这是决定我们如何进行教学的关键因素。

学习者的学习原因

比蒂等人（Beaty et al.，1997）指出，人们有四大类学习动机，他称之为"学习取向"。这四种动机是：以获得有效的培训和未来的职业资格为重点的职业动机；以学术学习和成就为重点的学术动机；以个人成就和发展为重点的个人动机；最后是社会动机，学习可以提供积极的社会生活并给社会带来益处（Boulton-Lewis et al.，2000；Entwistle & Peterson，2004）。传统上，这些取向中的每一个都被看作是对活动本身的兴趣或满足的内在因素，或者是对一个单独结果而言的外在因素。而学习者持有多种学习取向是很常见的，他们的取向会随着时间而改变。

研究表明，人们所做的大部分事情并不是由简单的外在—内在二分法来决定的，而是在这两极之间有一个动机的连续体，其特点是学习者认为他们拥有的自主和自决的程度（Ryan & Deci，2000）。这体现在学习者的持久性、创造性、表现力、自尊心和幸福感的提高上，而当他们觉得自己被外部控制，没有什么选择的时候，他们往往缺乏这种感觉。

在连续体的一端，如果学习者认为某项活动没有价值或预期会失败，他们可能根本不参与学习。他们觉得自己的控制力为零。学习者可能会觉得自己有一些最低限度的选择权，但只是为了满足外部的要求，比如某个班级的出勤规则或父母要求其参加某个课程。再往前一步，学习者可能想满足内部需求，比如，比朋友做得更好，或证明自己的价值，或避免失败带来的内疚和焦虑。另一方面，学习者可能会感觉到越来越多的自主性，参与学习是因为，例如，她个人想成为一名优秀的学习者并获得高分。更高的自主感可能伴随着个人在学习某一特定科目或从事某一类型的活动时的满足感和自由感，这有助于他们实现成为一名医生或考上研究生的目标。尽管这些动机是强烈的，尤其是那些能够提高学习者的自我调节和自主意识的动机，但它们还是属于外在的连续体，因为除了学习本身带来的兴奋和愉悦之外，学习仅仅是为了一个单独的结果。大多数学习者都会为了这样的外在动机而参与学习，关键是他们在自主性和自我决定的连续体上会做些什么。

这些不同的学习动机和自主性程度都会影响学习者如何对待他们的学习（参见 Pintrich & Zusho，2007；Zusho & Edwards，2011），这也是我们作为反思型教师需要注意的地方。

学习者对学习和知识的信念

除了学习者的学习原因外，学习者对待学习的方式也受到他们对学习的信念的影响，包括他们对智力以及知识和学习的本质的理解方式。

卡罗尔·德韦克（Carol Dweck，2013）概述了学习者理解其能力的两种广泛方式。那些拥有智力"实体论"的人认为能力是天生的、固定的和稳定的。它不能通过学习来改变。持"渐变论"的人认为智力是可以通过学习来培养的。这通常被分别称为"固定型"和"成长型"思维模式。基于实证研究，德韦克认为，持有"实体论"的学习者在发现事情困难时更可能缺乏坚持，因为他们会把困难归结为自己能力不足。在这方面，德韦克的观点与自我效能的概念有关，自我效能是指学习者对自己完成学习的能力的信念强度。学习者对自己能力的相信程度一直被认为与他们学习结果的质量有关（Cassidy，2012；Zusho & Edwards，2011）。

在学习者如何感知学习和理解的意义以及知识和认知的性质方面，德韦克的发现与 FAVE 和高等教育中的研究产生了共鸣。例如，有证据表明，一些学习者认同这样的观点，即对某一主题的理解有一种正确的方式，而我们教师可以被看作是提供这种正确版本的权威，让学习者在考试中作答（Hofer & Sinatra，2010）。如果学习者持有这种立场，他们就不可能对同伴的反馈或小组学习经验做出积极的反应，因为他们可能会担心自己无法从同伴那里得到"正确"的观点。相比之下，如果学习者认为学习是一个通过批判性评价来积极构建个人理解的过程，那么他们很可能会把他们的同伴视为不同观点的来源。研究人员在调查学习者对学习知识的看法如何随着时间的推移而发展时注意到，学习者观点的转变至少在一段时间内对学习者来说是一种挑战，并可能引起对学习情境的脱离（van Rossum & Hamer，2010）。

研究还考察了学习者对知识性质的看法，以及这些看法如何在学习期间发生变化（Baxter Magolda，2004；Hofer & Pintrich，2002；van Rossum & Hamer，2010）。总的来说，这项研究表明，要从把知识看作一套固定的事实转变为把知识看作是在特定的环境中创造出来的，并且可以接受挑战和改变的观点，这涉及学习者在概念上的转变，即如何理解知识与个人的努力相关。

同样，学习者对学习内容的看法也会有所不同并发生变化。萨尔约（Säljö，1979）和马尔顿等人（Marton et al.，1993）的研究描述了学习者对学习的五种不同概念，将学习视为：（1）知识的增加；（2）记忆；（3）获得事实、程序等，可以在实践中保留和／或利用；（4）意义的抽象化；（5）旨在理解现实的过程。马尔顿他们提出了学习的第六个概念:（6）作为一个人的变化。他们也将学习的前三个概念描述为主要是复制，而后三个概念主要是寻求意义。范罗苏姆和哈默（van Rossum & Hamer，2010）发现，这些概念在大学学位课程中不断发展，但大多数学习者并没有形成一种超出获取事实的学习观。

过程：学习者对教学和学习环境的感知

虽然学习者先前的学习经验有助于他们理解环境，但他们如何对待自己的学习也受到这些教学环境的影响。若学习者感知到以下情况，他们的学习质量可能会更高。

- 目标和目的是明确的。
- 教学质量好。
- 他们的工作负荷水平是适当的。
- 评估他们的方式是要求他们展示如何理解知识，而不是回忆事实或步骤。（Ramsden，2003）

这对在 FAVE 行业教学的员工来说很重要，因为它表明，即使在学习生涯中相对后期的阶段，教学方式仍然可以对他们的学习质量产生影响。这是因为学习者对教学环境的看法决定了学习方法是否合适。

学习者的学习方法和学习规范

对学习方法的研究起源于在哥德堡大学进行的研究，这些研究最初是针对学习者阅读研究者为他们提供的学术文章。研究人员发现，在学习者对他们所阅读的文章的理解质量上存在质的差异。这些理解上的差异似乎与学习者阅读方式上的差异有联系（Marton & Säljö，1997）。

自从这些早期的研究以来，关于学习者学习方法的研究一直围绕着采取"深层"学习方法和"表层"学习方法的学习者之间的差异。深层学习方法包括学习者具有理解他们所学内容的意图，以及实现知识理解所涉及的特定学习过程。采取深层方法的学习者通常也会对他们正在学习的内容表现出积极的兴趣。相比之下，表层学习方法包括只想尽量满足课程要求、不加思考的学习以及对事实和程序的常规记忆。虽然不同的研究对这些方法的描述细节有所不同，但事实证明，在不同的方法、学科领域、研究团队和国家中，深层和表层的区别是很明显的（Prosser & Trigwell，1999；Biggs &Tang，2011；Entwistle，2009）。许多研究表明，学习者对支持性学习环境的看法和采用深层学习的方法与高质量的学术成就密切相关（Trigwell et al.，2013）。

学习者的方法随着时间的推移会表现出一定的稳定性，他们可能更喜欢某种特定的方法（Entwistle & McCune，2013）。然而，他们也对变化持开放态度。重要的是，学习者对上述教学语境的看法与学习者采取深层或表层的学习方法有一致的关系（Entwistle，2018）。

对自我调节的研究也为如何支持学习者提供了启示。自我调节活动包括：学习者计划要学习的内容，监测学习发生的程度，根据监测的结果调整计划，以及评估和反思学习结果是否成功。沃蒙特（Vermunt，2007）总结了关于自我调节的文献，认为这些文献显示了学习过程的不同方式，从缺乏调节到注重教师对学习的调节，再到注重自我调节。

案例研究 2.3　学习者的学习模式

沃蒙特和他的同事们认为，学习的动机、学习的概念、学习的过程和调节的策略往往汇集成学习者的四种总体学习模式。这四种模式分别是无导向的、再现导向的、应用导向的和意义导向的学习模式（Vermunt，2007；Martínez-Fernández & Vermunt，2013）。

具有**无导向学习模式**（undirected-learning pattern）的学习者往往试图关注他们课程中的一切，而且是以一种不规范的方式进行的。他们很有可能在课程中挣扎，因为他们无法辨别课程中的重要内容是什么。

具有**再现导向学习模式**（reproduction-directed learning pattern）的学习者倾向于彻底研究材料，重点是记住课程的重要内容。他们受到教师的强烈引导，因为他们认为学习是一个将知识从教师和书本上转移到自己头脑中的过程，完成学习目的。

具有**应用导向学习模式**（application-directed learning pattern）的学习者注重他们所学的东西与外部世界的关系。他们倾向于关注如何将课程中的知识应用于外部世界，并主要关注如何在未来的职业生涯中使用这些知识。这些学习者倾向于自我调节和外部调节。

具有**意义导向学习模式**（meaning-directed learning pattern）的学习者注重在课程的不同内容之间寻找关系，以建立结构，并批判性地参与他们正在学习的思想和论点。他们倾向于设定自己的目标，监测自己的进展，并将学习视为一个过程，在这个过程中他们负责构建自己的理解。

虽然学习者在不同的课程和不同的教师那里可能遵循不同但一贯的学习模式，但沃蒙特（Vermunt，2007）也报告说，一些学习者有"不和谐"的学习模式。他们没有采用一致的学习模式。通常情况下，最挣扎的是这些学习者，因为他们缺乏系统的学习方法，因此会用不协调的学习策略来对待学习。

反思活动 2.4   了解学习模式

阅读案例研究 2.3 中对学习模式的总结。

想一想你所教过的学生：

- 你是否认识与这些模式有关的学习者？
- 对于采用无导向学习模式的学习者，你会如何应对？同时，对于那些采用其他模式的人，又如何应对呢？
- 你如何扩展或改变这些模式，以便对学习者的学习模式做出更丰富的解释？
- 在这些学习模式中，学习者哪些方面的经验没有得到考虑？

产出：学习者的学习成果

我们所关注的学习模式的第三个要素涉及学习的产出或成果。简单来说，学习成果包括学习者在完成一门课程后所获得的知识、技能和价值观，能证明他们的学习成就。布鲁姆是这方面的早期先驱（Bloom，1956），特别是在认知结果方面，我们将在下面讨论。然而，他的两位同事，克拉斯沃尔（Krathwohl）和戴夫（Dave），分别在情感领域和心理运动领域拓展了学习的分类。情感和心理运动领域对 FAVE 的教学很重要，但它们并没有像布鲁姆的认知领域分析那样得到完善或重视（Hyland，2017，2018）。例如，在 FAVE 中，金属薄板工人、车工、焊工和玻璃吹制工需要了解他们所使用的材料的特性，并在实践中灵活运用这些特性，这比认知更重要。儿童辅导员、治疗师和教师在处理涉及包容、平等和社会正义、价值和情感等方面时，需要对情感如何影响学习有正确的理解。

在过去的几十年里，国际上对学习成果有着广泛的关注。例如，美国高等教育未来委员会（Spellings Commission，2006）呼吁学院和大学"衡量和报告有意义的学习成果"，这个过程在过去十年中得到显著发展（Neuman，2017），并在博洛尼亚进程中通过了以学习成果为特征的欧洲国家资格框架。

但就某一课程而言，大部分讨论涉及的是特定课程和学习活动的具体学习成果的确定、教学和评估。这些将在其他章节中讨论（例如，见第九章、第十一章、第十三章）。我们关注应用普遍的学习结果研究来审视学习的产出。

两种使用最广泛的学习成果框架是布鲁姆（Bloom，1956）经典的《教育目标分类学》（*Taxonomy of Educational Objectives*），该分类学由安德森和克拉斯沃尔（Anderson & Krathwohl，2000）完善发展；以及比格斯（Biggs，2003）的 SOLO 分类理论（Structure of Observed Learning Outcomes）。虽然这两个分类法的开发方式截然不同。布鲁姆借鉴了心理学家和教育专家的专业知识，而比格斯则主要借鉴了对学习者的研究，但它们可以相互对照，非常有用（Light et al.，2009）。

在布鲁姆的案例中，有六个思维类别，它们的标准和复杂性都在增加。后面的思维类别似乎是对前面类别中的思维进行归纳（参见表

2.1）。因此，理解一个概念需要记住关于这个概念的先前信息；沿着分
类学进一步发展，能够产生新想法的能力需要先有理解、分析和评估之
前想法的能力。

表 2.1　**布鲁姆的教育目标分类学**（改编自 Bloom，1956）

学习成果类型	描述
记忆	回忆信息
理解	解释想法或概念
应用	在另一个类似情况下使用信息
分析	将信息分类以探索关系
评价	使决定或行为过程合理化
创造	生成新想法、成果或看待事物的方法

　　但重要的是，布鲁姆分类学被批评为将这些思维结果划分为一套
离散的、孤立的、没有任何逻辑分析或理由的六种心理行为（Pring，
2014）。教师和课程设计者经常将这些思维过程解释为学习者单独参与
的不同结果，或者只能靠回忆来解释这个过程。例如，我们经常听到教
师说，学习者必须先学习事实，然后才能进行"更深入的思考"。这种
说法是没有根据的。事实上，研究表明，让学习者参与更高层次的思
考过程甚至比让学习者参与简单的记忆活动更有效（Agarwal，2018）。
布鲁姆分类学更适合描述一套多层次的学习结果，其中对高阶结果的关
注会理所当然地帮助学习者实现对低阶结果的理解。

　　比格斯的分类法通过定义避免了布鲁姆分类学的问题和混乱。
SOLO 分类理论根据越来越复杂的思维结构来解释成果（见表 2.2）。
事实上，它包括一个前结构性成果，其中基本上没有学习，而学习成果
则是以学习者思维能力的质量提高来描述的。例如，"抽象扩展"学习
成果的高阶能力，涵括了前面几类学习成果的能力。

表 2.2　比格斯的 SOLO 分类理论（改编自 Biggs，2003）

学习成果类型	描述
前结构层次	错过要点
单点结构层次	确定；完成简单流程
多点结构层次	列举，描述，列表，结合，计算
关联结构层次	比较/对比，解释，分析，关联，应用
抽象扩展结构层次	理论化，归纳，反思，假设

虽然这两个广泛使用的分类法在发展和设计上有很大的不同，但它们在区分更基本和更高的学习成果上是相似的。正如我们所看到的，它们描述了一系列的结果，不同的学习者的观点、方法和概念都密切相关。对学习的理解和规划实际上应该从结果开始，特别是高阶学习水平，然后帮助我们反思如何帮助学习者实现上述更深层次的学习方法和水平。

总结

本章回顾了目前影响学习者及其学习思考的理论观点，特别是行为主义、建构主义和社会文化方法。我们将这些观点与继续教育、成人教育及职业教育的教学实践联系起来。我们还使用"预设—过程—产出"的模型对教学过程进行了审察，以分析影响学习者体验的因素。

了解学习者的学习方式是一种职业责任，也是提高他们的生活和整个教育系统的前提条件。我们强调了，在我们支持学习者的目标时，认识到学习者的学习体验是多么重要。事实上，无论学习者处在哪一个阶段，作为教师的我们都有宝贵的机会来指导他们的学习和生活，使其变得更好。我们对学习方法的优点和缺点掌握得越多，我们的影响就越积极。

然而，我们应该记住，教学远不止将理论不假思索地应用于我们的实践。即使缺乏有力的证据来支持其继续运用，关于学习的理论和观点仍会有广泛的影响力。例如，"学习风格"的使用在整个行业中持续存在（甚至得到了英国教育标准办公室［Ofsted］的认可和鼓励），尽管受到很多实践性挑战（参见 Coffield et al.，2004），但"学习风格"的存在是建立在此基础上的，并且随后得到发展和推广。在将理论应用于实践时，我们必须始终保持谨慎。教学的社会实践也必须考虑到我们教育系统和社会中的不平等现象。理论可以提供对于实践的见解，但不能也不应该决定实践。我们最终要负责任地做出判断。

现在，我们要在第三章中转向对反思性教学本身的思考，并研究如何在复杂的、不断发展的实践情境中发挥我们良好的判断能力。

主要阅读文献

明确学习作为习得和学习作为参与之间的区别，有以下经典论文：

Sfard, A. (1998) 'On the two metaphors of learning and the dangers of just choosing one', *Education Researcher,* 27 (2), 4–13.

对于学习心理学方法的概述，以下文献提供了明确的介绍，包括行为主义、建构主义和社会建构主义的讨论。这两篇文献都讨论了在 FAVE 环境中学习对教学的心理影响。请参见：

Tennant, M. (1997) *Psychology and Adult Learning.* London: Routledge.

Curzon, L. B. (2003) *Teaching in Further Education. An outline of principles and practice.* London: Continuum.

本章从心理学方法的角度对学习做出的更详细的阐述及其编辑版本，可在"反思性教学读物"中获得。

斯金纳对学习的经典行为主义解释，请参见：

Skinner, B. F. (1954) 'The science of learning and the art of teaching', *Harvard Educational Review,* 24, 86–97. **(Reading 2.1)**

有关创新的社会文化方法的介绍，请参见：

Wells, G. (2008) 'Dialogue, inquiry and the construction of learning communities'. In Linguard, B., Nixon, J. and Ranson, S. (eds) *Transforming Learning in Schools and*

Communities. London: Continuum, 236–242. (**Reading 2.3**)

维果茨基对"最近发展区"的讨论，请参见：

Vygotsky, L. S. (1978) *Mind in Society: The Development of Higher Psychological Processes.* Cambridge, MA: Harvard University Press, 84–90. (**Reading 2.2**)

我们推荐另外两本经典的社会文化书籍——莱夫和温格的书以及杰罗姆·布鲁纳的书。第一本书在非正式学习的概念化方面产生了巨大的影响：

Lave, J. and Wenger, E. (1991) *Situated Learning: Legitimate Peripheral Participation.* Cambridge: Cambridge University Press.

布鲁纳的研究延续了 50 多年，有力地推动了一种专注于创造理解的"文化心理学"。例如，请参见：

Bruner, J. (1990) *Acts of Meaning.* Cambridge, MA: Harvard University Press.

为了更好地概览工作场所学习领域的问题和理论，请参见：

Evans, K., Hodkinson, P., Rainbird, H. and Unwin, L., (2006) *Improving Workplace Learning.* Abingdon: Routledge.

海兰德更详细地描述了区分职业与学术科目的社会和文化结构，以及学习分类法发展中对心理运动领域的忽视：

Hyland, T. (2017) 'Craft Working and the "Hard Problem" of Vocational Education and Training', *Open Journal of Social Sciences,* 5, pp.304–325.

Hyland, T. (2018) 'Embodied Learning in Vocational Education and Training', *Journal of Vocational Education and Training,* 71(2).

有关思维分类法的全面概述，包括 **SOLO** 分类理论和布鲁姆分类学概述，请参阅：

Moseley, D., Baumfield, V., Elliott, J., Gregson, M., Higgins, S., Miller, J. and Newton, P. (2005) *Frameworks for Thinking.* Cambridge: Cambridge University Press.

我们推荐的最后一本书邀请您退后一步，纵观学习、教育和社会方面的"全貌"：

Biesta, G. (2006) *Beyond Learning: Democratic Education for a Human Future.* London: Paradigm.

第三章　反思

如何提高我们的教学质量?

导言

布鲁克菲尔德（Brookfield）有句名言："我们教书是为了改变世界"
（Brookfield，1995，p.1）。如果情况确实如此（我们觉得是这样），那
么这就解释了仔细思考教学的重要性。当我们认真思考教学时，我们也
就履行了提升专业实践的承诺。我们想更多地了解我们和他人的行为带
来的后果。因此，我们需要致力于对教学提出系统的质疑，以此作为发
展的基础（Stenhouse，1975）。我们应该通过实践，对理论和研究进行
质疑和检验，正如我们需要通过阅读理论和研究来质疑和检验我们的实
践一样。下面列出的教与学及研究计划（TLRP）原则在支持实践方面
意味着什么？

教与学研究计划（TLRP）原则（参见第四章）

原则 1：有效的教与学使学习者具备广义上的生活能力。学习
的目的应该是帮助人们发展智力、开发个人资源和社会资源，使他
们能够作为积极的公民参与进来，为经济发展做出贡献，并作为个
人在多元化和不断变化的社会中茁壮成长。这就意味着对有价值的
学习成果要采取广泛的看法，确保公平和社会正义得到认真对待。

原则 9：有效的教与学依赖于教师的学习。这一原则说明，讲
师、教师、培训师和教辅人员需要不断地学习，以发展他们的知识
和技能，尤其是借助基于实践的探究来适应和发展他们的角色。这
种学习必须得到承认和支持。

**原则 10：有效的教与学要求一致的政策框架，以支持教与学作
为重中之重。**国家、地方和机构的各级政策需要认识到教与学最基
本的重要性。教与学的设计应能创造有效的学习环境，让所有学习
者都能在其中得到发展。

当我们初涉教育研究时，通常会被要求进行教学实践。我们可能被

安排在有经验的同事身边，有机会观察他们教学，然后长期或短期地与他们的学生一起工作。或者我们可能被要求在培训期间进行"微格教学"（microteaching）实践。如果我们是有经验的教师，我们也可能会被要求替别人上课或观察他人教学。

我们还谈论"良好实践"，它可以指一种行为准则、一种基础方法或我们必须努力实现的标准。专业标准通常建立在优秀实践的理念之上，并规定了从业者可以实现的目标。除了规定教师应该做什么的标准，我们还可以确定与教师行为方式有关的技能和属性，以及他们应该培养的素质。我们还可以开始确定一套价值观，并界定"良好实践"在我们工作中的含义。

本章考察了反思性实践的哲学和理论根基。它探讨了反思性实践在哪里以及为什么会受到批评，并讨论了反思性实践如何被用于发展专业知识。我们认为，对我们的实践进行反思，应该与我们的同行、同事和学习者一起进行，并以发表作品的形式帮助我们共同发展实践。本章还概述了反思我们的实践如何必然能带来各种行动，从而使其他同事们可以反过来发展他们自己的能力。

为什么要反思？

场景

在案例研究 3.1 中，我们呈现了某种反思的情景。通读并思考这个场景到底在展示什么，我们可以从中得到什么。

案例研究 3.1　玛丽亚冲进她的课堂

玛丽亚匆匆忙忙地走进教室，迟到了几分钟。她关掉手机，把沉重的包放在身边，里面装满了各种资料和要评价的作业，然后坐下来，准备参加教师教育课程的晚课。她在当地一所大学兼职讲授心理学，并正在努力取得教师资格。教学课程为期两年，她正处于最后一个学期。她和其他三位实习教师同坐一张桌子，他们都在后义务教育行业工作。纳丁教计算能力，马克教美发，苏尼尔在附近的一个社区中心工作，主要为年轻的父母和其他有兴趣发展育儿技能的看护人员服务。

这四名见习教师在一个学习小组，这个小组是去年他们参加课程时设立的。他们每周见面，并被分配各种任务。今晚，轮到玛丽亚讨论她在某方面的实践。小组的其他成员可以帮助她思考，以便她能够采取行动。

玛丽亚告诉大家，她注意到，参加她的心理学课程以获得"社区护理"职业资格的学员，对许多要求感到难以应对。他们似乎非常讨厌与统计有关的东西，而这是该课程的一个重要组成部分。她曾尝试让课程变得轻松，但这似乎没有什么帮助。

就这一点，纳丁让玛丽亚描述一下平时在某一个课堂上会发生什么。所有的学习者都在回避统计吗？当玛丽亚介绍这个话题时，他们是如何回应的？她是否注意到某些学员不来参加这些课程？马克问，她所教授的其他学术性较强的课程会有什么情况发生；也存在这样的问题吗？苏尼尔询问玛丽亚，她对统计的感觉如何：她在教统计的时候是否喜欢它？她在教别人的时候有多大信心？

玛丽亚开始感到不舒服。在教学中，她并没有考虑到自己对统计数据的感受。在学习统计时，玛丽亚自己也度过了一段艰难的时光。在上大学时，她的讲师要求学生轮流演示对某个数据分析问题的解决方案，玛丽亚感到非常害怕。她想逃跑，想躲起来。她也经常找借口逃掉一些课程。

在接下来的一个小时里，讨论的范围包括教授数学概念涉及的情感层面，使这些数学概念变得容易理解和相关联的方法，还包括为什么一些学习者开始出现回避行为，比如开玩笑、看手机或干脆不来上课。小组开始着手确定一个可能的前进方向，建议玛丽亚引入一个话题，说明统计数据何时能够帮助人们做出决定，甚至能够让他们质疑在媒体上看到的"事实"。

不一会儿，大家开始给出各种解决这个问题的想法。苏尼尔是这次讨论的记录员，他总结了大家的建议。玛丽亚决定尝试使用媒体上具有误导性的图表和陈述的例子来吸引学习者参与讨论。她还同意反思自己在统计方面的学习经历，看看这对她的实践有什么影响。她也会在博客上记录她的感受，以及她在学生中观察到的情况。

小组商定下次由谁来做展示，谁来做记录。现在是回家批改作业的时候了！

这节课上发生了什么？在其他任何一天，同样的讨论是否会引起完全不同的想法，或者如果有其他参加培训的教师在场，情况是否会有所不同？这群受训教师是如何"解读"或尝试去更好地理解玛丽亚课堂上发生的事情？你会把这个案例研究描述为反思性实践的一个例子吗？为什么？你还可以怎样描述它？

反思性思考

我们为什么要对实践进行批判性反思（Dewey，1916，**Reading 3.2**）？在探讨反思能够实现的内容之前，我们需要思考它的实际含义。"反思性实践"指的是在课堂内外，最好是与他人一起，采取一种引发某种新见解和行动的方式，以此来检查你的实践和教学。我们认为反思性实践必然是"批判性"的，也就是提出问题、盘问，挑战假设，试图用"新眼光"来看待问题，而且关键是（为了避免"钻牛角尖"），我们将反思性实践视为能运用这种反思的成果去做一些事情：对你的实践做出或小或大的改变，并且／或者与其他人分享从而影响他们的实践。反思性实践是一种挑战，它把我们带出我们的"舒适区"，让我们以不同的方式看待事物，更好地理解它，并带来某种形式的行动或改变，哪怕只是微小的、暂时的、试探性的改变。

盖也（Ghaye，2011）与由 50 名教师组成的小组探讨了对反思性实践的理解，发现了一系列不同的看法，从"钻牛角尖"到"从经验中学习"，从"放下个人偏见"到"追逐最新潮流"（p.22）。我们也能很轻易理解为什么反思性实践看起来既神秘又不受欢迎。这个术语经常被使用，但却很少被审视。同时它也是一个受到实践者和理论家大量批评的术语。对这种日益增多的批评，2010 年出版了一本批评文集，名为《超越反思性实践：专业终身学习的新方法》（*Beyond Reflective Practice: New Approaches to Professional Lifelong Learning*）（Bradbury et al.，2010），给出了部分回应。这本书包含了很多关于教师可以发展其实践的重要观点。书中还指出，反思性实践因其被采用的方式而遭受批评，认为其过于个人化，与未来行动相去甚远。相反，它认为反思性实践应该是合作的、对话的，并且总是富有成效的（详见 Boud，2010）。这是一个重要的提示。

反思性实践当然可以涉及个人的思考或内省（而且这一点非常重要）。但正如上面所讨论的，它的作用远不止于此。在下一节中我们将看到，许多关于反思性实践的模式或想法有两个主要特点：它们通常是循环往复的（与具体实验、观察和反思、形成抽象概念和理论化的过程，以及在新情况下检验概念的影响有关）（Lewin，1951，转引自 Kolb，1984，p.21）。在循环中，所有这些阶段都涉及以某种方式与他人的想法进行互动，无论是在书籍或文章中发表的想法，还是来自同事或学习者的观点。我们认为，如果你没有 1）带来某种行动或改变，2）利用他人的想法和观点（无论是"活生生的人"还是已发表的理论）挑战自己的想法或经验，那么你就不能"做出"反思性实践。

但为什么要这样做呢？有诸多原因。其中一个原因是，我们可能已经形成一些在短期内很方便的做法。但从长远来看，它们实际上并不能帮助人们有效地学习。例如，许多学生在参加正式的学习场合时要求提供讲义，或者要求将 PowerPoint 演示文稿上传到内网。讲义和下载的文件可以让学习者补上错过的课程，也可以让教师明确课程中要讲的内容。但也可能它们根本就没有什么用处。一份演示文稿并不能记录下教学过程中的所有内容。同样，讲义可能有助于捕捉学习课程中的一些重要内容，但讲义本身或任何资源本身并不是全部内容。如何使用讲义或电子资源对一个人的学习效果有重要的影响。因此，如果我们认为好的教学意味着为学生提供大量看起来很智能的讲义和互动网页，因为我们认为它们"包含"了课堂或课程的"内容"，那么我们可能是在自欺欺人，而且在实践中也不会达到应有的标准。显然这几个问题仍需要讨论，但我们想说的是，我们需要不断挑战我们对何为"良好实践"的假设。

批判性思考的第二个且更根本的原因是，我们不是在真空中教学。从第一章我们自己的故事中可以看出，教师同其他人一样，他做出的选择受复杂的社会和个人环境影响（Calderhead，1994，**Reading 3.1**）。有些影响我们思考方式的是意识形态和社会影响带来的结果，即葛兰西（Gramsci，1978）所说的文化霸权。例如，在世界许多地方，有一种普遍的观点认为，智力在出生时就已经注定了，资格证书对于找到好的工作至关重要。我们所受的教育往往决定了我们后来追求和获得什么样的资格证书，最终决定了我们所从事的工作类型。在英国，能够有权对教育系统做出决定的人，包括政府、法律系统和专业领域中的人，绝大多数都是重视某类教育和资质系统的受益者。这个系统不断地复制那些一直处于"正确"一方接受者所期望的东西。这种情况就是文化霸权。对于把教育和资格证书本身视为"好东西"的基本理念，我们并不是常常质疑的。换句话说，国家制度提供了一个背景，在此背景下，我们的一些价值观得到了加强，而另一些则被忽视了。

现在，我们的一些假设比其他的假设要容易受到质疑。如果说，我们认为满足学习者的需求是非常重要的，那么读这本书的大多数人都会同意这个观点。但是，如果我们又说，满足学习者的需求意味着总是做学习者想要的东西，人们可能会开始质疑。如果学习者对需求的定义非常狭隘，怎么办？如果我们知道许多学习者根本没有听说过的其他方法，怎么办？或者，如果我们认为自己是在满足学习者的需求，而实际上我们是在用自己喜欢的方式进行教学，根本没有考虑到学习者的需求，那将如何呢？又或者，如果有许多不同的方法来满足学习者的需求，那又该怎么办呢？导师可以通过教学／学习情境行使权力，这不仅仅是在明显的方面，如决定某门功课是否符合评估标准，也体现在不太明显的方面，如决定教什么、学习目标是什么以及如何学习等。

一位在"成人基础教育"行业工作多年的同事认为，学习者不应该为获得读写和计算能力的资格而学习。因为对他们来说，更重要的是让他们认识到他们是有尊严的，应该对自己有信心。她认为，学习者只能去完成被评价的学业只会让他们想起以前的失败。然而，当将词汇能力（Wordpower）和计算能力（Numberpower）（过去只是基本技能）首次引入教学时，她发现学习者通过获得这些资格证书增长了自信。正是通过公开的和被认可的奖励，学生们觉得自己可以获得自尊。她以前的假设建立在对资格证书的设置和价值进行挑战，但她没有考虑到学习者对资格证书的感受。同样，我们必须找到挑战我们假设的方法。即使是以一种非常简单的方式，我们可能已经用某种方式教了很多次，而且"效果很好"。但在不同的环境中，或者只是在不同的学习者群体中，可能效果就不尽如人意。重要的是我们要有方法和勇气来探究实际发生了什么。

反思活动 3.1　检验围绕学习资源的假设

思考一下你对学习资源的使用。你的学生对你所选择、改编或开发的学习资源有何反馈？当你使用这些资源时，他们是如何积极参与的？你能想到有些资源比其他资源"更好用"吗？为什么？在你使用某种学习资源时，它产生了让你意想不到的效果吗？如果可能的话，请与一位同事或小组同事讨论这些问题。

对于使用某些资源的好处和困难，你可能讨论过自己的假设，这些资源包括但不限于 PowerPoint 演示文稿、可下载的材料、自己制作的讲义、模型和其他学习材料。

你使用这些资源的理由中是否有任何假设？以你的方式使用这些资源的基本理由是什么？是否还有使用它们的其他方法？

> **延伸：** 如果你在给学习者群体授课，那么可以花一些时间与他们探讨，他们如何看待你对某种资源的使用，以及他们能否对不同的资源使用方式或如何理解它的有效和无效之处给出建议。

到目前为止，我们建议对满足学习者需求的这种想当然的假设提出挑战是合理的，因为这种假设有可能不是最合适的行动方案。在努力满足学习者的需求时，我们也要谨记，在任何时候都为每个学习者实现这一目标几乎是不可能的。但重要的是，不要过于自我批评，也不要认为我们应该一直满足所有学习者的需求。布鲁克菲尔德（Brookfield, 1998）提醒我们：

> 一个具有批判性反思的教育者知道，虽然满足每个人的需求听起来很有同情心，而且以学习者为中心，但在教学上是不合理的，而且在心理上自身的士气会受到打击。她知道，坚持这种假设只会使她为自己无法完成这一不可能的任务而背上永久的愧疚感。（p.133）

因此，当我们进行反思时，我们不仅可以质疑自己为什么要做这些工作，还可以帮助找出自己的不足之处，发现为什么我们可能会给自己设定不必要且无法实现的标准。反思性实践还可以使我们的工作更加有趣、令人满意，因为我们致力于积极地理解教学的复杂性。但我们如何做到这一点呢？

反思的方法

反思性实践模型

反思性实践模型有很多种，我们只能概述其中一些。其中最著名的是杜威（Dewey, 1916, 1933, **Reading 3.2**）的反思性思维的特征，梅兹罗（Mezirow，1998）的"批判性反思"（critical reflection），布鲁克菲尔德（Brookfield，1995）的四个镜头（Four Lenses），以及弗拉纳根（Flanagan，1954）的关键事件分析（Critical Incident Analysis）。所有这些及其他诸多模式都是重要工具，增进了我们对教学方方面面的探究。在此探讨其中一些工具时，不妨记住，每一种工具都有其价值。它们可以促使我们对自己的实践进行质疑，通过与他人的观点互动来挑战自己的观点，并产生某种改变。我们也可混合使用这些模型或使用完全不同的模型来进行反思性实践。

杜威（Dewey，1916，1933，**Reading 3.2**）是最早的反思性思维的代表之一。尽管他是在 20 世纪初进行写作的，但他的文章通俗易懂，发人深省，具有现实意义。杜威指出，我们总是试图以实验的方式来研究该怎么做，可反思也可以帮助我们实现这一点。换言之，他非常清楚思考的实际意义。

杜威指出了反思性思维的五个一般特征，这其中包括困惑、迷茫和怀疑。他认为，易变是人类状态的自然部分。他指出，作为人类，我们常处于一种情形，即缺少做出决定所需的所有信息。我们很少意识到所有的相关因素。这就是为什么我们需要仔细思考在不同情况下所有可能发挥作用的因素，并检查我们所拥有的全部证据，以便形成一个初步假设来说明，为了改变，我们可以尝试并做些什么，最终得以采取实际行动。

例如，如果我们有一群学习者正在考虑退学，我们可能会想如何解决这个问题。不要假设这是"他们的问题"，我们可以开始怀疑"任何学习计划都会有辍学现象"这样的观点，并对这一现象的原因感到困惑。通过思考造成这种情况的可能原因，并从不同的角度来看待它，我们可以开始想一些办法。这就是杜威所说的"猜想性预测"（conjectural anticipation）。在我们的例子中，我们开始可能会想，我们的辍学率是否与评价的截止日期和家庭在重大节假日及假期的繁忙时间之间的冲突有关；我们的辍学率是否与公共交通方面的困难或财务方面的困难有关。我们可能要研究学习者的角度，他们如何看待这种情况，以及获得有关交通、儿童保育、支付能力以及重大节假日时间的信息。我们需要为这些情况想出一个可能的理由（或一组理由），然后利用这个理由去寻找处理问题的方法。我们可能决定应该改变计划的时间，或者针对一些交通困难和财务安排寻求一个全学院范围内的解决方案。虽然我们还不知道这些想法是否可行，但通过采取行动，我们可以检验这一假设。我们所做的事情可能不会导致我们所猜测的结果，但现在当我们看到自身行为的后果时，就会发现我们其实正以一种目标明确的方式这样做，我们希望能从做过的事情中学习。

关于杜威的方法有两点需要注意。第一，细致的调查和阐述才能使这种方法具有反思性，而不是简单匆忙地进行试错。第二，杜威建议先提出假设，然后通过行动进行检验。这样一来，我们对行动就采取了一种探究的方法。作为教师，我们可以使用这种方法，根据反思来采取行动。换句话说，我们可以从经验中学习，积极主动地尝试新的想法和解决现有问题的方法，并注意到我们采取的任何行动都会带来新的挑战。对杜威而言，如果不首先采取行动，就无法进行反思性思考。这两者是密不可分的。我们可以花时间去研究问题是什么，也可以花时间去思考如何解决这个问题。但这些思考只有在我们采取行动的时候才能发挥作用。

反思性思考可能是一件相当危险的事情。我们正在积极挑战专业自我中舒适、理所当然的部分。杜威在 1916 年和 1933 年用来刻画这些需求的词汇意义重大：

> 只有当一个人愿意忍受担心和经受探索带来的**麻烦**时，他才能进行反思。对许多人来说，**悬而未决的判断和智力的探索都是令人不快**的，人们也想尽快结束它们。他们养成了过度积极和教条主义的思维习惯，或者觉得**怀疑**的状态会被认为是**智力低下**的证据。正是**检查和测试**融入到探究反思性思维和不良思维之间的差异时，才会出现……**真正的思考**，我们必须愿意维持和延长那种怀疑的状态，而这种怀疑能**激发**我们进行**详尽的调查**。（Dewey，1933，

pp.15–16，此处为重点）

　　在我们本章开头的例子中，玛丽亚可以从她的经验中学习，尤其是在反思中思考。然而，在生存阶段之后，什么能帮助她的学习？她可以轻松地尝试不同的方法，但这可能仅仅是"凭空猜想"。为了进步，她需要系统地质疑自己对现有情况的理解。我们认为，杜威的反思性思考方式可以带来更多的实验性方法，我们可以在此展开行动、观察行动的后果。同时，与同事合作也是非常重要的，这样一来，我们的经验和理解既能被别人影响，也能为别人所用。实验往往带来进一步的行动。例如，假设我们正尝试改善我们的学习者的有效学习方式。联合实践发展（Joint Practice Development，更全面的解释请见 **Reading 16.1**）的一个协作项目"通过现有技术促进继续学习"（Enabling further learning through available technology，Barton & Butcher，2012）就是从在线授课被英国教育标准办公室（Ofsted）批评为不连贯且无效的这个问题出发。他们决定看看学习者是如何实际使用虚拟学习环境（virtual learning environment，VLE）的，然后通过使用问答策略与同事一起开发有效的方法。这个想法将现有的策略（问答）用在了新的环境（虚拟学习环境）中，从而尝试了一种解决方案，并进一步检测了以前的成功方法。这项特殊的研究使从业者认识到：

　　　　对了解到如何使它［虚拟学习环境加强深度学习］发挥作用，除了收集一些可能的方法，以不同的方式运用这些概念来试图满足学习者的需求，没有人或研究有任何线索或方向（Barton & Butcher，2012，p.6）。

　　另一位备受推崇的批判性反思的阐述者是梅兹罗（Mezirow）。他的基本方法基于这一观点：我们应该批判性地反思我们的假设，这样我们的思考就有了原则性；换句话说，它是公正的、一致的而非任意的。这是一个很高的要求。梅兹罗把假设的批判性反思和对假设的自我反思

称为"成人学习的解放维度"（emancipatory dimensions of adult learning）
（Mezirow，1998，p.191）。然而，如何才能做到这一点呢？

这个模型（图 3.1）显示了来自课堂探究和其他研究的证据如何提高了教师的判断力。它通过提供一个从处理紧急问题、任务或事件中抽身而出的机会，并开始了一个思考、计划、行动和评价的循环过程。

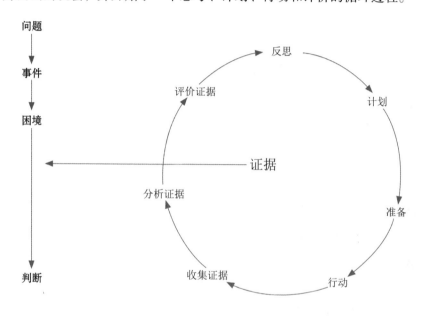

图 3.1　实证（evidence-informed）实践

还有许多其他的循环模式，如吉布斯（Gibbs，1988）的反思循环（Reflective Cycle），其中大部分受杜威（Dewey，1933）和勒温（Lewin，1951）的影响，它包括一个经典模式：采取行动，思考，得出某种结论或想法，然后在新的行动中应用这些想法，循环往复。然而，至关重要的是，这些模式中的大多数还把要求与同事合作和 / 或检验"文献"作为思考的一部分，也就是说，通过采用各种观点来重新构建事件。这是反思性实践的一个重要方面。没有"批评"的帮助，无论是"现实"还是文本中的声音，都很难揭示我们自己的假设。

布鲁克菲尔德（Brookfield，1995）也强调批判性反思是教学的基本方法。他建议教师和学习者都应该发展一种要求"寻求假设"的方法。这就像侦探一样寻找我们当前行为的线索。他的方法因强调需要从多个角度看问题而闻名，也就是所谓的"布鲁克菲尔德的四个镜头"（Brookfield's Four Lenses）。布鲁克菲尔德认为，我们可以从自己的观点、同事的观点、学习者的观点和理论文献的角度来看待一个情境。他把这些视角称为四种批判性视角。布鲁克菲尔德的方法给我们提供了一个有用的提示，那就是要用不同的观点来挑战我们自己的观点。值得注意的是，他强调在使用理论文献的同时，也要（而不是代替）采用同事和学习者的观点。

关键事件分析

开始反思过程的一个方法是以"关键事件"开始的。这个想法由弗拉纳根（Flanagan，1954）提出，主要是要求我们想一个特别能说明一般性问题的例子。因此，如果我们想了解作为一个学习者是什么样子的，我们可以想一想我们最近获得一项新技能的情况。批评性事件分析通常被认为是从一个特定的、能够记忆的、积极或消极的事件或"事故"中吸取教训，并研究可以从中学习到什么。坎宁安（Cunningham，2008）在专业发展的背景下发展了关键事件分析的概念，他指出，对一个专业人员来说的关键事件，对其他人来说可能就不是这样：

> 没有任何具体的事件本身是关键的；它的关键性只存在于经历它的人对它的看法［……］使职业生活中的情况变得关键的是，它在我们的平衡中产生的干扰。（Cunningham，2008，pp.164–165）

当情况变得不平衡之后，我们需要分析或反思事件，以恢复我们的平衡，并在思维和行动稍有改变的情况下继续前进。

反思活动 3.2　尝试关键事件分析

　　阿伊莎刚刚开始在斯旺西的一所继续教育学院学习英语手语。她想要学习怎样在工作中与聋哑同事交流。她对通过展示面部表情进行交流很有兴趣，并喜欢在双人和小组中识别并尝试各种手势。然而，她发现手指拼写非常困难。当她在小组里，看着导师用手指拼写，并与其他学习者轮流说出他刚才说的话时，阿伊莎感到自己一无是处。一天晚上，阿伊莎在工作中经历了特别艰难的一天。当轮到她回答时，她感觉大脑一片空白，于是她从房间里跑了出来，直到下周才回来上课。关键事件分析会问：有助于她学习的情形都有哪些特点，都有哪些困难？这些特点中是否有可以用到我们自己的学习者身上？

　　那么，从这个特殊的例子中可以学到什么？阿伊莎为什么要跑，又为什么回来？要求学习者以相对公开的方式尝试我们的新技能，这样做对吗？我们想象一下，老师觉得这种方法的好处是什么？阿伊莎是如何看待这个问题的？其他学习者又是怎么看待这个问题的？如果我们认为练习新技能对人们来说真的很重要，有没有一种方法可以让他们在没有"观众"的情况下进行练习？这些都是我们在有关键事件需要分析时可以提出的问题。或者也许还能提出其他问题。通过这种方式，我们根据自己的经验，发现问题，从而进行进一步研究。

汲取日常经验：理论与实践

　　除此之外，反思性实践是我们作为教师了解所谓的"理论"与"实践"关系的一种方式。人们普遍认为，理论和实践相互排斥，彼此之间没有帮助。希利尔（Hillier，1994）在对基础教育工作者的研究中发现，许多教师没有阅读过教育理论书籍，但他们有自己的想法。他们的日常实践浸润在理论中，但并没有表达出来。另一方面，理论可以而且确实描述和解释了他们的许多实践。为了正确思考这个问题，我们需要研究我们所说的理论和实践到底是什么，两者是如何与关于知识的想法相联系的。

如果你目前正在学习如何进行教学的课程，你就会注意到，你与同事的想法既有很多相似之处，也有很多不同。在许多情况下，我们根本不知道做某事的"最佳方法"，或者为什么会出现某些情况。现在，我们可以有自己的"预感"，这些是我们非正式理论的基础。这些非正式理论与正式理论形成对比，后者被赋予了更高的地位，因为它们经过了公开检验（通常出现在书本和杂志上）。布鲁克菲尔德提醒我们，如果思考他所谓的"普遍理论"即正式的公共理论，它不能帮助我们适应地方性条件，在这些条件下，"学生的行为与我们漂亮的推理分析相矛盾"（Brookfield，1995，p.209）。

再一次，当我们想到专业人员知道多少时，隐性知识的概念就很明显了。波兰尼（Polanyi，1962）曾经说过："我们知道的多于我们能说的。"如果你观察过一个有经验的同事的教学，就会发现这个人会有大量的知识正用于操作。但如果你要求同事就她的行为方式提供一个步骤记录，她可能发现这样做非常困难。

野中郁次郎和竹内弘高（Nonaka & Takeuchi，1995）展示了另一个公共和私人知识的例子。当一个人加入一个新的组织，他可能很快就会被社会化，接受某些做事的方式。其中一些流程步骤就是公共知识，例如，在继续教育学院中，必须签订学习合同，每个培训教师都会被告知此事。然而，也会有隐含的甚至没有被讨论的内容，它们往往涉及人们如何与他人建立联系或如何穿着。然而，新来的人却要自己想出答案，比如说出着装要求等。如果被问及，人们可能会停下来思考，然后讨论"我们在这里是这样的"。但这种知识往往是隐性的，是在没有入职培训计划的情况下获得的。对我们来说，一个有趣的活动是要尝试思考一下，我们的同事对我们工作场所有哪些公开的、正式的或明确的讨论，以及哪些是我们似乎没有谈论过的内容。

我们在玛丽亚的例子中看到，当她确定了一个问题时，这个问题可以从哪些假设的角度来进行研究。这些假设，不管是深刻的还是普通的，都构成了她行动的理论基础。没有理论就没有实践，即使这个理论没有经过明确说明。同时没有实践形式就没有理论。有时我们用"它不是"这个概念来定义一个东西。理论和实践有时被看作是对立的，实践处理的是具体的、直接的现实，理论处理的是一般的、抽象的概念。这是很有误导性的。卡尔认为，这种"实践是非理论性的，而理论是非实践性"的假设，低估了那些从事教育实践的人必须反思的程度，因而也试图将关于他们通常想要做什么进行理论化（Carr，1986，p.162）。

事实上，正在发生的是"理论指导下的实践"。我们所做的事情预设了一个概念框架，即使我们并不擅长阐述它，甚至没有意识到它。事实上，格里芬（Griffin，1989）强调了我们的实践和理论是如何相互联系的：

> 没有不表达理论的成人教育实践，也没有不直接产生于成人教育实践的成人教育理论……知识的基础是实践。（p.136）

因此，理论与实践之间的联系意味着，理论"立足于"实践，而实践既形成理论，又被理论所形成。当我们教学时，我们的实践是由我们的经验形成的，由我们对事情的理解形成的。如果我们尝试一种新的教学方式，尝试的结果有助于我们决定是否在未来继续使用这种方式。我们发展的知识可以被称为实践知识，这与"适当的行动"有关（Usher & Bryant，1989）。

当思考实践时，我们根据某些具体材料如讲义、电脑及各种学习资源开展实践。因此，在制作和使用这些材料时，我们正在使用技术知识。然而，我们选择在实践中使用这些资源的方式体现了我们作为人与这些材料之间的互动。我们必须判断如何最好地将我们的材料或学习资源与我们小组中的学习者一起使用，并借鉴我们在上一章中概括的学习理论。我们建议一种特殊的方法，它包含了做什么、什么时候做、为实现教育的深刻和持久的目的该如何做出判断。换句话说，我们正在进行一项更广泛而深入的努力，而不仅仅是使用一套简单的技术技能。

让我们介绍一些术语，这些术语有助于我们界定实践的含义。现在比较危险的想法就是认为我们都知道了什么是教育实践。然而，像理论一样，它要复杂得多，并受制于不同的概念化过程。希腊人对此有更丰富的理解。亚里士多德把技艺称为 *techne*。他认为，技艺可以帮助我们制造物质产品，但它们不能告诉我们在社会世界的行动和互动中应该做什么。技艺（*techne*）包括关于我们所使用的材料的知识，以及应用这些材料的技术来生产我们试图制造的产品。然而，制造东西并不是简单地遵循配方。技艺是由生产或制造（*poiesis*）指导的，这在生产它们的行动之前就已经明确。这也许是一种最被视为工具性的或遵循规则的行动。它涉及在制作过程中，将我们的技术知识应用于手头的特定物品或材料，以达到特定目的而进行的一种特定的判断，即生产或制造。当我们做一个蛋糕时，有各种现成的规则来说明如何做才能创造出完美的蛋糕。但在实际制作过程中，有经验的厨师会做出决定，比如当混合物太湿或太干时，他们会做出调整。当我们教学时，我们一直在根据学习者的反应方式进行调整，这种知识也来自经验。因此，生产或制造是一种比技艺更广泛的知识形式，它源自经验。比斯塔（Biesta，2015，**Reading 1.1**）分析了生产或制造在我们专业实践中的重要性。

通过教学，我们实际上并没有带来物质产品的创造。当我们谈论教学实践时，我们是在谈论在社会中的行动。正如我们上面所指出的，这在教育实践中具有道德层面的意义。因此，这个有趣的术语是"实践"（*praxis*），它关注的是"人性的善"。实践不是一种"技术上正确"的行为：它比这更深刻。它与道德、社会和政治行动有关。因此，当我们思考实践时，我们开始思考我们是如何被我们的文化、教养以及我们自己所处的社会地位影响的。我们在这个世界上的行为方式是由我们的个性、宗教或哲学以及我们的意识形态所决定的，而这些我们都没有意识到。弗莱雷（Freire，1971，2002）是实践的主要倡导者之一，他在巴西的工作使他了解到，那些希望学习阅读和写作的人也希望在世界"采取行动"以改善他们的处境。因此，实践是与政治行动有关的。卡尔和克米思（Carr & Kemmis，1986）这样描述它：

> 实践的根源在于实践者在实际的、具体的、历史的情况下对明智和谨慎的行动所做出的承诺。实践总是有风险的；它要求实践者对如何在这种情况下采取行动做出明智、谨慎又实际的判断。（pp.190–192）

因此，生产或制造是导致事物创造的非反思性行动。它确实涉及对材料和事物的判断。不过，它并不考虑追求"人性的善"。然而，实践是一种反思性的行动，它能够改变影响它的理论，并且完全与追求"人性的善"联系在一起。因此，这种行动不会像做一块蛋糕或一个锅那样生产出一个具体事物。它不是中性的，也不是简单的。它是一个产出目标的过程，而这个目标本身往往是具有高度争议的。

教学知识不是抽象的、笼统的，而是有"情景性的"，因为它具有"社会位置，往往是复杂的、有问题的，并且是有意识地进行的"（Usher & Bryant，1989，p.82）。这种观点被称为"非正式理论"。然而，如果没有批判性的分析，实践者持有的非正式理论和他们从经验中产生的实践知识有可能"停留在轶事、特异性回忆的层面"（Brookfield，1993，p.75）。换句话说，我们自己的"非正式理论"需要与其他人的非正式理论（在与同事和学习者的讨论中）和已经发表的"正式理论"进行对比，以挑战假设并发展出细致的差异。

为了使教育实践采取实践的形式，而不是单纯的技艺，我们需要对我们的实践进行批判性反思。正如本章前面所展示的，批判性反思的过程可以采取多种形式。然而，为了确保教育实践能够从我们的批判性反思中获益，我们需要采用一种反思性实践的形式，这其中包括我们现在要概括的某些关键特征。

批判性反思：原则和价值

反思性实践的七个特点

到目前为止，我们在本章中讨论了反思性实践的含义，探讨了它对我们实践发展的重要性。我们提出，正是通过实践，我们可以进一步发展和检验我们的理论，包括非正式的理论和明确的、正式的理论，我们还认为，与他人的观点和理论的接触对于进一步发展我们的实践至关重要。我们提供了一些例子，说明人们可以在与他人合作中发展自己的实践。我们相信，反思性实践是教学实践发展得更好更完善的一个关键因素。现在我们可以转向研究反思性实践的如下七个关键特点。

1. 反思性教学意味着积极关注目标、结果、手段和技术效率。

如果想知道我们所了解的和所做的是否有效，或者说如果想检测知识，那么我们需要一种方法来利用这些知识的隐性特征和显性特征。因此，FAVE 研究应该对在这个领域工作的人所拥有的丰富专业知识有所利用。发展实践的一个基本方法是仔细检查或研究我们所做的事情。这种研究不一定是大规模的，毕竟我们大多数人都没有这样的机会。我们谈到的基于研究的实践是可以通过与同行合作来实现的，也可以帮助我们的同行了解情况。这个观点与斯滕豪斯（Stenhouse，1975，**Reading 3.3**）、埃利奥特（Elliott，2001）、菲尔丁（Fielding et al.，2005）和科菲尔德（Coffield，2008）的观点一致。

2. 反思性教学的应用是一个循环或螺旋式的过程，在这个过程中，教师不断地监测、评价和修正自己的实践。

我们在上面讨论了反思性实践的循环性质。这种检查和发展我们实践的方法可以通过进一步行动来进行研究（Pring，2004，**Reading 3.4**）。在这里，我们发现了一个问题，我们希望能够解决并采取行动，合作解决这个问题，持续监测并改变我们的行动。行动研究是为了改变现状，但要在系统的和仔细的研究基础上做到这一点。它的目的是使人们能够主动改进自己的实践，而不是被动地等待改进。它与反思性实践有着内在的联系。在反思性实践中，一群同事可能会挑战理所当然的事物，并试图为他们的实践创造一个理由（Hillier & Jameson，2003）。

3. 反思性教学要求掌握有依据的课堂调查方法，支持逐步发展更高的教学水平。

以确定一个想要研究的问题为起点，这个问题应该引导我们审阅经过研究和报道的内容。因此，我们需要利用这些证据，借助书籍、期刊、报告中的印刷材料以及互联网搜索。这也是前面提到的利用他人观点的一部分。

我们还需要有能力收集自己的证据。获得这方面的经验有许多方法，包括阅读研究方法、参加正式的研究培训计划。然而，仅仅收集数据还不够。我们还要分析得到的数据。这就需要对数据分析技术有充分的了解，重要的是对所采取的任何方法的局限性要有一个了解。

最后，我们需要能够评价自己和他人的研究。大多数报告过的研究并没有完全描述研究的停顿和混乱。或者说，人们所做的决定不可避免地会侧重其中一种观点（Hillier & Jameson，2003）。

4. 反思性教学需要有开放的心态、负责任的态度和全心全意的精神。

我们如何知道什么是"好"？我们需要对实践和指导实践的理论都采取批判性的方法。当我们想到玛丽亚和阿伊莎时，我们必须问自己，是否有一种潜在的观点、一种意识形态，它运作着并引导我们所有人注视一个特定的方向。如果我们向前看，就看不到后面的东西。我们需要把目光引向我们视野之外的区域。布鲁克菲尔德（Brookfield，1990）建议，要超越我们在课堂上日常实践的"细枝末节"，我们可以通过"质疑"，然后替换或重构一个被大多数人作为主流常识而接受的假设（p.66）。

大家都认为自己可以进行反思并尝试解决所发现的问题。但我们怎么知道自己已经发现了真正的问题？对特定情况下产生的问题，每个人的定义也许不一样。我们如何区分"症状"和"问题"，又如何知道谁是"正确的"？此外，我们对问题和解决方案的确认可能仅仅与所谓的"技术理性"有关（Schön，1983）。换句话说，我们正在寻找一种达到目的的手段。这是一种看待世界的特殊方式，它声称自己起源于"科学"，并寻求用"目标"或"结果"来衡量进步。我们都希望学习者能有一个良好的学习方式。但是，如果仅仅通过结果来衡量学习者的成就，那么我们可能没有考虑到公平的概念，也没有质疑学习者应该学习什么，以及为什么学习。那么，以"道德上的善"的方式进行教育实践会怎样呢？我们不再认为只需要找到有效的方法来进行教学和学习，而是转向我们应该做的事情；也就是说，我们的理论和实践要有一个规范的地方。

在本章的前面，我们讨论了实践（praxis），它强调对行动的承诺，承诺在"正确"的时间，出于"正确"的理由做"正确"的事情。然而，如果我们要寻找最明智的行动方案，承诺采取行动仍然是不够的。我们如何知道我们的做法是谨慎的？为此，我们需要另一种方法，在这种方法中，由反思来决定什么是"最好的"行动方式。这就是希腊语中的 phronesis（实践智慧）。它的意思是行为正当性的实践知识。它的目的是去超越常规的、习惯性的或未受质疑的实践。当然，什么才是合适的，并不容易确定，也不容易衡量，而且这是可以被质疑的。然而，寻找正确和适当的行动方式是一个重要目标。这是一个持续的探索，确保我们不会粗心或自满。卡尔在阐述实践智慧对亚里士多德的重要性时，将其描述为"最崇高的知识美德和实践中不可缺少的特征"（Carr，1986，p.171）。

并不是说我们可以发现一种道德上的"正确"方式。我们知道，在如何定义什么是道德正确上存在着文化差异。然而，我们可以对工作的道德和伦理层面进行公开辩论。我们决定如何正确而恰当地在这个世界上行动时会遇到困难，只有我们承认了这些困难，才能开始努力实现这一目标。因此，我们对反思性教学的探索是基于古希腊的一个概念"实践智慧"（phronesis）。如果没有这个概念，"缺少实践智慧的人可能会在技术上负责，但永远不会在道德上负责"（Carr，1986，p.171）。标准有助于指导我们进行专业实践的方式，帮助我们确定和辩论作为促进他人学习的专业人士的实践准则。我们认为，不应该把这些价值观看作是既定的或没有问题的。我们认为它们构成一个专业对话的基础，并不断地提醒我们，我们正在寻找的是永不自满的实践。

5. 反思性教学以教师的判断为基础，以其他研究的证据和见解为依据。

实证（evidence-informed）的课堂探究为实践者的小规模研究提供了一个机会，使其可以系统地发展为更大规模的研究。而且它也可以提供重要的地方性见解，实践者可以在此基础上继续试验。同样重要的是，作为教师，我们要抽出时间来阅读（批判性地阅读！）他人的研究报告，这样就能受到他人见解的挑战。

6. 通过与同事的合作和对话，促进反思性教学、专业学习和自我实现。

这种方法与专业实践的概念有关。埃利奥特（Elliott，1991）写道，所有有价值的专业学习都是经验性的。我们应该着眼于真正的实际情况，它们存在问题且复杂，可以从不同的角度进行各种解释。与我们的同事一起工作，无论距离远近，都有机会探讨这些不同的观点，交流对"问题"和"解决方案"的理解，并互相提醒为什么要做这样的工作。

对实践进行反思并明智地利用这一点，两者是同一回事。我们是否已经确定，批判性反思实际上可以改变实践？我们能不能改变实践，使其更加有效，更多地将最好的理论作为基础？如果非正式理论没有经过批判性的审查和检验，那么它们几乎不可能发展成为"良好实践"。这就意味着我们要以某种方式与其他人的想法合作。与他人一起进行批判性的反思，我们可以从自己的个人非正式理论中提出命题开始，然后这些理论就变成公开且可检验的。正如波普尔所指出的，检查我们的实践"不是理论知识的敌人，而是对它的激励"（Popper，1962，p.222）。

通过与他人一起进行批判性的反思，而不是继续自我怀疑，认为自己是课堂上的冒牌货，或者认为自己是失败的教师而感到内疚。我们可以积极地寻找新的实践基础和更多的方法来应对我们不断面临的挑战。

我们掌控专业实践，承认自己不是在独自工作，而是团队的一部分。我们也承认观察并不可能改变一切，但我们也意识到可以识别自己可以改变的生活领域。这是一个真正解放的过程。

7. 反思性教学使教师能够创造性地调解外部开发的教与学框架。

与反思性实践密切相关的是我们作为专业人士的行为方式。专业行为的特点之一是坚持一套关于如何实践的价值观和观点，正如贯穿整本书的教与学研究计划（TLRP）原则中看到的那样。FAVE领域可以借鉴许多专业实践，因为它包括广泛的专业科目。然而，在教学领域，表达明确的实践准则主要来自许多在国家背景下制定的既定标准，通常包括要求专业从业人员参与持续的专业发展，以提高他们的技能并深化他们的知识。

由于各套标准都侧重于专业人员的角色，你可能会发现，在整个教师培训课程中，你被要求写一本专业日记或学习日志。无论这是不是一项要求，我们都建议你尝试记录自己的想法，无论是以书面形式、录音，还是其他形式，都把它作为反思过程的一部分。随着时间的推移，你会发现，当你被要求回顾课程并确定你是如何发展自己的思维和理解这个庞大而复杂的领域时，这些笔记将为你提供一个重要的信息来源。它们还可能有更大的用途。

共同发展实践

在本章中，我们提到与他人一起进行反思性实践的重要性，以及在小组中进行合作性反思是一种非常有效的方式，它可以将不同的观点汇集到一起，对实践中的问题或议题进行理解。我们鼓励你与同事一起探索，发展你对专业实践的想法和知识。事实上，我们认为，一起工作并批判性地审视实践，然后采取措施，以探索性的方式去改变，这种做法是作为一名专业教师的基本素养。教育和培训基金会（Education and Training Foundation，ETF）和桑德兰大学卓越教师培训中心（University of Sunderland's Centre for Excellence in Teacher Training，SUNCETT）项目中的例子将贯穿本书，用以说明基于联合实践发展（Joint Practice

Development，JPD）的实践研究项目如何通过合作的反思性实践支持教育实践的发展和改进。下面我们将更全面地阐述联合实践发展的主要特点。

联合实践发展是一种以实践者为中心的改善教学、学习和评估的方法：

> 它考虑到了那些正在努力学习新的工作方式的教师们现在的做法，并承认那些正尽力支持他们的人所做出的努力。它还强调了相互参与的必要性，这也是开放和与他人分享实践的复杂任务的核心所在。（Fielding et al.，2005，p.72）

联合实践发展与传统的教师专业发展方法不同，后者假定有一位专家掌握着知识，他将其传授给在这些新思想或实践方面不足的教师。联合实践发展认识到从教育研究中获得知识的影响，并与在特定环境下工作的教师和领导者的地方性知识和个人见解进行平衡。联合实践发展方法的核心理念是，当教师、领导者和组织者在尝试将研究结果付诸实践的过程中相互学习时，那么就会发生真正的变化。

正如本书导言中所指出的，联合实践发展有四个指导原则。这些原则鼓励从业者：

1. 为信任、开放和诚信留出空间；

2. 努力建立对教育问题的共同理解，以及理解解决这些问题带来怎样的教育意义；

3. 分享关于尝试干预或创新做法的经验；

4. 一起批判性地回顾整体进展。

联合实践发展始于这样的认识：寻找新的、更好的工作方式并不是低估当前实践的优点。相反，它鼓励教育领导者和教师协作，调整经过充分研究的创新和想法，并以相互支持的方式将其融入现有的工作。我们对批判性反思实践的理念支持这种做法，它为 FAVE 领域通过教育研究来改善教育实践提供了基石。

反思活动 3.3 　对实践中具有挑战性的方面进行协作性反思

　　想一想你在教学中遇到的令你困惑或具有挑战的情况。写下一个例子，（根据你对本章和其他观点的理解）从你的角度、学生的角度以及更广泛的背景中确定问题所在。与一位同事，或者最好是了解反思过程的一组同事讨论这个问题。他们可以从不同的角度帮助分析这个情况。可以的话，将已发表的理论中的观点囊括进来。记住要思考你可以采取的行动，并同意在下次会议中看看下一步对你的实践有什么影响。试着把你的想法和行动，以及你阅读的任何东西记录下来，看看你是否能把这种共同反思变成一件长期的事情。

总结

　　现在，许多人可能想知道，在考虑对学习者采取最适当的行动方案时，到底可以依靠什么。我们已经提出，对事情运作的原因以及因此如何去进行教学包含了潜在的个人理论，但这些理论很少被明确阐述。我们认为，这种非正式的理论会遭受各种"骗局"、文化和意识形态的影响，它们带来不容易被识别的假设，因此也不容易受到挑战。正如克罗蒂（Crotty，1996，p.280）所指出的："当我们试图描述我们以前从未描述过的东西时，语言会让我们失望。"那么，该怎么做呢？

　　也许一个出发点是把专业实践看作一次旅行。在开始的时候，你必须要有"装备"；换句话说，你必须要有必要的设备和知识，知道如何规划你的旅程，以及要带什么东西。这就像最初的专业教育和培训。然而，一旦你开始旅行，你会遇到不同的情况和人；你会发现特别的策略和方法来助你前进，也会遇到重大的挑战。这是你获得的经验。如果你认真反思，你可以从中学习、发展。一路走来，你也可以获得很多信息。这是公开的正式知识，有点像旅游信息、地图和时间表，也包括已发表的理论。你必须利用这些来计划你的某个旅程，而且你会对其中一些信息非常了解。然而，你选择的旅行方式可能不是最有效的。有时你会在与其他同行者相遇时才知道这一点。

这一章从一个实际情况开始。然后讨论了什么是反思过程，以及为什么它很重要。这就提出了关于反思的问题，以及作为从业者，我们如何拥有与专业工作有关的许多非正式理论。这就引出了对理论的思考，它是什么，又如何能帮助我们。本章讨论了专业性和能力的概念，也说明了专业人员不断地寻求更多关于如何改进他们的实践的知识。通过这种方式，我们意识到，我们不仅要教书，而且要不断研究我们的教学。在本书中，我们要求你把自己当作一个学习者。这种感觉是什么？你能记得你在什么时候曾经努力学习过什么吗？你能记起你在什么时候轻松地学会了什么吗？当你与自己的学习者一起工作时，你能利用你的经验吗？换句话说，你能否反思自己的经验并从中学习，将你关于学习的知识迁移到关于教学的知识中。你能反思地教学吗？

我们在教学时要对许多人负责：学习者、同事、资金提供者、社区成员，而且我们知道，各种"利益相关者"的要求往往是相互竞争的。批判性反思并不能为这些严重而复杂的问题提供简单的答案。它是马斯洛（Maslow，1968）描述的"关键的、未解决的、人类的问题"。正如埃罗特（Eraut，1994）详细指出，从经验中学习是相当有问题的。确切地说，我们从经验中学习什么？我们可能学会重复过去的错误，仅仅是因为我们甚至没有想到可能有其他的做事方式。反思性实践的重要性在于，它使我们对自己所做的事情有了更深刻的认识。这虽然很简单，但也很关键。我们的立场现在"被其他立场所告知"（Warnke，1987，p.169）。这很重要，因为我们自己的专业实践会不断受到挑战。

主要阅读文献

有关"为什么反思？"，请参见：

Calderhead, J. (1994) 'Competence and the complexities of teaching', edited from 'Can the complexities of teaching be accounted for in terms of competences? Contrasting views of professional practice from research and policy'. Mimeo produced for an Economic and Social Research Council symposium on teacher competence, 1–2 **(Reading 3.1)**

Dewey, J. (1933) 'Thinking and reflective experience', edited from *How We Think: A Restatement of the Relation of Reflective Thinking to the Educative Process.* Chicago: Henry Regnery, 15–16; and Dewey, J. (1916) *Democracy and Education.* New York: Free Press, 176–177. **(Reading 3.2)**

Stenhouse, L. (1975) 'The teacher as researcher', edited from *An Introduction to Curriculum Research and Development.* London: Heinemann, 143–157. **(Reading 3.3)**

讨论反思实践的重要方面的经典文本，请参见：

Brookfield, S. D. (1995) *Becoming a Critically Reflective Teacher.* San Francisco: Jossey-Bass.

Carr, W. and Kemmis, S. (1986) *Becoming Critical.* Lewes: Falmer.

Eraut, M. (1994) *Developing Professional Knowledge and Competence.* London: Falmer.

Pring, R. (2000) 'Action research and the development of practice', edited from *Philosophy of Educational Research.* Continuum: London, 130–134. **(Reading 3.4)**

Schön, D. (1983) *The Reflective Practitioner.* San Francisco: Jossey-Bass.

Schön, D. (1987) *Educating the Reflective Practitioner: Towards a new design for teaching and learning in the professions.* San Francisco: Jossey-Bass.

有关反思实践和改进专业实践方面的有益讨论，请参见：

Bradbury, H., Frost, N., Kilminster, S. and Zukas, M. (eds) (2008). *Beyond Reflective Practice: New Approaches to Professional Lifelong Learning.* London: Routledge.

Cunningham, B. (2008) Critical incidents in professional life and learning. In B. Cunningham (ed) *Exploring Professionalism.* London: Institute of Education Press.

Ghaye, T. (2011) 'Chapter 5: Reflection-on-values: being a professional', *Teaching and Learning through Reflective Practice: A practical guide for positive action* (pp.90–109). London: David Fulton Publishers.

Wallace, S. (2010) 'Joining the goblins: fictional narratives and the development of student-teachers' reflection on practice in the further education sector', *Educational Action Research,* 18(4), pp.467–479.

第四章　原则

有效教与学的基础是什么？

导言

作为一名教师，你在实践中可能会遇到复杂的、不断发展的情况，这时你可能也不清楚怎么做才是最好的。这就提出了一个有趣的问题：当你不知道该怎么做时，你会怎么做？我们在专业实践中遇到的任何情况都会涉及处理这种两难问题并做出决定。我们经常谈到要仔细思考，借鉴以往的教育经验，做出良好的判断并根据这些判断采取行动（Biesta，2015，**Reading 1.1**）。

同时，我们必须根据迹象来监测我们行动的后果。正如我们在第一章和第三章中所阐释的，我们认为良好的教育实践的发展包括教育价值观和指导原则，它们帮助教师处理在实践中所面临的众多问题和困境。我们相信，必须以谨慎和批判性反思的方式来做这件事。

我们已经提出，教育实践远不止是一套技能。重要的是仔细思考我们做什么、为什么做，以及有哪些结果。海尔布伦（Heilbronn，2011，**Reading 4.1**）认为，不确定性是教学实践的核心，因此，对教师来说，这就是培养实际的判断力、智慧和"在正确的时间做正确的事情"的能力。她展示了亚里士多德提出的实践智慧（*phronesis*——见第三章）是如何预见到在实践环境中经验和分析所需的持久品质。海尔布伦指出了实践智慧的三个方面：道德、灵活性和个人根基（以教师个人经验和教育价值观为基础的行为方式的特点、倾向和品质）。她强调要注意教学的道德目的。这些目的要求教师从多维度的、动态的和实时出现的情况上做出谨慎的判断（Heilbronn，2011，**Reading 4.1**）。

这种观点并不总是与教学的概念相适合，因为教学的概念在许多标准和督导制度中都可以找到。在谈论"好的教育"时，我们经常说"有效的"、"成功的"、"好的"、"最好的"、"优秀的"或"杰出的"实践，好像它们都具有相同的价值，对每个人、在每个地方、每个时间都有相同的意义。在本章中，我们将探讨为什么从"原则"的角度来思考教育是很重要的，并讨论如何通过应用教与学研究计划（TLRP）中的部分指导原则，来理解"良好实践"是以证据为基础的实践（James & Pollard，2006）。

实证性原则（我们为什么需要它们）

在 20 世纪 60 年代之前，人们笃定，至少在英国，过度"系统化"的监测和控制教育的方法是极权政府的特征（Hansard，1960；转引自 Day et al.，2000）。然而，从那时起，特别是自 1976 年卡拉汉（Jim Callaghan）在鲁斯金学院演讲后（Callaghan，1976），英国所有教育部门的政治家和决策者越来越多地对教师的工作进行立法。许多国家的政府旨在建立系统的"命令和控制"的教育方法，包括必修的国家课程、高度规格化的评估制度、测试、对组织和个人从业者的督导和评级、排名表和进行微观管理和"质量"控制的过量内部机制。作为这一趋势的一部分，政治家和决策者现在将他们的注意力转向教师教育。而在前几十年里，教师教育的组织和质量保证是独立于政府的，主要由大学负责。

可以说，在变化莫测的时代，政府对教育的关注和支持只能是好事，但人们也愈发担心这会造成伤害：首先是为"提高地位"而采取的特殊战略方法；其次是一种政策或一套法规被另一种政策或法规取代的速度。鲍尔（Ball，2003）称这是"绩效表现性"（performativity）的兴起，是一种文化或责任制度，它把对绩效的公开比较作为控制手段。他认为，在这种制度下，个人的表现是衡量生产力和产出的标准，代表着"个人或组织的价值、质量或重要性"（Ball，2003，p.49）。鲍尔认为，目前的教育改革技术是一种改变实践的意义和存在于实践中的社会关系的工具。他声称，这些紧张和矛盾有助于将教师的精力和注意力从教学中的重要问题转移到工具性的"制造服从"上来。

科菲尔德（Coffield，2007，2008，2014）认为，历届政府的教育政策日益繁重，弊大于利。他指出，多与学习者直接接触的强烈需求与其他竞争性要求之间，如何平衡二者，教师面临进退两难的局面。他认为，进行研究和开发课程的压力，以及收集和记录质量保证和绩效数据的要求，这些工作只是不断地应对短期督导的一部分，它们正在给整个部门的教师带来严重的压力。

无论是新教师还是有经验的教师，许多人都发现，服从的推力是很有说服力的。不断呼吁"屈服"于排名表的支配，看起来很有道理，并为新手教师和有经验的教师提供有吸引力的"生存策略"。在这种文化中，人们很容易感到持久的教育价值正在被侵蚀、扭曲，甚至被轻视。因此，重要的是，我们要清楚我们的"好教育"是什么意思。在 FAVE 领域的背景下，埃克尔斯通（Ecclestone）指出：

> 绩效伴随着一种微妙的"风险"和"规避风险"的意识形态……基于对学习者内在动机或批判性自主潜力的低预期，产生了一种"极简教学法"……低期望值与评估和质量保证制度相关的微观学科实践相结合，导致学习活动的安全性和合规性增加。（Ecclestone，2002，p.182）

她认为，更微妙的是，这种方法鼓励我们仅仅从经济需要和优先事项的角度来看待良好的教育。萨尔伯格（Sahlberg，2011）以芬兰为例，给出了另一种教育模式（Sahlberg，2011，**Reading 4.2**）。在这个模式中，教师有更多的自主权。

比斯塔（Biesta，2010a）指出了表现性技术如何试图改变我们对人际关系在教育中的作用的思考，并削弱了教育价值和教学法的重要性，而这些教育价值和教学法的目的是培养个人品格和道德，例如对集体以及个人利益的关注。他认为：

> 虽然良好教育这个问题是一个困难和有争议的问题，但我相信这也是我们可以和应该提出的最核心和最重要的问题……。无论是学校教育、工作场所学习或职业培训，还是生活中的学习，就其本质而言都是一个有方向和目的的过程。（Biesta，2010a，p.2）

重要的是要谨记，尽管我们生活在一个控制、规定和监视日益集中的世界里，但明智的判断力和实践智慧（*phronesis*——见第三章）对良好的教育实践至关重要。我们必须坚持把教育实践作为一个创造性的过程；利用教育理论所提供的教育证据，同时对新的想法保持开放和检验的做法。

在本书的第一部分，我们已经认识到，在初级师范教育和继续职业发展中，需要"有据可依"，也需要有原则的方法。我们还认为，教育实践不能被简化为对概念、理论、思想或技巧的简单或教条式应用。教师专业发展的工具性方法往往以类似于食谱的形式出现。从表面上看，这些方法似乎提供了简单的解决方案，在直觉上很有吸引力，似乎很容易实施。但是，它们很少是看上去的那样。事实证明，在构成 FAVE 领域的各种情况下，这种好的教学食谱很难付诸实践，有时甚至不可能。这主要是因为把"食谱"或"教师提示"作为工具使用，不是忽略了就是大大低估了每个环境的独特性。教学并不像烹饪，你不能"只是加水"。没有什么东西在任何地方都"有效"，而且几乎所有东西都可能在某种情况下"有效"。

反思活动 4.1　寻找研究证据来支持你的教学方法

与一位或多位同事合作，想一想你在哪些场合为某一特定的学习群体想出了实用的想法。试着寻找研究证据来支持这种方法。什么样的证据才是有用的？使用学术性的互联网搜索引擎（如果你的组织有访问协议，也可以使用你所在地大学的图书馆——其中很多内容可能是在线的），找到两篇与你的想法相关并经过同行评议的期刊文章。它们有多大帮助？它们使用了理论家的哪些特别观点？

你也许可以利用参考文献列表中的这些名字，找到一本调查了与你的想法有关的所有研究文献和证据的书。做了这些之后，你能想到哪些有帮助的或许能填补证据空白的深入研究？

　　在这一章中，我们认为，由于集中化的政策和技术理性的问责制度的兴起，在教师机构减少、自主性和专业性被削弱的情况下，基于对教育结果的测量，持久的教育问题往往被忽视（Coffield，2006；Ball，2008a）。

　　我们认为，在现实中，教育实践涉及在复杂的、不断发展的情况下，为了个人和社会的利益去判断该如何做的问题。因此，即使我们知道某一个特定的行动有可能导致一个特定的结果，这个结果也可能不符合当时情况下个人或群体的利益。因此，我们不能假设在指导实践时，确定一套"什么是有效的"的普遍规律是可行的甚至是可取的。这种改进教学、学习和评估的方法是危险的，这些没有经过充分的研究和检验的想法可能或已经被"一刀切"地推出，有时会损害良好的教育实践，往往给学习者带来教育成本和公共资金的损失。"一刀切"或"行之有效"的方法存在问题是，每一种环境或情况实际上都是独特的，这种独特性对于教师的工作来说，比不同环境之间的相似性更重要。"一刀切"的教学可以比喻为用钝器来做小孔手术。

　　詹姆斯和波拉德（James & Pollard，2006）指出，世界各地越来越多的研究证据表明，提高国家教育系统绩效的最重要手段是鼓励和支持教师及其教学中连续发展的创造性、卓越性、研究性和创新性（Hattie，2009，**Reading 4.3**），同时发展有原则的教育实践。

　　这是为了使教师能够最好地处理不同背景下的差异：要判断哪些活动、工具和资源可能最适合每种情况的要求。教师是自己专业知识的主要创造者。因此，改善教育实践，就在于我们对思想、理论、伦理观和经验证据的审视能力，这是教师工作的一个组成部分。这需要加强我们在说话、写作或对教学、学习和评估进行其他类型的表述时所使用的共同的专业语言，使这些描述能够在"给出和接受理由"的基础上，经得起他人的审视、论证和证明（Brandom，2000）。因此，从这个角度来看，专业知识的一个关键因素是能够清楚地表达选择特定行动或策略的理由。这种技能是通过在非正式的口语互动和更正式的写作中进行表达和辩论发展而来的。这一观点强调了教师工作中非正式维度的重要性，包括社会互动、非结构化对话、自主性、开放和信任的职场文化等，以及这些如何得到组织的支持和扶持（James & Biesta，2007；O'Leary，2014，2016；TLRP 原则 8）。

正如第一章中所讨论的，我们发现自己从业的 FAVE 领域具有不同的背景，处在不同的国家，而我们进入教师行业的途径也各不相同。随着我们在研究和撰写本书过程中的密切合作，我们发现，在教育是为了什么以及应该如何实践的这些问题上，我们有很多共同点。

如第三章中指出的，反思性教学的基本原则是提出关于实践的想法，分享我们的经验，以便我们所属的实践者群体也能检验我们的想法，并不断地理解双方的实践。

在下面的章节中，我们将讨论两个框架，思考和讨论教师初期和持续的专业发展的原则性方法。首先讨论的是由波拉德（Pollard）和他的同事们提出的教与学研究计划（TLRP）原则。然后我们继续讨论比斯塔（Biesta，2010a）的"教育的三个维度"。再次重申，这三个维度都不是可以立竿见影的"食谱"，而是用来思考和讨论教育实践发展的重点工具。它们是研究、理论和有证据的想法，可以用来鼓励和指导未来的实验和实践。它们也可以作为"有实证依据的教育原则"（Pollard，2019）或"教育的维度"（Biesta，2012a），用来支持教师专业教育判断的发展。

本章所描述的教与学研究计划（TLRP）十项原则中的每一项都有广泛的研究基础——它们是"有据可依的"。教与学研究计划（TLRP）十项原则试图从复杂的教与学中挑选出突出的模式，并对其进行阐释。这些原则最好被视为可用于教学的陈述，它们是我们认为目前所理解的基于教与学研究计划（TLRP）和其他研究证据的原则。詹姆斯和波拉德（James & Pollard，2006）的框架提出的重要指南是原则 1，它涉及教育的持久目的以及教育实践中的问题和困境。下一组原则与课程、教学法和评估有关，教与学研究计划（TLRP）框架认为这些是教师专业知识的关键方面。另一组原则关注支撑学习的个人和社会过程。最后两条原则致力于为成功的实践和政策创造有利条件。图 4.1 体现了十项原则的全貌。

图 4.1　有效教与学的十项实证性教育原则

教与学研究计划（TLRP）原则

生活教育

第一条原则是一个总体性声明，请思考以下内容。

原则 1：有效的教与学使学习者具备广义上的生活能力。学习的目的应该是帮助人们发展智力、开发个人资源和社会资源，使他们能够作为积极的公民参与进来，为经济发展做出贡献，并作为个人在多元化和不断变化的社会中茁壮成长。这就意味着对学习成果要采取广泛的看法，确保公平和社会正义得到认真对待。

这是什么意思？我们认为，有效的教学在这里是指"对追求和发展良好教育实践的承诺"。它包括对我们应该努力实现的价值做出判断，但又不简单地局限于在学习环境中的教学而没有考虑到更广泛的问题。事实上，教与学研究计划（TLRP）指出，经验性的证据并不足以成为政策或实践的决策依据，因为它们总是受到价值观的驱动，即使这些价值观并不明确。詹姆斯和比斯塔（James & Biesta）认为：

> 重要的是，用对学习价值的判断来补充对学习有效性的判断，并使有效性问题从属于价值观问题。（James & Biesta，2007，p.147）

换句话说，教育可以对我们成为什么样的人产生巨大影响。在对继续教育经验的研究项目"改变学习文化"（Transforming Learning Cultures）中，詹姆斯和比斯塔（James & Biesta，2007）发现制度条件是如何促成或限制独立学习的机会的。《纳菲尔德 14~19 岁教育调查报告》（Nuffield Review of 14–19）进行了一项关于为年轻人提供服务的研究，并发表了多个与这个年龄段教育价值相关的研究论文（Pring et al.，2009，**Reading 4.4**）。"学习生活"项目（Learning Lives）（Biesta et al.，2011）通过大规模的队列研究（cohort study）和案例研究访谈，回顾了人们长期的学习生涯，研究了学习者的整个生命过程。该研究显示了个人教育经历的终身影响，并证明了早期学校经历所产生的态度具有持久性。特别是人们谈到，自己学习和教育经历的方式为以后生活中的身份、自信和能动性的发展提供了框架。其他定量研究加强了这一分析，以证明学习的广泛益处（Feinstein et al.，2008a）。舒勒和沃森（Schuller & Watson，2009）利用广泛的研究证据，引导人们关注成年人在其一生中获得学习机会的重要性。

作为教师，我们有优先权和责任为学习者的生活做出贡献，帮助他们发展。这就是为什么关于"生活教育"的原则如此重要。正如前面所论证的，无论我们在教育领域从事任何实践，教学都具有道德目的。

有价值的知识

原则 2：有效的教与学包括各种重要形式的知识。教与学应与学科的重要思想、事实、过程、语言和叙述相结合，以便学习者了解某一特定学科的质量和标准。

我们应该教什么？我们专攻什么科目？哪些科目被认为是所有学习的基础（如读写能力、计算能力和语言），如何将新出现的主题和问题纳入课程？课程应该包括哪些内容，应该如何组织，构成某一学科或领域的有价值的知识是什么？这些知识如何被表述并传达给学习者？如何识别和评价学习者的知识、理解和技能（见第九章）？对这些问题一直都有争论。事实上，某些形式的知识比其他形式的知识更受重视。通过实践获得的学习，例如在工作场所获得的学习，往往被认为比通过研究文献中的理论和思想获得的"学术"知识地位低。因为实践经验作为知识的一个重要来源，在发展专业知识和判断力方面的价值往往没有得到承认。这适用于所有类型的从业人员，当然包括教师。

在教师的专业实践中，学科知识无疑是非常重要的（见第九章）。FAVE 中还有一个更复杂的问题，即"国家课程"本身并不存在。存在的是一些知识体系、技能清单和特定职业领域所需的能力，必须遵守的实践和行为准则（例如，供热工程师需要满足健康和安全标准，并且需要注册成为水管工）。在成人和社区教育中，例如，在外语或实用数学课程中，可能有一个正式的课程；在其他类型的课程中，也许没有具体的正式课程，但有一个商定的议程，供一组学习者和他们的老师在一系列晚课中讨论。然而，这背后是一种期望，即教师拥有学科知识，而学习者将能够通过参与学习计划来积累自己的知识和经验。

这种争论反映了我们文化中权力的主导地位，即某些形式的知识优先于其他形式的知识，同时也反映了特定的利益相关者宣传其观点的能力。对这一过程进行分析的分析者将课程描述为一种有争议的社会建构，任何特定的解决方案都会受到当时权力平衡的影响。麦克·扬（Young，1971）和伯恩斯坦（Bernstein，1971）的早期研究描述了在英国课程"改革"历史背景下的这种现象。古德森（Goodson，1989）证明了这种观点在美国和其他地方的重要性。

先前经验

原则 3：有效的教与学承认学习者先前经验和学习的重要性。为了下一步计划，教与学应该考虑学习者已有的知识。这包括以先前的学习为基础，并考虑到不同学习群体中的个人和文化背景。

我们的学习者是成年人和年轻人。他们在参与学习计划时显然有经验和先前的知识。奥苏贝尔（Ausubel）把这一点说得很清楚：

> 如果我必须将所有的教育心理学简化为一个原则，我会这样说：影响学习的最重要的单一因素是学习者已经知道了什么。确定这一点，并据此来教他［注：原文如此］。（1968，p.vi）

你如何处理学习者的不同需求？你可能有一个开放的晚间课程，学员来自各行各业，学科知识水平各不相同。例如，你如何管理一个法语会话班，让那些在法国待过的人，以及过去在普通教育证书高级水平考试（A-level）或大学中取得高水平法语能力的人，与那些对语言非常陌生、不愿意说话和展示自己的学习者一起上课？你怎么知道人们在参加你的课程时已经知道了什么？人们甚至可能知道的是"错误的东西"。例如，一个教与学研究计划（TLRP）项目开发并评价了教授科学概念的顺序，并辅以诊断性问题库，以确定错误的概念（Millar et al., 2006）。研究人员发现，精心设计的探究性问题可以解释学习者对关键概念的理解和误解，并可以为下一步教学提供判断依据。许多基本的科学概念只会慢慢增加，因此，投以适当的挑战是至关重要的。这些证据表明，学习计划中内容知识的排序很重要。虽然这个项目是针对学龄儿童的，但成年人也需要时间来获得新的知识和理解，并将其与他们从经验或以前的学习中已经知道的东西联系起来（如第二章所讨论的）。

搭建理解的支架

原则 4：有效的教与学需要教师为学习搭建支架。教师应该在学习者的学习进程中提供支持性活动。但除了提供智力支持，还应该提供社会和情感支持。最终做到，一旦没有这些支持，学习者还是可以实现学习。

在第二章中，我们思考了不同的学习理论，包括它们的历史和学科渊源，以及它们在教育实践中的优势和劣势。在第十三章中，我们通过威廉（Wiliam, 2010）和克拉克（Clarke, 2001, 2008）的研究说明了形成性评估如何有助于"缩小"当前学习和成就水平与潜在水平之间的差距。

> **案例研究 4.1   跨课程合作规划**
>
> 一位继续教育（FE）课程管理者与系主任和课程负责人合作，利用联合实践发展（Joint Practice Development）的原则（Fielding et al., 2005；见第三章），设计了一个跨课程规划项目，让学科专家和读写能力专家一起学习和规划课程，通过职业科目的教学帮助人们发展语言和读写技能。作为这个过程的一部分，在项目的不同时期和不同阶段，随着每位教师对其他课程的深入了解，从业人员都

成了彼此的"领先者"。因此，教师们能够发现贯穿继续教育（FE）课程的协同机会和巩固机会。请注意，这种实践和合作的发展活动也是一种丰富的专业发展模式。

教与学研究计划（TLRP）原则 4 强调提供"智力、社会和情感支持"。教与学研究计划（TLRP）认为，社会和情感因素也很重要，例如与社会期望和个人安全感有关的因素（见 Immordino-Yang & Damasio，2007）。因为我们的学习是关于世界的，也是内在于个人的，故智力的进步是由这些因素促成或受其制约的，进行反思的教师会思考如何提供智力、社会和情感方面的学习。在第二章中，我们讨论了情感领域在学习中的作用。布洛克班克和麦吉尔（Brockbank & McGill，2007）也强调了情感领域在计划和发展帮助学习的策略上具有重要性。

对支架式学习的一个重要贡献来自教师和学习者之间、学习者和其他学习者之间的对话，以及通过这种对话实现的反馈循环。我们必须使我们的语言、话语和反馈与学习者当前的状况或能力相匹配。反过来，也必须从他们的反馈中获得信息（见第十二章）。

学习性评估

原则 5：有效的教与学需要将评估与学习达成一致。评估应该有助于促进学习，确定学习是否已经发生。它的设计和实施能够可靠地衡量学习成果，并为未来的学习提供反馈。

我们怎么知道学习者真的学到了我们教给他们的东西？他们还学到了什么我们没有意识到的东西？我们如何帮助人们超越为了"通过考试"而浅显地学习一些东西的想法？我们如何运用合理的教学技巧来帮助学习者学习，并帮助他们展示所学到的东西？第十三章对这一分析进行了扩展，其中详细讨论了指导原则和实际意义。关于实用的"学会学习"策略的例子，见吉布斯等人（Gibbs et al.，1986）的著作。关于职业评估的实际例子，可以参见埃克尔斯通（Ecclestone，2013）、比格斯和唐（Biggs & Tang，2011）的研究。尽管许多学习者已经有了在各种环境中学习的重要经验，但我们也可以通过设定如何评估他们的成绩来促进他们的学习。鉴于许多学习者并不是为了获得正式的资格证书或满足行业和工作场所的要求而学习，我们需要找到方法来帮助他们评估自己的学习，使之具有意义和相关性。

然而，正如本章前面所言，实践中的变化并不容易实现和维持。研究表明，尽管关于具体技术的建议在短期内是有用的，但长期的发展和可持续性取决于对学习信念的重新评价、审查学习活动的结构方式，以及认识到任何学习环境中角色和关系的影响。

主动参与

原则 6：有效的教与学促进学习者的积极参与。教学的主要目标应该是促进学习者的独立性和自主性。这包括获得一系列的学习策略和实践，培养积极的学习态度，以及树立对自己成为一名优秀学习者的信心。

我们能做些什么来帮助学习者为自己学习呢？我们的工作对象主要是成年人和年轻人。在生活的其他方面，他们往往习惯于为自己的家庭、同事和自己负责。他们经常告诉我们，他们想从自己所参与的学习项目中得到什么，甚至想知道他们是哪种类型的学习者。然而，并不是所有的学习者都有这样的信心，他们中许多人可能期待着在儿童时期所经历的那种学习环境，而这可能不适合他们成年后的学习。

强调主动参与的最实际的原因只是因为它对学习至关重要。这种有目的的、持续的主动参与能力可以用克拉克斯顿（Claxton）提出的概念进行概括，即通过弹性、机智、反思和互惠来"建立学习力"（Claxton et al., 2011）。

在 FAVE 领域，埃克尔斯通（Ecclestone, 2002）发现，基于结果的职业教育方法往往会破坏学习者的自主性，并且会让该部门的教师"用勺子喂"学习者，使其获得通过课程所需的信息。在第十章和第十三章中，我们指出了这种教学方法的局限性。学习者的积极参与不需要"用勺子喂"，而是需要精心的、创造性的课程规划，在学习理论的指导下，通过广泛的、富有想象力的、多感官（multi-sensory）的资源来支持学习者的想象力和感官参与，激发他们充分发挥潜力。

富勒和昂温（Fuller & Unwin，2003，2004）关于扩展性和限制性学习环境的研究就是一个例子，它表明，有机会参与广泛活动的工程学徒，活动包含了工程理论和概念的脱产课程，他们比那些只在职学习经历的学徒更具优势。

只有通过学习者的积极参与，教师提供的支架和形成性评估技术所提供的指导才能被准确地有效利用和接受。到现在为止，你会发现我们一直在讨论的与计划、学习理论、支架和评估有关的许多原则都是紧密相连的。我们只是为了深入研究某一个方面而把它们分开，但教学实践实际上是一个连贯的整体。我们在谈论教学时使用的许多关键概念都是如此。我们把它们当作不同的概念，以便我们可以讨论它们，分享关于它们的想法，但在日常实践中，它们往往是"纠缠不清"的（Derrick，2019）。教师的专长就是管理这种纠缠，不断地以最好的方式做出判断。

社会关系

原则 7：有效的教与学促进个人和社会的发展过程和结果。学习是一种社会活动。应该鼓励和帮助学习者与他人合作，分享想法，共同积累知识。询问学习者的学习情况并给予他们发言权，这既是一种期望，也是一项权利。

几乎所有（如果不是全部的话）的教学都在一个被认为是社会环境的场所中进行。除了考虑每个学习者的情况外，我们也赞同波拉德（Pollard，2013）的观点。他认为学习是一种社会活动，也是一种个人活动。只要条件合适，它就会通过与他人的互动而蓬勃发展。良好的师生关系是这种条件的基础。一些教与学研究计划（TLRP）项目使用社会资本的概念（Putnam，1995）来分析现有的机会，同时发现了以前的教育以及同伴关系在学习的积累和进展中发挥的形成性作用。社会资本与人们作为各种社会团体成员所拥有的利益是相关的，包括他们的家庭、实践社区、他们的社会阶层/团体和他们的朋友圈子（例如，见Baron et al.，2000；Field，2005）。学习与工作研究所（Learning and Work Institute，前身为英国国家成人继续教育研究所［NIACE］）已经开发了多种资源，用于研究多少资本才能既影响人们的学习经历，也影响参与学习实际增加这种资本的方式（例如，见关于"学习的广泛益处"的论述，载 Schuller et al.，2004；Schuller & Watson，2009）。

教与学研究计划（TLRP）对小组教学（Baines et al.，2008）、教师学习（James & Biesta，2007）和包容（Ainscow et al.，2006）等方面的研究表明，当教育机构作为真正的学习社区运作时，学习者和教师个人都会得到发展。使用概念图绘制软件对年龄较大的学习者进行的实验表明，学习者有机会与他人讨论他们的绘图是提高成绩的重要因素（Bevan，2007）。

值得重申的是，原则 7 提请注意"询问学习者既是一种期望，也是一种权利"。许多教师都熟悉在任何学习项目开始时讨论课程目标是什么，并检查学习者是否不仅意识到这些，而且可以提出自己想研究的主题或领域。读写能力、计算能力和语言的社会实践方法（见 Tett et al.，2006；Hughes & Schwab，2010b；Bloome et al.，2019）认为，让学习者参与决定他们需要学习什么、如何判断成功以及如何使用他们新获得的知识和理解，是将读写作为人们生活的一部分，而不是作为一系列需要掌握的技术技能中的一个基本方面。如果获得写诗的信心会影响到一个人给孩子读书或给学校写信甚至申请工作的能力，那么这种发展读写能力的方法可能比从课程资料或外部评价中获得要有效得多。

在 FAVE 领域内部，成人教育有一个长期的传统，那就是在社区内工作，促进和发展团体和个人之间的关系，甚至是与他们合作，确定他们自己的政治和社会议程（例如，见 Lovett，1988；Mayo & Thompson，1995；Whittaker & Boeren，2018）。例如，这种工作导致租户采取行动，防止地方当局或政府关闭设施，或者为某些群体争取被剥夺的资源。

这一原则的另一个重要特点是了解如何为学习者培养实践社区

（Lave & Wenger，1991；Wenger，1999）。如果你正在接受教学资格认证，你可能有过被编入小组去讨论教学问题的经历。你也可能有组建自己的小组的经历。也许是完成一项任务，或者发送电子邮件讨论如何处理某个问题，或者分享小组实践的想法。教师并不总是要去领导建立小组工作，我们认为促进社会进程的原则与下一个原则密切相关，即承认正式环境之外的学习的作用。

非正式学习

原则 8：有效的教与学认识到非正式学习的重要性。非正式学习如校外学习，应被视为至少与正式学习同等重要，因此应该被重视，并在正式学习过程中被适当采用。

我们在第一章和第二章中表明，参加 FAVE 的人在各种各样的环境中学习。其中许多是非正式的，例如图书馆、互联网和社交网络，以及仅仅通过观看电视上的烹饪节目来决定尝试新的食谱。事实上，英国上届政府就非正式学习以及是否应该采取措施支持非正式学习进行了咨询（DIUS，2008）。可以说，非正式学习成功的特点之一正是它不受任何限制，因此不受规则和条例的约束，甚至不用被督查。另一方面，寻求确保丰富的机会能够持续下去的方法确实很重要（Schuller & Watson，2009）。

学习的广泛益处项目表明，成人和年轻人的幸福在很大程度上是由非正式学习（和非正规学习，两者区别见第一章）所支持的，尽管我们可能不会试图衡量其"质量"，但它在许多方面对成人生活至关重要（例如，参见 BeLL，2014）。

虽然这个教与学研究计划（TLRP）原则可以简单地说出来，但它有深刻的影响和挑战。在许多教与学研究计划项目中，对学习的社会和文化层面的认识产生了对学习者、人际关系和背景的高度认识（参见第二章）。近几年来，研究人员一直在为如何研究、分析和表述发生在正规教育环境之外的学习而努力。

在 FAVE 中，这种学习明显地发生在工作场所。工作场所是合法的、潜在的、非常有效的非正式和正式学习环境（Billett，2001；Fuller & Unwin，2003），这一点在学界和政策界已经被广泛接受。尽管如此，在关于终身学习的辩论中，工作场所的学习却常常缺少讨论（Unwin，2009）。它也通常不在教师发展的讨论范围内。

尽管专业教师最重要的学习发生在他们的工作场所，但无论好坏，这都是非正式的。无论在什么情况下，工作场所既支持又抑制个人获取、发展和展示专业知识，教师的工作场所也不例外（例如，参见 Beckett & Hager，2002；Felstead et al.，2009；Fuller & Unwin，2010；Derrick，2019）。

非正式学习的另一个主要场所是在任何正式的学习环境中。这可能看起来很奇怪，但如果你想想你有多少次从学习活动中或者在复印机旁或走廊上，偶然发现了一些原本计划之外的东西。显然，我们并不是说应该停止正式的学习活动，而倾向于在停车场、复印室或咖啡馆里偶遇的巧事。但是我们确实需要考虑这种学习模式的普遍性，并且在可能的情况下，应该考虑如何利用它。有过参会经验的人都知道，往往是在咖啡休息时间，我们分享想法，认识新朋友，而不是在全会发言人或个人演讲的实际投入中产生新的活动。

最后，承认任何正式学习环境中的"隐性课程"是很重要的（第九章将再次讨论这个问题），因为这是人们学习不成文规则的地方，包括穿什么、说什么以及辨识谁似乎是有权威的人。人们很快就学会了什么是他们必须做的，什么是他们可以不做的，包括如何在保持手机畅通的情况下谨慎地发短信而不被发现，或者如何避免被要求做某事。即使是成熟的成年人也会发现，如何完成他们的学习计划或至少如何说"正确的话"，才能帮助他们的导师从其同行或督导员那里获得积极的评价。

教师学习

原则 9：有效的教与学依赖于教师的学习。这一原则说明，讲师、教师、培训师和教辅人员需要不断地学习，以发展他们的知识和技能，尤其是借助基于实践的探究来适应和发展他们的角色。这种学习必须得到承认和支持。

如果我们不致力于持续探索，不发展我们的实践以及对理论和研究的理解，也没有为这种实践提供信息，那么我们甚至不能认为自己是专业教师。事实上，这一原则为本书提供了整体的依据。我们需要反思，并致力于自己的学习，因为这可以提高我们支持学习者的有效性。

教师学习既涉及我们的工作，也涉及我们的思维方式。有效的教学形式不仅取决于行为的改变和对教学法新知识的掌握，也取决于价值观和理解力的发展。在正确的引导和支持下，这种在工作场所的学习并参与同其他教师的合作活动特别有效（详见第三章和第十六章）。如果我们不继续对自己的实践提出问题，不从研究中学习，不从与同事的辩论中学习，我们怎么能做出明智的判断？

对教与学研究计划（TLRP）内共同主题的总结表明了如下见解。

1. 学习涉及知识和技能的获取以及对社会进程的参与（Sfard，1998）。因此，发展支持性的专业文化是非常重要的。学院内部的焦点通常是系所或团队。然而，这些团体的凝聚力本身就会产生孤立性并抑制变化。丰富和动态的学习环境需要提供"跨界"的机会（Carlile，2004；Akkerman & Bakker，2011），并鼓励向不同实践社区中的其他人学习（见第三章和第十七章）。

2. 如果变革的想法与他们现有的或以前的信念和经验产生共鸣，那么教师就会欣然接受。然而，这并不一定意味着它们是"正确的"或合适的。教师需要发展关于评估证据的知识和技能，并有信心挑战既定的假设，包括自己的假设，这是很困难的（见第三章）。让"局外人"，也许是大学的研究人员或其他学校的访问教师参与进来，往往是有帮助的。教师需要确信，承担风险是可以接受的，而且往往是富有成效的，有时甚至是必要的。因此，一种信任和开放的文化至关重要。

3. 正如我们在本章前面所指出的，关于有效实践的研究证据并不总是足够的，这些证据也不能充分地让教师作为行动的基础加以使用。研究结果往往需要转化为实际的、具体的、可供试用的策略。这可能包括制作简明易懂的材料，尽管这些想法往往是通过谈话和接触其他使用过这些材料并取得成功的教师来实现的（James，2005，pp.107–108）。

政策框架

原则 10：有效的教与学要求一致的政策框架，以支持教与学作为重中之重。国家、地方和机构的各级政策需要认识到教与学最基本的重要性。教与学的设计应能创造有效的学习环境，让所有学习者都能在其中得到发展。

你对影响你日常工作的国家层面和国际层面的政策了解多少？例如，你所教授的资格证书课程是否正在经历从课程作业评价到期末考试评价的变化？这个想法是怎么来的，为什么现在要改变这个系统？如果你在教学徒，你认为为什么支持学徒制的课程标准和计划正在被争论？你是否必须努力工作以留住你的学员？如果他们中有太多人离开，即使他们有完全合理的理由，你是否会受到训诫？所有这些情况都与 FAVE 所处的总体政策背景有关。

国际上对国家政策体系的一致性或其他方面的重要性的认识越来越深刻。豪德森（Hodgson et al.，2011）认为，FAVE 的课程要求需要与评估过程和资格证书相衔接。他们注意到，这些举措需要得到初级和继续师范教育计划，以及有效的教师招聘、晋升和保留政策的支持。其他研究也提出了类似的观点，强调最重要的是，国家职业教育提供的形式和体系必须最终关注它们对有效学习的贡献（例如，参见 CAVTL，2013；James & Unwin，2016；Gallacher & Reeve，2018）。

从更普遍的角度来看，菲尔斯泰德等人（Felstead et al.，2009）利用来自一些不同职业领域的案例研究，说明政策和问责框架如何能够产生或好或坏的效果，既支持又限制了组织的工作进程以及受雇于组织的从业人员的学习。他们的分析适用于教育组织，如 FAVE 提供者，包括大型学院和小型私人培训机构。

在当前的经济和政治环境下，是否存在可以讨论分歧并进行建设性争论的空间，将影响每个人在复杂和不确定的情况下适应当代挑战的方式和程度。未来提高公共资金的效率、效益和价值将取决于创造这样的空间，以便在证据的基础上，从多元的角度做出有研究依据的判断。为公开和建设性的争论和改进留出空间尤为重要，因为它可以帮助我们在公共生活中演练看待复杂情况的不同方式（Andrews，2009，p.22）。

反思活动 4.2　教与学研究计划（TLRP）原则在哪些方面适用于你的情况？

　　阅读本章中提出的原则。描述这些原则在你自己的情境中意味着什么。简要地记下你自己在实践中的例子。在这些例子中你可以看到自己是如何在任何一种原则所包含的想法中工作的。把这些笔记放在一边，三个月后再看一遍。在这段时间里，你的想法或观点是否有变化？请重复这个过程。

教育的三个维度：FAVE 的一种模型

　　比斯塔（Biesta，2010a，2012a）的三个教育维度提供了良好教育的目的和原则框架，目的是帮助教师在对教育实践做出判断时，可以考虑不同的教育目的或层面。这些教育维度可以适应不同的环境，正如我们最初在第一章中讨论的那样，这在第十三章和第十四章中将加以扩展。我们对比斯塔的教育维度做了调整以适应 FAVE 背景，并向英国国家成人职业教学与学习委员会（Commission for Adult and Vocational Teaching and Learning，CAVTL）（Orr & Gregson，2013）呈示，如图 4.2 所示。

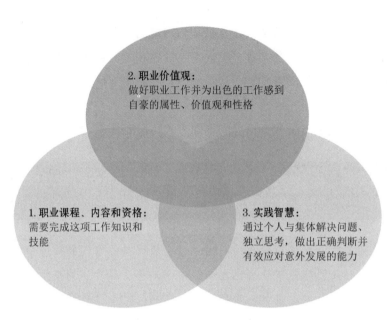

图 4.2　职业教育的维度
（改编自 Biesta，2010a）

在以上对比斯塔研究（Biesta，2010a，2012b）的改编中，需要注意的核心问题是，FAVE 教师需要有机会和时间来参与初始和持续的专业发展，适用于正式的和非正式的场合，这包括经常与同事交谈、观察对方的工作、分享资源和想法、合作开发课程和教学方法，以及参加正式的专业发展计划。这些非正式的活动对于有效的专业学习是非常重要的，它能使教师在做关于教育实践的知识的判断时平衡比斯塔提出的三个相互竞争的要求。

CAVTL 报告（**Reading 11.3**）建议，教师的初始和持续专业发展的机会需要：

1. 促使和鼓励 FAVE 行业的教师获得高水平的学科专业知识——工作所需的知识和技能，以便他们在追求资格的过程中把这些知识传授给他们的学生（图 4.2，圈 1）；

2. 培养 FAVE 价值观，其特点是为了工作本身而做好工作，并为做好工作而感到自豪（图 4.2，圈 2）；

3. 运用实践智慧（见上文和第三章关于 *phronesis* 的内容）和系统化地解决实际问题的成熟能力，即通过个人与集体解决问题、独立思考，做出正确判断并有效应对意外发展的能力（图 4.2，圈 3）。

在 FAVE 领域工作意味着什么？

改变和改进专业实践并不像听起来的那么容易。来自整个教育研究领域的声音警告说，这种发展是来之不易的，那些看似快速的解决方法很少能解决任何问题，即使有的话也不会很快。正如加德纳等人（Gardner et al.，2008，p.92）指出："当公众对标准的不满动摇了支持的根基时，快速的解决方法就迎合了重新获得支持的政治愿望。"正如汤姆林森（Tomlinson，2007）和科菲尔德（Coffield，2007）所指出的，自 20 世纪 70 年代中后期以来，教育领域的速效措施并不新鲜。他们认为，相对较新的是，在过去的 30 年里，前所未有的大量政策倡议席卷了教育部门，其速度之快，使从业人员几乎没有时间实施一项教育政策的倡议，更不用说在下一项倡议出现之前对其进行评估了！这种情况被希利尔和詹姆森（Hillier & Jameson，2006）描述为"降雨政策"：

> 各部门对以往政策的反应往往更倾向于政策，而不是等待评价结果；但是，庞大的政策数量以及政策内部冲突造成的紧张局势，现在构成了进步的主要障碍之一……后义务教育部门目前已充斥着从教学的中心任务中转移资源和精力的政策。政府部长们不需要被这种观点所说服，需要改变的是他们的做法。（Coffield，2007，pp.12-13）

科菲尔德还警告说，如果认为该部门主导的教育政策改进模式是由上级强加的，那就会有陷阱。他警告说，实际情况远非如此，而是更加复杂。为了阻止教育政策"在错误的道路上越跑越快"（参见第十四章），科菲尔德认为，重要的是不仅要发扬 FAVE 的优势，而且要正视教育政策的错误之处，并能做出适当的反应。迫切需要的是"改变政府最高层的文化氛围，因为那些要求别人不断改变的人正是最需要改变自己做法的人"（Coffield，2007，p.19）。政治和政策实践中的这种根本性变化必须由我们所有人来学习，这些都需要时间和勇气，也需要耐心。我们都需要批判性地审视过去是如何思考和谈论改进教学的，我们都需要学习如何思考、谈论和行动，在未来以不同的方式改善整个行业的教学和学习。

这就需要创造一个物理的和隐喻的空间，让我们有可以争论的空间，让我们可以从过去中学习，揭示当前的错误。基普（Keep，2011）建议，事实上，如果不对政策实施的意外结果和特定目标进行仔细检查，我们就有可能不断重复最无效的行动，而自己却越来越不自知。

公开地、"一起大声地"讨论改进实践中的实际问题，可以帮助实现真正的、可持续的改进，而不是以政治性的"快速解决"为代价和幌子。这需要领导者、实践者和重要合作伙伴以及教师的专业发展和支持（例如，参见 Derrick，2013；Spours & Hodgson，2013；Broad，2016）。斯堡尔和豪德森（Spours & Hodgson）特别强调，FAVE 教师不仅需要成为学科专家和专业教师，还需要能够在构成该行业的整个组织范围内发起和建立关系。在英国，雇主和职业教师之间的联合课程发展项目的例子，可以在教育和培训基金会官网上找到。我们需要有能力建立有效和连贯的战略来改善该行业的教学、学习和研究，建立对这些战略的支持和承诺，并在地方和国家层面的实践中捍卫合作教育的价值，以实现集体利益。

对于这个目标，我们既要现实，也要乐观。尽管实现有原则的教育一致性是困难的。但随着各国政府认识到其重要性，事情可以而且正在逐步取得进展。所有对有效教与学感兴趣的人——学习者、教师、研究人员、政策制定者和广大公众——继续一起努力，建立社会公正的政策，真正支持我们社区所有学习者的不同需求。

政策制定的参与者在时空上处于不同的位置，有着不同的经验、利益、价值、规范和信仰。只有当他们设法就为什么寻求合作和集体行动达成某种共同和共享的理解时，创造性行动的可能性才会成为现实。因此，重要的过程是共同构建问题，作为共同应对的条件。（Hoppe，2010，p.50）

反思活动 4.3　与当地社区组织和雇主合作

列出你所在的社区中所有与你的学习者获得成功有关的组织和个人名单，无论他们是多么间接的利益相关者。这可能包括当地雇主、志愿组织和社区团体、当地政府部门和其他机构。他们如何能够支持你的工作？你如何能够支持他们的工作？作为课程的一部分，你的学习者是否有办法为这些当地社区组织的目标做出贡献？

请与同事合作，联系这些组织，讨论相互支持的活动。

总结

在本章中，我们介绍并研究了教与学研究计划（TLRP）的十项实证原则，这些原则的制定是为了支持教师和其他人员在努力实现高质量教学方面的判断（见图4.1）。我们还介绍了比斯塔（Biesta，2010a，2012a）的教育维度（同样，见图4.2）。

特定原则的相关性和应用可能会随着我们未来面临的具体环境或问题而改变。但我们希望你的实践发展以及对这一实践做出的批判性反思和研究，会进一步完善和检验这些原则。目前，教与学研究计划（TLRP）的十项原则可以用来构建反思，因为它们涉及我们所面临的持久问题。

当这样做的时候，在愿望和成就之间往往存在着差距。这就给人以思考的空间，并带来新的见解和发展。

本书的第一部分概述了我们自己的价值观和进入 FAVE 行业的旅程，对学习理论的初步检验，以及为什么进行批判性反思是我们专业实践的重要组成部分，同时还有从同行和同事的工作中得出的有研究依据的原则。这些观点为我们下一部分更详细地研究教育实践的重要方面提供了基础。

主要阅读文献

要了解教与学研究计划（TLRP）的十项原则，请参阅：

James, M. and Pollard, A. (2006) *Improving Teaching and Learning in Schools: A Commentary by the Teaching and Learning Research Programme.* London: TLRP.

James, M. and Pollard, A. (2012) *Principles for Effective Pedagogy: International Responses to Evidence from the UK Teaching and Learning Research Programme.* London: Routledge.

TLRP 调查结果摘要以教师指南的形式提供，海报和评论可在"反思性教学"网站上找到。

露丝·海尔布伦对实践判断的解释及其在亚里士多德哲学中的源头，可在 **Reading 4.1** 看到，编辑自：

Heilbronn, R. (2011) 'The nature of practice-based knowledge and understanding'. In Heilbronn, R. and Yandell, J. (eds) *Critical Practice in Teacher Education: A Study of Professional Learning.* London: IOE Press, pp.7–9.

关于另一种教育模式的讨论，请参见帕思·萨尔柏格关于"世界可以从芬兰教育改革中学到什么"的文章（**Reading 4.2**），编辑自：

Sahlberg, P. (2011) *Finnish Lessons: What Can the World Learn from Educational Change in Finland.* New York: Teachers College Press, pp.1–6, 140–145.

约翰·哈蒂对教学策略及其有效水平的比较和概述，请参见 **Reading 4.3**，编辑自：

Hattie, J. (2009) *Visible Learning: A Synthesis of Meta-Analyses Relating to Achievement.* Abingdon: Routledge, pp.1–3, 236–240 and 244.

对于教育性质和目的方面的持久问题和辩论所做的深入介绍，请参阅：

Biesta, G. (2010) *Good Education in an Age of Measurement.* London: Paradigm

Publishers. (亦参见 **Reading 1.1**)

关于教育中管理主义的增长和教育不平等的深入分析，请参阅：

Ball, S. (2008a) *The Education Debate: Policy and Politics in the Twenty-First Century.* London: Policy Press.

Ball, S. (2008b) *The More Things Change...: Educational Research, Social Class and 'Interlocking' Inequalities.* London: Institute of Education (IOE).

对于 FAVE 原则的内容，请参阅：

James, D. and Unwin, L. (2016) *What Works in Further Education: Fostering High Quality Vocational Further Education in Wales.* Cardiff: Public Policy Institute for Wales.

Gallacher, J. and Reeve, F. (eds) (2018) *New Frontiers for College Education: International Perspectives.* London: Routledge.

Reading 4.4 edited from Nuffield (2009) 'The Nuffield Review of 14–19 Education and Training Summary', nuffieldfoundation.org/14-19review (accessed January 2019).

Schuller, T. and Watson, D. (2009) *Learning Through Life: Inquiry into the Future for Lifelong Learning.* Leicester: NIACE.

Whittaker, S. and Boeren, E. (2018) *An overview of provision in Scotland in seven types of education for adults.* Edinburgh: University of Edinburgh Centre for Research in Education Inclusion and Diversity (CREID).

第二部分
为学习创造条件

第二部分是关于如何创造环境来支持高质量的教与学。

我们首先从全局分析继续教育、成人教育及职业教育（FAVE）。我们考虑到与 FAVE 组织及其服务的社区相关的情况（参见第五章），以及人们如何通过行动对这些情况做出贡献并提出挑战。然后我们走进教室、车间、工作场所和其他 FAVE 环境下的教育活动核心场所，旨在关注教师—学习者之间的关系和参与情况（参见第六章）。在第七章中，我们提出，"良好的关系"和互相尊重共同起到核心作用，有助于开展良好的教育实践，这一点在第一部分已做概述。最后，我们讨论了 FAVE 组织和其他学习空间（参见第八章），以及它们所提供的内容。这部分同时也涉及课堂组织、技术使用和团队合作。

第五章　背景

是什么，可能是什么？

导言

所有发生在 FAVE 领域的事情也同样发生在社会、政治和经济的各个领域。这些事情在很多层面上影响我们的工作，"大"到苏格兰、英格兰、威尔士、北爱尔兰、爱尔兰共和国和其他地方的政策，"小"到社区、工作场所，以及家庭文化和个人环境的细枝末节。同时，FAVE 行业也反映出它的成员构成：学习者、教师、管理者和其他人员，他们每天协同工作，为彼此服务。

本章介绍了一些基本原则，涉及个人与社会的关系，FAVE 运作的社会环境与其成员及能动性之间的关系。本书的一个支撑理论认为，社会力量和个人行为之间存在持续的相互作用（例如，请参见 Giddens，1984）。人们在生活中做出的决定和采取的行动都受到社会结构及产生这种结构的历史进程的制约。然而，从个人历史或传记中又可以看到，每个人具有独特的自我意识，他们的行为方式也反过来影响社会结构及其历史进程。个体根据自己的意志决定自己的行为并理解他人的行为，这些理解随着时间的推移长久地保持下来，进而形成了文化的基础。它们也可能挑战既定的社会结构，成为未来变革的动力。这些过程的发展都要受到不同社会群体中权力、财富、地位和机会的影响（Reid，1998；Halsey，1986）。

每个人都有自己的背景和自我意识，并对这些因素做出不同的反应。一些身居要职的人可能会暗示别人，自己的职位是依靠权利继承或功劳赢得的，进而拉近关系，保护自己。一些不太幸运的人可能会接受现有的社会秩序，渴望获得成功。还有一些人可能会对现有社会秩序提出质疑。当然，质疑现有的社会安排是民主社会中人们的基本权利，持续起伏的社会变革也是矛盾和斗争的过程，这些矛盾和斗争因能动性和环境、唯意志论和决定论、人生和历史之间的相互作用而产生（Mills，1959，**Reading 5.1**）。

在某种程度上，对 FAVE 政策的范围、资金来源以及学习机会进行设计、认证和评估，取决于教育和培训政策的制定和实施。这些政策可以在大范围内制定，例如由政府来制定，也可以在小范围内由个别机构、课程组、导师和培训师来制定。这些政策基于政治意识形态，是更广泛的策略的一部分（参见 Hillier & Jameson，2003；Fawbert，2008；Hillier，2006；Avis，2010）。

从历史的视角看，我们也获得了一些见解。菲尔德豪斯（Fieldhouse，1996）提出了一个有趣的关于英国教育史的年表。在英格兰和威尔士，1973 年受他人委托编写的《罗素报告》（Russell Report）对 FAVE 产生了重要影响。尽管报告中的许多建议未被采用，但它敦促政府考虑为 FAVE 解决燃眉之急。《罗素报告》对 FAVE 政策范围的描述证明了该行业的深度和复杂性。在苏格兰，1975 年的《亚历山大报告》（Alexander Report）——《苏格兰教育：变革的挑战》（*Scottish Education: The Challenge of Change*）同样具有影响力，它将青年教育、社区教育和成人教育纳入"社区教育"的范畴，并在政治上强调多元化时代和政治反对派的权利。随后的报告和立法根据更广泛的国际思维，提出了苏格兰社区教育的设想。

英国在 2020 年 1 月 31 日退出欧盟之前，欧盟成员国对成人教育和培训的兴趣与日俱增，这对英国 FAVE 的决策制定产生了重大影响。1995 年，欧盟编写了一份有关教育和培训的白皮书，1996 年，经济合作与发展组织（Organization for Economic Co-operation and Development，OECD）各国教育部长通过了一项"全民终身学习"的政策框架（OECD，2001，p.9）。这项政策的关键组成部分包括承认不同形式的学习，如非正式学习、学习认证、发展学习基础和为学习提供资源。自始至终，我们都致力于机会和公平（参见第五章和第十四章）。整个英国仍然是欧洲成人学习电子平台（Electronic Platform for Adult Learning in Europe，EPALE）的积极成员，是欧盟委员会（European Commission）教育文化总司（Directorate-General for Education, Youth, Sport and Culture）的多语言成人学习倡议国。欧洲成人学习电子平台（EPALE）致力于在整个欧洲分享关于政策和实践方面的良好做法，我们都可以作为个体从业者或组织参与它的工作（想要了解更多相关信息，请查看它的官方网站）。

因此，FAVE 继续受到国际、国家和地方政策的影响，受到多种教育思考方式以及教育在老年人和年轻人生活中的作用的影响。作为 FAVE 领域中的反思型教师，我们是整个框架的一部分，介于国家、国际政策和意识形态的大框架与机构优先事项、社区需要和个人目标的小框架之间，也介于（和存在于）更广泛的社会背景与个体能动性之间。

教与学研究计划（TLRP）原则（参见第四章）

关于教与学的背景，有两项与本章特别相关的原则：

原则 8：有效的教与学认识到非正式学习的重要性。非正式学习如校外学习，应被视为至少与正式学习同等重要，因此应该被重视，并在正式学习过程中被适当采用。

原则 10：有效的教与学要求一致的政策框架，以支持教与学作为重中之重。国家、地方和机构的各级政策需要认识到教与学最基本的重要性。教与学的设计应能创造有效的学习环境，让所有学习者都能在其中得到发展。

社会环境

我们现在转向更广泛的社会环境的各个方面，包括意识形态、文化、机会和责任，它们对 FAVE 实践尤为重要。它们的影响可以追溯到国家、地区、地方和各级机构。尽管这些问题有时看起来与我们作为教师的日常工作相去甚远，但它们以非常真实的方式影响着我们在 FAVE 领域的教育活动。

意识形态

政治家、公务员和教育专业人士之间在教育政策的意识形态方面存在着相当大的控制权之争（Ball，2006，2008；Keep，2011）。字典中"意识形态"被定义为一种"思维方式"，是指某些特定的想法被有意或无意地使用，以促进特定人群的利益并使之合法化。事实上，如果某一特定的社会思维方式在任何时候都占主导地位，那么它很可能对教育和教师的行为产生严重影响。意识形态可能决定被制定出来的 FAVE 政策的种类，也可能推动某一门课程成为重心，甚至鼓励教师以特定的方式思考自己、学习者和教育实践的价值。

如上所述，持续起伏的社会变革是，经济和社会政策（包括教育政策）在发展过程中，与将这些政策付诸实践的人（教师、管理人员和其他部门从业人员）的日常经历之间的矛盾和斗争过程。有时教师和学习者会采取行动维护他们的教育价值观。例如，20 世纪 80 年代，英国公共部门服务遭到严重削减，许多教师和学习者走上街头，保护教育中心免受关闭的风险（Hamilton & Hillier，2006）。在当前紧缩的环境下，教育行业的领导者和从业者在保持教育价值观不变的同时，努力实现"收支平衡"，并继续从事教学工作。在世界不同地区和不同历史时期，国家意识形态、战争、忠诚和敌人影响了公众的思想和教育，"冷战"双方共同的"竞争"动机就是一个例子。

英国政府和官员在各个政治领域使用的话语和术语似乎表明，经济表现和竞争力是教育政策中最重要也是唯一的目标。在 FAVE 领域，充斥着诸如"灯塔学院"、"选择"、"传统价值观"和 FAVE 各组织之间的"市场化"关系等话语。从表面上看，它们可能具有一定的吸引力，但如果仔细观察，它们往往被证明另有他意，有时甚至没有那么好的含义。因此，在实践中也会产生不好的后果（Ball，2006，2008）。

重要的是要记住，所有的话语中的某些概念都是以牺牲他人的利益为代价而提出的。因此，试图找出什么是被排除的、被取代的或被忽视的，甚至在占据时代主导地位的教育话语中找出什么是被嘲笑的，都是有用的。教育包括大量的意识形态斗争，人们可以站在根深蒂固的立场上，参与鲍尔（Ball）所说的"嘲笑的话语"（Ball，2006，2008）。这类话语通常使用夸的手法、荒谬的形象、嘲笑、粗俗的刻板印象和漫画，准确描述现实，把它呈现给公众。鲍尔解释了这种"运用嘲笑创造修辞空间来表达改革"的做法（Ball，2008，pp.96-97）。他认为，这些政策往往是根据双重相互矛盾的政策要求而制定的。这些政策要求一方面源于中产阶级的愿望和恐惧，另一方面源于工人阶级各阶层的有限参与（Ball，2008）。他接着举例说，媒体对教育支出性价比充满质疑，批评学校不尽如人意的绩效标准，还有，学校管理机构是如何得以成立公司并被鼓励投资其他公司的。嘲讽的话语以及围绕着它们的紧张气氛和爆发点仍然可以在生动的媒体辩论和由反复出现的教育问题带来道德恐慌中找到，包括每年公布考试结果时"哑化"的呼声、研究人员和决策者之间不安的关系，以及政府部门的定期"改组"。例如，在英国，大多数负责教育事务的秘书长的任期没有超过18个月。然而，卡尔（Carr，1995）和比斯塔（Biesta，2010a）指出，这种嘲笑的话语不太可能具有真正的教育性，缺少尊重的对话很少有助于创造条件。在充满尊重的条件下，所有人的"良好教育"都可以在实践中被公开地和具有建设性地讨论和实现。

洞察出占主导地位的国家话语权的方法就是从国际视角出发。国际对比让我们将"理所当然"的假设放在某种视角中，进而考虑其他选择。伦敦学习和生活机会研究中心（Centre for Research on Learning and Life Chances，LLAKES）的一项研究（Green & Janmaat，2011；另见此书的编辑版本，**Reading 5.2**）分析了支撑"西方"教育政策的价值观和假设，发现以下三个主要立场。

- **新自由主义**——核心信念体现在个人的机会和基于价值的回报上：个人先于国家，自由比平等更为珍贵（英语国家，尤其是英国和美国）（p.67）。
- **社会市场**——更加强调"共同价值观和积极参与国家政治生活的重要性，更加依赖国家创造社会凝聚力的条件。社会市场……倾向于将社会凝聚力的来源制度化"（p.74）。更多依赖于国家来形成凝聚力，对民间社会的依赖较少（欧洲大陆西北部，包括比利时、法国、德国、荷兰）。

- **社会民主**——"社会凝聚力的社会民主模式与社会市场模式一样，依赖于团结的劳动力市场组织和丰厚的社会福利。与其他社会凝聚力模式一样，由国家主导并高度制度化。然而，社会民主制度的不同之处在于，它将平等置于其社会哲学的中心。"（p.78）在这里，我们看到了更大的平等主义价值观以及更高水平的社会和政治信任（北欧国家，如丹麦、芬兰、挪威、瑞典）。

其他历史学家和社会学家（例如，Simon，1992；Ball，2006）也认为，教育组织的形式可以最好理解为社会阶层结构和强弱势阶层模式的再生产。事实上，阿尔都塞（Althusser，1971）等作者将资本主义社会中的教育制度视为"意识形态国家机器"的形式，目的是实现更广泛的社会控制，进而维护强大的精英阶层的利益。另一方面，社会学家莫里斯·科根（Kogan，1978）和玛格丽特·阿彻（Archer，1979）认为教育政策和规定是利益集团竞争的产物，控制和权力变得更加分散。

我们不需要接受上述所有观点就可以认识到，以这种方式审视教育制度和价值观有助于我们质疑那些支撑政策环境的假设，从国家角度来看，意识形态与文化、身份以及物质利益相互作用。例如在英格兰，过去30年的一个大事件是集中控制教育系统的发展。但在其他英联邦国家，情况并不相同。在这些国家，权力下放使每个国家解决了各自的优先事项。这种中央控制教育的情况在英国以外也并不普遍。在英格兰，政府政策（如 2010 年教育部白皮书［Department of Education，2010］——《教学的重要性》［*The Importance of Teaching*］，以及英格兰 2017 年《高等教育和研究法案》［Higher Education and Research Act，HERA］）是推动 FAVE "市场化"的方法，并对该部门公共资金的未来影响提出了明确的预测，即促进技能经济。这不一定包含 FAVE 行业"第二次机会"的风气，甚至可能与之相悖，而这种风气涉及的是社会包容性并让人过上充实的成人生活。

同样重要的是，没有人（包括我们自己）能免受意识形态的影响。例如，教师的职业意识总是很强，它们代表着承诺、理想和兴趣。反思型教师应该具有足够的开放性，能够建设性地批判自己和他人的信念。这是我们如何在更大的社会环境、我们自身与专业机构之间进行谈判的一部分。

案例研究 5.1　FAVE 的形成

在 FAVE 中，英国对职业教育的塑造有着漫长而曲折的历史。这可以追溯到工业革命中工艺行会和认证计划的形成，到 19 世纪力学和矿工学院的建立，再到 20 世纪 50—60 年代技术学院的引进，直至 1993 年全国继续教育学院网点的合并。

1983 年，人力资源服务委员会（Manpower Services Commission, MSC）青年训练计划（Youth Training Scheme, YTS）在职业教育课程中明确引入了"学而知"概念，这是国家课程改革进程的一个重要里程碑，各种元认知思维也第一次与职业教育建立了合法的联系。此后，一系列政府机构和政策规定试图以各种方式重塑 16 岁后教育（post-16 education）的教育目标、课程内容和课程结构。国家尝试通过改变体制来改革职业教育，举措包括将人力资源服务委员会（MSC）并入就业部（Employment Department, ED），然后合并为新的就业部（Department of Employment, DoE），而就业部又先后变为就业和教育部（Employment and Education, DfEE）、就业和技能部（Department for Employment and Skills, DfES），最终又分成教育部（Department for Education, DfE）与商务、创新和技能部（Department for Business, Innovation and Skills, BIS），成为该行业的主要监管机构。值得注意的是，在这些政策制定和监管机构的不同选区和历史中，始终不变的是制定和促进教育改革政策，将职业培训的目标与英国成人教育重要的自由主义目标和经济需求合为一体。

　　20世纪80年代由雇主主导的青年培训计划倡导新职业主义，这一计划以工人阶级需要提高技能进而满足雇主和市场的需要为基础。当时另一种主导思想是相信技术的力量（而不是政治活动），为社会流动提供新的机会。

文化

　　文化可以看作一组共同的观点。它们通常是从集体的经验和活动以及群体对情境的创造性反应中发展起来的。文化随着时间的推移而发展，代表着一系列个人可能被社会化的观点、价值观和实践。要了解FAVE行业目前的经营文化，重要的是要了解其过去的多层次结构以及这种结构是如何形成的。多年来，FAVE行业规模庞大，种类繁多，但最近一段时间，由于国家和地方各级复杂的政治、思想和文化力量的作用，政策发生了重大变化，该行业必须对此做出回应。

　　举个例子，1993年4月1日，英格兰所有的继续教育学院（FAVE行业的重要组成部分）都成了"独立"的法人团体。这意味着继续教育学院不再由地方当局资助，而是由半官方机构（quasi-autonomous non-governmental organization，QUANGO）继续教育资助委员会（Further Education Funding Council，FEFC）资助。以前由地方教育局（Local Education Authorities，LEA）执行的许多任务现在必须由大学执行，因此他们开始雇用会计师、行政人员、房地产经理和雇员。在某些情况下，这些人成为大学高级管理团队成员，以其学术背景和擅于处理教育问题的能力而非商业价值、满足"底线"和财务要求取代了原有部门的负责人。大学开始使用市场的语言和方法，高校市场营销部门开始开发自己的标识、品牌形象和市场话语。一夜之间，大学的高级管理人员必须熟悉会计实务和程序，大学校长也成了首席执行官（这毫不夸张）。

　　这立即将继续教育学院的文化从供应商主导转变为客户主导（即基

于竞争和"消费者"选择原则的更加"市场化"的教育方式越来越多）。这样，市场化语言和价值观开始主导整个行业的教育话语和实践。许多继续教育学院开始在本地区以外开展工作。"市场化"的融资方式意味着教育机构因拥有大量的学习者而获得激励。面对日新月异的政策和资金变化，FAVE 行业的高级管理人员面临着经济生存和商业生存的双重挑战。这就要求采用不同的价值观和做法，以区别于以往该行业的特点及其所代表的内容，包括扩大教育参与范围、社会包容度和教育实践，最充分地肯定和重视职业教育（不仅仅是为了满足单个雇主的短期需要而获得一套狭隘的技能）。在这种背景、市场文化和竞争精神的积极推动下，比斯塔（Biesta，2005）解释了关于教育的一切是如何以学习和学习者两方面为框架的。他将这种现象称为"学习化"（learnification），并认为在这种环境下，教育被简化为一组学习优先事项，既狭隘又受限（Biesta，2005，pp.54-66）。他认为，我们需要更全面地考虑教育目的，而不是简单地把重点放在学习上。

　　苏格兰、威尔士和北爱尔兰的继续教育学院也走上了相似的道路。这仅仅是 FAVE 文化发展的一个例子。我们还可以研究 20 世纪 70 年代至 21 世纪前十年中期的成人读写和计算能力教学的变化，这一时期该领域发展形成了正式的教学资格，教师工资和工作条件得到改善，学习者参与学习也需要资格。与此同时，许多人认为，以学习为中心的方法建立在成人现实生活需要和愿望的基础之上，而且这种方法正在弱化（参见 Hamilton & Hillier，2006，**Reading 12.3**；Thomson & Tuckett，2010）。我们可以想一想，今天许多机构将成人读写能力教学称为"英语"意味着什么。

　　FAVE 的文化范畴非常广泛，过去和现在都是如此。林菲尔德（Lingfield，2012）指出，FAVE 行业至少包括以下五个主要目标或组成部分。

- 补救（重新弥补学校教育的不足）。
- 社区（为当地人提供终身学习机会，有利于他们的健康、长寿、幸福以及继续教育）。

- 职业（教授职业技能）。
- 学术课程。
- 高等教育研究。

反思活动 5.1 是什么塑造了这一行业？

想一想，在你的机构中，使命、愿景和身份与林菲尔德（Lingfield）的五个目标有何联系，又与上面讨论的 FAVE 制度文化有何联系。如果你的机构正在引入新的质量保证流程，请考虑它的目的和对象。它的引入会产生什么意外的后果？为什么要采用它？它与以前的程序有什么不同？支撑这个新程序的因素有很多，至少包括意识形态观点，因为是这些观点决定了我们所说的质量和我们所理解的良好工作（参见第十三章和第十四章）。想一想在你最喜欢的领域中什么是值得的，以及是如何衡量的。

当我们谈论 FAVE 中的"文化"时，我们可能在几个不同的层面上展开讨论。我们用"合并"一词来描述继续教育学院广泛的"文化"，比斯塔（Biesta）把这种现象描述为"学习化"。前面我们讨论了成人读写和计算能力教学中文化的变化，注意到林菲尔德（Lingfield）提出的 FAVE 的五个主要目标或组成部分，或称之为五种文化。我们还可以讨论 FAVE 的学习者和教师所属的文化。事实上，我们将在第六章和第十五章中讨论文化多样性，这包括许多方面，如种族、语言、宗教、社会阶层、性别、性、政治和个人价值观。我们需要反思这些文化形式和文化差异与广泛的机构文化有何联系。一个机构的"文化"与其学习者、教师和周围社区的文化又有何联系？这会对学习本身和学习参与度产生巨大影响（Wells，2008）。例如，一些学生可能成长在高度重视学历的家庭中，而另一些学生的经历让他们认为毕业时就业才是最重要的结果。学习者对于自己的认同感也可能因参与 FAVE 而改变，这可能与他们以前的社会、经济或文化经历相冲突。戈拉德等人提醒人们注意，当工人阶级文化被认为是有缺陷的时候，问题是如何产生的（Gorard et al.，1998）。同样，如果教育领导人和教师未能适当考虑到不同族裔群体的观点，就可能产生制度化形式的种族主义。

我们还可以识别其他形式的"文化"，即 FAVE 行业内部的不同文化。教师的忠诚度和身份认同感往往会受到学科部门的强烈影响（例如，Becher & Trowler，2002，他们描述了高等教育中的学术部落和领地），但也同时反映出与其他部门的分歧，包括第六学级（sixth forms）教育与普通继续教育学院教育之间的分歧，"主流"学科与专业的语言、读写和计算能力学科之间的分歧，或者是对学习者提供的支持与特殊教育的需求之间的分歧（Hamilton & Hillier，2006）。每一种文化形式都会影响学习者和教师与学校、地方和国家这些大环境彼此互动的方式。

机会

不同文化为特定的个人和群体提供不同的机会。我们现在开始讨论这些问题。

对于许多成人学习者来说，生活中的关键转折点可以成为改变和学习的动力。从就业到失业、从结婚到离婚、从成为父母到祖父母、从中年到退休、搬家、发现健康问题、有机会移居到一个新地方，所有这些都涉及经济、社会、文化和 / 或地理位置的变化。但改变我们生活条件和环境的因素还远不止这些。它们可能带来新的优先事项、兴趣或可能性。作为成年人，我们学习的理由各不相同。对一些人来说，学习是用来解决生活中新问题的一种方式。有些人尝试自己在家组装从网上或百货公司购买的东西，例如全自动咖啡机或缝纫机，却发现自己面对的是一套让人费解的说明书，有过这种经历的人都知道这个问题（Gregson & Todd，2019）。那么求助于遇到过同样问题并成功解决的人（通过直接提问或网络搜索引擎）就变得尤为迫切。有时，我们也可以观看和收听"专家"的节目，他们会告诉我们该怎么做。例如，当使用视频网站 YouTube 搜索如何修理洗衣机时，我们可以一遍又一遍地观看视频演示，在不同的节点暂停，直到我们充分理解了说明书，并尝试应用在实践中。一些人接受正式教育就是出于这些原因，为了更好地创建一个电子表格，为了能够阅读更多的波斯语，或者为了能够修理汽车。

对另一些成年人来说，参与正规学习与自我身份认知、自信和自我意识有关。这可能是为了争取"第二次学习机会"，来弥补义务教育阶段不够积极的学习经历，或者他们意识到与其他公民权利和政治权利同等重要的学习权利。也可能为了重新获得贯穿一生的"主线"（Duncan，2015），通过加入短篇小说写作课程继续成为写作者，通过加入印度艺术课程回到视野广阔的生活中，或通过加入成人计算能力小组坚持与数学进行终身斗争。通过建立自信心、结识新朋友、接受正式或非正式教育增强自我价值感，许多学习者培养了勇气和能力，在社区、本地和全国范围内参与政治活动，为了实现一个更包容和更公正的社会。这样，教育与民主就成为一个动态互动的过程。这就是为什么布朗（Brown，2003）指出，如果我们把教育的范围缩小到让富有精英享有利益特权，就会使我们赖以生存的民主国家一贫如洗。

有人说"教育不能补偿社会"（Bernstein，1971b），可教师们努力为学习者创造的机会却为当代社会所认同的优绩主义理想做出了重要贡献。然而，创造这种机会的挑战是不可低估的，尽管这在苏格兰、威尔士、北爱尔兰和英格兰地区有很大区别。

按全球标准来看，整个英国都非常富裕——但与此同时，收入和财富的分配却存在着严重的不平等。例如，在2008—2009年，最底层的五分之一家庭在领取福利前的年收入低于5000英镑，而最高层的五分之一家庭年收入为73800英镑或更多，大约高出14倍。这种差异已经存在好几个世纪，从城市和农村的建筑、地产和景观的对比中，甚至在房地产中介的橱窗中，都可以找到这种差异的具体证据。事实上，这似乎非同寻常，但仍有380万英国儿童（29%）生活在贫困之中，这一数据是根据就业和养老金部（Department for Work and Pensions）（Office for National Statistics，2012）对贫困的定义得出的。在许多情况下，

FAVE 学习者集中在某些社区，在这些社区中，弱势群体明显在抵制改变。

自 20 世纪 80 年代以来，英国不平等现象大幅增加，而近年来，高收入者和低收入者的收入差距也持续扩大。经济学家们猜测造成这些趋势的原因，并针对就业机会的变化、高水平技能和教育的回报、地区差异和人口结构等因素展开辩论。政府税收和福利政策可能会缓和这种结构性因素，但英国的近期经验表明，代际社会流动水平较低，这表明，富裕与贫穷之间的差距在不断扩大甚至"被锁定"，在这种社会和经济状况下，父母的情况往往在子女身上重现。换言之，英国的社会和经济的优势和劣势正趋向于代代相传。布尔迪厄和帕斯隆（Bourdieu & Passeron，1977）对此展开分析，具有启示意义。他们承认可能存在例外的情况，但同时也认为，总体社会地位受到三种"资本"形式的显著影响，每种形式都可以从一代人转移到下一代人身上。"经济资本"关注物质资产的获取，"社会资本"聚焦于家庭、社区或提供联系、人脉和支持的更广泛的社会关系，"文化资本"是指个体在特定社会环境中的理解能力、知识储备和行为能力。养育年轻人的方式不同，就播下了差异的种子，而不同的养育方式又依赖于出生时的社会和经济环境，它们将人们锁定在有利或不利的循环中。

虽然教育不可能补偿社会，但仍需满足不同学习者的特殊需求。这是一种道德要求，也是一种职业责任。无论周围环境如何，我们都需要想方设法为所有学习者提供最好的教育机会。尽管有这些统计数字，但仍有许多人的生活在教师的影响下发生了改变。歌手、词曲作者、演员约翰·传奇（John Legend）曾说过，是他的英语老师让他相信自己的写作能力；演员帕特里克·斯图尔特（Patrick Stewart）一直与他的戏剧老师保持联系，因为是这位老师开启了他的职业生涯；同为演员的科林·费尔斯（Colin Firth）说，是他的老师救了他。教师对学生生活的影响还有很多其他的例子。

反思活动 5.2 我最好的老师

回想一下你自己的教育经历。你认为谁是最好的老师？他们有什么素质？他们是如何影响你的学习和认同感的？

许多人都参与到成功的 FAVE 组织的生活中。除了校长、系主任、课程经理、其他高级管理人员以及教学人员之外，还有许多其他人员，如保洁人员、餐饮人员、行政人员、学习指导和支持人员以及看护人员，他们都发挥着非常重要的作用。然而，从教育的角度来看，教师的专业知识是决定教育质量的关键因素。这使得优秀教师的招聘、发展和留用成为一个重要问题，而这些问题至今仍然困扰着整个行业的政策制定者、教育领导者和管理者。

责任

教师因提供专业服务而获得收入。然而，教师的责任感受外部环境的影响程度在不同的历史时期是不同的。近年来，这种影响在英国各个地区都有了长足的进步，一些强有力的机构正致力于监管和监督FAVE 行业。随着历届政府推出新举措，监管体系也会随之发生变化。本书第十四章《质量》介绍了如何"督导、问责教师和他们的工作。我们要指出的是，问责制使许多有关教育与社会关系的问题具体化。教育应该是一个相对独立的系统，还是应该受到严格的控制？教师应该简单地执行中央决定的指令，还是应该发展和运用专业判断？地方民主机构在这方面究竟发挥了什么作用？问责制又该由谁来买单？在教育系统的历史上，人们做出多次调和这些困境的尝试，结果是令人满意的（Silver，1980），而且当前有许多相关问题，反思型教师也可能对此做出思考。

反思活动 5.3　教师责任

　　作为一名教师，你觉得你应该对谁负责？想想你的学习者及其家庭、雇主、同事、你的校长或首席执行官、地方或国家政府、媒体、督导人员和你自己。与同事讨论这个问题并确定你的主要想法。这与你的经理或学习者对你的期望有所不同吗？满足不同期望是否造成了紧张关系？你对不同群体的责任是否造成紧张关系？你如何设法解决这些紧张局势？

人员与能动性

　　我们现在转向 FAVE 所涉及的人，即学习者和教师，还有我们的能动性。我们在哪里能适应上文所提到的环境和文化的限制或者促进环境和文化呢？我们参与的这些广泛的意识形态、文化和机会的性质是什么？我们是在推动它们，还是被它们所推动？我们在创造、适应或影响什么？当我们对自己所处的情境做出反应并自我发现时，课堂生活就是由我们自己，即教师和学习者所创造的。除了需要了解影响 FAVE 领域的社会背景的一些因素外，我们还需要考虑我们和学习者是如何应对这些因素的。这些回应反映了我们的经历、感知、信仰、价值观、承诺、身份、生活叙述和想象中的未来。它们反映了我们能做什么，想做什么。这就是能动性的意义所在，我们的行为不仅是由环境决定的，而是在事物的存在方式和我们期待的事物存在方式之间形成一种相互作用。我们先从关注教师开始。

反思活动 5.4　探索能动性

　　回想一下你自己或你的家庭成员在生活中发生危机或变化的时

候，你／他们必须学会应对这些事件来重新控制生活。想想你或他们的身份在这些情况下对控制能力的影响。想想这些身份是否改变了，是如何改变的。回顾本节的简要介绍，您对 FAVE 中的能动性概念有何看法？

教师

教师在 FAVE 组织中占有特殊地位。我们每个人都是独一无二的，特定的文化和物质经历构成了我们的传记（Sikes，Measor & Woods，1985）。古德森（Goodson，2007）指出，我们的自我意识会影响我们的个性发展和观点形成。詹姆森、希利尔和贝茨（Jameson，Hillier & Betts，2004，**Reading 5.4**）强调了兼职教师的重要性，认为他们面临各种挑战，其中包括"模糊"的期望以及为了发展而有限地投入精力。我们的发展贯穿一生，但早期形成的经验仍然很重要。事实上，同情心和自信心等个人素质在教学中是非常重要的，它们能帮助我们自我规划，坚持自己的主张。我们在课堂、工作坊和其他 FAVE 环境中所取得的成就，很多都会受到这些特点的影响。我们每个人都有长处和短处，大多数人认为，在教育生活中很快就会发现这些长处和短处。因此，反思性教学在很大程度上以建设性和前瞻性方式面对这些挑战，并不断提升我们变革和发展的能力。

回顾"是什么"和"应该是什么"之间的关系有助于审视我们的目标、教育价值观和哲学（参见第四章）。虽然教师对教学的承诺中一直存在着大量的理想主义，但也一直存在着对现实主义的关注。事实上，影响我们在课堂或研讨会上的看法的一个重要因素是，我们必须以专业和个人的方式应对工作中的各种教育环境。正因为如此，我们认为在 FAVE 环境中应对挑战或得以生存的一个基本要素是非常私人的，因为它涉及我们自己的特殊形象，这些形象出现在课堂、职业教育和社区教育等具有挑战性的情境中。我们必须记住，在教学和学习环境中所能做的事情往往受到许多基本事实的制约，即学习者人数众多、时间限制、预算限制、资源有限、义务出勤、课程和评估框架以及应该和不应该发生的外部期望等。当学习者努力平衡就业、家庭和教育投入时，我们给予他们支持，承担了更重要的"社会工作"角色（Webb & Vulliamy，2002）（当然，我们必须始终记住，我们不是社会工作者，适当的时候我们要将学习者介绍给其他专业的同事，例如咨询师和社会工作者）。在教师的工作和生活中，始终面临着个人职业发展与现实世界之间的矛盾和困境。面对日常教育实践中的压力和挑战，我们不得不优先处理某些事项。

当代政策要求减轻对教师的限制，这样我们就能在更多方面展开专业判断。然而，督导制度、严格规定的评估制度、目标驱动的资助制度和排行榜塑造了教师的实践，但其方式作用不大，也不能帮助教师减轻工作量。这些因素加在一起，作用却恰恰相反（见第十四章）。近年来，教师专业发展的连续性受到了广泛的关注，实习教师、新任教师、在职教师和高级教师也得到了合理的界定（见教育和培训基金会［Education and Training Foundation，ETF］专业标准［2014］）。

这些标准为教师专业发展提供连续性，政府也为教师的持续专业发展提供更系统的支持和指导。最近关于使用联合实践发展（Joint Practice Development，JPD，见 Fielding et al.，2005；Gregson et al.，2015）作为教师持续专业发展（见第十六章）组成部分的提议，引起了人们对教师专业实践和发展的关注。然而，在英国现任政府的领导下，教师的职业地位备受争议。2013 年 8 月，法律撤销了 FAVE 教师必须具备专业教学资格的法定要求，这对英格兰大学 FAVE 教师教育的未来提出了质疑（参见 Appleby & Hillier，2012）。

我们还需要考虑到，从法律、契约和经济利益角度来看，作为雇员的教师有责任维护、保护和发展我们的学习者。教师常常被要求参加一些基础教学之外的活动，比如员工计划会议和开放日或开放夜活动。定期的工作时长调查显示，这些活动使教师的工作时间远远超出了他们的合同义务（Hillier & Jameson，2006），因此必须在对教育的期待和对教师的要求之间寻求平衡，毕竟，教师还需要忙于工作之外的事务。事实上，校长和学校高层管理团队有责任给 FAVE 教师带来幸福感。工作之外，教师都有自己的个人生活，实现健康的生活与工作之间的平衡是职业实践的重要方面。

尽管如此，教学还是吸引了有道德追求的人。总的来说，整个教师职业都遵循同一个原则，即提高教育质量，满足学习者需求。正是这种价值观让教师可以独立"行走得更远"。

在结束"人员与能动性"这一节之前，我们需要注意以下两点。第一，为了实现上述高质量教育的承诺，许多教师不得不超越对课堂本身的关注。

科菲尔德（Coffield，2014，p.5）观察到一些教师对违反他们基本价值观的政策采取抵抗或破坏的态度，甚至退回到个人的知识分子圈和社交圈，在那里坚守自己的观点并庆祝自治。然而，鲍尔（Ball，2012）在工作中发现，这种抵抗通常是沉默的、边缘化的。一些教师选择离开教育领域，而另一些教师虽表现出不同程度的怀疑，但仍选择服从。此外还有更有效的应对方式。对学习者的教育负责是民主社会专业人士的工作重心，学习者、家长、社区成员、雇主和其他教育专业人士可以建立联盟，更有效地应对当今 FAVE 行业的挑战。这就要求教师在教育机构内部和外部广泛参与政治活动，目的是实现教育公平和社会公正。当地方或国家颁布新政策、新的评估形式或新计划时，教师需要找到方法参与其中。我们需要思考，什么办法可以促进咨询协商或就某一想法提供反馈？我们能否通过自己的机构、其他的专业教学机构或特定学科的教师组织发表自己的观点，或者直接将自己的想法融入其中？要做到这一点并不一定总有办法，但通常会找到方法，重要的是我们做出了尝试。而更重要的是，FAVE 教师尽己所能，利用自己的专业知识和经验影响该行业。

第二，我们回到米尔斯（Mills）和他提出的有影响力的"社会学的想象力"概念（见 **Reading 5.1**，p.70）："社会学的想象力使我们有能力把握历史，把握人生，也把握这两者在社会当中的关联。这就是社会学的想象力的任务和承诺。"FAVE 教师的工作内容是由本章所讨论的大环境、意识形态和文化、更广泛的环境和政策、规则和条例、资助制度和评估形式所决定的。我们力所能及地促进这些方面的发展，也尝试将这些放在更大的历史背景和国际背景中。在这些大背景下研究历史、政治、社会学，我们的视角不仅容易确定，而且省时省力，也会清楚地知道我们在哪些方面更具影响力，理解得更加准确，同时也会知道我们在哪些方面无能为力。

学习者

环境和经验在学习者身上都能体现出来，学习者也受到各种环境和先前经验的影响。这些因素包括性别、社会阶层、种族、语言发展、学习态度、健康以及父母和同伴支持的类型。我们在前文提到过，有利的和不利的机会与模式至关重要。但这些因素并不能简单地决定结果。

每个学习者都有一本独特的"传记"，他们对家庭和社会的先前文化、社会和物质经验的理解，影响他们在 FAVE 组织中自我感觉和自我展示的方式（Bruner，1996；另见布鲁纳对学习叙事重要性的探索，Bruner，2006，**Reading 5.3**）。FAVE 学习者，无论是年轻人还是老年人，都会受到以往生活经历的影响。对于一些学习者来说，这可能与他们的义务教育经历有关，无论这些经历是好还是坏。其他人可能更多地受到其他生活经历的影响，无论是成就事业的经历或丰富生活的旅行经历，还是痛苦的经历，如监禁、家庭暴力、危及生命的移民之旅、毒瘾或心理健康问题的经历。我们从自己的生活故事中知道，每个人都有自己的记忆和经历，这些记忆和经历影响着我们能做什么、不能做什么、在哪里感到舒适、在哪里能感受到归属感。所以我们必须记住，我们正在塑造学习者的长期生活经历和身份，并朝着直接的效果目标努力（Feinstein et al.，2008）。我们永远不会知道每个学习者的经历，无论是好的还是不好的，也不会知道每个学习者曾经做过的事情、他们曾经的愿望和现在的希望、挥之不去的阴影和伤害、梦想和失望，所以我们必须和蔼可亲，努力让他们经历良好的继续教育、成人教育及职业教育（FAVE）。

案例研究 5.2　邓肯研究中的学习者简略访谈（Duncan，2015）

"我从来没有想过我会停止学习，因为它对我的生活有特别好的影响，特别是在心理健康方面，还有在认识人、交朋友和保持邻里关系方面。通过这所大学，我认识了更多的人，参与到更多正在发生的事情之中，了解到当地社区正在发生哪些事情。例如，之前下了一场大雪，当时整个社区团结起来，每个人都在帮助别人。"

"（我的课程）与我白天的工作完全不同。我发现自己每天晚上都工作得越来越晚，这给了我一个明确的答案——周一晚上我上大学课程或成人教育课程，这个时间是固定的。这些课程教给我新的思路去尝试不同的事情，这样我就得调整工作和生活，使二者平衡。有了孩子以后，我就退出赛艇比赛，不再把全部时间都花在赛艇上，而是转向工作，所以我需要找点别的事情做。"

"从技术角度来说，我所修的课程提高了我的写作技巧，而从个人角度来说，它们让我更加自信。我听起来好像很自信，但其实并不是这样的。出于各种原因，我常常很自卑。课程也给了我新的社交渠道；我交了非常好的朋友——真的非常好的朋友，我们保持了长久的友谊。我还有很多其他收获，比如，在写作课和威尔士语课课后，我成立了一个测验小组，举办慈善活动，活动很丰富，其中一些我们也做得很成功。"

"它能让大脑不被卡住。推动你不断前进，真的太有帮助了。我们完成了第一次阅读考试，我通过了，我想，'啊！这就是我的晚年生活！'这简直让我兴奋！随着年龄越来越大，你对自己的能力越来越失去信心。如果不发展其他兴趣，年龄越大，你的世界就会越小。所以你有理由去发现这些兴趣，否则，你的生活将被限制在电视和你经常读的书里。"

在上述案例中，成年人出于不同的原因参加了不同类型的 FAVE 课程。他们发现自己从课程中收获颇丰，一些收获甚至让人感到出乎意料，比如他们可以更好地融入当地社区。每个人的课程学习经历已经或终将影响他们在未来课程中的表现，也会影响他们的自我认知。更重要的是，每个人都谈到选择 FAVE 是一种实现目标的体验：为了某一目的而选择某一课程。这种情况非常值得反思，因为我们很多时候并没有意识到有什么需要实现的目标（更多讨论参见 Duncan，2015）。

当然，并不是所有的学习者都认为参加 FAVE 课程本身就是一种实现目标的方式，也有人认为它是一种积极应对挑战性环境的方式。有些学习者可能认为除了参加课程以外他们别无选择。有时置身于 FAVE 教室里（不管学习者为什么来到那里）本身也是一个充满挑战的环境。在这两种情况下，教师对学习者的支持就至关重要。学习者在课堂上和其他 FAVE 环境下，可能会缺乏安全感，所以同伴文化和朋友支持就为学习者之间建立支持提供了大量资源。作为教师，我们应该让学习者感受到他们是被欢迎的、被支持的、被尊重的和有归属感的，这一点至关重要（有关"如何"实现这一点的例子，请参见第六章和第十五章）。

但重要的是，我们不能忘记，学习只是生活中的一部分。很自然，家庭、朋友、人际关系、工作、电影、电脑游戏、音乐、时尚、政治、信仰和运动对人们来说也很重要。我们还需要了解学习者的文化、价值观和学习目标。如果能够成功建立与学习者之间的联系，那么我们在学校里创造的学习文化就可以激励学习者在 FAVE 中获得良好的动机感和参与感。

雇主、家人和朋友在支持学习者方面也起着特别重要的作用。他们常被认为是辅助教师，享有一对一的教学优势，这种支持肯定是有价值的。然而，今天的雇主、家人和朋友能为学习者提供稳定的情感支持，这才是他们所起到的最重要的作用，因为学习者在 FAVE 新环境中遇到新的挑战。雷伊（Reay，2000）对这种"情感资本"进行了有趣的分析。FAVE 组织的压力越来越大，因为需要有人来日复一日、年复一年地培养发展中的学习者。做这件事不一定需要雄厚的经济基础，但做出的最有意义的贡献是付出时间、耐心、理解和关心。人们也越来越认识到，所有的家庭、朋友和社区，包括那些处于弱势地位的人，都拥有"知识基金"，用以提高学习者和他们的学习能力（Moll & Greenberg，1990）。然而，社会环境会从根本上影响学习者的参与度（Crozier & Reay，2005；Vincent，1996，2000），学习者的声音有时也不会被完全倾听（Crozier，2000）。因此，反思型教师需要共同努力，确保学习者的声音不仅被听到、被倾听，而且被付诸实践，这是为了满足学习者的利益，也为了满足并捍卫民主教育的利益。

反思活动 5.5　能动性意味着什么？

"能动性"对你意味着什么？适合你吗？适合你的学习者吗？与同样愿意分享的朋友或同事分享你的教育经历。轮流给对方讲一个故事，告诉对方你是如何通过教育，遇到不同的老师、科目和机构，并取得进步和获得发展的，为什么一些科目对你来说那么困难并带来挫败感，而另一些科目你却学得很成功。仔细想想是哪些关键事件或转折点让你取得进步。如果可以的话，进一步思考你采取了哪些行动，从别人那里得到了哪些鼓励或支持。

你也可以调查一些你认识的学习者。看看他们在多大程度上能够根据自己的情况实现目标。你又能帮上什么忙？

总结

本章讨论了整个社会与教育参与者之间的关系，并尝试探讨 FAVE 环境中学习者和教师各自起到的作用。教育实践受到所处社会环境的影响。作为教师（和学习者），我们不得不在一个我们几乎无法控制的复杂的社会文化、政治、国家甚至国际形势中工作。我们工作的一部分就是要理解这一点。然而，我们确实又可以控制大量的日常工作，如果能找到影响、塑造和帮助学生的方法，我们还可以控制"更广泛"的力量。

　　FAVE 的社会环境与教师和学习者之间的关系是一种理论框架，对反思型教师尤为重要，因为它确立了每个人都可以在社会中"有所作为"的原则。因此，职业承诺非常重要，我们不应该被动接受外部环境的限制，接受一个被赋予的地位。当社会意识与高水平的教学技能相辅相成，个人职业责任得到严肃对待时，教育质量就会提高。对职业承诺、教学质量和教师所起到的建设性作用等基本信念，支持我们完成此书。书中的分析是乐观但符合现实的。高质量教育取决于整个 FAVE 领域教师的专业精神。大多数学习者在生活的各个方面都发挥自身的作用，但这在正式教育中效果并不明显。在 FAVE 中，反思型教师在发现和培养学习者能力时，发掘他们的潜力并提供学习支持，这样就会为他们创造更多的生活机会。

　　布朗（Brown，2002）提醒我们思考，我们的教育是否帮助人们实现社会中不可替代的决定性角色，或帮助人们获得个人满足，还是两者兼而有之。他还提出质疑，在向人们介绍一种如此复杂，甚至没有任何人能够对它持有绝对看法的文化或背景时，我们是否能够将神话与现实分开。他的回答是，教育不是在一个确定的世界里进行的，而教育目的和教育手段也具有不可避免的不确定性。布朗还认为，这种不确定性对于社会如何看待学习和组织教学产生了影响。他指出，教育和政治制度"紧密交织在一起，依据人类思想与人类社会关系的主流观点是什么，以及这种观点在特定制度中如何表达，它们起到了解放或者奴役的作用"（Brown，2002，p.ix）。

　　FAVE 领域的教师和学习者都发挥着各自的作用，这不仅包括如何在实践中实现这些观点，而且包括如何通过个人和集体的努力形成这些观点。

主要阅读文献

在第六章中，关于人际关系发展的关键读本也与永恒的教育环境问题高度相关——例如 **Reading 6.1**。

Cooper, B. and Baynham, M. (2005) *Rites of passage: embedding meaningful language, literacy and numeracy skills in skilled trades courses through significant and transforming relationships.* London: National Research and Development Centre for Adult Literacy and Numeracy (NRDC).

关于教育和教育不平等的历史记述，请参见：

Ball, S. (2008a) *The Education Debate: Policy and Politics in the Twenty-First Century.* London: Policy Press.

有关基本技能教育中学习轨迹的文献，请参见：达克沃斯的论述（**Duckworth，Reading 7.1**）

Giddens, A. (1984) *The Constitution of Society: Outline of the Theory of Structuration.* Barkley: University of California Press.

本书以下列文献的理论框架为基础，它提出社会背景和个人能动性的并列位置，请参见：

Mills, C. W. (1959) *The Sociological Imagination.* New York: Oxford University Press, pp.111–113. (**Reading 5.1**)

要了解不同国家的教育价值观及其对教育法规和其他方面可能带来的影响，请参见：

Green, A., Preston, J. and Janmaat, J. G. (2006) *Education, Equality and Social Cohesion. A Comparative Analysis.* London: Palgrave. (**Reading 5.2**)

皮埃尔·布尔迪厄的研究影响了人们对不同形式的文化、社会和情感资本的理解，同时也分析了延续社会差异的经济因素，请参见：

Bourdieu, P. and Passeron, J. C. (1977) *Reproduction in Education, Society and Culture.* London: SAGE.

斯蒂芬·鲍尔（**Stephen Ball**）记录了社会阶层再划分和教育差异化的相关政

策和实践情况：

Ball, S. (2006) *Education Policy and Social Class.* London: Routledge.

Ball, S. (2008a) *The Education Debate: Policy and Politics in the Twenty-First Century.* London: Policy Press.

关于不平等造成的后果，请参见一项重要的国际研究：

Wilkinson, R. and Pickett, K. (2010) *The Spirit Level: Why Equality is Better for Everyone.* London: Penguin.

杰罗姆·布鲁纳（Jerome Bruner）详细阐述了文化和传记对教育结果的影响：

Bruner, J. S. (2006) *In Search of Pedagogy Volume II: The Selected Works of Jerome S. Bruner.* New York: Routledge, pp.145–146. (**Reading 5.3**)

要回顾当代教师面临的挑战和乐趣，请参见：

Jameson, J., Hillier, Y. and Betts, D. (2004) *The Ragged-trousered Philanthropy of LSC Part-time Staff.* Presented at the British Educational Research Association Conference, UMITST, Manchester. September 16–18th. (**Reading 5.4**)

Shain, F. and D., Gleeson (1999) 'Under new management: changing conceptions of teacher professionalism and policy in the further education sector', *Journal of Education Policy,* 14(4), pp.445–462. (**Reading 14.3**)

第六章　关系

我们如何相处？

导言

我们从自己在学校、大学或其他地方的学习经历中了解到，有效教学不仅包括良好的学科知识，还包括对教学原则和教学实践的良好理解。这取决于教师能否发展和维持与学习者群体之间（以及群体内部）的积极关系。一些新教师（可能天生比较保守）会发现这比其他要求更令人望而生畏。但是，无论我们觉得这是容易的还是困难的，是"自然"的还是"不自然"的，在职业生涯中，所有教师都需要认真反思，努力工作。这是因为教师在 FAVE 环境中发展和维持积极的学习关系与在其他生活领域建立个人关系有所不同。

教师工作的特殊之处在于，我们与学习者很可能一生也不会再次相遇。接受教育有助于提升生活质量，也为我们打开了通向社交世界的窗户，没有教育我们几乎无法进入这个世界，教育也帮助人们跨越社会和文化障碍建立人际关系。这能带给 FAVE 教师特别的享受和满足感。但同时这个过程也存在挑战。教师选择学习者的方式与选择朋友的方式不同，我们也无法避免遇到不好相处的学习者。但教师对学习者负有责任，不仅包括专业方面的责任，也包括以同样的承诺、同理心和理解来对待每一位学生。要实现这一点，教师需要额外的思考、计划并付出精力。

在结构化学习环境内部和外部建立学习关系的另一个明显区别是，教师通常对学习小组"负责"（见第七章）。无论课堂教学多么民主，尽力平等对待每一位成人（或青年）学习者，教师都需要在学习环境中扮演领导角色，即使我们已经在学习小组中分配了领导角色时也是如此。我们需要计划和组织学习者如何一起共度时间，需要评判他们的工作，做出对学习者有重大影响的决定。对教师来说，明智的做法是对教师和学习者之间不平等的权力关系保持敏感，并谨慎使用这种角色赋予我们的权力。

最后，我们还需要支持团队内部学习者之间积极的学习关系。正像教师不能选择学习者一样，学习者也不能选择教师，我们不能像选择朋友一样选择彼此。学习小组内部也可能存在社交分歧或紧张关系，这一问题是由课堂之外更多的问题和不平等导致的。虽然教师不能通过课堂教学解决所有社会问题，但我们必须努力在课堂上培养积极的群体动态关系。

教与学研究计划（TLRP）原则（参见第四章）

下面两个教与学研究计划（TLRP）原则支撑了课堂关系，为学习奠定了基础。

原则4：有效的教与学需要教师为学习搭建支架。教师应该在学习者的学习进程中提供支持性活动。但除了提供智力支持，还应该提供社会和情感支持。最终做到，一旦没有这些支持，学习者还是可以实现学习。

原则7：有效的教与学促进个人和社会的发展过程和结果。学习是一种社会活动。应该鼓励和帮助学习者与他人合作，分享想法，共同积累知识。询问学习者的学习情况并给予他们发言权，这既是一种期望，也是一项权利。

本章由四个主要部分组成。首先讨论课堂关系以及规则、惯例、积极关注和公平感的作用。然后，通过思考课程、承认学习者的专业知识和经验以及随时间推移的发展周期，将这种理解应用于教学和学习过程。然后，我们继续研究教师的偏见、期望和观点，以及这些因素与教师权威的关系。最后，我们得出了"课堂气氛"和包容性的概念。

工作关系

我们在本书中所写到的几乎所有方面——关于价值观、反思、教学法、评估、课程——都建立在积极的学习关系和学习中的共同参与感之上。"工作共识"（working consensus）的概念侧重于这种"约定的相处方式"（Hargreaves，1972），重要的是，我们要在不同的 FAVE 环境中思考这些"相处方式"，如研讨会、工作场所以及更传统的"教室"。

工作共识

良好的工作关系建立在承认他人的合法利益、尊严和师生相互尊重的基础之上。也就是说，在课堂教学、研讨会或工作过程中，会逐渐形成一种对于彼此的需要，这种需要是互惠的，但又是默契的（Pollard，1985）。然而，对和谐合作的共同理解不应仅仅停留在表面上。在很大程度上，关系的发展和性质取决于教师的主动性，因为我们试图建立的理解、规则、惯例和仪式将构成我们的教与学。成年人和青年人期望教师能够胜任工作，而且是以他们认为公平的方式，能够让他们在教育中取得进步的方式（Gipp & MacGilchrist，1999，**Reading 6.2**）。

"初次接触"、规则和惯例

教师和学习者之间的初次接触是不同期望和经验之间的会面。学习者通常期望得到保证，保证他们加入这一特定群体是正确的选择，即使这不是他们自己做出的选择，在这种学习环境中投入时间也是有价值的。这种价值通常体现在学习内容和学习方式的价值上（参见第七、九和十一章），同时也包括教师如何承担管理团队关系的责任。学习者还会期望教师设定界限，提出期望，这些界限和期望有时只是几个正式或公开的规则，这些规则通常由机构政策、教学实践和专业规范（对职业教育尤其重要）生成或通过小组讨论形成。例如，我们可以推广以下三条主要规则：

- 以我们希望得到的方式对待他人（例如，尊重、支持、同情）；
- 致力于学习（如积极思考、努力、韧性、毅力）；
- 教室、车间或工作场所的行为（例如噪音水平、动作、尊重）。

对于其他群体来说，这些期望是隐性的，教师可能通过模仿将其应用到教学环境，例如，要仔细倾听别人说话。与小组成员接触的最初几周，即"初次接触"（Ball，1981），是一个特别重要的机会，教师可以主动介绍学校的规则、他们对规则的理解和对学生们的期望。教授职业课程或参与实践学习的教师可以与学生讨论工作场所的规则和教师们的期望：我们希望学生怎么做，哪些行为是可接受的，为什么？对于课堂或讲习班教学，每位教师都会有自己喜欢的做法，而这些做法会因学习小组的学习环境和性质而有所不同。这些做法具体包括：

- 回顾过去的学习经历和介绍新课题的方式；
- 设计工作；
- 收集工作；
- 改变活动；
- 全组活动与个人活动或更小型的小组活动之间的转换；
- 支持后进者；
- 让学习者完成任务；
- 重述或回顾学期目标；
- 鼓励学习者回顾过去的学习经历；
- 学期结束。

那么，惯例则是将规则和理解付诸实践的多用途程序。惯例刚刚建立时，教师会使用转换信号（可能是教师的通知、声音或手势），在此之后或对于不同学习者，教师可能不需要说任何话就可以使用惯例。教师需要检查惯例中包含了哪些期望和理解，并思考哪些惯例应该保留，哪些应该更改以及应该更改的原因。因此，教师为了逐渐形成工作共识，惯例就成为讨论的焦点。而讨论的一个基本要求就是，教师的行为被视为是公平的。

公平

在讨论工作共识和建立"良好师生关系"的过程中，任何事情都没有公平重要，没有被学习者认可的公平行事重要（Bennett，2012，**Reading 6.3**）。这是因为学习者容易受到教师权威的影响。这一点在不同的 FAVE 环境中尤为重要，因为这些学习者很可能已经在不同的教育环境和机构中积累了丰富的经验，可能认为自己在过去也曾受到机构或个人的不公平对待。因此，我们需要向学员保证，他们的老师将会合理地、表示尊重地、公平地行事。这同样适用于大型继续教育学院、小型社区中心、监狱或工作场所的学习者。所有学习者都需要感受到自己在现有规则、惯例和理解方面受到了公平对待，并获得了与小组中其他人相同的学习机会。学习者任何时候都有权期望老师关心他们和他们在教育中取得的进步。这当然并不容易，我们接下来就来讨论。

培养"无条件积极关注"

贝内特（Bennett，2012，**Reading 6.3**）提出了五种"伟大教师的美德"：正义、勇气、耐心、智慧和同情心。这些个人品质都能帮助我们在面对各种挑战时努力做到公平并建立积极的关系。卡尔·罗杰斯（Carl Rogers，1983）为我们提供了另一种处理与学习者（以及其他人）关系的方法：希望我们以"无条件积极关注"的方式对待学习者，就像治疗师对待客户一样。为了建立积极有效的学习关系，我们可以把个人价值判断先置于一边。这对教师来说是根本性的挑战，因为作为教育者我们常常要做出判断，例如在评估学习和处理挑战性情况的时候我们需要做出个人判断。然而，牢记罗杰斯的方法会帮助我们发现过去的困难，并鼓励我们应用同理心去理解学习者的观点。让学习者获得"无条件积极关注"（即使仅仅是尝试做到这一点）意味着对他们的成长和学习潜力保持乐观，有助于创造积极的"自我实现预言"。

在案例研究 6.1 中的例子里，教师对难以管理的一群学习者运用了"无条件积极关注"。

案例研究 6.1　加雷斯的案例研究：在课堂上培养信任

加雷斯是一名数学和计算能力教师，参与西米德兰兹郡继续教育学院的部分学年课程。他被分配到一个由 16~18 岁建筑专业学生组成的男性小组，他们需要在课程中重修普通中等教育证书（GCSE）数学科目。有些人已经参加了两次或两次以上资格考试，但都没有通过。加雷斯每周与他们见面一个小时，起初只担心学习者会不热情，可后来他发现他们比预想的更加不受约束。许多学生迟到，不带学习材料，甚至旷课。他们花了一个小时结对或小组聊天，却很少关注加雷斯引入的活动，对加雷斯支持和鼓励他们参与的活动也常常没有反应。

加雷斯认为，要决定如何管理这种情况，首先需要更多地了解学习者。他没有要求学生立即或完全"停止任务"，但在讨论数学作业之前，对他们的生活表现出兴趣（例如，谈及足球和橄榄球）。学生们逐渐向他敞开心扉，告诉加雷斯，他是他们今年的第六位老师：年初没有固定的老师，在加雷斯来之前，有几位临时的代课老师。后来任命了一名固定教师，但几周后就离开了，因为他与学习小组的关系非常糟糕，经常对他们大喊大叫，并称其中一些人"愚蠢"。其中一些行为被学生用手机拍摄下来，学生们也与加雷斯分享。

加雷斯非常震惊，认为学院已经处理了这种负面状况（即任命他为代课教师）。他不再继续研究学生们前几个月的表现，而是思考如何恢复他们对教学过程的信任，如何营造积极的学习环境。加雷斯（在这一阶段）没有管理学生的行为，而是在了解他们的同时，先接受他们的大多数做法。他提出"无条件积极关注"，认为学生有重要的事情要说，老师需要认真对待他们的想法和感受。

这种方法存在哪些风险，又蕴含什么机遇？

在这种情况下，您是否也会这样做（为什么/为什么不）？

对于这个学习小组，您下一步的重点是什么？

加雷斯通过对学生的经验和观点表现出兴趣，改变了课堂动态：学生们开始倾听，并且知道老师也会倾听他们。这样就建立了积极的课堂关系。学生相信加雷斯关心他们的进步，会公平地对待他们，尊重他们，支持他们的学习。通过这种方式，加雷斯还能更好地了解学生的过去、家庭环境、学习经历和对未来的想法（见Barton et al., 2007，本章后半部分），这将有助于他规划和参与相关学习活动。

学习中的人际关系

课程与人际关系

如果学习者感到他们正在学习想要学习的东西，那么教学就是成功的。在这种情况下，教师和学习者都会感到满足，他们的关系质量也会提高。因此，良好的人际关系为学习创造条件，学习者获得成功，形成良性发展。

建立良好工作关系的重点是提供一个有趣和合适的课程、适当的学习经验和高质量的反馈。有关课程、教学法和评估的问题一直都存在。学习者希望自己在教学内容和教学方法方面有发言权，教师需要了解每个学习者希望从课程或学习计划中学到什么。通过这种方式，学习者可以形成一种能动性意识（见第五章），因为他们不仅觉得自己属于课堂或研讨会小组，而且他们的想法和感受也被认真对待并被付诸行动。如果我们不了解每个学习者的目标、价值、他们已经取得的成就以及我们如何做才能最好地帮助他们取得进步，我们如何能与他们建立良好的关系？因此，我们有必要向学习者询问他们的教学和学习经验。在任何学习计划中，学习者都会对他们认为有益和无益的活动持不同的看法。但我们并不是建议教师仅仅因为一些学习者觉得某些活动具有挑战性就避免这些活动，而是强调对话的重要性，即学习者看重什么以及为什么。

发展提问式教育方法

保罗·弗莱雷（Paulo Freire, 1972）是一位巴西教育家，他在该国最贫困人口的大众扫盲运动中发展了他的教育哲学。他认为，传统的"垂直"教育实践（他称之为教育的"银行储蓄式模式"），即教师"拥有"所有要学的东西，设置课程，课堂上大部分谈话，执行纪律，这些是压迫性的，只会加剧教师和学生之间的不平等——即使所教授的"内容"本身是进步的，甚至是革命的。他希望发展一种合作的"提出问题"的教育方法，并称之为"人本主义和解放的实践活动"（Freire，1972，p.58）。师生对话和尊重学生自身经验和世界观是该模式的核心。教师要倾听学习者的意见，观察他们的生活环境，理解对他们来说重要的问题，即教学"是由学生的世界观构成并组织起来的"（Freire，1972，p.81）。然后，通过与学习者的合作和协商，运用这些想法开发学习内容和材料。

这些想法在成人教育和社区教育中尤其具有影响力，与学习者对话协商课程的需求激励我们继续做下去。然而，当今许多 FAVE 实践者认为，弗莱雷提出的以学习者为主导的协商式课程似乎是不可能完成的挑战，因为我们的教育制度对课程设置和评估制度做出了时间限制和规定。尽管如此，我们认为弗莱雷原则（以及对学习者知识储备重要性的信念，见下一节）对教学实践仍然具有启示意义，至少提醒我们要继续与学习者谈论他们的学习经验。

反思活动 6.1 采用弗莱雷方法

单独或与同事一起工作，列出主题和教学大纲涉及的领域，你必须在教学中涵盖这些内容。思考如何开发一个更有利于对话的方法对这些领域开展学习和教学，包括学习者对世界和学习的看法，以及对于他们而言重要的想法。这也包括为学习者提供以下机会：

- 做出选择并为此做出规划（例如，提出有意义的和相关的示例和课题）；
- 与同伴/团队分享自己的专业技能和知识；
- 引入有意义的和相关的资源/材料。

您如何、在何时何地找到机会倾听学习者的意见，并努力了解他们的生活、经历和观点？

认识和评估学习者的知识储备

在了解我们的学习者（通过教育实践，如评估、课程设计等）时，我们往往关注学习者缺乏什么，特别是"在学院、授予机构等认可的语言形式和知识方面"（Gonzalez et al.，2005，p.90）。当然，我们需要根据学生的学习情况确定他们需要发展哪些领域。然而，未能发现他们的优势和兴趣会错失调整教学计划的机会，在实现共同理解和积极的、相互尊重的学习关系方面也会错失机会。冈萨雷斯等人（Gonzalez et al.，2005）在美国与墨西哥的边境亚利桑那州担任教师教育者和研究人员时，对"赤字模式"提出了强有力的批评。他们开发了一个项目，教师可以从课堂之外的家庭和日常生活中，通过语言、知识、生活经验、技能等方面了解学习者。这些"知识储备"后来成为建立学习的基础。在学习和教学中使用这些"知识储备"，不仅有助于跨越家庭和学校之间的界限，克服障碍，还有助于扩大教师对学习者的理解，更重要的是支持关于学习的认知理论，例如图式理论（schema theory）认为有效的学习是从学习者的先前知识和经验开始的。

案例研究 6.2 的研究对象是一名 14 岁的学习者凯文（Kevin），他在英国广播公司电视纪录片《强大的雷德卡市》（*The Mighty Redcar*，2018）中担任主角。他脱离了正规教育，认为老师看不见他，也不理解他。

案例研究 6.2　凯文的知识储备

这部系列纪录片讲述了在英国东北部沿海城市雷德卡，当地钢铁厂关闭后的几年里许多年轻人的生活。这里有许多成人和职业教育教师感兴趣的故事，其中一个故事说明了努力了解与我们有不同生活的学习者的重要性。我们遇到了凯文，一个 14 岁的男孩，来自当地一个有名的家庭，他不上学了，尽管父亲从事废旧金属生意，渴望儿子接受教育，拓宽他在家族企业之外的视野。凯文最初在数学和英语方面都名列前茅，但现在经常遇到麻烦。我们看到凯文在照看一匹小马，熟练地骑着这匹小马，光着背，在陷阱前勒住缰绳。他也喜欢照看他的狗，他还是一名成功的业余拳击手。他收集废旧金属，评估值得收集的金属碎片，有一次一个经销商收购了他的收藏品，一次性就支付了 105 英镑。

凯文非常年轻，全身心发展自己特定的知识和技能，为了达到与成人同样的水平，他能够自信地与电视台工作人员交谈，能够在成人世界中管理财务。在被问到为什么对继续接受正规教育不感兴趣时，他谈到他的老师们，"他们不了解我在学校之外做什么——他们不了解我"。

反思活动 6.2　反思上述案例研究

阅读上述案例研究后，单独或与他人一起思考以下问题。

● 对凯文的生活有了更多的了解之后，教师如何才能与他建立更牢固、更积极的课堂关系？

● 从下文的概述来看，凯文具备哪些知识储备，教师如何在这些基础上，帮助他在课堂中积极参与并支持他的学习？

巴顿等人（Barton et al.，2007，p.19）认为学习者的生活包括四个方面：学习者的历史、当前的情况和事件、当前的实践和身份，以及想象的未来。这些方面帮助教师理解学习者的需要和目标，并帮助学习者发展相关的和有趣的学习。

● **历史**：人们"被复杂而独特的生活历史所塑造并伴随着这些历史"（Barton et al.，2007，p.19），这对他们当前的学习有重要意义。这些可能包括他们受过的教育、人际关系、健康状况、就业或失业经历、在全国或世界各地的游历。

● **当前的情况和事件**：包括学习者的个人情况，如他们的亲密关系、当前的生活和就业状况以及他们的照料责任。还包括影响学习者生活的政策、立法和经济背景，以及种族、性别和社会阶层等社会结构性不平等因素。

- **当前的实践和身份：** 学习者将对自我身份的认识带到学习中。身份可以由家庭、社会阶层和个人独特的历史形成。它可以由文化资本形成，如学历、语言、知识和技能；也可以由社会资本（个人的社会网络及其可用关系）形成。各种形式的教育和学习可以挑战我们的自我意识，并带来身份的改变（参见第五章）。
- **想象的未来：** 这是学习者以及学习者和教师之间关系最重要的方面。正如巴顿等人（Barton et al.，2007，p.23）提出的，"人们的希望、梦想和期待在他们参与不同学习活动的方式和程度上起着关键作用。只有当人们意识到学习可以对生活和未来产生影响时，学习才能对他们的生活和未来产生影响"。学习者需要相信，学习可以给他们带来益处，帮助他们实现想象的未来。对于许多学习者来说，重要的是想象的未来不必与过去相同。认识学习者想象中的未来需要时间，并且只能在信任和良好的课堂关系中得以实现。

尽管可供选择的课程范围很广，教学环境也具有"后义务教育"性质，但并非所有人都是自发地选择学习 FAVE 课程的。只是因为这是年轻人唯一的选择。更成熟的失业成年人有时也可能被"强制"参加提高"就业能力"的课程（如信息及通信技术［ICT］、英语或数学）。因此，虽然一些学习者有明确的学习目标，知道课程对自己的意义，但还有其他人在课堂上是没有强烈的能动性或学习动机的。他们可能会对自己无法选择感到不满，或者对教育的意义持消极态度，这是可以理解的。发展教师对学习者生活及其带来的知识储备的理解，是发展个性化学习、加深信任和形成"更积极的成人教育氛围"的关键一步，库珀和贝纳姆（Cooper & Baynham，2005，**Reading 6.1**）同样强调了这一点。

考察学习者的期望

我们已经讨论了识别学习者知识储备的价值。我们还应该倾听学习者对 FAVE 教师的看法和期望。各种有关后义务教育的研究表明，教师和学生对彼此的期望并不匹配。"对于学习者来说，与教师之间的社交关系非常重要，而对于更关注教学流程的导师来说则不那么重要"（FERRN East，2011，p.14）。因此，虽然教师认为按时出席，携带正确的设备和对自己的学习负责是对学习者最有帮助的行为，但学习者却更看重教师的行为，优先考虑教师是否友好、平易近人和给予支持，是否尊重学习者，在教学中是否有幽默感。在下面的反思活动 6.3 中，参加继续教育的年轻学习者的声音可以让我们进一步深入了解学习者的观点。

反思活动 6.3 学习者谈论教师

阅读以下真实学习者对继续教育教师的看法和对学习经验的描述。我们可以从这些学习者提到的良好教师素质的描述中学到什么，那些让他们气馁、失去动力或反感的教师素质又是什么？请记录下你的想法。

乔："连老师都觉得很无聊。就像有一位老师说：'对，我们今天早上必须做这件事，我知道这很无聊，但我们必须去做。'你想想，如果连老师都认为这很无聊，那又有什么意义呢？我宁愿开怀大笑。"

里奇："她真的知道自己在说什么。这就是她的特点。她喜欢这样，你知道吗？这也让你喜欢她的这个特点。因为这很有趣，而且她听你的。比如，当你回答一个问题的时候，她听你说话就像她真的很感兴趣一样。如果你弄错了，那没关系，你知道吗？她会说：'里奇，这是一个很有趣的观点。'然后她又说，'这是很好的尝试。'诸如此类。你就会觉得她对你很满意，明白我的意思吗？这就是我去上课的原因。"

阿卜杜勒:"他好像不想被打扰。他不想去那里。你可以看出他不想去那里。没关系,不是吗?因为我们也不想去那里。"

黛布:"当他说'叫我某某'时,我真的很惊讶。你没想到会直呼老师的名字。在学校里你从不直呼老师的名字。但他想成为一个可以和你说话的人,就像两个人说话一样。如果你不做这些工作,他不会生气,他只会担心你,问你'一切都好吗?'类似这样的话。所以你知道,如果即使你做了无用的事,他也不会生你的气。"

盖兹:"他真可怜。他从不看你。我们只是做我们想做的。一半的时间他看起来很害怕,一半的时间他大声喊叫。完全失控了。真的很有趣,他的脸全红了。没有人注意到他说的话。他恨我们,我们对他也毫不在乎。"

布兰登:"他让你工作,不喊也不叫,只是看着你。你也可以和他一起笑。他一向尊重你。我们也尊重他。他的课不错。"
(Wallace,2002)

延伸:你能想象在其他 FAVE 环境中"学习者谈论老师"的不同案例吗?比如来自成人教育中心的一组成年人?来自监狱教育组织?每周一次在工作场所学习的人群?他们对老师的谈论与上述内容有何相似或不同?他们可能会说些什么?为什么会这样说?你如何找到这些问题的答案?

当老师喜欢教他们的学生并且对课程充满热情时,参加反思活动的学生就会做出积极的反应。学生们也重视倾听老师的意见,对老师的想法表现出兴趣和尊重。所有这些并不让人感到惊讶。然而,从这些学习者的报告中可以清楚地看到,如果教师行事不当,消极循环也会随之产生。

积极循环和消极循环

学习者如何看待教师的公平性,他们的经验受到多少重视,教师在多大程度上满足甚至关心他们的需求，以及他们之间有关经验的对话性（或非对话性）性质，都可以产生积极或消极的循环。教师通过一段时间内与一组学习者的日常体验，可以感受到与班级关系的变化。这些变化也可以表现为反射。例如图 6.1 教学和学习的积极循环模型。第一，教师的主动性可以让学习者体会到自我尊严和价值。第二，如果教师为学生提供的课程或学习活动被认为是有趣和有价值的，那么学生可以受到这些课程或活动的激励。第三，教学被认为是公平的。尊严感、激励感和公平感给学生带来了快乐和学习上的收获。因为从一开始，教师提供的教学和行动就满足了学习者的兴趣。同时，教师的兴趣也得到了满足，这是经常容易被遗忘的。秩序井然，教学有效，教师尊严得到提升，结果是教师感到能够注入更多的精力和关怀，再次投入尊严、激励和公平，推动另一个循环。一个周期性的强化过程就这样形成，然后螺旋上升，形成质量越来越高的学习体验。教学就应该是这样发展的。

另一方面，负面循环也是可能的，不是螺旋上升，而是螺旋下降，产生怀疑、敌意和不愉快。同样，从学习者的角度可以用一个模型来表示（见图 6.2）。

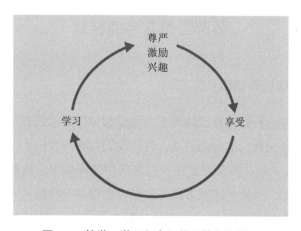

图 6.1 教学、学习和人际关系的积极循环

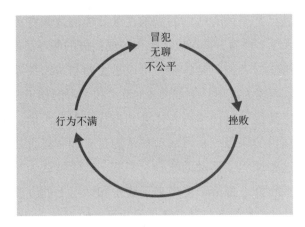

图 6.2　教学、学习和人际关系的消极循环

在这个模型中，教师的主动行为在三个方面威胁到学习者的学习兴趣。第一，他们可能表现出冒犯他们作为人的尊严。教师的行动可能被视为轻蔑或不尊重。第二，提供的学习活动非常无聊。也就是说，活动与学习者的能力和关注点不匹配。活动太难、太容易或与学习者的兴趣脱节，无法提供显著的动机和吸引力。第三，教师的行为不公平会产生挫败感和脱离感。

教师思维与专业技能

审视我们的偏见和期望

作为教师，我们将自己的历史、经验和价值观带到教学中，这些自然会形成并影响我们的专业关系，包括我们与学习者的关系。正如本章导言提到的，FAVE 教学需要将我们带入相关环境中，接触到在生活经验、社会阶层、种族和宗教方面与我们存在很多差异的人。对此，一个善意但具有误导性的回应是，教师"看不到差异"，"对所有学习者一视同仁"。但我们需要认识到教师职业生活组成部分的多样性，这比一致性要认识得更深刻、更细致。案例研究 6.3 是记者阿福·赫希（Afua

Hirsch）在一本书中记录的一段自传，书中她考察了英国人对种族和身份的态度。在这篇摘录中，她回忆了自己十几岁时在伦敦西南部一所白人学校上学时的经历，在那里，白人朋友们声称他们之间"看不出有什么不同"，但却给作者带来了极大的痛苦。

案例研究 6.3　摘自《英国人：种族、身份和归属》

我清楚地记得那是一个温暖的秋日，我与十四岁的白人校友们坐在栗树下，微风习习，栗树在漫长的暑假中被烤得炙热。一个女孩看着我，声音里带着一丝怜悯的语气说："别担心，阿福，我们不认为你是黑人。"另一位同学也表示同意。我记得他们的脸：善良、随和、充满骄傲，忽视了我的存在，却绝不可能被指控为种族主义者。

这种善举是我所经历过的最痛苦的事情之一。它教会我身为黑人是不好的。它教会了我区别不同种族会有邪恶的后果。这意味着，随着种族差异得到承认，种族主义又不可避免地随之而来。所以，最好假装根本没有黑人。这为我提供了一种摆脱黑人身份的途径，一种否认，条件是放弃为我的黑人传统而感到自豪的任何尝试，不再与那些分享黑人历史和文化的人建立任何联系，进而形成社区意识。我感觉我的朋友们在抹去我的身份，同时声称在帮我的忙。每当有人告诉我，他们"看不到种族"时，我都会重温这种经历。

（Hirsch，2018，pp.25–26）

反思活动 6.4　思考"差异"

考察一组你认识的学习者。
- 他们在年龄、社会阶层、性别、种族、身心健康和适应力、

> 教育经历、家庭环境和其他生活经历方面有何不同？
> ● 在计划和组织学习活动、选择资源、管理团队等方面，认识这些差异对您作为一名 FAVE 专业人士有何帮助？
> ● 您如何——或者可能如何——在您的课程中考虑到他们的不同经历，例如，提出他们的观点、使用他们的经验和专业知识等？

长期以来，人们一直认为教师对学生的期望有助于学生提高学业成绩。罗森塔尔和雅各布森（Rosenthal & Jacobson，1968）针对学校的经典研究表明，学习者可能建立了一种"自我实现预言"，在这种预言中，被认为"聪明"的学习者会表现得非常出色，但如果存在负面预期，学习者的表现就会不佳。研究还表明"教师对社会经济地位低下的学生的期望较低"（Mortimore et al.，1988，转引自 Gipps & MacGilchrist，1999，**Reading 6.2**）。这让致力于课堂机会平等的教师（也就是绝大多数进入 FAVE 行业的教师）更加担忧。有争议问题的教师的期望和自我实现预言与学习者的性别、种族和社会阶层相关，这一点存在更多的证据（Meighan & Harber，2007）。

尽管这项研究大多基于学校，我们认为 FAVE 教师也可能做出类似的自我实现预言。正如莫蒂博伊斯（Mortiboys，2012，p.105）所指出的，"无论假设是对是错，你都会找到支持假设的证据"。例如，如果某个学习者遇到困难，你会据此解释他们的行为或反应，而你可能会以不同的方式对待另一个学习者的相同行为或反应。"高效能教师的标志之一是他们相信所有学习者都能取得成就"（Gipps & MacGilchrist，1999，**Reading 6.2**）。

正如我们在第十五章（《包容》）中所讨论的，为了发展这种有效的实践，大多数教师需要研究他们自己有意识和无意识的偏见和偏好，以及这些偏见和偏好如何作为期望发挥作用。

反思活动 6.5　我们的偏见和偏好

完成以下不完整的陈述。

● 我更关注的是学习者的外表……

● 我更关注的是学习者的行为……

● 我更关注的是学习者的态度……

现在，针对上面的每一项陈述，回答以下问题。

1. 你为什么更关注这类学习者？

2. 你对 1 的回答背后是什么？再深入一点。

3. 你认为这对特定的学习者有什么影响？

4. 你认为这对同一组的其他学习者有什么影响？

5. 这对你的教师有效性有什么影响？

当我们意识到自己的偏见和偏好时，就会明白我们在理解他人并建立积极关系的时候，自己的能力是如何被扭曲的。在反思日记中记录我们对学习者和学习小组的反应是非常有用的，这样我们就可以确定这些反应，并计划在未来改进具体行为。例如，如果我们或多或少地关注某些学习者而忽视了其他学习者，我们就可以在下节课中与该小组讨论时，先与可能被忽略的学生交谈。

教师视角

本章至此，我们就教师如何考虑学习者的观点、期望、专业知识和感受提出了一些建议。现在该把注意力转移到我们自己身上了。好的教学来之不易，在某种程度上，它意味着把学习者的需要放在教师自己的需要之前。然而，工作关系是一种非常特殊和微妙的现象。一方面，无论教学环境如何，工作共识与组织问题都和教师面临的问题有关。另一方面，人际关系的质量为教师带来持续的个人愉悦和自我实现。如果我们作为教师的感受也是保持积极工作共识的一个重要因素，那么监测我们感受的方式就很重要。我们可以在反思日记中记录关于教学和学习关系的想法或感受，这很有用。我们也可以与同事和朋友交谈，这也非常有价值并为我们提供支持。原因很简单——为了照顾好他人，我们必须先照顾好自己。

权威

从广义上讲，教师是一个社会角色。我们所拥有的强大地位是社会赋予的。我们的权威来自承担团队学习的责任。要与团队建立良好的关系，就要让学习者接受并欢迎这种权威，认为它是负责任的和互动的。只有这样，教师的权力才能转化为真正和实际有用的"权威"。换句话说，权威建立在对教师作为团队内部领导角色的认可这一基础之上。即使在更多非正式的 FAVE 环境中，当我们扮演对学生有益的角色时，也是在行使一种重要的权力。这也再次提醒我们，贝内特（Bennett，2012，**Reading 6.3**）探讨的"伟大教师的美德"（正义、勇气、耐心、智慧和同情心）对这一权威至关重要，对每位教师的工作都非常重要。因此，我们将在第七章《参与》中重新关注这一点。

改善学习环境

至此，本章从学习者和教师的角度关注了工作关系，以及两者相互之间的互动和教师所需的专业能力。在本节中，我们思考作为学习环境的课堂、研讨会或工作场所的整体效果。我们还将回顾学习环境是如何支持我们的"情感安全"，并支持包容性教学的。

学习环境与情感安全

课堂环境对教师和学习者的影响是近年来的一个主要研究课题。一个明显的问题是如何定义学习环境。在一项经典研究中，威索尔（Withall，1949）通过强调"社会情感氛围"的重要性来回答这一问题。神经生物学的最新研究成果将社会、情感、认知和生物因素联系起来，强调了人类互动的情感本质：

> 现代生物学揭示了人类基本上是情感性和社会性生物。学习、情感和身体状态之间的关系比教育工作者意识到的要深刻得多。并不是情感在支配我们的认知，也不是理性思维不存在。更确切地说，人类大脑进化的最初目的是管理生理机能，优化生存状态，让人类繁荣昌盛。但生存和繁荣的问题还有另一个层面，因为随着大脑不断发展，人的思想也变得越来越复杂，我们不仅要管理好自己，还要处理社会互动和人际关系。情绪的生理变化和随之而来的情感过程对我们的学习方式有着巨大的影响。（Immordino Yang & Damasio，2007，pp.3-9）

　　换句话说，学习者对学习环境、教师和学习本身的感受具有深远的教育意义（Hascher，2003）。除非我们感到"情感安全"，否则不可能"开放地"学习；经验丰富的 FAVE 实践者经常谈论这一点，因为学习者认为学习环境是否"适合他们"非常重要。我们可以看出，反思型教师从社会和情感层面关注学习者过去和现在的经历，是有充分理由的。因此，这些经历是产生归属感的基础，由此又产生了积极的学习经验。任何曾经在继续教育学院或成人社区学习中心学习的人都会意识到，在参与学习之前，找到安全感和归属感是多么重要，这适用于整个机构的风格（包括门厅、咖啡馆、接待室等），尤其是用于学习的特定房间。

　　回到罗杰斯的咨询工作（Rogers，1961，1969，1980），他认为，如果要建立"以人为本"的关系，需要具备三个基本素质——接纳、真诚和同理心。如果我们将这些素质应用于教学，接纳包括承认和接受学员的"本来面目"（已经提到的"无条件积极关注"）；真诚意味着这种接受是真实的、发自内心的；同理心是指教师能够理解学习者对学习情境的感受。罗杰斯认为，良好的关系建立在理解和"给予"的基础之上。罗杰斯提出的这三个品质与反思型教师的特质（在第三章中讨论过）有很多共同之处：承诺与他人合作，公开挑战现有的假设并

"做得更好"。我们还可以记住，作为教师，如果我们要持续"做得更好"，还需要感受到来自学习者和同事的接纳、真诚和同理心，这是有好处的。

人际关系与包容性课堂

当然，要营造一个情感安全的学习环境，要面临许多挑战，包括学习者不同的生活经历、年龄或群体背景。学习者不了解彼此的生活，对小组中其他成员容易猜疑或持有偏见，或者可能对那些与自己有不同经验或信仰或外表穿着不同的人缺乏同情。在这些情况下，我们对小组的领导能力受到考验。教师负有最终的责任，要确保所有学习者获得平等的学习机会，每个人感到安全和有价值，小组发挥着整体的作用。

为了更详细地研究这一点，以下场景包含了专业性挑战，这些挑战虽然并不罕见，但也不容易解决。我们作为一个小组的负责人，需要考虑至少两个维度：（1）小组中每个人的学习需求，包括任何额外的个人需求；（2）制度期望、法定期望（即平等法）和道德期望，即学习将在尊重和宽容的氛围中进行。除此之外，本章重点思考如何在学习小组中培养积极的学习关系。我们还将在第十五章对此继续讨论。

反思活动 6.6　满足学习需求并培养尊重和宽容

从以下两个维度思考三个场景和你的选择。

● 你如何确保团队中每个人的学习需求都得到满足？

● 你将如何在学习小组中培养尊重和宽容的氛围？

情景 1：你正在教授一组成人学员提升兼职就业能力的课程。他们是低薪工人，被雇主派去参加课程，没有选择权，而且学习热情和动机都很低。在你接手课程之前，课程管理和人员配备也存在问题，学习者偶尔会对此发表评论。到目前为止，这门课他们上得并不开心。在一次会议中，你要求小组讨论特定的工作场景。在这个场景中，一些虚构的工人名字与其他语言或少数族裔的传统有关。有些人在窃笑，还有人在大声评论："血腥的外国人——我们让太多的外国人进来了！"在场的大多数人都听到了。

情景 2：你正在教授一组 1 级年轻学员。干扰因素很多，你必须努力工作来保持团队的专注和参与。一个非常特别的女孩叫杰米，在讨论和实践活动中表现出色。然而，她没有完成过任何书面作业，还经常找借口离开课室（去卫生间、接打电话等），并经常一去不返。你尝试过给她一对一的支持或鼓励，但她却经常会哭，说自己是垃圾，什么也做不到。一位同事告诉你，杰米会为了逃避工作做出任何事情，她非常懒惰。

情景 3：你的一位学员卡勒姆患有孤独症。尽管他在与同伴的讨论和合作中遇到了困难，但他非常投入，声音洪亮，积极努力。有时，你会发现让他加入某些活动很有挑战性，你很难管理他在整个小组和分组活动中的贡献和行为。有一天，另外两个学习者来找你，说他们不想再和卡勒姆合作了，他很"古怪"，会分散他们的注意力。

这些具有挑战性的情景引发了一系列问题，但很难找到正确的答案。正如我们在第二章和第三章中已经解释的那样，在这些复杂和不断发展的情况下做出决策需要仔细的判断和实践智慧。然而，教师的专业职责是维护平等原则，并让学习者看到我们正在依据这些指导原则和教育价值观管理教学（参见 Richardson，2009，**Reading 15.1**）。考虑到这一点，我们需要决定如何立即应对挑战（例如"实事求是保持回应"；参见 Gregson et al.，2011，**Reading 15.3**）和更长久地应对挑战（例如，在课堂外与学习者进行一对一或小组讨论，基于平等原则规划整个小组的活动等）。我们需要提前做好计划，并考虑哪些问题适合公开解决，当着小组成员的面解决，还是私下解决，或者在整个团队之外解决。我们将在第十五章《包容》中再次思考这种关系。

总结

本章从社会和情感层面探讨了教学和学习，包括教师和学习者在不同的 FAVE 学习场所中持有不同的态度和经验，以及如何通过建立和扩展积极的工作关系来支持学习。教师很容易形成宿命论的观点，庆祝一个"真正有凝聚力的优秀团体"，或者哀叹一个"谁也不想参加的劣质团体"。本章已经表明，团队动力、工作关系和情感安全的学习环境并不是运气问题，许多实践和理论上的实用工具可以帮助我们发展这些领域。学习者和教师"一起相处"，紧密地共同面对关于课堂参与和课堂管理、学习、包容性和教学法等问题。本书其他部分进一步探讨了这些问题及相关问题。

尽管我们有很多可用的工具和选择（包括对话式教学，获取关于学习者的知识，反思我们自己的期望和偏见），但我们需要记住，人际关系具有挑战性和压力性，因此教师应该在需要时寻求支持。参与本章的反思活动和案例研究，和同事讨论这些主题，是对发展实践的一种支持。与信任的、有经验的同事讨论问题，思考可能采取的行动，通常会为"克服"困难提供宝贵的指导。无论是单独工作还是与同事一起工作，保持积极的关系和安全的学习环境，是对教师专业实践的持续要求，结果也常常令人满意。

主要阅读文献

有关课堂关系、规则、惯例和公平的探索，请参见：

Cooper, B. and Baynham, M. (2005) *Rites of passage: embedding meaningful language, literacy and numeracy skills in skilled trades courses through significant and transforming relationships.* London: National Research and Development Centre for Adult Literacy and Numeracy (NRDC). (**Reading 6.1**)

Gill, S. and Thomson, G (2017) *Human-Centred Education. A Practical Handbook and Guide.* London: Routledge.

Mortiboys, A. (2012) *Teaching with Emotional Intelligence: A step by step guide for higher and further education professionals*, 2nd edition. London: Routledge.

有关教师和学习者可以为学习关系带来的东西，请参见：

Bennett, T. (2012) *Teacher: Mastering the Art and Craft of Teaching.* London: Continuum, pp.71–121. (**Reading 6.3**)

Gipps, C. and MacGilchrist, B. (1999) 'Primary school learners'. In Mortimore, P. (ed) *Understanding Pedagogy and its Impact on Learning.* London: Paul Chapman, 52–5. (**Reading 6.2**)

Rudduck, J. and McIntyre, D. (2007) *Improving Learning Through Consulting Students.* TLRP's Improving Learning series. London: Routledge.

Wallace, S. (2002) *Motivating Learners and Managing Behaviour in Further Education.* Exeter: Learning Matters.

第七章 参与

我们如何理解和"管理"行为？

导言

你如何在教学小组中"管理学生行为"？我们应该这样做吗？当然，教师的职责是尽力理解我们在教学情境中看到的行为，并确保每个小组成员都能从课堂中得到乐趣。这是我们对"管理行为"的思考方式。如果你在社区与成年人一起工作，这种经历与在继续教育（FE）环境中和 16~18 岁的人一起工作的经历是不同的。与我们一起工作的每个小组都是独一无二的，人口学中和学生背景介绍中概括的相似性对我们的工作并无益处。如果我们认为任何学习小组和小组中的每个个体都是唯一的，这将从源头减少犯错的可能。实习教师在职业生涯的早期阶段经常会担心无法应对和管理学生以及让所有学生都参与到有意义的教育活动中来。

本章的中心思想是，教师通过努力确保所有学习者充分参与教育，以此促进和保持学生良好的行为。如果你的重点是创造一个积极的教学、学习和评估（teaching, learning and assessment, TLA）氛围，利用创造性和包容性的方法，就会避免一些问题。然而，这种方法（相当正确）近年来却受到了批评。有时，人们将某些学习者的问题行为归咎于教师的教学方式。这不是我们的意图。我们非常清楚，尽管教师做出各种努力，采取各种干预措施，但一些学习者出于各种原因（很多原因），还是会表现出挑战性行为。本章希望提供一些想法和可能的解决方案，帮助你获得理解并尝试新的策略，并在可能的情况下消除造成挑战性行为的原因。尽管如此，这并不容易，因为教室、研讨会、工作室和沙龙（仅举几例）都是复杂的地方，意外事件会经常发生（Doyle, 1977, Reading 7.1）。本章讨论的问题在年轻人中更加严重，但许多也适用于成年人和老年人，而表现方式会有所不同。

教与学研究计划（TLRP）原则（参见第四章）

以下两条教与学研究计划（TLRP）原则与本章关系紧密，强调积极参与以及个人和社会过程的重要性。本章探讨了参与和学习的社会性质之间的联系。

　　原则 6：有效的教与学促进学习者的积极参与。教学的主要目标应该是促进学习者的独立性和自主性。这包括获得一系列的学习策略和实践，培养积极的学习态度，以及树立对自己成为一名优秀学习者的信心。

　　原则 7：有效的教与学促进个人和社会的发展过程和结果。学习是一种社会活动。应该鼓励和帮助学习者与他人合作，分享想法，共同积累知识。询问学习者的学习情况并给予他们发言权，这既是一种期望，也是一项权利。

理解课堂行为

　　我们认为，营造积极的教育氛围的一个重要部分是发展良好的师生关系。科菲尔德（Coffield，2008）谈道：

　　　　相互信任和尊重的氛围有助于形成丰富而热情的人际交流；双方都能使用的语言加深了对教与学的理解；反馈公开地肯定了每个学习者所受到的积极关注，也挑战了他们，促进他们进一步学习；对话"搭建"了学习者的理解框架，让他们能够超越导师和已知信息；导师之间关于教与学的对话，能够延伸到教与学的社区；对于人们是如何学习的，导师和学习者的广泛见解也会彼此交融。（Coffield，2008，p.39）

　　强调高期望和高动机很重要，让学习者参与适当的挑战和测试活动有助于他们觉得时间花得很有价值。科菲尔德（Coffield，2009）使用了串联的隐喻来说明教师和学习者如何在合作中获得最好的教育效果，并探讨了向上和向下螺旋的概念，认为教师可能激励也可能降低学习者的积极性。尽管一些想法是基于 14~18 岁学生的教学，但同样的原则也适用于 FAVE 的其他环境。例如，在成人和社区教育中，对学习的干扰可能与"不当行为"无关，而关系更紧密的是每个学习者都感到自己受欢迎，觉得学习空间也是"适合他们的"。在成人学习环境中，如果他人的行为或过去的经历让学习者在正式的学习环境中感到不安全或不安心，他们可能会停止课程。

案例研究 7.1　哈利玛的案例研究：与"困难的"学习者建立关系

　　哈利玛是一名经验丰富的教师，拥有 3 级法律研究文凭。她的课程是一个大班型的非全日制晚班课，学员的自信程度参差不齐。其中许多成人学习者已经停止学业一段时间了。哈利玛正在努力让每个人都参与进来，并对获得文凭所需的大量材料感兴趣。一个叫詹姆斯的年轻人总是在课程开始时大摇大摆地进入教室，向其他学习者或哈利玛大声喊叫。他声音洪亮，在课程小组讨论阶段经常发表幽默的评论——虽然总是跑题，但通常会让其他学习者感到有趣。他总是第一个给出答案，即使哈利玛要求学员以成对或小组的形式讨论问题或完成任务。尽管团队中还有许多经验丰富、知识渊博的学习者，但他表现出了极大的自信。哈利玛开始认为他傲慢，占用了太多的课堂空间和时间，她发现自己拒绝听他说话，不去回应他所说的内容。有一次，他看起来很生气，对坐在他旁边的人喃喃低语。下课后，哈利玛反思说，她已经把詹姆斯看成一个需要管理的刺激物。她意识到自己没有尝试去了解他，只是单纯地不喜欢他，而不是将他视为自己的学生，对他负专业责任。

　　当学习者开展小组项目时，哈利玛组织小组辅导，并决定先看詹姆斯的小组。对哈利玛来说，在不同的教学环境中关注詹姆斯是重新开始彼此关系的好机会。她安排了教室，和三名学习者围坐在桌旁。她微笑着欢迎学生们进入教室，并明确表示她期待着与他们合作。在这次小组辅导中，哈利玛让每个人都有很多发言机会，并给每个人同等的关注，包括专注的倾听和良好的眼神交流。詹姆斯一开始很谨慎，但逐渐放松，哈利玛和詹姆斯第一次就他的学习展开了建设性的讨论。那天晚上下课后，哈利玛回想到，她"把控住了自己"，及时挽救了这段关系。她期待着与詹姆斯发展有效的工作关系，并对未来能够积极、专业地管理挑战性行为充满信心。

将课堂或行为"管理"放在整个机构的环境中同样重要。你应该了解并理解你的任教机构的特点和价值观；事实上，作为机构成员，你通过持续的协作工作帮助机构实现这些目标。至少，你拿到了机构行为手册或管理政策副本，并与高级管理人员和其他同事讨论过如何将这些政策付诸实施，如何共同努力改进这些政策，并确保这些政策与目标相符。修正机构政策中规定的行为准则是确保同事在教学行为和参与中采取一致方法的重要一步。米切尔等人（Mitchell et al., 1998）的报告《并非不当行为》，为教师和管理者制定课堂管理的整体组织方法提供了合理的建议。在本章中，我们通过观察课堂上发生了什么，教师可以自己做些什么来创造适当的环境来影响"良好行为"，检查行为管理，并通过一些实例来总结在事情开始变得棘手时可以使用哪些有效的策略。将建立良好的人际关系与良好的课堂实践相结合，对于履行职业角色和享受职业工作都很重要。

实现积极参与的最有建设性的方法之一是教好全班，从而创造积极的学习和行为循环。通过良好的教学，我们重点关注采用适当的教学方法，让学习者充分参与感兴趣的课题。可以肯定的是，教学方法没有标准化配方，对任何这样的说法你都要批判性地审视。随着时间的推移和经验的积累，你会发展自己的教学方法。无论我们在哪里或教谁，教室通常是安全的、充满关怀的环境，在这里，我们可以体验到大量富有成效的、生动的教育体验。正像教师报告中提到的，一些学习者的行为变得更具挑战性，这一点不容忽视。同样重要的是，我们也不要嘲笑这些学生，一些学习者可能因无法控制的事情以及教育机构的影响而受到干扰。第六章、第七章和第十五章提出了建立良好关系和包容所有学习者的建议，这才是民主而社会公正的教育的关键目标。

你会发现难以集中精力学习的学习者往往是面临个人和社会困境的人（Duckworth，2013，**Reading 7.4**）。这些可能是深层次问题的表现（不仅仅是贫困、社会不公和各种形式的犯罪），重要的是我们要保持敏锐的视角，超越正在发生的事情去看待问题。这对时间、处理问题的信心、资历和专业知识甚至干预的权利都提出了相互抗衡的要求，这是令人担忧的。人们现实地考虑发生的事情很重要。当你在课堂上无法满足学习者的需求时，就需要寻求帮助。在适当的时候，主动向同事或专家寻求帮助是必要的。在本书中，我们一直认为，与同事合作可以提供巨大的帮助，例如在联合实践发展（见第三章）中，合作帮助人们找到了更好地支持学习者的方法。

"课堂行为"对我们来说非常重要，因为这是一个公共问题，也是对教师的个人挑战。我们在报纸和其他媒体上看到很多关于"课堂纪律下降"和今天的年轻人如何"不好管"的报道。事实上，这种关注由来已久，在公共教育存在的每个时代都有体现。因此，我们需要正确看待这一问题。大多数教育环境都是秩序井然的，在那里，良好的关系、尊重的行为和积极的学习态度得以发展。尽管如此，对行为的"道德恐慌"依然会持续下去。

如果你在实现和维持良好的课堂气氛方面遇到困难，不必感到孤独，因为每个人都在努力发展和维持富有成效的关系。如果有顾虑，你的团队或部门同事应该是你获取支持的第一来源，你也可以根据需要咨询高级教师。在一些机构中，设置了引导课堂行为原则和实践的特殊职位。学习者在课堂内外获得更多的技术支持，但有时社交媒体上的不恰当信息或极端情况下的网络欺凌，会加剧问题的产生或派系行为的扩大（尽管技术对团结人们也存在很多好处）。

教师专业协会和工会也在课堂管理方面提供支持。例如，一些专业组织提出关于行为或参与的专业发展计划，例如，教师和学习者协会在其"学习区"发表了一本优秀的具有建设性的专业实践指南（Watkins，

2011）。从我们的角度来看，作为教师，我们要竭尽所能了解学习者的情况，思考 FAVE 各教育机构的教育规定。后者构成了一个环境和情境，学习者的行为会对此做出反应。

理解学习者

我们将此部分称为"理解学习者"，因为尽管早期职业教师更担心与年轻学习者合作，但理解学习者的重要性也同样适用于他们（或我们）。我们需要评估第一章、第二章和第四章中提出的问题，认识到同一教室中的学习者可能有非常不同的家庭环境和过往经历。当代社会在财富和与财富相关的文化资本方面存在着极大的差异。一些学习者每天都面临各种各样的挑战，这让他们难以集中精力学习。一些学习者受到朋友和家人的鼓励，而另一些学习者可能很少受到鼓励，甚至受到阻碍。在理解生活的复杂性时，我们很容易持有固有观念，但这确实应该得到抵制。不富裕并不意味着对教育或学习缺乏承诺，更富裕也并不意味着对教育更重视。作为教师，我们要尽力承认和理解学习者先前的经验。

提供有吸引力的环境

作为 FAVE 教师，教学环境以及学习者的年龄和经验将影响管理和创造学习环境的方式。一些学习者愿意并热切地参与，他们的教育经历受到欢迎和重视；而对其他人来说，学习是一件需要忍受和关乎生存的事情，需要制定应对策略才能完成。思考教学环境并回顾学习环境的以下方面，将有助于实现学习者的最大化参与并开展实践。

- 课程——学习者发现课程有意义且有趣是至关重要的。这将对他们的承诺和参与产生积极影响，如果课程无意义或无趣，他们将选择转移注意力或一起退出课程。当知识和技能慢慢掌握后，教学更加困难，找到创新的教学方法保持学习者的积极性就尤为重要。在第九章我们将回到这一点，聚焦课程。
- 教学法——年轻的学习者往往知道自己是如何被管控的，了解课堂的规则、惯例和仪式，清楚这些规则、惯例和仪式在实施中的公平性（或不公平性）。除此之外，他们还希望教师采用参与式教学法，使教学主题有趣，为学生获得成功提供支持并使其享受学习。第十一章和第十二章讨论了这些问题。如果学习环境不能支持以上提到的内容，不"要求"参加课程的学习者就会退出课程，而参加的学习者也只是参加了课程，但并没有全心投入。

- 评估——被他人评判而产生焦虑是很常见的。对于重返课堂的成人学习者和"难以相处"的学习者来说，划分类别让他们感到不愉快，因此教师需要谨慎和敏感地进行管理。另一方面，促进能力提升和学习进步的评估和反馈会受到学生欢迎，并增加他们的参与度。教师真正关心学习者的进步，并鼓励他们进行自我评估，是创造成功学习环境的关键。

- 与他人的关系——这部分是关于同辈之间的关系，这对一些学习者来说是担忧和具有挑战性的。被同辈群体接受有助于人们继续他们的学习计划，对于年轻学习者来说，在"结交朋友"过程中就可以表现出来。然而，同辈也可能并不友善，一些学习者可能被忽视、孤立甚至被欺负。即使在并非完全正规的教育环境中，老年学习者群体（当然包括工作场所）之间也可能盛行派系，自信的性格会给别人带来压迫感，特别是对那些难以融入课程的人来说。与团队成员一起制定规则有助于创造和谐的氛围，让每个人都感受到重视和尊重，但你仍需要保持警惕，时刻关注这种环境是否符合学习者的期望。同样也要注意与学习者保持良好的关系。如果你不尊重学习者，他们就不愿意参与学习，或不能够充分参与学习。

建立权威

教学情境中的权威一部分源于自信，也就是教师对自己的教学能力充满信心，另一部分源于教学核心技能的专业能力。这意味着教师能够在课堂教学过程中解释和分析课堂事件，进而进行调整（Cowley，

2010，**Reading 7.2**）。我们在第六章中讨论过，教师优秀品质的实践基础是与学习者建立良好的关系，并被学生认为对待他们都做到公平、友善和尊重。这种良好的关系又取决于教学环境和背景，包括 FAVE 环境中学习者不同的年龄和性别，成人和社区教育环境中复杂的社会习俗和传统。

当然，困难在于专业能力和理解力的提升需要时间，虽然相关专业书籍可以提供支持，但直接经验是无法替代的。实习教师和新任教师面临着提高专业能力和理解力的艰难挑战，同时还需要教授自己的学习小组和班级（当然，有经验的教师认为这也是一个挑战！）。

在这一小节中，我们将重点关注四个有助于建立课堂权威的问题：期望、自我展示、语言使用和策略储备。

期望

学习者和我们大多数人一样，非常善于感知他人的信念、动机和性格。认为学习者惹是生非、不可信任的教师会产生类似的谨慎反应。相反，如果教师传达了期望，这些期望就假定了学生的能力，并为其学业成功设定了现实的目标，那么学习者也会做出积极的反应。

我们需要控制自己的期望，并仔细审视这些期望，尤其是依据我们关于学习者行为、动机或能力的个人观点所提出的期望。任何信念都会随着经验的发展而改变，但也可能在文化和个人层面上根深蒂固。在当代文化中，人们天生有好有坏，有人"聪明"，有人"愚钝"，这种鲜明的对比由来已久，甚至可以在教育环境中找到。为了建立权威，教师们需要谨慎对待这些看似毫无疑问的信念，不管它们以哪种形式出现。在我们的头脑中，给学习者贴上"不聪明"或"没有能力"的标签是毫无用处的。第十五章在包容性的背景下将重新讨论这一点。最现实、最有效的应对策略是，仔细观察和倾听学习者，多多理解他们，始终期望他们成为最好的自己。

对于有关课堂规则的行为，我们的期望应该明确、有例可循并加以强化（Chaplain，2003，**Reading 7.3**）。每当学生行为开始下滑，或者既定的理解受到挑战，那么这些规则就需要重新确立。与学习者一起制定基本规则会很有帮助（尽管会存在小组差异）。正如第二章《学习》所讨论的，这有助于赞赏学习者的进步，而不是专注于他们的缺陷和失败。在教学环境中，一些看似简单明了的事情，如遵守时间，也需要根据具体情况细致考量。迟到并不一定意味着学习者不关心自己的教育或缺乏动力，他们可能需要照顾家人、上学路途遥远、要轮班工作或有其他原因。同样，关于移动电话的规则也可能需要灵活处理，以适应不同学习者的需求、环境和活动要求。

在学习中，对学习者的行为设定较高的期望，是创造积极学习环境的重要基础。

自我展示

能够展示自己的教师，会让学习者相信自己的时间和注意力掌握在优秀教师的手中，拥有他们的专业技能。这是建立自信的重要因素，尤其是实习教师，他们有时会发现很难实现从学习者角色到教师角色的转变。这并不奇怪，因为涉及权利和责任的巨大变化。一个重要的出发点是相信自己是一名合格的教师。

教师需要对自我展示进行判断，因为我们在第六章中提到过，建立权威的过程本质上是教师和小组之间的协商过程。真实性在交流中至关重要，在面对课堂挑战时，我们可以发现有些教师试图虚张声势，假装自己经验丰富。如果可能的话，认真努力并尽可能与学习者一起进步才是明智之举。

我们在第六章中谈论到，教师在复杂的教育情境中做出仔细和深思熟虑的判断，这种能力会在实践中形成——因为这一切都与专业实践的展示有关。非语言技能包括手势、姿势、动作、在教室中的位置、面部表情等，学习者喜欢自己加以解释。教师给学生留下的印象可能是充满自信和能力卓越，但你需要考虑如何才能做到这一点。你的感觉是怎样的？你是如何在教室里走动的？声音控制尤其重要，因为改变音调、音量、放开声音和改变声音强度都可以表达意义。要运用好声音，需要接受培训，也需要时间。教师可以像歌手和演员一样，学习使用横膈膜发出声音，深呼吸，放慢语速，这样可以更有效地传递声音和信息。最关键的是，要真正倾听学习者的声音，理解他们所说的话——并真正关心他们——这对于建立权威也很重要，因为权威是其合法性的基础。

上述技能都是必要的，但还不够。一个自信的表演者如果缺乏目标，并且在实际操作中犯了错误（例如，混淆了学习者的名字，没有仔细计划课程，丢失了学习者的作品或做出不公平的行为），都将无法管理课堂。教师必须具有明确的目标和专业的技能，也必须了解教育的目的和手段。

语言表达

我们不仅需要自信，也需要牢记教育目的。无论教育目的是什么，每次与学习者交谈（或倾听他们）时，我们都有教育机会。在教学参与中，我们希望学习者走上正轨，进而实现教育目的。

在义务教育环境下，罗杰斯（Rogers，2011，p.83）提出了使用语言支持学习者参与的七种方式。在将学校的工作方法应用到 FAVE 行业时，尽管需要谨慎行事，但探讨这些方法在 FAVE 环境中的相关性是值得的。

1. 尽量减少纠正性互动。

2. 避免不必要的对抗。

3. 尽可能保持尊敬、积极的语气。

4. 尽可能保持使用正确的语言。

5. 尽快恢复工作关系。

6. 与学习者跟进课堂以外的事项。

7. 如果我们需要表达沮丧，甚至愤怒，那么就果断地表达，而不要咄咄逼人。

关于如何使用语言表达积极、尊重的语气，以及语言如何构成积极、尊重的工作关系，我们可以从中吸取经验和教训。

如第六章所述，对于低水平的破坏性行为，如白日梦、大声喊叫、闲聊、迟到或发出过多噪声，都需要以公平和敏感的态度加以解决，在维护课堂规则的同时也保护学习者的尊严。可能的答复如下。

- 传达冷静和有节制的反应。
- 用幽默来缓和气氛。
- 邀请人们改正，例如"何时……，然后呢……"。
- 尽量减少拒绝，例如过度使用"不能""不会"。
- 避免羞辱，例如讽刺。
- 避免攻击，例如指指点点、大声喊叫。
- 在主张正确的行为时，坚定、公正，但简明扼要。

为了树立教师的权威，即使在繁忙的课堂压力下，我们也必须仔细思考我们表达了什么以及如何表达。为了建立有效的学习行为，我们需要做到如下方面。

- 与学习者建立个人联系。
- 识别任何需要改变的行为。
- 鼓励重新参与课程目标制定。
- 尽量减少对他人的干扰。
- 贯彻执行，保持一致。

有分寸、有建设性的自信，加上有趣、引人入胜的课程，有助于维持并加强教师权威以及所有群体之间的积极工作关系。过度使用语言可能会削弱权威，给教师和学习者带来不愉快的体验，使未来的参与更加困难。

考利（Cowley，2010）在她的书《让调皮学生行为良好》（*Getting the Buggers to Behave*）中也提出了类似的观点，这些观点尤其适合与年轻学习者一起工作的教师（另见 **Reading 7.2**）。韦扎德（Vizard，2007）专注于继续教育中的行为管理，除了提出一系列实用的策略外，还提供了一个良好的起点，即创造积极的学习环境，留下深刻的第一印象。

策略储备

经验丰富的教师了解许多教学策略，他们可以利用这些策略建立并保持学生的积极参与。罗杰斯（Rogers，2011）确定了三组策略，反映了教师行为介入的最低、常规和决断水平。这些策略是为儿童和青少年专门设计的，因此对那些教年轻学生的教师来说更有用。与本书中的其他内容一样，我们邀请你思考这些策略对不同的学生群体在多大程度上有效果。

最低干扰策略

这些策略的有效性在于教师是否能够理解良好的团体工作方式和良好的课堂关系。如果这些关系到位，通过简单的提醒就可以实现积极的互动。罗杰斯的三个最低限度策略如下。

- 战术上的忽视——你在关注和肯定积极行为的同时，意识到轻微的误解但暂时忽略它。然后，学习者应该开始关注学习任务本身。
- 附带性的语言——提醒学习者课堂规则，而不责怪任何人。在某些情况下，基本规则是在课程开始时与学习者合作制定的。因为规则被建立和接受，学习者会自我调整以满足约定的期望。
- 接受时间——在提醒了规划并表达请求后，你将离开，给学习者时间进行合作。这样做，你可以传达信任。（尽管你可能会持续关注进展！）

常规策略

这组策略反映了师生互动的波动性以及动态关系。通常会对边界有一些碰撞和试探的行为。以下策略是义务教育教师用来构建和控制课堂情境的典型策略，尤其是当学习者发现难以集中注意力时。

- 行为指导——直接、积极、简短地传达预期行为。"我们现在能回到大组吗？""我们都能听取这个意见吗？"
- 规则提示——教师提醒每个人一条规则，而不是"挑剔"某个特定的"违规者"——如果这个规则是共同制定的，通常效果会更好。例如，教师可能会说："记住，我们都同意课间休息后立即开始上课……"

- 前言——通过意识到潜在的不当行为，该策略可用于预测和制定活动，但不要过于严厉。在布置活动或适当的时候，教师与相关学习者互动，表示关注并将其注意力重新引导到相关活动上。

- 分散注意力——这一策略包括故意将注意力吸引到进展顺利的事情上，从而绕过可能存在问题的事情。随着团队注意力的重新集中，困难逐渐消失，或者可以平静地处理。

- 直接提问——此类问题要求学习者重新关注手头的任务。"我们现在应该做什么？你应该把……放在哪里？"这些问题可能是讨论和说明活动的起点。

- 有控制的"选择"——这些是受既定规则和惯例限制的选项。事实上，这种选择是实现理解的一个条件，"是的，一旦这项活动完成，我们就可以休息了"。

在谈到一些决断的策略之前，值得一提的是幽默。我们鼓励教师在教学环境中健康恰当地运用幽默。而不主张你成为一名独角戏演员，因为枯燥无趣的语气不太可能促进课堂参与。微笑是一种很好的方式，保持对你正在讨论的内容的关注，如果你想在 FAVE 教学中取得成功，自嘲的能力无疑是必不可少的。不要害怕在你的演讲中加入一些幽默。在你的谈话中给笑声留出空间比其他任何决断的策略加在一起都能对保持课堂参与产生更积极的影响。

决断的策略

这一组策略依赖于教师以各种方式维护自己的权威和在学习者面前"站起来"。尽管它们的谈判性较低，但仍然提到既定的理解和规则。然而，它们让学习者确信，老师是负责任的。

- **阻断**——这是一种重要的策略，当学习者采用各种分散注意力的策略时，教师要保持对重要行为问题的关注。"等等，现在让我们来谈谈到底发生了什么"，"我一次听一个。伊娃……格雷斯……"。

- **果断的要求**——这一策略冷静地运用语言和非语言技能，并利用自信储备来捍卫和促进受到威胁的行为原则："我们在这里不接受这种话语"，或者，"你知道我们在这里不使用这种话语"。立场应该是非攻击性的。随着学习者感受、解释和行动的复杂程度的提高，可能需要一系列的阻止和决断的动作。当教师必须处理偏见的因素时，这一策略尤其重要，因为它确实有助于使用停止行动的策略并向所有人发出信号，表明事件及其相关问题是严重的，将重新进行调查。这叫作"保持回应"，例如："这样说话是不能容忍的，我希望你停止。这种行为在这里没有立足之地。我们将在下一节课中回到这一点。"这将让你有时间做出更慎重的反应（并可能从同事那里得到建议），而不是在"最激烈的时刻"对情况做出反应。更重要的是，它让你有时间计划"教学反应"，让每个人都知道你已经认真对待了这一事件，而这一事件并没有被放弃。教学反应的例子包括直接针对偏见去规划会议或讨论主题，审查识别不同材料和活动，包括阶层、性别、种族、残障、财富、性取向和性别重置。可为教师提供支持的材料和资源包括"向初级教师培训师展示种族主义红牌包"（见"Show Racism the Red Card"网站），以及"最佳实践、工具包和资源"（见"Stonewall"网站），后者用于应对恐同欺凌的挑战。在成人教育环境中，会有一些学习者群体的先前教育环境存在冲突，现在坐在以前的"敌人"旁边上课。这些情况需要教师有很高的技能和理解力。上述资源可以为处理课堂的紧张局面提供有用的建议。
- **命令**——命令的区别性特征在于：它是一条直接指令。为了有效，命令需要以清晰直接的方式发出，并立即跟进："山姆，请放下手机，你知道规则。"目光接触、身体接近和坚定的语气都会传达出你意图的严肃性。这是一种直接干预策略，不应在课堂上普遍使用。如果使用过于频繁，可能是关系破裂的迹象。应该不惜一切代价避免对表现疏远的学生提出无效的要求。为了有效，命令需要表示相互尊重和信任。如果你在年轻人正在学习和成长的教育环境中工作，毫无疑问的服从是很难获得的（而且也不是真正想要的？）。

我们的权力总是有限的，但作为负有责任的人，我们的任务是分析和解释正在发生的事情，并在必要时采取行动。（阅读第十二章《交流》，了解更多关于语言和参与的内容，第十五章也有关于包容的观点。）

参与技巧

本节结合第十章讨论的课程规划和准备教学课程，概述了关于维护和发展教学环节的七项技能：引起注意、建立框架、随机应变、重叠、调整节奏、编排和一致性。第十一章还讨论了本节和下一节中关于管理课堂事件的许多问题。根据工作环境，你使用或不使用这些技能或策略将存在显著差异。与你在 ESOL（操其他语言者的英语）课程中为寻求帮助的学习者树立信心和获取技能而建立的技巧相比，管理学习环境并与精力充沛的 16 岁学习者建立良好关系是非常不同的技巧。

引起注意

对于与成人学习者一起工作的人来说，这可能不是什么问题。然而，这通常是在正式继续教育环境下面对 16~18 岁学生的实习教师所面临的首要问题之一。当学习者在教室里随意交谈或发短信时，你如何让他们停止正在做的事情并将注意力转向你？老教师可能有这样的行为惯例：关上门、关灯和开灯，或是一声尖锐的拍手声，都会打断噪声，产生短暂的停顿，从而创造一个采取主动的机会。在无法正常使用语言的运动场上，口哨是常规的工具。但令人伤心的是，在教学环境中，事情并非如此简单，往往需要教师的关注。

为了理解这一点，我们有必要考虑其中的利害关系。当年轻人彼此闲聊时，他们不受成人的约束，沉浸在同辈文化的刺激和娱乐中（这同样适用于那些远离正常工作或角色的成年人群体）。教师给出的转换信号是一种自由的中断。这是基于教师权威的决断，是年轻人再次扮演"学习者"角色的时候了。他们要把其他事情放在一边，现在必须接受课堂教学的规则、惯例和期望。

与教学的许多方面一样，建立一套引起注意力的方法是很有帮助的，这样就有了各种策略。虽然清晰、坚定的指挥是全部技能的一部分，但重要的是不要喊叫，不要采取任何可能被认为绝望或软弱的行动。记住要注意你的语调和语速。对于实习教师来说，研究老教师使用的策略，观察哪些策略有效以及为什么有效，并与学生讨论他们的日常活动是非常好的做法（回想第三章和反思活动）。一个非常简单的行动方案是确保你在学习者之前到达教室，控制自己，能够欢迎每个学习者。

建立框架

"框架"表示情景或事件在多大程度上由预期构成。它可以应用于特定环境，也可以在课程中随时应用。例如，你可以将安静的图书馆中的强框架与课间休息时教室中的弱框架进行比较。出于某些目的，例如在介绍教学环节的时候，你可能希望框架牢固，以确保严格控制和注意力集中。在其他情况下，如小组问题讨论中，较弱的整体框架是完全可以接受的，有利于学习者主动实现学习目标。困难的情况通常出现在教师期望有强框架，但学习者表现为弱框架时，如果发生这种情况，你需要迅速行动，重新定义游戏规则。

随着时间的推移，管理行为框架强度的能力与课堂纪律有关。它维持了人们的期望，避免从一个惯例到另一个惯例的转变。特别是，通过熟练的管理对可接受的行为给出明确的预期，是一种预防严重问题的方法。然而本质上，这种框架发展不能仓促进行，需要教师和学习者进行明确的审查。同时，再次声明基本规则和违反这些规则的后果也会对教学有所帮助。

在非正式的教学环境中，你可能会有意创造一个更轻松的环境。如果学习者选择接受教育，就会有一个更弱的框架，因为学习者会自我调节行为，且需要灵活的环境，以应对他们可能对团队提出的广泛需求。

随机应变

"随机应变"（withitness）（Kounin，1970）描述了教师意识到课堂上同时发生的各种事情的能力。这对任何教师来说都是一个不断的挑战，获得这种能力对新教师来说是一种特殊的压力。"有这种能力"的教师被称为"后脑勺有眼睛"。他们能够预见并看到哪里需要帮助，能够把麻烦消灭在萌芽状态，擅长在帮助个人的同时扫视课堂，并据此定位自己。他们很机警，行动迅速。可以感知班级的反应方式，在必要时重新建立期望框架，并采取行动保持积极的氛围。我们将在第十二章《交流》中对此进行更多讨论。

重叠

库宁（Kounin，1970）把能够同时做多件事的技能描述为重叠，类似于流行词汇"多任务处理"。大多数教师一次必须思考和做不止一件事，并迅速做出决定。教师经常扫视课堂，即使在帮助个别学生时，也能够识别和强化适当的行为，或在问题初露端倪时就做好预测和干预。

调整节奏

调整课程节奏是另一项重要技能。调整包括对时间安排以及课堂的组织、行为和内容的阶段划分做出适当的判断，决定何时开始和结束一项活动，以及留出多少时间进行整理或全体讨论。人们在参与活动时，很容易忘记时间，或突然发现到了休息时间。对于学习活动和典型课程的各个阶段，需要复杂的教育判断。例如，开始一项活动的动机必须贯穿始终。还可能需要潜伏期和发展期，在这一阶段，学习者思考活动，探索想法，然后处理任务。有时可能需要重组阶段，这时需要进一步明确目标和程序。最后是审查阶段，为了加强努力或反思总体进展。

灵活性和节奏调整至关重要；关键在于教师对学习者在活动中的反应是否敏感。如果学习者沉浸其中并积极参与，那么可以将活动延伸到下一节课中。如果学习者感到无聊、沮丧或无精打采，明智的做法是重新组织或回顾活动安排，或者转向新的内容。如果学习者过于分心或兴奋，那么复习就是有用的，可以引导他们加入活动，重新疏导精力会使他们平静下来。

如果可能的话，计划出比实际需要更多的活动是个好主意。这有助于提高灵活性，因为如果采用的活动或策略不起作用，那么你可以重新选择。尽管计划是必不可少的，但教师经常被鼓励盲目地坚持计划。事实上，任何有经验的老师都会告诉你，灵活性对于让学习者参与学习至关重要。强有力的计划使我们能够灵活应变。

编排

在这里，我们使用"编排"一词来指教师与全班同学合作的方式，就像指挥家控制管弦乐队或单口喜剧演员扮演观众一样。无论你是采取全班教学策略、个人教学策略还是小组教学策略，你的部分工作都是最大限度地利用课堂上所有人的时间完成任务并集中他们的注意力。让所有学习者参与课堂学习活动包括培养教师敏感度，即能够读出个别学习者的反应，并能够预测保持学习者兴趣或重新吸引他们注意力的最有效方式。这会因个人和环境的差异而有所不同。一方面，产生无聊的感受可能是因为任务太容易或太难（参见第十章关于差异化的探讨）。而另一方面，一些学习者可能会被一项其他人觉得枯燥乏味的活动所激发。整天工作，担心财务或家庭问题的成年人会发现，与其他人相比，他们在学习中更难集中精力。所以，无论何时，你都必须意识到课堂上发生的一切，并做好相应行动的准备。这也包括一种不同的反应，即允许一些学习者继续他们正在做的事情，同时为其他人找到新的关注点。有一些方法可以激励团队中的所有人（Scruton & Ferguson，2014）。在下一节我们将讨论到，与某一类人合作时能够同时对他们中的许多人（即使不是全部）做出回应。

保持一致性

在推进课堂惯例和期望时，有必要保持一致性。毕竟，在课堂中，教师将行政人员、警察、法官和陪审团的角色融为一体。不一致将降低工作共识的完整性和公平性。学习者如果不能依靠教师的一致性和公平性，会感到脆弱和缺乏动力。保持一致性为高质量学习建立基础，这一点至关重要。有了这样的安全感，学习者才有可能接受新学习的挑战和风险。

反思活动 7.1　调查课堂管理技巧

请同事观察你的教学过程，并记录你管理学习者课堂参与或问题行为的方式。他们需要引起注意力、建立框架、随机应变、重叠、调整节奏、编排和保持一致性的例子。你也可以突出展示一个你认为特别具有挑战性的领域，并让他们注意到这一点。之后一起讨论课程，并共同探讨进步的策略。

管理课堂"流程"

流程是一个重要的总结标准，用来描述课堂管理或参与的效果。我们所说的流程是指在学习过程中所达到的连续性和连贯性的程度。它意味着在特定方向上的稳定、连续的运动。我们应该与学习者合作，在课堂上培养连贯的目标感；以符合这些目标的方式组织我们的课堂；并对学习者、教学阶段和具体事件进行管理，逐步强化学习目标。

在本节中，我们将讨论对教学流程构成特殊挑战的五个问题：课程的开端、发展、课程各阶段之间的过渡、课程之间的转换，以及课程的结束。我们还将讨论应对突发事件的策略。

开端

课程的开端很重要，因为它为课程确定了基调。然后是介绍学习者并使其对活动计划感兴趣；让他们清楚地了解课程的学习目标，你了解他们将要做什么；并以实际的、组织化的方式安排活动。环境很重要；

如果你在"临时救助站"、工作室或研讨会工作，或在犯罪者学习改造中心或无家可归者学习中心工作，就会采取非常不同的方法，因为学习者"来来往往"，以不同的方式与教师和他们的同伴互动。

发展

无论课程开端多么仔细，课程接下来是如何发展的？学习者期望取得进步，进而对课程任务保持兴趣和参与度。这个例子清楚地说明了如何将"良好行为"视为"良好教学"的产物，在这种情况下，它也是适当规划的产物（见第十章）。

过渡

过渡是"流程"遇到障碍的常见原因，尤其是对实习教师而言。当对一项活动的期望被抛在脑后，而对新活动的期望尚未建立时，这种情况就会发生。此时，经验丰富的教师会精心计划，顺利过渡。

例如，当学习者参加的课程分为不同的实践和理论课程，如体育、舞蹈、餐饮，而当实践课程比理论课程更受学习者的重视时，这就是一个挑战。当实践活动处于全流程时，学习者突然到另一个教室更换理论课程，那么将这样的过渡分解为三个独立的阶段就非常重要。首先，在问题出现之前进行预防；其次，对下一阶段进行预结构化处理；最后，在下一个阶段中让有趣的学习者参与其中。重要的是，他们要了解过渡的重要性，并知道过渡与如此宝贵的实践有何联系。这些原则（预期、预结构化处理和参与）适用于任何过渡情况。

结束

结束课程是一个管理问题，使用过的任何设备都应该放好，教室应该收拾干净，为以后的课程做好准备。第二个方面涉及纪律和控制。一些学习者在课程结束时会有点兴奋，因为他们期待接下来的事情。再加上整理和打扫，这就要求教师在一定程度上保持清醒的意识和坚定的态度。当学习者为成年人时，这可能并不是问题，但教师面临的挑战是如何让他们离开教室！

总的来说，认真思考并恰当地结束课程有助于有序的退出、加强学习和在整个班级内建立"归属感"，最终促进活动的进行。

意外事件

不可预测性对于受训者和经验丰富的教师来说都是一个具有挑战性的特征。很难预测学习者对问题和活动的反应，或者一节课完成一项活动需要多长时间。这些是随着时间和经验而获得的技能。然而，在任何教室中，都有可能持续出现内部和外部的中断，例如，正常时间表可能发生变化，设备可能出现故障。经验丰富的教师会提前计划，预见潜在的困难，并有一系列应对意外的策略。在这一节中，我们思考教师如何处理学习结果和"危机"这两个意想不到的问题。

课堂危机就是一个明显的意外例子。危机可能以多种形式出现，从有人生病、外界干扰、学习者意见分歧，到学习者挑战教师的判断。尽管提出了许多问题，但从课堂管理的角度来看，可以应用三个相当简单的原则。

首要任务是尽量减少干扰。一个生病、受伤或心烦意乱的学习者不能从持续承担课堂责任的教师那里得到所需的关注。这时教师应寻求支持人员或其他同事的帮助，以解决问题或帮助班主任分担。通过这种方式，可以最大限度地减少对课堂流程的干扰，也减少对全神贯注的学习者的干扰。你工作的机构应该有一个确定的危机处理程序，特别是在小型社区中心教书，那里周围几乎没有其他员工。通常情况下，实习教师都有一位经验丰富的教师可以拜托。当然，在非正式环境中，其他同事不在场时，课堂上的学习者能够支持你做出调整。如果你要开始一个新的教学角色，最好与你的经理或有经验的同事谈谈该怎么做。

处理危机的第二步是最大限度地保证。当意外发生时，其他学习者可能会感到不安。作为教师，如果你能够保持冷静，让学习者确信情况已经得到控制，那么这会让学习者感到放心。第三种策略是，在判断如何行动之前，先停下来充分思考。显然，这取决于发生了什么，有些事件需要立即采取行动。然而，如果有可能争取到时间来思考当前的紧急情况，可能会做出更具权威性和建设性的决定。在这里，阻止并保持回应可能会有所帮助。

在 FAVE 环境中，教学环境和情况的多样性会出现意想不到的事件或问题，它们在一种环境中发生而在另一种环境中很少（如果有的话）发生。例如，如果你与犯罪者学习改造中心的学习者一起学习，同伴关系可能会变得不稳定，就像远离家人和朋友，被转移到另一所监狱或被剥夺权利时的感觉一样。当人们处于艰难和短暂的处境中，无家可归、成瘾或自卑时，社区教育的挑战是课程出勤和建立良好的关系，人们可能会爆发争斗或分歧，或退出团体互动。除此之外，还可能存在关于可接受行为和边界的问题。

行为周期：走向参与和独立——建立积极循环

毫无疑问，在处理"行为问题"时，最有效的策略是从一开始就努力防止这些问题的发生。通过遵循一些基本的经验法则来提高学习者的参与度，不恰当行为的发生率可能会显著降低。我们在第六章讨论了建立积极循环。在这里，我们提出一些建议来维持这种方法。

表 7.1　预防挑战性行为并提高参与度

1. 明确课堂的一般规则、期望以及什么是可接受的、相互支持的行为。
2. 确保对适当、有益、鼓励的行为给予"表扬"。
3. 选择具有挑战性和趣味性的任务和活动，促进学习者取得成功。
4. 有明确的学习目标，并确保学习者理解这些目标。
5. 清楚地解释活动或任务，确保每个人都知道该做什么、如何做。
6. 遇到任何问题时，予以支撑并提供反馈。
7. 表示对工作的认可和对努力的奖励。
8. 始终如一，积极进取。

不幸的是，尽管上述策略可以显著提高参与度，但并非都能实现。因此，发展教师技能，探索不同的策略和想法，并与同事保持沟通仍是十分重要的。

管理挑战性行为——避免消极循环

尽管危机很少发生，但也可能会出现行为问题，这些问题会逐渐侵蚀良好的关系，并威胁到团体的运作方式（在任何教学环境中都是这样）。在本节中，我们首先介绍反复出现的挑战，即使是最有经验的教师也可能要应对它们。当然，我们的目的是预测不良行为，并将其"扼杀在萌芽状态"，避免导致消极循环。下面我们提出五个渐进阶段的策略。重点自然是预防和保护人身安全。

1. 如果不当行为仅发生一次，且问题相对较小：

- 表明你注意到并不赞成这种行为——眼神交流和摇头。

2. 如果重复，则：

- 进行持续的眼神交流，使用更加有力的非语言手势；

- 走向学习者；

- 邀请学习者参与——提出问题或鼓励发表评论，将重点放在要完成的工作上。

3. 如果持续存在，除上述反应外，还可以：

- 坚定而积极地说出学习者的名字；

- 走向学习者；

- 停止该行动；

- 找出事实，如果情况模棱两可，避免仓促下结论；

- 简要识别不适当的行为，评论行为（而不是学习者），保持低调和控制，避免唠叨和说教；

- 明确说明所需的行为，并期望得到符合要求的回应；

- 让学习者远离情境——避免传染式传播、公众冲突和可能激发进一步对抗的"观众"；

- 关注所涉及的主要个人，不要卷入一个群体的讨论中；

- 尽快妥善处理；不要陷入冗长的争论；不要让这种情况分散你对全班同学和课程目标的注意力。

4. 如果判定有必要进行谴责，则要：

- 确保你考虑的惩罚与机构政策和既定的课堂规范相一致；
- 确保你决定的惩罚是适当的，并且将被视为"公平"的；
- 避免对被认为"不公平"的整个班级或团体进行不加区别的惩罚；
- 确信你能执行所宣布的惩罚。

5. 结束 / 事件后：

- 将相关人员带到一边，也许是单独一人，向他们提出"问题"——维护他们的尊严，避免"支持者"插嘴；
- 鼓励学习者找出错误所在，从而分担责任；
- 如果你有任何不适当的行为，那么你要道歉，这样你就会被认为是公平的；
- 邀请学习者为未来起草一份"合同"；
- 如果要撤销某些特殊待遇，请说明可以如何重新获得；
- 提供赢得赞誉的新机会；
- 以各方都清楚的"和平条款"结束。

所有这些要点做起来都要"坚定而公平"。作为教师，你有责任控制课堂，采取适当的行动，为实现一致性和可持续的、积极的良好关系奠定基础。

重要的是，在采取重大行动之前，记录和分析不良行为，找出可能的原因。写日记或事件记录可以记下行为的条件、特征和后果，并为将来的行动提供证据。重大的、持续存在的问题最好与其他同事讨论，并根据机构的行为政策制定共同策略。如果有必要，应用范围也可以包含父母、看护人、雇主、社区成员和整个班级，以便采取一致的方法。

反思活动 7.2 记录持续"问题"行为的事件

记录下你遇到困难或挑战性行为的时间。使用下面的检查表确定情况的特征。

条件：教学何时发生中断？

● 它是随机的还是有规律的？

● 对某个特定的学习者是否有固定模式？

● 关于某项任务是否有固定模式？

● 对于某位教师是否有固定模式？

特点：到底发生了什么？

● 是一种口头反应吗？

● 是生理反应吗？

后果：有什么影响？

● 影响了学习者还是教师？

● 影响了课堂教学还是组织？

● 其他人是否参与、忽视、报复？

无论一个问题是与单个学习者有关还是与大多数群体有关，一致、平衡、坚定和建设性的方法都是必不可少的，这也为学习者和教师提供了安全保障。记住，人们对情况和经历的反应是不同的。作为教师，我们也在构建这样的经验。如果各年龄段的学习者都反映出问题，我们必须反思这些经验，而不是简单地把责任推给别人。

课堂管理原则

以下内容有助于思考和处理课堂上发生的复杂行为，并最大限度地减少干扰他人学习的行为发生。一定要清楚地说明可接受行为的界限，并对那些试图试探界限的学习者做出迅速和坚定的反应。重视学习动机，并设定和保持高期望值。提供一个激励性的、适当区分的课程，让团队和个人都得到熟练的管理。基于社区意识和共同价值观，创造积极的学习氛围和环境。思考如何在教育过程中与其他教师、学习者和参与者达成最高标准的共识，提升相互尊重、自律和社会责任的价值观。

建议更广泛地采用整体组织方法。面对有明确学习目的的群体，机构和课堂上的不当行为都应该被预先防范，教师应该敏感地、熟练地、充分地和带有权威地采取行动，维护为高质量教育提供基础的价值观、规则、期望和活动。

《埃尔顿报告》（The Elton Report）包括十一项"课堂管理原则"的声明（DES，1989，p.71），提出了许多良好的判断和经验。正如我们已经指出的，不同年龄段的人的行为有相似之处。然而，有些行为是儿童特有的，学校中的权力关系也不同，因此我们在 FAVE 中采用这些想法时需要谨慎。尽管如此，我们认识到 FAVE 中学习者年龄跨度大，每个人的学习情况不同，因此我们将本报告中的关键思想以问题的形式呈现如下，以便用于规划、实施和反思课堂实践。我们增加了一个关于模拟无偏见行为的问题。这可以作为一项有用的策略，但并不是一项完整的策略。

如果发生下面的情况，我们该怎么办？

1. 知道学习者的个人情况——姓名、个性、兴趣、友谊团体、生活中可能影响其教育的责任和问题？

2. 规划和组织教学空间，规划课程，保持学习者的兴趣并最大限度地减少中断的机会——课桌布局、分组、工作分配、课程节奏、热情、幽默？

3.（在适当的情况下）让学习者参与制定课堂行为的基本规则，并定期强调为什么这些规则是必要的？

4. 灵活地利用突发事件，而不是被突发事件裹挟？

5. 持续观察或"审视"学习者的行为方式、参与方式，也包括课堂上的其他人？

6. 了解并控制自己的行为，包括立场和语调？

7. 通过我们使用的语言和我们采取的应对偏见的教学反应，塑造适当的无偏见行为？

8. 树立我们期望学习者遵守的礼貌和尊重的标准？

9. 强调积极的一面，包括对相互支持的行为以及"良好表现"的赞扬？

10. 训斥要节制并始终如一——坚定而不咄咄逼人，私下而不是公开的，公平、尊重和始终如一，避免讽刺和空洞的威胁？

11. 处罚要节制并始终如一——避免处罚整个小组和任何可能羞辱学习者的行为，并尽量减少处罚？

12. 分析我们自己的课堂管理绩效并从中学习？

总结

本章探讨了行为管理和鼓励参与的各个方面，这些方面有助于建立和维持成功学习的条件。作为教师，我们非常关注这些问题，因为它们是我们工作效率的基础。面对这些挑战，我们大多数人的信心和能力逐渐增强，专业技能不断发展，我们能够了解更多的情况，吸取更多的教训，并进一步发展专业技能。"良好的纪律"首先是专业知识深化的产物。如果你是一名实习教师，应该花时间去学习、实践和提升自己。在培养能力方面，直接经验是不可替代的，但通过与导师、同行和顾问一起讨论，分享想法、问题和成功的经验也非常有价值。课堂管理是达到目的的必要手段，但它本身并不是目的。

本章展示了许多以有效和非判断的方式鼓励学习者参与的策略。我们建议，对学习者的尊重要成为支持他们积极参与的一个重要组成部分，特别是当我们考虑到自己能够缓和紧张局面，以及如何不经意地实现这些作用的时候。我们概述了各种做法，期望在应对严峻形势时可以充满信心。

主要阅读文献

有关制定课堂管理的整体组织方法的建议，请参见：

Mitchell, C., D. Pride, et al. (1998) *Ain't Misbehavin'. Managing Disruptive Behaviour.* London: Further Education Development Agency.

有关课堂教学难点的分析，提供了一些有用的建议，使得课堂教学变得更容易，参见 **Reading7.1**，编辑自：

Doyle, W. (1977) 'Learning the classroom environment: an ecological analysis', *Journal of Teacher Education,* 8, XXVIII (6), pp.51–54.

许多著作就实现良好行为的课堂策略提供了切实有效的建议。例如：

Reading 7.2 edited from Cowley, S. (2010) *Getting the Buggers to Behave.* London: Continuum, 39–53.

有关语言和纪律的分析，请参阅比尔·罗杰斯关于课堂行为的著作：

Rogers, B. (2011) *Classroom Behaviour. A practical guide to effective teaching, behaviour management and colleague support.* London: Sage.

关于维护纪律和管理行为方面发人深省的著作，请参阅：

Scruton, J. and Ferguson, B. (2014) *Teaching and Supporting Adult Learners.* Northwich: Critical Publishing.

造成课堂异常干扰的学习者通常有多重不利条件并处于严重的个人和社会困境，相关讨论请见：

Duckworth, V. (2013) *Learning Trajectories, Violence and Empowerment Amongst Adult Basic Skills Learners.* London: Routledge. (**Reading 7.4**)

专门针对继续教育部门处理行为和纪律的实用书籍如下：

Vizard, D. (2007) *How to Manage Behaviour in Further Education.* London: Sage.

探索如何谨慎使用规则、惯例和仪式为创造积极的学习环境做出贡献，请参见：

Reading 7.3 edited from Chaplain, R. (2003) *Teaching Without Disruption in the Primary School.* New York: Routledge, pp.140–155; also in *Teaching Without Disruption in the Secondary School.* New York: Routledge.

有关雅各布·库宁及其"随机应变"哲学的更多内容，请参见：

Kounin, J. (1970) *Discipline and Group Management in Classrooms.* New York: Holt, Rinehart and Winston.

第八章 空间
我们如何创造学习环境?

导言

FAVE 领域的教育空间就像学习者一样数量众多且多样化。学习环境包括物理空间、教育资源和策略以及使用方式（Bransford et al.，1999，**Reading 8.1**）。越来越多的学习环境是物理和数字空间与环境的混合，为学习者提供更灵活的参与形式。在这些混合式学习环境中，正式时间表的约束会大大减少。同样重要的是你如何支持和塑造学习者之间以及你和学习者之间的关系。这包括你的鼓励行为、你在行为方式中体现的价值观以及课程中创造的氛围和文化。你的学科和教学知识、创造力、与其他老师合作的方式、对学习者能力的信任以及对他们教育的关注程度，都有助于营造有利于学习的教育环境。本章探讨了不同的物理空间、虚拟空间和人际空间如何成为有效的教育环境，并探讨了教育机构如何最大限度地利用民主性、创造性和包容性的空间，创造让教育蓬勃发展的环境。

教与学研究计划（TLRP）原则（参见第四章）

　　以下概述的两项**教与学研究计划**（TLRP）原则与本章相关。

　　原则 8：有效的教与学认识到非正式学习的重要性。非正式学习如校外学习，应被视为至少与正式学习同等重要，因此应该被重视，并在正式学习过程中被适当采用。

　　原则 10：有效的教与学要求一致的政策框架，以支持教与学作为重中之重。国家、地方和机构的各级政策需要认识到教与学最基本的重要性。教与学的设计应能创造有效的学习环境，让所有学习者都能在其中得到发展。

FAVE 教师的主要工作空间是教室和培训室或车间和工作室。一个关键的关注点是如何组织这些空间，最大限度地促进教学、学习和评估的发展。教室的物质和人力资源需要支持和加强教育价值观、课程目标

以及课程和教学大纲的要求（关于这些术语的讨论，参见第九章）。在实践中实现它们的方式将受到教师的价值观的影响。这就是为什么教师需要弄清楚什么是自己的价值观，并能够证明这些价值观是合理的，此处我们在第一章已讨论过。

FAVE 教师在传统教室、运动场、车间、音乐工作室、手术室、工厂、私人住宅和社区建筑中工作。正如我们在第一章中所解释的那样，行业的多样性往往导致难以形成一致的术语。为了简单起见，我们将这些正式教育空间统称为"课堂"。当然，这些并不是学习者学习的唯一空间。学习者大部分时间都在正规教育或培训以外的环境中度过，其中大部分都有可能对他们的学习做出贡献。除了家庭、工作或酒吧等典型的学习空间外，博物馆、图书馆、音乐厅和体育场馆等机构还提供更正式的"课外"学习体验。电视、新媒体、移动技术和特定的虚拟学习环境（virtual learning environments，VLEs）现在在支持非正式和正式学习方面发挥着越来越重要的作用（Laurillard，2008；Pachler，2013；Peechey，2012）。虽然 FAVE 教师主要与年轻人和成年人一起工作，但家庭仍然对学习有重大影响。

在本章中，我们将看到，不仅存在许多学习空间，而且每个空间的特定用途都有其可供性或限制。"可供性"（affordance）一词起源于格式塔心理学，由吉布森（Gibson，1977）在发展知觉的生态学方法时首次提出。它在教育中被广泛采用，特别是在教育技术领域，表达了环境或资源为学习提供的内在潜力。而限制可能会发生在学习环境、空间或资源中。富勒和昂温在工作场所学习中引入了扩展性和限制性环境的概念（Fuller & Unwin，2004，2009，2015）。在连续体的一端是广阔的环境，雇主重视并为所有工人提供教育；为教育提供空间；指导和辅导模式占主导地位；为了鼓励自下而上的想法，层级结构被扁平化。相反，限制性环境无法提供工作教育，也无法支持和整合工作场所以外的教育；员工的想法没有得到认真对待，只有高层员工自上而下的观点和想法被认为是有价值的。

良好的计划可以在一定程度上利用学习的可供性和学习的最小化限

制。教师积极主动地开发环境和空间，使所有学习者都能进入、受欢迎、建立关系和参与其中。包容性课堂是一种具有学习社区氛围的课堂，学习者在这里进行富有成效的虚拟学习，感到自己受到重视和激励（Dzubinski et al.，2012）。注重培养学习者的读写、语言和数学技能也很重要，因为在这些领域取得低学历可能是未来成功的主要障碍。教学规划应考虑到多样性的文化层面（Spenceley，2014）。

报告《职业教育中有效的教与学》强调了 FAVE 中学习空间和环境的重要性：

> 我们发现几乎没有证据表明职业教学与任何其他类型的教学有根本区别，除了一个方面——环境。办公室、建筑工地或飞机是完全不同的环境，许多职业学习都是在模拟或实际工作环境中进行的。情境或学习环境以及其中的设施或资源对如何教授该科目的决策有重大影响。（Farady，Overton & Cooper，2011，p.54）

作者强调了教学和学习空间的重要性，以及在规划教学和学习环节时，这些空间如何成为一个组成部分。本章的其余部分探讨了在教学和学习空间的过程中应考虑的一些关键问题。

学习环境

什么是学习环境？

如果我们思考学习者的学习环境，需要考虑到在任何学习空间内部和周围都存在复杂的层次关系，这反过来会影响一个人的发展。从学习者与他们在家庭、同辈群体和正规教育中的关系开始，布朗芬布伦纳（Bronfenbrenner，1979，1993）的生态系统理论为我们提供了一种思考这些层次以及它们如何相互作用的方法。在更大的社会体系中，除此之外还有更广泛的文化价值观、习俗和法律，学习者在这些价值观、习俗和法律中展开学习。以这种方式思考学习者的环境清楚地表明，不能孤立地考虑任何学习空间。学习者生活的各种环境和社区之间存在着联系。当然，这些联系会随着时间的推移而变化。人、资源和空间在FAVE 中的互动方式有一些相似之处，但也有不同之处。本章将回顾第六章中探讨的安全学习环境的概念，因为这很有用处。

玻西科、波齐和古德伊尔（Persico，Pozzi & Goodyear）称：

> 教师专业实践的核心活动之一是课堂活动的概念性和实践性规划，或者更广泛地来说，是教育干预的概念性和实践性规划。这是一项复杂的、高要求的、解决问题的活动，需要考虑所有因素，包括学习目标、学生相关变量和环境约束以及可用资源。这些可变因素之间的相互作用为教师的决策提供了依据：这个过程的目的是制定连贯、可管理的计划，有效地响应学习者的需求，只要这些需求可以事先确定。（2018，p.975）

玻西科、波齐和古德伊尔在反思规划教学和学习所涉及的复杂过程时，认为应重新界定"教师作为设计师"的角色。以这种方式重新思考教师的角色，使我们能够从"学习即习得"这一限制性隐喻，转向更丰富的"学习即参与"的隐喻。后一种观点为 FAVE 教师如何利用可用空间提供了创造力、创新性和能动性的机会。

正式和非正式学习环境

课堂提供了一个结构化的正式学习环境，但受到许多限制。非正式的环境，如博物馆、剧院、音乐厅或户外学习空间可以提供正式学习环境之外的学习机会。这些机会提供了：

- 直接、新颖的学习环境；
- 讲授课程的另一种方式，例如，通过博物馆的艺术和人文实物收藏对课程进行重新包装，一级法律学习者参观当地法院，英语学习者在咖啡馆练习英语口语；

- 确保课程不限制学习者学习的机会；
- 可以形成探究和知识构建的对象和环境，让学习者有机会关注和探索他们的兴趣，并鼓励他们掌握学习方法；
- 学习者通过提出问题和解决问题，在知识构建中增加自主参与的机会。

　　许多教师，特别是志愿者教师和社区教师，在非正式环境中工作得非常成功，富有创造性。对于主要在正式环境中工作的教师来说，当面临课程要求（覆盖范围与内容）以及政策和程序时，非正式的环境会给工作带来挑战，使"场外的"工作显得过于困难。使用不同的学习空间要求你不仅要考虑机构的实际关注点，也要考虑有助于实现有效学习的教学法视角。非正式空间也会分散学习的注意力，如果非正式环境的教育方法不够充分，那么稳定的学习就会缩减为"教育娱乐"。

　　FAVE 教师通常会处理学习者在正式学校的负面经历（见第六章和第七章）。对许多人来说，FAVE 代表着第二次教育机会，这反过来又赋予教师更大的责任，为学习提供关爱、包容，最重要的是富有成效的教育空间和环境。这使得与义务教育环境"不同"的 FAVE 学习环境变得更加重要。

　　家庭与教学地点之间的互动也会对学习产生重要影响。学习者可能会花费数小时在智能手机、电脑或电视上，而且（像我们大多数人一样）可能会受到广告、电视、"名人崇拜"和互联网的影响。人们可以识别并参与虚拟社区。他们学习的程度取决于自己的立场是被动的还是主动的，以及新的文化经验如何被解释和使用（Ivanic et al., 2004）。

　　当然，我们不必将正式和非正式学习环境视为相互排斥的；如果仔细设计教学法，两者之间会有很多有效的互动机会。这种"有效性互动"可以通过创造性地使用手机等数字技术实现。可以鼓励学习者（在适当的指导下）使用手机捕捉非正式环境中的活动（例如，拍摄儿童公园附近的垃圾），并在正式环境（城市环境课程）中共享和使用，作为向同伴演示的一部分。学习者制作的材料可能很有价值，为其他学习者提供资源，而又不对教师提出重大要求（有关此想法的进一步讨论，请参见下文）。

组织课堂学习

作为学习环境的课堂

对于 FAVE 教师来说，他们的"课堂"（如前所述，为广泛定义）与学校同事熟悉的课堂相比，充满了更多的挑战。即使在继续教育学院相对稳定和正式的环境中，教师也很少有自己专属的教学空间。毫无例外，来自相同或不同学科或职业领域的教师将共享教室。这对空间的使用方式提出了挑战。我们可以创造一个环境，将主题展示在墙上，包括海报和学习者作品，或者我们也可以在多个学习领域提供的中立空间中工作，因为那里不可能为你教授的特定主题或群体"定制"空间。

对其他人来说，课堂会因课时的不同而发生变化，时间表冲突时，要为最后一分钟安排好学习计划甚至双重计划，这意味着必须考虑如何在不可预测和困难的情况下尽量保留学习空间。我们在社区教书的人经常在不同的场地开设课程，并可能使用社区中心和公共场所的房间。在狭窄、不适合所学科目、太热或太冷、难以抵达或光线不好的房间里授课并不容易，但我们仍然需要管理课程。然而，许多专科学院在特定学科领域拥有最先进的设施：工作室、沙龙、模拟站和私营公司的培训设施。

课堂环境的物理方面与教师的学习意图相互作用，在创建"包容性课堂"时，有必要仔细考虑这些因素的相互作用。

反思活动 8.1 观察课堂环境

与来自不同学科或不同背景的另一位教师一起，分析你们最常授课的教室或其他空间。你们每个人心中都想出一个或多个特定的学习活动，在这一背景下共同分析彼此的课堂。分享与环境相关的问题。你可能会发现表 8.1 中的问题很有帮助，这些问题侧重于运用可供性来支持学习。

表 8.1 支持学习的可供性清单

1. 设计。房间的主要设计特征是什么？它们如何影响房间的美感？
2. 潜在的可供性。课堂上积极学习的可能性和限制因素是什么？为了便于讨论你可以移动书桌吗？可以在墙上、窗户上、平面上、天花板下进行课堂展示吗？这种展示存在哪些问题？
3. 目的。课堂展示是否有激励作用，并提供有效信息？它们是否为学习者提供了与之互动的机会？例如，通过提出问题来达到效果。展示的是否仅是完成的作品，还是同时展示了过程和对艰苦工作的重视？例如，显示草稿，然后再展示完成的作品。它们对讨论（如思维墙或文字桌垫）、分享问题或提供相互支持和建议是否起到刺激作用？从设计问题到试验想法，它们对结构化探究是否起到刺激作用？
4. 质量。课堂展示是否表明学习者的工作受到重视？它是否提供了一个让学习者可以应用于自己工作的模型？是否有一个"工作墙"可以让学习者不断做出贡献？
5. 实用性。教室环境是否尽可能实用？

对教室进行改造并不总是可能的，对于不知道如何访问系统的实习教师或机构教师来说尤其困难，例如，有关更改照明、布局或使用显示器的问题。鉴于越来越多的教师签订临时合同，这种情况很可能变得更加困难。

资源的使用

积极、包容、以学习者为中心的学习需要一系列相关资源，以创新和建设性的方式支持学习。深思熟虑地使用资源可以：

- 激励、启发和集中学习者的注意力；

- 为讨论提供基础，或使学习者能够独立学习；

- 启发、解释、指导或演示流程和想法；

- 使学习者能够获取信息；

- 使学习者能够在可管理的步骤中学习；

- 帮助学习者回顾、巩固和扩展他们的学习；

- 支持对学习者理解的评估。

教学设置越传统，就越有可能设置订购、存储和分配资源的流程和过程。即使集中管理资源，笔记本电脑也可能没有充电，打印机墨水也可能已经用完，或者图书馆已经关闭。共享资源通常不会被放回原来存储的位置，影印资料也可能不能按时送达。尽管提供资源是集体责任，但大多数教师都是独立管理和规划他们所需的资源。

在选择资源时，可以考虑以下四个标准。

- 适当性。需要哪些资源来支持预期的学习过程？

- 可利用性。哪些资源可用？教室、机构、社区、企业、图书馆、博物馆中有什么资源？是否需要考虑成本、时间或运输因素？

- 存储性。课堂资源是如何存储的？哪些应该由教师控制？哪些应该向学习者开放？哪些是由技术人员存储的？它们是否贴有明确的标签并安全存放？

- 维护性。需要哪些维护？是否有一个系统来确保这一点？就通信技术和专业设备而言，专业知识和技术支持位于何处，如何获取？

表8.2突出显示了资源增强学习的一些方式。还提供了帮助解决限制性的替代方案。

教师需要认识到的一个关键问题是，资源本身并不能创造有效的学习，而重要的是教师如何将资源嵌入教学法中。一开始看起来质量很差的资源，根据环境和教师的创造力，可能被证明是有价值的资源。例如，复印的讲义文本模糊不清，但这对于学习诊断机器故障的复印机工程师来说是非常有帮助的（Edwards，2010，**Reading 8.2**）。

表 8.2　支持学习的资源

资源	描述	使用	优势	局限	替代物
移动技术 访问互联网和一系列其他地功能	智能手机、iPad，具有以下功能的笔记本电脑： ● 互联网 ● 社交网络 ● 摄像机/视频 ● 电子邮件 ● 计算器 ● 文字处理器 ● 记笔记 ● 发短信 ● 扬声器	● 课堂和旅行时 ● 当台式计算机无法使用时 ● 研究课题 ● 捕捉图像——书写的替代方案 ● 交换想法和信息 ● 教育网站	● 越来越多的人拥有智能手机 ● 快速/简易的来源 ● Facebook 教育资源或电子邮件群组 ● 连通学生生活 ● 易于使用 ● 节省空间	● 并非人人都拥有 ● 分散注意力 ● 连通性 ● 不提供足够的主题阅读	● 台式计算机 ● 文章 ● 书 ● 摄像机
教育访问 地方　区域 国家　国际	去旅行或参加有意义的课程活动	● 发展课题和思想 ● 真实世界的经验 ● 示范团队建设	● 将学习带入生活 ● 提升价值 ● 亲力亲为	● 非重点任务 ● 与学习无关 ● 健康与安全	● 网上旅游 ● 将访客带入教室 ● 研究文本 ● 在线研究
讲义	用于支持教学的纸质资源，补充学生不易获得的信息	● 定义、关键术语、信息 ● 提出问题 ● 案例研究 ● 说明背景数据、统计数据、图表 ● 复习/作业任务	● 便宜 ● 可以复制、重复使用、便于储存 ● 减少笔记	● 可能导致肤浅学习 ● 制作/印制粗糙	● 电子版本 ● 幻灯片 ● 活动挂图 ● 白板 ● 讲座和笔记

续表

资源	描述	使用	优势	局限	替代物
YouTube	在线存储库：电影、音乐、采访、纪录片、流行文化	• 在教学活动中插入剪辑以制造激发人们反应的事物 • 讨论激发人们反应的事物 • 说明技能、技巧 • 以"自己的节奏"复习和练习：暂停、回放	• 易于搜索 • 可下载 • 免费的 • 将行业"专家"和场所带入课堂 • 与学生生活的信息相关 • 可在手机上使用	• 无审查制度——任何人都可以上传材料 • 可能包含误导性信息 • 可能被过度使用 • 版权 • 需要互联网	• DVD • CD • 特邀讲师 • 动手示范
白板或活动挂图	各种尺寸的固定或便携的擦拭式白板或纸张	• 课程开发支持 • 问答 • 概念图 • 全体会议 • 展示 • 小组工作 • 海报 • 投影设备	• 无技术问题 • 便宜 • 可重复使用 • 个人迷你白板使用 • 自发地使用	• 要求字迹清晰，语法良好 • 非永久的 • 一次性记录	• 交互式白板 • iPad • 纸张
人员	任何对学习做出贡献的人——其他教师、外部讲者、支持人员、图书管理员、学生团体	• 特邀讲师 • 发展专门知识 • 概念与学科发展 • 支持和指导 • 榜样 • 支架式学习 • 针对特定的支持类型 • 跨课程规划	• 连接生活体验 • 与课程信息相关 • 发展社交技能 • 激发动力 • 互动的 • 不依赖技术 • 团队教学	• 取决于人才的"引进" • 教师需要为同伴支持和学习创造条件 • 外部讲者的可用性 • 存在偏见	• YouTube等技术 • 学习书籍 • 手册

续表

资源	描述	使用	优势	局限	替代物
万维网	提供信息、网络和通信设施的全球计算机网络	●研究 ●数据 ●主题类网站 ●教育类网站	●即时可获得的数据和信息 ●可下载资源 ●可以以不同的格式存储	●技术问题 ●信息量过大 ●不可靠来源 ●露骨内容 ●一些网站的会员费	●图书馆 ●纸质资源 ●专家
课外资源 ●户外、公园、乡村、海岸等 ●计算机房 ●图书馆网站	在常规"课堂"之外进行的教育活动	●发展主题和概念 ●开展取材于自然资源的表达，例如绘画、诗歌 ●全科发展 ●允许全班使用设备设施，如计算机套件、图书馆	●新颖的 ●鼓舞的 ●有创意的 ●真实世界的 ●包容的	●需要提前计划 ●健康与安全 ●天气 ●可利用性 ●引起分心	●外部讲者 ●声音、视觉、嗅觉、触觉——带入课堂的物体和材料
模型	人、物体或结构的三维展示，通常比原始尺寸小	●学习解剖学，例如骨骼、心脏、眼睛、人体模型 ●世界和科学，例如原子、景观、方程式、发动机、建筑 ●艺术，例如生物模型、水果、植物 ●建筑/设计 ●制作模型 ●理论建设	●符合道德标准 ●可使用的 ●允许重复程序，例如心肺复苏	●不合比例 ●全班观看小尺度模型研究 ●不充分 ●可能很贵 ●卫生情况 ●可利用性	●照片、图形、插图 ●电子建模 ●真品

续表

资源	描述	使用	优势	局限	替代物
PowerPoint	演示软件	• 全班观看演讲和讲座 • 声音与视觉 • 幻灯片放映 • 制作海报 • 教案模板	• 以各种方式和布局呈现信息 • 可以插入电影剪辑、照片、图表、表格 • 多媒体链接 • 可以下载幻灯片并分享 • 永久记录的 • 互动的	• "死于幻灯片" ① • 需要计算机访问	• Prezi 软件——需要互联网连接
日常用品	现成物品，例如学生作业、游戏、杂志、报纸、食品、家用物品	• 启动活动 • 将学习带入生活 • 使抽象思想具体化 • 刺激物和道具 • 支持、加强学习 • 发展认识、情感和心理运动动的技能	• 现成 • 便宜 • 与学生生活息息相关 • 可以让学生参与资源开发 • 定制	• 确保相关性 • 噱头 • 流行	• 电脑游戏 • 下载新闻、文章 • 电视、DVD、CD
大众文化	电影、电视、广播、艺术、音乐、文学				

① "死于幻灯片" (death by PowerPoint) 是指幻灯片无法吸引听众注意力，无法很好地表达演讲者的意图。——译者

续表

资源	描述	使用	优势	局限	替代物
Smart Board（交互式电子白板）	基于计算机的网络白板	● 支持会话的开发 ● 视听辅助——播放CD、DVD、演示软件和超链接 ● 问答 ● 投影设备 ● 可以实时研究 ● 概念和专题发展	● 与学生积极互动 ● 动态工具，储存课堂 ● 提供可与学员共享的内容上的任何修改 ● 减少纸质类活动记录	● 成本 ● 可利用性 ● 技术困难 ● 会变成以教师为中心 ● 不能保证学习本身 ● 只能展示屏幕 ● 需要培训以优化使用	● 传统白板 ● 幻灯片演示文稿软件 ● 移动技术
DVD	胶片、图像、信息、文件的存储设备	● 播放影片，起到促进教育的作用 ● 将学习与流行文化联系起来 ● 创建数字档案、学习日记、个人简历			● USB ● YouTube 视频网站 ● dropbox 软件 ● iColud ● CD ● 纸质材料

空间的使用

虽然教室的空间有限，但必须考虑课堂组织策略的变化，例如，应对全班、小组或结对教学时与应对座位和教学活动的相互影响时，有不同的策略。FAVE 教室使用的交互式白板、笔记本电脑和移动技术也会对空间产生特殊需求，并决定整个班级或个人学习的使用情况。

如前所述，FAVE 教师不会像正式学校的教师那样拥有"自己的"教室，在正式学校，教室的外观和布局具有灵活性，并且适合学习活动。尽管事实如此，你仍然需要仔细检查特定活动的要求并相应地调整空间。此外，还需要提前预订体育设施、专业车间和设备。

如果你经常使用同一个教室，可以通过使用课堂设计软件（例如，Scholastic 平台的课堂工具）开展布置教室的计划，平面布置图有助于探索空间的可供性和限制。

即使在正式的 FAVE 环境，在你进入教室时，另一个小组和老师可能刚刚离开，而在你的学生到达之前几乎没有时间挪动设备。然而，你仍然需要计划如何使用这个空间，至少如果你事先知道使用哪个教室，就可以在教室空着的时候去参观一下。考虑屏风或木板的位置：屏风或木板能否使用，是否固定或可移动，有多少张椅子和桌子，是否可以轻松移动，窗户或百叶窗是否可以打开和关闭，暖气片是否有控制装置，设备通常如何布局，房间是凌乱还是整洁，噪声水平如何？只在上课前不久才知道你在哪个房间，可能会遇到更困难的情况，更糟糕的是，正如我们已经指出的，你可能需要在短时间内找到一个房间，因为你已经预订了两次，甚至根本没有预订。你要制订一系列可行的解决方案和策略，以弥补某些不足。

在规划教室布局时，重要的是要创造机会，让学习者之间以及教师与学习者之间进行有意义的对话，从而在全班、小组或结对教学的层面上提供同伴和教师支持（Mercer & Littleton，2007）。互动白板是在全班层面上促进对话教学的有效工具（Warwick，Hennessy & Mercer，2011）。这就要求你考虑屏幕是否可供所有学习者使用，教室是否布置良好，以交互式白板作为一种刺激，在课堂上促进高质量的讨论。同样，坐成一排不利于小组讨论。仅仅关注活动的逻辑是很有诱惑力的，但是如果课堂的组织方式不能促进学习者的对话，那么教师会错过促进学习的机会。无论采取什么方式管理资源或布置教室，重要的是首先要考虑健康和安全因素。

时间的使用

无论你对教室和资源组织得多么井井有条，当学习者开始使用该空间时，可能会导致大量的时间"蒸发"，因此教师需要分析空间、资源以及学习者使用这些空间的设计和管理方式。

课程活动的可用时间是指每节教学或学习课程正常开始后的剩余时间，不包括中断时间和课后整理的时间。付费参加学习课程的学习者尤其意识到良好时间管理的必要性（Harper，2013）。鼓励学习者承担更多的责任对自己、课堂和资源进行组织是很重要的，因为这可以增加他们的学习时间，减少他们对教师的依赖，让你有更多的时间专注于教学。或者，你可以采取不同的策略，尽量延长学习时间。

花在积极学习上的时间是第二个关键问题。为了最大限度地提高学习者的参与度，要确保随着时间的推移有各种各样的刺激性任务。你应该避免"喂饱"，换句话说，就是不要让学习者对单调或重复的活动感到厌烦。多样性与你所做的教学决策有关，这需要规划和组织，才能让所有学员始终保持参与性和积极性。

"翻转"教学（有时被称为"翻转学习"的一部分）是混合式学习的一种形式（有关混合式学习的进一步讨论，请参见下文），通过使用技术在课堂上促进学习，让教师花更多的时间与学习者互动。教师制作或选择一段关于某个主题的视频，在上课前播放给学习者观看，然后在课堂上一起讨论和分析；或者在社交媒体网站上以视频或文本形式分享课程延伸活动，让学习者能够进一步发展他们的学习和兴趣。

混合式学习和信息及通信技术的使用

FAVE 的大多数教师会利用各种资源、系统和设施来支持他们的学习者，采用"混合式学习"方法。"混合式学习"一词应用越来越广泛，指面对面活动与在线活动和内容的整合。联合信息系统委员会（The Joint Information Systems Committee，JISC）发表的指南《将混合式学习融入继续教育和技能》（"Embedding blended learning in further education and skills"）对混合式学习提出建议：

> 让学习者能够访问丰富的资源，更好地控制学习方式、时间和地点，并开发工作场所所需的数字化能力。将教育技术纳入课程有助于为以前被教育排除在外的人清除他们的教育障碍，包括残障人士或负有照顾责任的人。（2017）

上述说法积极地展望 FAVE 内部混合式学习的潜力。然而，实现这些益处需要仔细考虑几个重要因素，包括：
- 学习者和教师的数字技能水平；
- 基础设施，包括 Wi-Fi、台式计算机和打印机；
- 学习时间和地点的灵活性；
- 教师采用创新教学法的时间和受到的支持（见第十四章）。

确保有效的混合式学习环境需要在学院的各个层面进行仔细的规划和对话。案例研究 8.1 说明了贝尔法斯特都市学院如何在全校范围内采用混合式学习方法。

案例研究 8.1　贝尔法斯特都市学院

阅读《贝尔法斯特都市学院——为全学院混合式学习奠定基础》（"Belfast Metropolitan College—Laying the foundations for college-wide blended learning"）2017 年报告。

　　反思一下，采用混合式学习可以告诉我们什么？你能深入了解自己的教学情况吗？

　　其他案例研究可通过联合信息系统委员会（JISC）网站获取。

　　再次探讨各案例并从中吸取教训。

　　爱德华（Edwards，2012，**Reading 8.2**）强调了数字资源对教学、学习以及学习者生活的重要性，下文对此进行探讨。

正式教育环境中的信息及通信技术

信息及通信技术套件

　　信息及通信技术（information and communications technology，ICT）套件使所有学习者能够同时使用特定的软件，分享经验并受益于从教师那里获得的共同输入；它们可以专门用于计算机技能的教学；可用计算机的数量应确保数字资源的获得是公平的。然而，信息及通信技术（ICT）套件也受到了批评，因为使用套件可能是人为的，而且仅以技能为重点。如果在机构中，计算机套件是计算机的主要单位，那么必须仔细考虑班级对它们有效和公平的使用。时间表是一个必要的限制，但在认识到这些限制的同时，教师需要判断如何从信息技术套件的可供性中获得最大的收获。

　　在 FAVE 环境下，移动技术比计算机套件更可能成为标准，鉴于联合信息系统委员会（JISC）《学生数学经验跟踪研究 2017》（"Student digital experience tracker 2017"）的最新发现，信息及通信技术（ICT）的使用在促进学习方面更具相关性和有效性。随着越来越多的员工和学习者拥有智能手机和平板电脑，以及它们更好的连接性和更低的收费，这些逐渐成为支持学习的资源。正如科菲尔德（Coffield）在对青少年继续教育学习者的研究中所说的：

　　然而，科技对他们生活的最大影响，并不是因为他们拥有了许多电子小玩意儿。而是因为这些电子产品影响了他们学习的地点和方式（Coffield，2009，p.51）。

课堂上的信息及通信技术

　　教室中数字资源的普遍可用性是一个强有力的决定因素，它决定了学习者是否愿意使用这些资源来支持他们的学习。然而，仅仅在课堂上使用数字技术并不能决定它在学习中的有效性。

　　劳里拉德（Laurillard，2008）对数字技术及其在实现教育目标中起到的作用提出了令人信服的论点。她总结了这些论述，并建议我们：

　　　　把教学还给教师。将技术作为解决方案的一部分。确定雄心壮志是什么，然后用技术来实现它……建立工具和资源，帮助教师成为他们想要成为的创造型、适应型、学习型专业人士（Laurillard，2008，p.34）。

　　教师挖掘课堂技术的潜力至关重要（Sutherland，John & Robertson，2007，TLRP Research Briefing）。交互式白板（interactive whiteboard，IWB）就是一个很好的例子，它是一个数字中心，教师和学习者可以通过它引导其他技术。像这样的工具没有能动性；它们并不要求教师或学习者采用特定的使用方法。它们也对学习有一系列的可供性和限制，这取决于两件事：设备的功能以及教师和学习者将该功能视为为学习提供机会还是障碍。采用互动、对话式教学法的教师，对特定硬件和软件的可供性和限制的理解，与支持教育性教学法的教师截然不同。

　　在课堂上使用数字技术的制约因素不仅来自教师的教学意图或硬件和软件的可用性，还来自学习者的其他特征或所处环境。教师的基本问题是："在课堂上使用这种技术会增强学习者的学习吗？"如果答案是"会"，那么就要注意关于教学和实践的几个方面。

反思活动 8.2　环境中的信息及通信技术资源

使用以下检查表（表8.3）分析自己如何在教学环境中使用数字技术资源。与同事分享经验，并共同确定教师对它们的使用如何影响学习者的学习方式以及教师自己的教学实践。

表 8.3　课堂使用信息及通信技术对教学和实践的影响检查表

- 是否考虑过信息安全？特别是，你计划使用的所有设备是否都具有适当的互联网站点阻止功能？
- 与信息安全相关的直接教学是不是本课程的必要特征？
- 是否考虑过信息及通信技术资源的使用对课程时间管理的影响（例如安装时间、任务时间）？
- 是否计划在本课程中使用信息及通信技术的程序功能（例如，一台计算机的学习者人数，计算机资源的实际位置，可能从分组循环到单个资源如交互式电子白板的使用）？
- 是否为学习者清除了用于访问设备的密码系统？
- 设备是否已充满电（当笔记本电脑或移动设备充电装置可能不在教室内时，这是一个特别要考虑的因素）？
- 你计划使用的软件是否已实际安装在学习者将要使用的每台设备上？
- 是否考虑过学习者能否存储自己正在进行的作业，并且知道如何存储？

正式教育环境以外的信息及通信技术

许多学习者把越来越多的时间花在虚拟世界中的教育活动上，使用学习平台来存储学习记录、执行学习任务、开展研究、完成家庭作业以及与老师和同辈交流（Sutherland，John & Robertson，2006；Pachler，2013；Peechey，2012）。许多学习者对技术非常熟悉，尤其是 YouTube、Facebook、Twitter、Google、wiggio 平台、博客、播客，并经常使用智能手机、iPod、iPad、游戏机、电视和电脑（Selwyn et al.，2005）。

在正式和非正式环境中，学习者对技术的使用都能够对学习起到补充的作用（Kent & Facer，2004），即使通常在与学术活动无关的领域中使用，如社交网络和游戏，也是如此。便携式技术为此类活动提供应用场所，设备既能提供"教育"活动又能提供更多机会使用非教育软件，还可以创造一种环境，在这种环境中，学习似乎适合在设备上进行。随着 iPad、iPod 和安卓产品等设备作为教室和家庭工具，教师的教学意图与学习者日常生活之间的互动变得越来越普遍。这些设备的普及提供了方便的互联网入口、视频和音频材料、学习游戏、特定用途的应用程序、社会交流、电子书和数字文学，也支持对它们的使用，让人们相信它们应用于学习是自然的，无论是在教育环境中还是在家庭中（Kress，2010，**Reading 8.3**）。这里的重点从教学转向学习，从产品转向学习过程，因为学习者需要关注如何以及在何处获得、存储和利用知识，而不是记住所有知识（Salmon，2013；Laurillard，2008），并在正式教育和非正式教育背景下都这样做。

并不是每个人都拥有这些设备，我们还必须记住，最近的趋势，例如网络欺凌（如第七章所述）可能会渗透到为教育活动而建立的环境中。正如比瑟姆、怀特和怀尔德（Beetham，White & Wild，2013）所指出的，正式和非正式环境（尤其是社交媒体）之间的相互作用是复杂的，需要经过深思熟虑和谨慎的管理。

虚拟学习环境

许多 FAVE 组织，特别是大学，利用集成系统支持在线学习。这些系统通常被称为虚拟学习环境（VLEs），也可以称为"学习管理系统"（learning management systems）。虚拟学习环境是学习者和导师参与各种在线互动的一组组件。一系列虚拟学习环境系统现在被用于 FAVE 组织，包括 Blackboard、CANVAS 和 Moodle。这些系统可以在大学自己的服务器上安装运行，也可以在共享服务器上远程托管——每种方法都有其优缺点。Moodle 平台提供了相当大的灵活性，因为它是"开源"软件的一个例子，这意味着可以通过修改和调整以适应特定的需求，但这取决于教师是否具备必要的技能、经验和时间。管理良好的虚拟学习环境可以为教师、学习者和管理者提供许多好处，包括：时间和地点更灵活；对任务的反馈更快；资源的可访问性（例如，针对视障学习者）。正如已经强调的那样，虚拟学习环境本身不会产生更有效的学习——要做到这一点，需要精心设计和教师的积极参与，教师要避免让"技术拉着教育跑"。在研究的基础上，林登和海尔（Lyndon & Hale）强调了"将虚拟学习环境视为交流、协作和以知识为中心的媒介的重要性，以及通过使用交互式在线论坛活动提高学习技能的潜力"（2014，p.63）。

这一发现将虚拟学习环境从简单的"内容存储"转变为"交互式环境"，这种环境开启并支持了有价值和有意义的交互行为。

学习分析

随着教师和学习者越来越多地使用各种数字技术，产生了大量关于教师和学习者如何使用这些数字技术的数据。与生活的其他领域（例如我们在网上购物）一样，人们对如何使用这些数据越来越感兴趣。对于FAVE组织，这些数据有助于改善学习者体验，更有效地管理系统和利用资源。这一活动领域近年来发展迅速，被称为"学习分析"。

> 学习分析是指测量、收集、分析和报告有关学习者进度和学习环境的数据。随着有越来越多可利用的围绕学习者活动的大数据集和学生在学习环境中活动留下的数字痕迹，学习分析比当前可用的数据让我们更进一步（Sclater, Peasgood and Mullan, 2016, p.4）。

斯莱特、皮斯古德和穆兰（Sclater, Peasgood & Mullan, 2016, p.5）认为，学习分析可用于支持以下内容：
- 质量保证和质量改进；
- 提高在学率；
- 评估学生群体的不同学习成果并采取行动；
- 引入和发展适应性学习。

一种观点认为，学习分析可以向教学人员提供有关学习者的活动信息（通常通过各种"控制面板"），帮助他们识别那些"缺乏参与"而面临风险的学习者。例如，在 CANVAS 系统中，"模块分析"功能使教师能够查看模块内每个学员随时间变化的参与情况（以页面视图的形式展示）。这让许多教师可以从这个系统和类似的系统中生成关于单个学习者的活动数据。

可以说，获得这些数据可以使教师为学生提供有效和及时的指导和鼓励，进而说服"面临风险的学习者"重新参与并完成他们的课程。另一种观点认为，"学习分析"是另一种形式的监控，它能够以不受欢迎的方式监控教师和学习者的活动。布罗斯南（Brosnan，2000，pp.190-191）将这种观点称为"全景敞视学习"，许多研究人员对收集和使用此类数据的道德观提出了质疑，麦基（Mackie，2009）也强调了这一点。

开放教育资源

FAVE 虚拟学习环境的普遍使用为教师提供了机会，他们的学习者只需点击几下鼠标就可以获得广泛的资源（图像、音频、博客、视频、电子书）。如果使用得当，这些资源可以非常有效地用于支持教学和学习过程，教师通常不需要花费多少努力就可以将这些资源整合到他们的课程中。然而，一个经常被忽视但潜在的问题是"知识产权"（Intellectual Property Rights，IPR）和版权。当教师发现一张可以大大提高课堂效果的图片时，就将该图片插入自己的 PowerPoint 演示文稿和讲义中，但他们可能会侵犯版权，并可能受到起诉。这在一定程度上是为了应对版权利益而造成的限制，因为版权利益在"开放教育资源"（Open Educational Resources，OERs）的开发和使用过程中不断增长。

虽然开放教育资源没有通用的定义，但"开放教育资源公共空间"组织还是提供了以下描述：

　　开放教育资源是可以免费使用和重复使用的教学和学习材料，

无须征得许可。与受版权保护的资源不同，开放教育资源是由个人或组织编写或创建的，这些个人或组织选择保留少数（如果有的话）所有权（OER Commons，2019）。

开放教育资源的范围可以从简单的图像或图表到整个课程，并设计为与其他人共享（也可以由其他人修改）。所有开放教育资源都通过使用"知识共享"（Creative Commons）许可证而获得共享许可方式。知识共享网站提供了六种可用许可证类型的指南，并包括一个交互式"选择器"，帮你确定适合的许可证。图 8.1 突出显示了共享内容和混合内容的收益增长，并显示了自 2006 年以来知识共享许可作品数量的增加（Creative Commons，2019）。

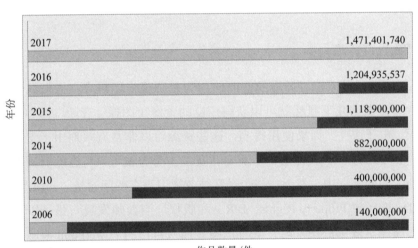

图 8.1　知识共享许可作品的使用

在英国，"OpenLearn Create"网站提供了对各种开放教育资源和工具的访问，以支持协作、重用和混合。

数字困境

尽管数字技术在改善教与学方面有着巨大的潜力，但它们也会产生意想不到的、不受欢迎的后果。前面提到的"全景敞视学习"的概念，强调了对教师和学习者的数字活动进行严格监控可能带来的负面后果。如果数字技术让教师和学习者能够更灵活地工作和学习，这可能会导致对适当行为的界定出现相当大的模糊性——我们可以将这些情况称为"数字困境"。大多数 FAVE 教师可能不止一次恼怒地让学习者把手机收起来，结果却被告知，学习者实际上正在用手机通过互联网搜索引擎查找一个刚刚学过但他们没有理解的单词或短语！其他类型的"数字困境"可能要复杂得多，需要仔细思考和采取行动。例如，当老师知道班上的大多数学习者都在使用 Facebook，但有一个学习者被故意排除在外时，他们该怎么办？或者，教师是否应该继续使用明知受版权保护但其他同事都在使用的数字资源？这些例子说明，在 FAVE 中，有关数字技术的使用最具挑战性的问题不是技术性问题，而是社会性问题，即技术如何影响社会互动和社会统筹。未来，我们很可能会更频繁地面临这种"数字困境"，因此我们需要提高作为"数字从业者"的能力，帮助我们更有效地应对它们。

人员管理

在 FAVE 中，教室里的所有人员都需要以最适合完成教学计划、学习计划和评估活动的方式进行"管理"。这不仅包括学习者和教师，还包括课堂助理、其他辅助人员，有时还包括志愿者。

组织学习者

为了实现教学目的，在组织学习者而面临选择时，教师需要同时考虑教学和实际情况两个方面，同时也要考虑健康这个首要原则。教学方面包括总体教学目标，这些目标如何影响课堂气氛和教学过程，以及任务和学习者的学习目标。实际因素包括学习者人数、房间大小和资源可用性。例如，继续教育学院的细木工车间与社区中心的 ESOL（操其他语言者的英语）课程教室就是非常不同的工作空间，为学习者组织活动的方式提供了不同的可供性和限制。

在这里，我们列出了三种可选择的组织形式：全班层面、小组层面和个人层面，并确定了每种形式的主要特点（关于这三种组织形式的相关教学策略，请参见第十一章。）

全班层面

这是一种经常用于开始和结束课程的组织形式；发布管理指示；介绍学习目标、任务和活动；直接教授特定概念和知识；演示、扩展以及检查作业。课程中的全班要素是教师在组织学习者时需要掌握的灵活技能的一部分。

全班活动通常被认为是以教师为中心的，大多数全班活动的共性是，教师是控制的焦点。即使全班参与同一活动，教师的主导地位仍会持续，而且这些课程可以是高度互动的（Hillier，2012；Armitage et al.，2012）。在教师主导地位的一端是教师讲话，学习者倾听、做笔记或抄写黑板内容。另一端则是教师计划通过报告所学内容、展示活动成果、提供问题解决方案、讨论不同的或相互冲突的想法以及提问等方式，将活动的控制权交给学习者。这些活动可以创造一种班级认同感和共同努力。同样，教师的教学框架将决定课程中的全班要素是如何进行的；有些人会鼓励一些学习者积极参与课程的所有内容，而其他学习者可能对此保持沉默。

相比于小组活动，采用全班组织的形式会让你有机会更直接、更经济地授课。例如，你可以通过分享课程目标、探索想法、提出更多"探索性"问题、模拟高质量的答案以及对学习的回顾、评估和反思给予支持，从而激发学习者的思维。然而，课堂作业可能会挑战教师和听者。根据学习者的不同需求适当地匹配教学是有难度的。有一种倾向是把教学放在"中间"，这可能会使那些能力更强和需要支持的人陷入困境。一些学习者不想因为为整个班级做出贡献而冒风险，而听者持续专注于一位演讲者的能力也有限，并且受听者动机和演讲者技能的影响。有证据表明，教师只向教室中央 V 形内的学习者提问，或向特定群体或个人提问（Wragg，2000）。意识到这些潜在的困难有助于教师根据学习者的学习需要调整课程的全班要素的时长和性质。

FAVE 的许多教师只与成年人一起工作，课堂组织的条件包括不同的权力关系、班级规模、动机和行为。考虑每个人将如何互动，你如何包容安静的学习者、"古怪"的学习者，避免小圈子和管理那些无所不知的人，这仍然很重要（见第七章）。

小组层面

小组教学常用于培养学习者的社交和语言技能，支持、挑战和扩展他们的学习，或者用于需要实际工作的学科或职业领域。小组教学可以提供更密切地观察学习的机会，并通过提问或提供信息，在学习过程中为学习者提供支持。这种方法借鉴了社会文化学习理论的形式（见第二章）。在大多数课堂里，小组工作都以某种形式存在。

小组教学按目的分类包括以下类型。

- 任务小组。教师决定一组学习者共同完成特定的任务或学习目标。小组中的学习者可能会也可能不会坐在一起或一起工作，也可能被赋予特定的小组角色，如记录员或研究人员。

- 教学小组。小组的形式也可用于小组教学，教师同时指导处于同一阶段、完成同一任务的学习者。其次，学习者也可以单独学习。这样的学习体系可以节约教学时间和教师资源。教学可以是教师指导的，也可以是以解决问题为目的的活动。

- 座位小组。这是一种非常常见的分组形式，许多学生围坐在桌旁，通常是四个或六个座位。这种安排很灵活，学习者可以单独工作，也可以在适当的时候开展互动。在这种形式中，教师的中心问题是："如果学习者实际上不在一起活动，这种安排对他们的学习有益吗？"

- 协作小组。这种形式用于有共同目标的团队，他们共同完成工作，最后生成一个组合产品——可能是模型、完成的实验、故事或解决的问题。重要的是，它意味着学习者一起工作和交谈，分享想法和解释推论（Jacques，2000；Hillier，2012；Armitage et al.，2012）。这种合作还可以从个人或团队中产生许多不同的成果。虽然不像教学小组那样以教师为中心，但教师可以观察学习者，并通过干预来支持学习。

- **互惠教学。**这种形式的合作发生在学习者结对活动时，其中一人扮演教师伙伴的角色，提供评估和反馈。这种方法在体育、戏剧和语言等涉及"表演"要素的科目中尤其明显。教师通过干预来提高评价和反馈的质量。

当学习者没有明确的目标和适当的技能参与有效的合作时，小组教学常常会失败。

个人层面

无论学习者是否坐在小组中，他们都会花大量的课堂时间单独工作。通过完成教师要求单独完成的任务进行学习，或者在个人成果中展示学习成果。

在许多课程中，个人学习是主导模式。相比学习者分组学习，此时教师对课堂活动和学习的支持作用更大，因为这种支持和支架式学习具有针对个人特定学习需求的潜在优势。因此，个人学习对学习有很高的成效（见第十二章）。

然而，也存在潜在的问题。如果你严重依赖布置个人任务，会发现类似的教学要点要在许多不同的场合进行解释。对每个学习者单独教学时，不可避免的是只能在一个学习者身上花费有限的时间，但这段时间常被用来监督学习者的学习，而不是发展他们的理解力。教师要将个人教学与全班教学同等对待，把个人教学看作课程中某些节点供教师选择的机动性备选方案，这是更重要的。你要经常反思：我希望通过让学习者在这节课的这一点上单独学习来实现什么目标？这是任务的最佳组织形式，还是我的预期结果？

专业判断非常重要，可以确保你所考虑的任何组织策略——全班教学、小组教学或个人教学——都与学习目标和教学有效性一致。每一种教学方法都有不同的目的和具体的潜力。

反思活动 8.3　实现学习者机会的最大化

与另一位老师讨论以下情景，并考虑如何开发实用的策略，充分利用课堂环境，最大限度地为学习者提供机会。

- ESOL 课程由 10 名学习者组成，每周 15 次，每次两小时，下午 6~8 点在当地继续教育（FE）学院的计算机室进行。
- 由 15 名工程学学徒组成的团队，每周在一家大型工程公司的经营场所接受一天专业"培训"。
- 在农村社区中心的多个房间里举办的成人扫盲班。
- BTEC（英国商业与技术教育委员会证书）体育研究班的 30 名 16~18 岁学生，在 25 个座位的教室里上理论课，其他体育相关课程也使用这个教室。
- 犯罪者使用的教室，是一个高度安全的监狱内的专用教室。
- 在继续教育学院停车场的临时教室里，20 名拥有两年非全日制教育学和培训学专业学位的成年学员每周进行一次为期三小时的培训，时间为下午 6~9 点。

现在，思考一下你的教学空间，你如何为有效的学习环境创造最好的条件？

现在我们开始思考教师如何在课堂内外与其他教师建立联系并支持彼此的教学。

与他人合作

FAVE 中很少有关于课堂支持人员作用的研究（Bailey & Robson，2004）。哈珀（Harper，2013）讨论了终身学习中一些"优秀"的课程，提出学习支持人员是成功的关键资源：

不同专业人士之间的良好团队合作是成功的。学习助理的贡献不仅是"额外的一双手",也是本课程成功的关键。规划工作包括明确学习助理的作用及其专业知识和技能。他们让学习者更加熟悉教学模式,并使其受益于与专业人员之间的密切工作关系。(Harper,2013,p.16)

如果你与支持人员或技术人员一起工作,请记住,你们之间的关系既要互相尊重又要很明确——例如,由谁决定做什么以及何时参加学习课程?这些决定通常是教师的责任,但如果你征求支持人员的意见,他们会特别感谢,因为他们也有在教育环境中工作的经验和知识。你们为了学习者的利益而共同努力。

总结

在本章中,关于学习空间有两个要点。首先,所有环境和设置(无论是直接体验的还是虚拟的)都提供了影响学习的条件(James & Biesta,2007,**Reading 8.4**)。一些会使学习蓬勃发展,而另一些会抑制这种发展。所以,当你布置教室时,应该考虑到主要学习目标的总体效果。

其次,不同种类的教室远不是孤立的实体。相反,对学习者生活的影响反过来又让教室变成一种情境。其中最明显的影响因素是教育机构、家庭、工作场所和社区,也包括文化、经济、技术、社会和政治条件等更广泛的范围。

有效的课堂组织需要考虑促进学习的物理环境、资源、技术、结构、惯例、过程和人员。这些因素,以及学习者对自己的管理,共同促进或限制他们的学习能力。教师应该了解学习的影响范围和适当的课堂安排,这为教师的专业实践提供信息,进而有助于创设有效的学习环境。我们探讨了数字技术的使用,以及技术和环境如何对教学效果产生深远影响,如何为学习者提供高质量的学习体验。我们已经提醒大家注意，这样的环境是如何在教育中正式构建的，同时也要注意与这些环境互动的其他方式，例如我们的学习者将手机、iPad、社交网站带入教育领域的方式。我们在思考如何创造有效教育空间时，既需要关注学习的正式层面，也需要关注非正式层面。

主要阅读文献

关于有效的学习环境及其对实践的影响，请参见：

'Designs for learning environments', edited from: Bransford, J. D., Brown, A. L. and Cocking, R. R. (1999) *How People Learn: Brain, Mind, Experience and School.* Washington, DC: National Academy Press, xvi–xix. (**Reading 8.1**)

Fuller, A. and Unwin, L. (2015) *Creating and Managing Expansive Learning Environments: Improving Vocational and Professional Education.* London: Routledge.

对于技术以及教与学可能性的分析，请参见：

Reading 8.2 edited from: Edwards, A. (2012) *New Technology and Education.* London: Continuum, pp.86–88.

Luckin, R. (2010) *Re-designing Learning Contexts. Technology-Rich, Learner Centred Ecologies.* London: Routledge.

Reading 8.3 edited from: Kress, G. (2010) 'The Profound Shift of Digital Literacies'. In Gillen, J. and Barton, D. (eds) *Digital Literacies. TLRP – Technology Enhanced Learning.* London: Institute of Education, pp.2–3.

Peechey, N. (2012) *'Technology is changing how students learn, teachers say'.* Learning Technologies, (Nov 1), [Online]. Available at: scoop.it/t/learningtechnology/p/3165751798/technology-is-changing-how-students-learn-teachers-say.

关于文化和改进学习，请参见：

Reading 8.4 edited from: James, D. and Biesta, G. (2007) *Improving Learning Cultures in Further Education.* London: Routledge.

第三部分
为了学而教

本书的这一部分为教学在三个经典维度上的发展实践提供支持：课程、教学法和评估。

我们从第九章开始，回顾课程设计和开发的各个方面，包括学科知识的作用。第十章将这些想法付诸行动，并支持制订和评估学习计划、工作计划和教学计划。第十一章对教学法的艺术、技艺和科学以及为发展教学法的全部本领提供了理解方法。第十二章对听、说、读、写的作用以及整个课程中语言和文学能力的发展进行了扩展。这或许意味着，教师的核心教学专长在于对话教学的技巧？最后，这一部分展示了评估活动是如何以建设性的方式支撑教学过程的。

第九章　课程

教什么和学什么？

导言

正如本书在前面章节所提到的（例如第二章），不同的理论呈现出不同的世界观，这些差异体现在很多方面，包括：知识的性质；人们学习和发展的方式；应该从整个人类知识范围中教授哪些学科，以什么顺序、目的和方式教授。这就是为什么教育领域的课程设计和课程建设如此重要。斯滕豪斯提醒我们："对课程一词的不同定义并不能解决课程问题；但这些定义确实提出了看待它们的观点"（Stenhouse，1975，p.1）。他举例说明了自 17 世纪以来，英国如何将课程体系定义为"大学的常规课程"。虽然他建议不要过于机械地解释这些定义，但课程应该具有一定品质，其中包含形式、原则、和谐、稳定和符合标准。斯滕豪斯指出，考察如何确保规律性的一种方法是制定一份课程规范，其中规定了目标、要涵盖的内容、要使用的方法，以及教育机构打算做什么和应该做什么的书面规定——课程的意图、计划或规定。他建议，看待课程的另一种方式，不是将课程视为抱负或意图，而是将课程视为教育机构、课堂、研讨会、工作室等环境的实际情况，即实际教授的内容和实际学习的内容。

我们在下面的章节还会回到这个问题，简单地说，课程是教师的目标和学习者的体验。它由许多因素构成，包括授予机构（Awarding Body，AB）的标准、专业机构的要求以及国家资格的教学大纲，如普通教育证书高级水平（A-level）、普通中等教育证书（GCSE）和英国商业与技术教育委员会（BTEC）证书。非资格课程，例如某些成人和社区教育，或"闲暇"教育，本身没有规定的课程，所涵盖的内容可以由参与的学习者自行决定。在其他情况下，机构或社会确定了相当严格的课程（Hamilton & Hillier，2006，**Reading 9.1**）。例如，人们可以通过皇家游艇协会（Royal Yachting Association，RYA）学习航海并获得国际资格认证。每一级资格都有一套课程，必须符合国际标准和协议。

在义务教育中，国家课程在确保学习者获得适应年龄或适合水平的知识范围和深度方面发挥着核心作用。我们将在第十三章和第十四章中讨论，课程可能会导致教师的"应试教学"，在自主和创造性地选择教学主题和重点时受到限制。在 FAVE 领域，尽管满足国家课程要求的需求没有那么强烈，但在满足专业团体要求和资格结构之外的兴趣和关注方面，也必须达成类似的平衡（Young，2013b，**Reading 9.2**）。

　　本章将介绍经久不衰的教育理念和原则，帮助回答以下问题：是什么造就了一门好的、平衡的课程？本章开头的两个部分侧重于意义和原则，以探索形成课程的显性和隐性力量以及课程的目标和目的。本章的第三部分介绍一套概念工具，帮助分析、评估和开发课程。最后一部分列出了一些想法，帮助反思课程实践，确定发展的优先次序，考虑发展课程领导力的不同方式。本章中反复出现的主题是，需要设计和实施平衡的课程，以满足学科的需求、学习者的需求以及更广泛的文化和机构层面的关切。

教与学研究计划（TLRP）原则（参见第四章）

　　三项教与学研究计划（TLRP）原则关注了课程要求：

　　原则 1：有效的教与学使学习者具备广义上的生活能力。学习的目的应该是帮助人们发展智力、开发个人资源和社会资源，使他们能够作为积极的公民参与进来，为经济发展做出贡献，并作为个人在多元化和不断变化的社会中茁壮成长。这就意味着对学习成果要采取广泛的看法，确保公平和社会正义得到认真对待。

　　原则 2：有效的教与学包括各种重要形式的知识。教与学应与学科的重要思想、事实、过程、语言和叙述相结合，以便学习者了解某一特定学科的质量和标准。

　　原则 10：有效的教与学要求一致的政策框架，以支持教与学作为重中之重。国家、地方和机构的各级政策需要认识到教与学最基本的重要性。教与学的设计应能创造有效的学习环境，让所有学习者都能在其中得到发展。

我们所说的课程是什么意思？

我们所说的"课程"是什么意思？

我们在本章开头说过，课程是我们的目标，即学习过程。但对"课程"下定义不是一件容易和简单的事，"是什么"很难与"如何"和"为什么"分割开来，同时这样容易产生问题。"课程"的定义很复杂，可以分为以下三种方式。

- 官方课程。这是明确规定的学习计划，被纳入政府或专业机构认可的国家课程或官方课程。课程的学习包括三个要素：指定的课程内容、涵盖该内容的预期顺序或进度，以及明确学习者成绩的测试系统。FAVE 部门也受到学校部门的影响。多年来，英国的国家课程由"关键阶段"（key stage）学习计划组成，核心学科和基础学科与特定等级的成绩目标、评估和考试要求相结合。因此，官方的学校课程是国家要求与地方投入和决策的特定历史结合。因此，在 FAVE 部门继续学习的学习者接触到这种形式的课程，在英国过去二十年中，学校定期进行测试，并与国家目标进行比较。

- 隐性课程。人们学到了许多没有明确计划或意图的东西。例如，许多人在孩提时代就知道了教师和学习者的不同角色。学习如何安排与其他活动相关的学习时间，是某些学习课程中明确的一部分，也是隐性课程的例子（通常很有价值）。隐性课程还包括学习者了解不同性别的行为方式，或者与种族、信仰、性、文化或阶级相关的经验或期望。这些理念反映出与教学和学习过程相关的互动和语言传达价值观的方式。隐性课程隐含在教育程序和课程材料中，通过影响自我形象和期望对人们产生强大的影响。想想看，在政府出版物中，如何谨慎地选择一系列人物来包容所描绘的图像，以及这些图像在过去几十年中有多么不同。尽管这些影响是隐性的，但并不微弱，我们在创建资源时必须考虑到我们传递了什么信息，无论是有意的还是无意的（见第十五章）。

- 体验课程。尽管我们有计划，但也会问，学习者是如何理解课程的？可以说，学习者体验课程的方式对教育和社会影响最大。当我们回顾计划时，无论是单节课、系列课，还是整个课程，从学习者的广泛角度考虑课程设置都是一种有益的检验。例如，当教授食品技术时，允许使用不违反严格宗教信仰的各种食品可以确保所有学习者都能满足课程要求。选择适合年龄的课题也很重要，例如，当你与 60~80 岁之间的成年人（而不是 17~23 岁的年轻人）合作时，在设计服装时，只使用苗条的年轻人的形象是没有帮助的，特别是当你的学习者并不都是年轻人或苗条的人的时候。

FAVE 领域课程开发和"实施"的促成和制约因素

我们将在本章后面回到"实施"（delivery）这个词，以及它为什么造成问题。在图 9.1 的左侧，我们可以看到资格框架的影响。相关机构定期审查标准，确保与时俱进，这一点很重要。然而，规范和标准对课程的影响很大，教师几乎没有机会挑战它们。通常，标准和规范是由行业机构领导者和管理者调研后制定的，在制定修订标准时，你可能才有机会对调研做出反馈。

自上而下的绩效管理是影响课程设计和实施的另一个重要因素。这方面的一个例子是，政府为了让成年人和年轻人达到某种资格目标，通过提供资金来推动课程设置。也就是说，只有那些有助于实现政府目标的资格课程才会得到资助，而那些不受资助的资格课程需要学习者自己承担课程的全部费用。如果某些科目的费用成本"更低"，雇主的认可度更高，并且有助于实现政府的目标，那么这些科目就比招生名额较少的科目更可能出现在大学的招生指南中，后者需要额外的资金来补充费用，同时也很难实现政府目标或国家标准。相反，某些过去资金不足的领域在成为国家战略的一部分之后得到了蓬勃发展。21 世纪初，成

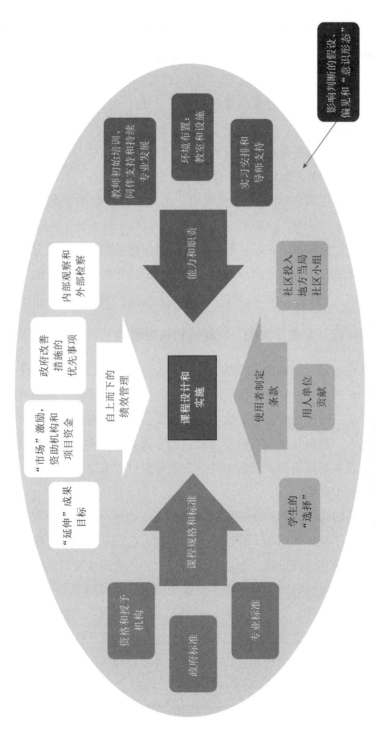

图 9.1　有助于课程开发的因素

在FAVE领域，能够支持和限制课程设计和实施的因素范围

人读写能力、计算能力和语言课程成为 FAVE 领域内的主流课程，很显然这是受政府战略的影响（见下文）。督导制度（见第十四章）也会影响教学内容的取舍。这些都是总体上影响 FAVE 课程体系的因素：全国 FAVE 行业教什么，学生就学什么。

我们还可以探讨哪些因素有助于个别课程的开发。教师必须是学科领域的专家，具备教学资格，才能熟练地应对外部要求，并设计出满足学习者需求的课程。学习者需要适当的教学设施，特别是在职业教育领域，也需要获得相关的工作经验。这种建设和利用现有劳动力和现有物质、技术基础设施的能力是课程设计的关键要素。我们还需要考虑到，技术的崛起要求大学和机构配置新的计算机和软件，培训员工有效地使用，课程也要结合和适应不断变化的技术环境。

影响课程设计和实施的根本因素与学习者和利益相关者的实际需求有关。例如，一所社区学院为年轻家庭提供系列自助课程或园艺课程，来反映当地社区的兴趣所在。另一所社区学院为退休人员提供计算机课程，或为新移民提供语言课程。这些课程的设置反映出当地人想要学习的内容。FAVE 学院与所在区域的行业和服务类型密切相关，雇主不仅可以资助员工参加与职业资格相关的传统课程，也可以资助某些定制课程。大多数学院和培训机构的员工所承担的具体职责是与雇主接触或在当地社区提供"外联"服务。

创建"平衡课程"总是一个令人担忧的过程。学习者、教师、家庭、雇主、社区代表、专业机构和政府之间的紧张关系和意见分歧都需要协商解决。在 FAVE 行业，迫切需要充分考虑雇主的要求。近年来，政府将雇主放在核心位置，决定教学内容。例如，2000 年创立的基础学位课程的前提是雇主参与决定技术雇员和专业雇员能否获得时尚类专业资格。然而，雇主的参与或观点的融入很少是直接的。基普（Keep, 2011）概述了与雇主和政府等利益相关者达成职业学习计划的许多问题。其中包括，雇主对课程有决定权但没有实际责任，职业资格只是确保国家经济成功的一种机制。

从学院或机构中找到旧的学校简章，看看课程的设置是如何变化的，使用的技术方式是如何变化的，以及学习者如何获得必要技能和知识来跟上这些变化。观察某些科目的命名方式、课程框架和课程内容如何变化，这是很有趣的。20 世纪 70 年代，想学习如何装饰蛋糕的人参加了"蛋糕装饰"课程。今天，他们会参加"糖工艺"课程。你可以从学校简章中找到哪些示例？

我们考虑影响"官方课程"、"隐性课程"和"体验课程"的因素，进而探索课程，从日常教学中后退一步，从"阳台上"俯瞰教学空间的不同角度，调查发生了什么。站在喧嚣的教室之上，我们开始思考问题，比如谁有发言权并可以告诉别人该做什么，谁被边缘化甚至保持沉默。这种俯瞰还提醒我们向学习者和其他教师询问实际经历的重要性。我们的部分工作是评估课堂上发生的事情，从"阳台上"观察和思考课程是如何"实施"和体验的。我们给"实施"加上引号，表明这里不是指"实施"的常用意，即教授一件作品或教师向被动教授学习者"实施"成套学习内容。相反，我们认为教学是一个互动的过程。人们常听到的"课程实施"是指，在教学实践中实现书面的、预先设定的、预期的或预先设想的课程的方式。

以课程为中心，教学计划中常出现两个术语：教学大纲和工作计划。本章后面部分将讨论课程中教师的学科知识；我们认为教学大纲只是课程的一部分，而不是全部。教师遇到的通常是由授予机构制定的规范教学大纲，确定了获得资格所需的知识、技能或能力。在本章的第三部分中，我们将看到一位教师制定的工作计划，他将知识、核心概念、技能和态度四个要素结合在一起。工作计划以规范教学大纲为基础，每周或每节课列出学习者将学习的内容、时间和方式，这些都与特定环境和其他因素（包括学习者的偏好和广泛的学习需求）相关。因此，我们可以看到，尽管方式不同，教学大纲和工作计划与整个课程息息相关。希望本章的其他部分可以帮助你更清楚地了解课程的现状、进一步发展的方式和原因。

课程设置原则

知识、发展和课程

课程设置的教育作用涉及三个基本的、持久的要素，它们是审议所有课程的基础：

- 知识的本质；
- 学习者的需求；
- 更重要的是，它们之间的相互作用。

专家委员会关于英国国家课程的一份论证报告（DfE，2011b）的第一章强调了这些要素。对其编辑后誊录如下：

> 学科知识包括过去积累的经验和未来积累的经验。每个学科的概念、事实、过程、语言、叙述和惯例构成了精练的知识形式——我们称之为"强大"（powerful）的知识（Young，2008，**Reading 9.2**）。现有知识被高度编纂，学科、协会、专业和专业机构都参与其中。当代许多知识体系流动性更强，不断创新和变革是它们的特征。

> 然而，教育也关注个体学习者的发展。这种发展有许多方面，包括个人、社会和情感以及身体、神经和认知。随着时间的推移，人们越来越认识到个人发展的重要性。纵向研究证明了高质量早期学习体验的持久结果（Sylva et al.，2010），一份前瞻性报告（Feinstein et al.，2008）肯定了"终身学习"的发展轨迹及其经济效益和更广泛的好处。

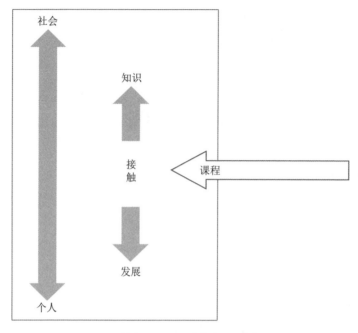

图 9.2　教育：知识、发展与课程的互动

简单来说，教育是社会价值知识与个人发展相互作用的产物，通过学习者对这两个关键要素的体验来实现。教育通过课程来调节和构建这些过程。教师的专长是在知识和发展之间促进和达成有效互动。正如詹姆斯和波拉德（James & Pollard，2012）所说，有效教学"涉及有价值的知识形式"，也"从最广泛的意义上辅助学习者的生活"。

一些人强调学科知识，而忽视了教育更具发展性的特点。另一些人强调技能、能力和性格的发展，同时声称，当代知识变化如此之快，"学会如何学习"也是必要的。但这些两极分化都是无益的，因为不可能将"学会学习"概念化，除非它与某些实质性目的有关。因此，我们的立场是，知识和发展都是课程设置的基本考虑因素。

目标和价值观

课程的目的是什么？它起什么作用？在英格兰、苏格兰、威尔士和北爱尔兰以及许多国家，立法确定了总体教育目标，高级别声明设定了课程框架的预期。它们本质上是伦理、道德和政治声明，体现了一个国家的价值观和志向。虽然 FAVE 行业中没有"国家课程"，但每个国家都确定了经济和社会目标，这些目标引导该部门资助和支持某些课程。大多数课程研究和学术分析都集中在学校内部，《纳菲尔德 14~19 岁教育调查报告》（Pring et al.，2009，**Reading 4.4**）提出了一个重要的例子，说明了课程受学校部门发展的影响方式。

历史研究和国际比较研究（Meyle & KaMes，1992；National Foundation for Educational Research，2011）揭示了一些共同主题，广泛涉及社会、经济、个人、文化和环境目标。这也可以通过对比表 9.1 英国四个部门调查报告提出的教育目标来说明（需要注意的是，《纳菲尔德 14~19 岁教育调查报告》并未涵盖 FAVE 领域的成人教育方面）。

表 9.1 显示了知识和技能在满足所有部门的社会和经济目标方面具有持久重要性，是决策者、行业和媒体的突出关注点。所有部门都非常重视个人发展，这通常是父母或监护人和教育主义者的特别承诺。该表还显示了正式教育中对"公民身份"的关注，并表明环境问题正在发生。中等教育注重应试的知识和技能，工作场所的社会和经济需求与 FAVE 部门的优先事项密切相关。不过，这些课程与一些成人课程和社区课程的性质和精神截然不同，例如语言、音乐或艺术课程，学习者参与"是因为一直就想去"。

表 9.1 可能过于简化，但确实展示了一些关键点。首先，匹配年龄的知识和技能对于实现所有部门的"社会和经济"目标具有持久的重要性。当然，这些问题一直是决策者、行业和媒体关注的焦点。第二，各部门也非常重视个人发展。该表还显示出正式教育阶段存在的公民意识，环境问题也正在发生。

在任何工作部门或环境中，反思型教师、机构及其利益相关者都应该定期讨论教育的目的。虽然对社会、经济、个人、文化和环境问题的立场是可以预期的，但具体的优先事项、表述和规定应反映每个学校的价值观、判断、论辩和解决办法。这种方法有助于机构的学习者建立文化和愿望的具体联系（另见第十章）。

表 9.1　英国各部门教育目标的比较

	《英国国家课程专家委员会论证报告》（DfE, 2011）	《幼年阶段调查报告》（Tickell, 2011）	《小学阶段剑桥调查报告》（Alexander, 2010）	《纳菲尔德 14~19 岁教育调查报告》（Pring et al., 2009）
社会和经济	提供广泛的教育经验，获取艺术、科学和人文方面的知识和欣赏，以及高质量的学术和职业资格的机会 满足个人和整体劳动力的未来经济需求，包括培养沟通、读写和数学方面可靠的知识和技能，以及获得新知识和技能的信心	沟通与语言 表现艺术与设计 数学 了解世界	探索、了解、理解和感悟 培养技能	知识和理解 实践能力
个人	支持个人发展和权利，使每个学生都能够发展成为一个健康、平衡和自信的个体，并发挥其教育潜力	个人发展、社会化发展和情感发育 身体发育	幸福 参与 增强能力 自我管理	个人成就感 道德严肃性
文化	欣赏民族文化，传统和价值观，承认其多样性 并鼓励形成具有责任感的公民身份		增强地方、国家和全球的公民权利 文化庆典和社区庆典	社区关系
环境	促进对地方、国家和全球资源管理可持续性的理解		促进相互依存和可持续性	

　　当然，这种审议的结果应该公布在网站和学校简章上。毕竟，教育的结果具有重大意义，任何年龄的学习者都有权期望教师的工作是经过深思熟虑且符合道德标准的。如果这些不确定，就不可能提供完全一致和全面的课程（见第十章），也不可能制订协调一致的评估实践方案（见第十三章和第十四章）。

　　接下来就到了具体应用的层面，通过实施政策和制定具体的学习计划、课程和日常规定来实现教育目标。新任教师和实习教师对这一点特别感兴趣，第十章详细讨论了这一点，认为清晰和透明的教育目标使学习者更加了解自己的学习目标——国际上越来越多的证据证明了这一点，反映出改善的效果。事实上，明确性有助于对教育规定进行评价性审查，并加强问责制。

课程分析：学习的要素

　　当我们开始调查维持学习的课程或工作计划（即我们为一段时间内要教什么和如何教而制定的计划）时，需要掌握一套概念性工具来帮助区分课程或工作计划的不同方面，这是很有用的。这些概念性工具有助于分析和评估每个要素的前景。每次逐个地调查这些要素，有助于了解课程实践的优势和需要进一步研究的地方。在来到平衡课程这一问题之前，我们先来看看学习课程的四个组成部分。

　　学习课程的四个组成部分是：知识、概念、技能和态度。该框架最初是在义务教育的背景下，出现在当时的英格兰和威尔士学校督察局（HMI，1985）的一份报告中——《5~16年级课程》，该报告介绍了这四个要素：

　　　　知识：选择值得了解和感兴趣的东西。所教授的内容应值得了解、理解，能够维持［学习者］的兴趣，并在特定发展阶段和未来对他们有用（p.37）。

　　　　概念：提出主题信息的"大思想"，或使学习者为了理解模式、关系和意义，能够进行分类、组织和预测，例如流动、变化、结果、温度、折射、力量、能量。

技能：执行任务的能力或技能，例如人际交往和社会交往（倾听、合作、反思）、身体和实践技能（跑步、写作、剪切）、智力（观察、推理、想象）、沟通能力（口语、读写、计算）。

态度：价值观和个人品质的公开表达，例如可靠、主动、自律、宽容、韧性、机智。

现在，我们从长远的角度来看每一个问题，以及它们在理解和创建 FAVE 领域课程中的重要性。

知识

课程的基础是理解知识的本质。有三种基本立场，其根源可以追溯到哲学、心理学和教育社会学。

首先，有人认为存在特定的"知识形式"。不同的思维方式和各种证据都证明，从哲学角度来看这些知识形式是可区分的（Hirst，1965；Peters，1966）。人们认为这些形式的区分是基于逻辑和内在的差异。这种观点被称为"理性主义"（Blenkin & Kelly，1981），常用于法律规定的传统课程科目（Wilson，2000）。例如，科学有一套原则来检验关于世界的假设，而文学可以借鉴语言理论来解释语言如何塑造和描绘我们在世界上的体验。

其次，有些人强调知识被社会建构的方式，这种建构源于个人和群体的互动，他们在相应的环境中不断地通过经验重构理解（Berger & Luckman，1967；Light & Littleton，1999）。

最后，从社会学的角度来看，知识是由强大的群体定义的，这些群体将某些类型的理解界定为比其他类型更重要或地位更高。"当权者"试图控制某些形式的知识，也可能坚持让某些学习者只接触被认为合适的特定形式的知识（Young，1971；Bernstein，1971）。在这种观点中，知识是行使和限制权力的关键因素。

当然，这些知识观并不是离散的，一个人的观点可以借鉴其中的几个观点，甚至全部观点。麦克·扬（Young，2013，**Reading 9.2**）对"强者知识"（knowledge of the powerful）和"强大的知识"（powerful knowledge）进行了重要区分。前者引起了人们对上述第三种用法的注意，即与地位相关的用法；后者与上述第一种用法相呼应，并与广泛环境中应用的专业理解相关联。麦克·扬认为，为学生提供获得强大的知识的机会是学校教育的主要目的。例如，与相似水平的其他学科（例如商业研究）相比，某一水平或更高水平的某些学科（例如物理学）地位更高。在大学学习过哲学、政治和经济学（Philosophy，Politics and Economics，PPE）的人通常会进入公务员和政府部门工作。另一方面，几年前，管道工程被视为一个重要的职业领域，英国政府的政客们辩论是否需要这些技能和知识来推动英国的经济成就。然而，管道工程作为研究对象的地位远低于经济学，这既反映了国家层面的职业和学术差异，也反映了社会等级及其强大的影响。重要的是，对某些知识观的强调反映了社会价值观，而这些价值观可以而且常常影响课程的结构和内容。

概念

概念可以呈现思想和知识的深层结构，也可以把对学科的理解简洁地呈现出来。这避免了一长串的课程内容，这些内容有时会让该学科领域的专业人员都感到困惑，对教师和学生来说，更是让人倍感压力。

例如，2012年，地理协会开设了一个基于"地理思维"的学校课程。他们这样说：

> 一些大型的、有组织的概念构成了调查和了解世界的地理基础。这些是高层次的想法，可以跨学科应用，以确定问题、指导调查、组织信息、提出解释或协助决策。它们是构成地理学作为一门学科的独特贡献的关键思想。地理学的三个主要组织概念是地点、空间和环境。地理学中还有一些贯穿这一总体框架的基本概念，如联系、相互关系、规模和变化。仔细和准确地使用这些概念是地理

思维的一个关键组成部分。(Geographical Association，2012)

同样，在 2001 年制定（英语）成人读写能力核心课程时，为了确定成人读写能力教师应该教什么以及以什么样的顺序教学，课程的框架确定为"聚焦文本、句子和单词"的组织概念：

- 聚焦文本强调文本的整体含义，批判和灵活的阅读能力，以及以不同风格和形式写作的能力；
- 聚焦句子涉及语法和句子结构；
- 聚焦单词即关注一个单词本身以及它们的结构、拼写和语法个性。(DfES，2001，p.7)

这意味着该文件和相关资料涵盖广泛，表现出不同程度的信心或能力，在概念的组织方式上更便于运用，同时还提供了有助于语言理解的理论框架（见第十二章）。

这些"大思想"揭示了学科强大的分析核心。20 世纪 70 年代和 80 年代初，学校委员会明确规定了设计课程的概念要求。例如，埃利奥特（Elliott，1976）提出了以下观点。

信息爆炸——新事实快速产生，想要跟上其速度是徒劳的。因此，另一种选择是用事实来发展新的概念。

学习的概念——因为新情况很少是完全前所未有的，我们可以利用已有的概念来解释和理解新的经验。

概念作为组织者——因为它们提供了知识地图，打破了经验的随机性，让我们能够理解它。

概念作为锚定点——为主题探索提供稳定性，并让学习者累积理解。

可以说，分析和区分品质的鉴赏带来的遗产，为艺术成为基于概念的课程做了更好的准备（Pollard，2019）。音乐和艺术是数百年来积累起来的概念语言。在某些情况下，这种鉴赏力已被编纂成典章，如在舞蹈和运动中，鲁道夫·拉班（Rudolf Laban，1879—1958）根据身体、努力、形状和空间的概念进行了特殊的分析（我们还记得伦敦南部的三一拉班音乐舞蹈学院［Trinity Laban Conservatoire of Music and Dance］，该学院以鲁道夫·拉班的名字命名，被认为是高等教育和继续教育、成人教育及职业教育的一部分，为年轻人和老年人提供了多样化的课程）。

概念除了在课程规划和设置中是一种有用的聚焦工具，它们真正赢得地位是因为能够阐明和提供学科知识的深层结构。高等教育的最新研究，如恩特威斯尔（Entwistle，2009）的研究就记录了"学科的思考和实践方式"（ways of thinking and practising in the subject，WTPS），它通过使各学科的概念框架透明化，进而发展"深度理解"。研究已经确定了开启学科理解的"阈值概念"，同时它们因各种形式的"麻烦知识"（troublesome knowledge）也造成了障碍（Meyer，Land & Davies，2008）。

接下来让我们返回英格兰和威尔士学校督察局（HMI）给出的定义，概念让学习者能够分类、组织和预测，并理解学科内的模式、关系和意义。它们是支持高质量、真实学习的宝贵认识论工具。比如，如果我们想让学习者学会计算技能，需要他们做的不仅仅是遵循加减乘除规则。他们还需要了解一些基本原则，比如进行计算的数字顺序。这些深层次的原则或概念在其他各种计算环境中也很有用，并为承担任何数目的实际计算任务提供了框架。

技能

技能是"执行任务的能力或本领"（HMI，1985，p.38），因为过度强调技能发展与关注经济影响的狭义教育概念相关，所以受到非议（关于这一"危机"的全面讨论，参见Lima，2018）。在课程规划中，该术语的使用更加复杂，也有如下不同的应用方式。

身体技能通常指身体的协调能力，如跑步、接球等，以及精细运动技能，如写作、缝纫、绘画或打字。

基本技能通常指沟通、读写和计算，有时还包括使用技术。"基本"通常被理解为基础和重要的意思（正是本着这种精神，欧洲基本技能网络［European Basic Skills Network, EBSN, 2019］以此命名），尽管你也可以对实践这些技能的人表示不屑或认为其存在不足。

个人技能通常包括自我意识、反思、思考和解决问题等能力；以及与他人之间形成的人际交往意识、合作能力和领导能力。

学习技能是一组专注于管理自己学习的特殊能力，如观察、解释、分类、记忆、优先排序。

学科技能突出了学科领域学习所需的特殊能力，如地理制图、科学实验和戏剧中的移情。

职业技能对潜在工作和职业的特定途径提出要求，如护理、商业、计算机编程和农业。

虽然这些分类中确定的技能经常是重叠的，但它们是一系列能力，补充和扩展了课程，而课程通常以学科知识的形式表达。英国皇家艺术、制造和商业学会（Royal Society of Arts, Manufacturers and Commerce, RSA, 2013）倡导的"开放思想"就是当代的一个创新项目。该能力框架重点包括公民身份、学习、人际交往、情境管理和信息管理，并强调理解和行动的能力，而不仅仅是知识的传播。

这一点可以从陈述性知识和程序性知识的区别来考虑。如果说前者列出了已知内容，后者则说明如何发展和应用这些内容。吉尔伯特·赖尔（Gilbert Ryle, 1945）将"知道"和"知道怎么做"区分开来。他强调了技能、程序和学习活动在知识发展中的重要性。他还指出，从枯燥地背诵事实到应用于生活并与生活建立关系，应用知识的能力至关重要。毫无疑问，技能为课程提供了独特而有价值的元素，因此讨论技能非常有用。

然而，我们已经看到，知识体系和相应的概念工具是对社会的累积性理解，因此需要加以关注。专注于技能也让学科参与更加有价值。事实上，这些技能有助于发展学科知识，并通过学科知识得以实现，帮助学科知识在实践中实现转移和应用。因此，在任何课程中，系统和嵌入式的技能发展课程都是学习的关键要素。这通常是以跨课程的方式来考虑的，这种规定可以在课堂、学院或国家层面上进行。

图 9.3 显示了苏格兰对 3~18 岁儿童课程的概念化方式。你可以看到，这意味着一个明确的目标，即确保年轻人成为独立、有社会意识和负责任的公民。这门课程（仅仅）扩展到了 FAVE 领域。

成功的学习者

具有
- 学习热情和动机
- 决心达到高成就标准
- 对新思维和想法持开放态度

能够
- 运用读写、交流和计算技能
- 利用技术进行学习
- 创造性地独立思考
- 作为团队的一员独立学习
- 进行合理的评估
- 在新的情况下，将不同类型的学习联系起来并加以应用

自信的个体

具有
- 自尊
- 身体、心理和情感健康
- 明确的价值观和信念

能够
- 与他人联系并管理自己
- 追求健康、积极的生活方式
- 保持自我意识
- 发展和传达自己的信念和世界观
- 尽可能独立地生活
- 评估风险并做出明智的决定
- 在不同的活动领域取得成功

让所有的年轻人都成为

负责任的公民

具有
- 对他人的尊重
- 参与政治、社会和文化生活的承诺

能够
- 了解和理解世界以及苏格兰在其中的地位
- 了解不同的信仰和文化
- 做出明智的选择和决定
- 评估环境、科学和技术问题
- 知晓复杂问题并持有道德观点

有效的贡献者

具有
- 进取的态度
- 信任感
- 自力更生

能够
- 在不同的环境中用不同的方式进行沟通
- 伙伴合作和团队合作
- 采取主动，发挥领导作用
- 在新环境中运用批判性思维
- 创造和发展
- 解决问题

图 9.3 "苏格兰卓越课程"（Scotland's Curriculum for Excellence）的四种能力

学习者进入成年期后，修订版《苏格兰成人读写能力课程框架指南》(Scotland's Adult Literacies Curriculum Framework Guidelines, 2016)则包括了以学习者为中心的课程轮盘，它被同心圆包围，代表能力、学习活动、教育目的和终身学习（见图9.4）。

课程轮盘

成人读写和计算能力课程框架包括一个视觉演示，展示学习者如何成为学习体验的中心。

这些指南包括一个新版轮盘，响应了政策和实践的发展。

　a）学习者一直处于在轮盘的中心（反映原则1）。

　b）这些是应用所学技能、知识和理解的复杂能力。

　c）计算能力与读写能力同等重要（与原则4有关）。

　d）这是五项核心技能。

　e）这些活动包括学习、教学和评估，以及采取认证的形式来认可成绩。

　f）这些准则反映了指南中确定的原则。

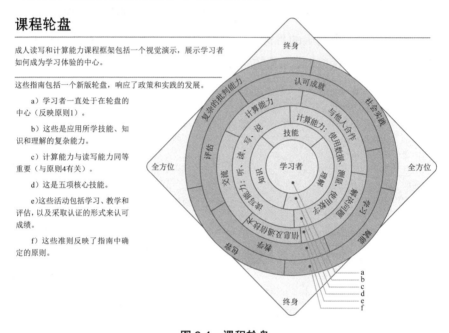

图9.4　课程轮盘

（Education Scotland, 2002, p.9）

态度

态度是"在各种情况下，价值观和个人品质的公开表达"（HMI, 1985，p.41）。它包括诚实、可靠、主动、自律和宽容，"在正式课程和非正式课程中都受到鼓励"。显然，这与我们在本章开头提到的"隐性课程"有关。我们需要思考，是否所有的FAVE部门都应该致力于培养学习者的上述态度（作为一名陶艺老师，当65岁的学习者已经几乎完美地掌握了绕线技术时，我是否应该培养他诚实的态度？）。近年来，许多FAVE机构对公民身份、健康、运动、饮食和可持续发展有了特别的认识。价值观和优先事项反映出特定社会、文化和经济的当务之急。在职业生涯中，随着政府的更替和社会规范的发展，这些态度都会随之变化。根据学院所服务社区的情况和发展目标，它们也会有所不同。

这让我们回想到第二章中提出的问题，文化和语言如何构成对经验的解释，以及态度如何受到家庭、社区、同辈群体、学校、大学和媒体的影响。总体效果是人们形成态度或受社会影响而接受这些态度，这反映出人们在生活中受到其他因素的重大影响。

毕竟，对于终身学习来说，最重要的莫过于培养学习者应对新挑战的信心。仍然是在第二章中，我们看到，学习者相信自己的学习和提升潜力是多么重要。克拉克斯顿（Claxton）有力地指出，通过培养坚韧、机智、反思和互惠等品质，使"建立学习能力"成为可能（Claxton，2002；Claxton et al.，2011）。他认为：

- 坚韧包括学习者对学习主题的情感参与和体验参与；
- 机智包括主要的认知技能和学习倾向；
- 互惠涵盖学习的社会和人际方面；
- 反思涵盖学习的策略和自我管理方面。（Claxton et al.，2011，p.40）

通过关注学习本身，可以创造出"灵活的学习头脑"（见图9.5）。

这些品质与"学习如何学习"密切相关（James et al.，2007），与上述两份苏格兰课程文件的重点相呼应，许多人认为这些品质对于21世纪的学习至关重要。

灵活的学习头脑

反思
- **计划**：提前学习
- **修订**：同步监测和调整
- **提炼**：从经验中吸取教训
- **元学习**：了解学习本身和作为
  学习者的自己

互惠
- **相互依赖**：平衡自力更生和社交能力
- **协作**：与他人共同学习的技能
- **共情与倾听**：深入他人的思想
- **模仿**：学习他人的习惯和价值观

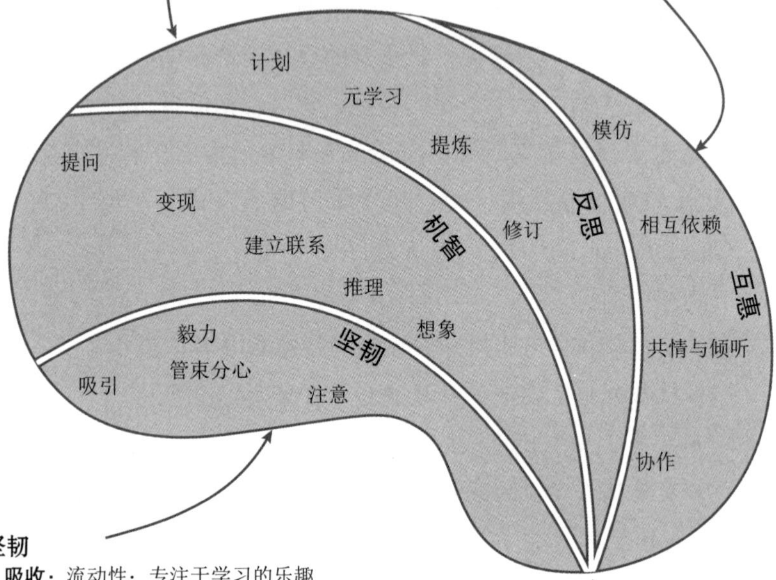

坚韧
- **吸收**：流动性；专注于学习的乐趣
- **管束分心**：识别和减少干扰
- **注意**：真正感觉到那是什么
- **毅力**：忍耐力；忍耐学习的感觉

机智
- **提问**：由浅入深；随机应变
- **建立联系**：寻求连贯性、相关性和意义
- **想象**：用心感受学习
- **推理**：严谨、有条不紊地思考
- **变现**：充分利用资源

图 9.5　灵活的学习头脑
（改编自 Claxton et al., 2011）

平衡课程

　　全面的课程会在课程设计中建立知识、概念、技能和态度之间的平

衡，确保每个方面都有自己的位置。这对于在课堂设置方面制定国家框架的人来说非常重要。反思活动 9.2 提出了一种在课程设置时绘制学习要素图的方法。

反思活动 9.2　知识、概念、技能和态度

考虑一个或多个工作计划中的知识、概念、技能和态度，创建或被要求创建工作方案。

选择这些工作方案中的某些主题。可以独立完成，但最好与同事共同完成，确定并列出发展目标的知识、概念、技能和态度。

主题	知识	概念	技能	态度

识别以上四个类别中的要素容易吗？哪些是显性的，哪些是隐性的？你觉得哪些方面被遗漏了？

该活动是否完善或扩展了你的计划？该框架如何来评估课堂学习情况？

与他人一起思考"平衡"的课程在多大程度上是 FAVE 的理想状态。

是否有机会让学员参与课程开发和评估的过程？

上述反思活动表明，平衡课程的四个要素是一项艰巨的任务。给这项任务增加额外挑战的因素是，人们普遍认为，所有的学习者都应该学习广泛的课程，从而胜任工作，享受生活。因此，一旦学习课程中的隐性知识和技能受阻时，人们就会担忧，表现为对"应试教学"和"狭隘课程"的担心，这些课程侧重于核心科目和职业准备，而忽视了对平

等、民主、环境、创造力和个人成就感的广泛关注。

案例研究 9.1 说明了如何理解不同类型的学习和参与，以及它们与既定课程的关系。

案例研究 9.1 将课堂学习与生活学习联系起来

马霍教授的"诗歌导论"课程是成人"重返学习计划"的一部分。她的学习者还参加了读写能力、学习技能、信息及通信技术和数学课程，所有人都希望能够进入大学。马霍正在研究"战争诗歌"主题，她收集了五首不同的诗歌和歌曲，作为每年引入"诗歌导论"课程的一部分，并与团队一起开展研究。今年，她还要求每位学员用英语或其他语言查找或写一首战争诗。一名伊朗女士带来了一首波斯语诗歌，讲述了最近在伊朗发生的一场战争。她用波斯语向小组大声朗读，然后朗读自己的翻译，在寻找合适的单词时，她向小组寻求帮助。然后，她用波斯语重读了这首诗，大家都坐在那里，一言不发，目瞪口呆。这引发了一场关于单词发音效果及其与意义的关系的讨论（马霍认为，这是一个重要的诗歌学习点）。它还引发了另一场讨论，关于小组成员所经历的战争和用来理解这些战争的语言，它们是如何展示各自身份并与要做的其他事情密切相关的。这位伊朗女士随后解释说，她认为这就是诗的主题并试图在翻译中表达出来。

在接下来的几个星期里，马霍观察到这位伊朗女士在诗歌课程上比以前更加积极。在一次辅导中，这位学员谈到"将课堂上的学习与生活中的学习联系起来"是多么重要。

马霍还看到，她公开邀请学员用其他语言背诵这首诗歌，也并未觉得不同寻常；因为她认为这可以帮助理解诗歌、文化和身份之间的关系。同时，通过使用和评价其他语言，这项活动也帮助学习者更有意义地参与到诗歌课程中，其中一名学习者还把学习提高英语和波斯语作为成年学习的中心。

那么你如何描述课程模式或"平衡课程"的概念?

这个案例研究是否告诉了我们教学中的挑战是什么,或者教师和学习者的专业知识包括哪些?

最近(这本书写于 2019 年),中小学和大学学生领导了应对气候变化的运动,这在英国和世界各地引发了数日罢工。运动由 16 岁的格蕾塔·桑伯格(Greta Thunberg)发起,旨在引起人们对当前气候和生态危机的关注,并由此带来社会变化(Watts,2019;Penna,2019)。学生们决定用罢课来引起人们对这一社会、政治和健康问题的关注,这从不同的角度揭示了平衡课程的概念。如果学生为了解决一个"大问题"而需要离开学校、培训机构或第六学级课程(sixth forms),我们要质疑该课程的狭隘程度吗?科菲尔德和威廉姆森(Coffield & Williamson)在 2012 年探索社区时,要求教师、领导人和督察思考,"我们所提供的教育是否能使公民应对未来的生活威胁"(2012,pp.30–31)。他们列出的威胁清单包括:全球变暖、日益严重的不平等、政治和宗教极端主义以及大众媒体的不可靠性。这份清单要求我们思考如何设置这样一门课程,它超越其他课程,负责思考上述紧迫问题。这种思考让人感到不适,但却说明,教师的辛勤工作可能无意中制定了一门隐藏重要问题的课程。我们的课程内容和测试内容扼杀了谈论真正重要之事的机会。

科菲尔德和威廉姆森(Coffield & Williamson,2012)还强调,细致的课程规划可以帮助学习者自信地掌握对话技巧,并以非暴力和民主的方式解决问题。首先承认差异和证据,再共同确定共有问题,然后找出合理的解决方案,这需要一套必须教授和实践的技能。因此,讨论学习者如何获得"强大的知识",并商讨如何培养他们的协作技能,二者要达成平衡,共同关注社会上正在发生的事情和需要做的事情。从学习者角度来看,平衡课程需要为学习者留出空间,让他们发现紧迫问题,同时也为他们提供机会,使其获得运用对话技巧的信心。

学科知识：发展成为课程领导者

国际研究表明，例如哈蒂的元分析（Hattie，2009，**Reading 4.3**），教师的学科知识强度对学习者的成就有着极其重要的影响。本章最后一节鼓励教师反思自己的学科知识，反思自己作为课程领导者的优势和发展需求。

舒尔曼（Shulman，1986）确定了学科知识的三个维度：

- 课程知识——关于课程结构和材料的知识；
- 内容知识——教师掌握的学科知识；
- 学科教学知识——关于如何将内容知识用于教学目的的知识。

依次审视学科知识的每一个方面，我们看到它在课程规划、实施和评估（以及教师发展）中所起的作用。

课程知识

课程知识涉及学习计划、教学大纲、工作计划、资源、技术和教学材料，有助于实现课程目标。这类材料的选择通常由教学大纲、国家课程、评估形式和体制政策构成。通过下载课程规范、工作计划和课程计划示例可获得课程知识。事实上，机构使用固定的资源、计划和教学材料，这提供了一个工作框架，但别忘了，你需要将课程知识转化为可落实的、引人入胜的一系列课程。课程知识的专业发展需要跟上课程要求的变化。在大学或培训机构教授英语意味着跟上不断变化的课程要求；例如，重新调整功能性技能英语的政策，要求教师接受新规范，考虑如何呈现主题，如何做到区别于普通中等教育证书（GCSE）英语规范的要求。从业者和学科网络也在帮助教师更新课程知识方面发挥重要作用。

内容知识

内容知识是指我们从自己的学校教育、大学课程或个人研究中获得的学科知识。它可以分为两个方面，即实质性（substantive）知识和文法性（syntactic）知识（Schwab，1978）。

- 实质性知识涉及对学科的事实、概念和原则及其组织方式的基本理解。
- 文法性知识是关于这样的知识被认为是重要且合理的原因。

关于苯的化学结构及其合成性质如何在制药工业中使用的知识是实质性知识的例子。了解这些知识如何通过实验测试获得，制药公司如何报告其实验方式，如何使用证据证明其主张的合理性，这些都是历史资源中文法性知识的例子。

这些内容知识并非总是可以从记忆中获得，在计划和教学之前，需要更新和发展关于主题的实质性知识。例如，当我们计划教授关于儿童疾病的主题时，可以利用历史资源研究古老和现代的天花"疗法"。这些历史资源的来源包括他人的工作计划、教科书、图书馆、互联网甚至公开讲座和活动。这样的主题只会每年教授一次，甚至每两年教授一次，每次教授时都会增加知识，激发兴趣，进而激发学习者的热情。内容知识的获取和发展需要掌握前沿动态并持续学习。因此，这项研究可以单独进行，但在持续专业发展由内容知识专家领导的背景下，与其他人合作效果更佳。

学科教学知识

学科教学知识是"教学主题知识"。它不是简单地反映出对一门学科的理解，或者如何展开教学。相反，它是关于如何在特定领域内把两者结合起来的知识。因此，它是教师知识的一个具体类别。

在决定如何引入新想法或发展学习者在某一学科的知识或技能时，我们要利用学科教学知识。使用日常用品来代表正在介绍的主题，例如，用葡萄柚、苹果和橘子来展示地球如何围绕太阳旋转或月球如何围绕地球旋转，以帮助学习者以更容易的方式获得知识。

教别人东西，还包括教授学科学习方法，并随时关注不断发展的新方法。发展新的概念是一种"转变"（Shulman，1986）。这些转变形式多样，包括：

最有力的类比、插图、示例、解释和演示——一句话说，就是表达和阐述主题的方式，使其他人能够理解。（1986，p.9）

根据经验，我们为所教授的学科开发了一个代表性的"技能总目"，它丰富和扩展了我们对学科的理解。人们常说，理解事物的最好方法是尝试去教它。这个"技能总目"是"像老师一样思考"一个学科的一部分成果，当然，我们对概念的理解对它有很大帮助。在任何课堂上，我们都可以使用不同的策略，让学习对于学习者（无论是个人还是群体）而言是有意义的，这种转变无论成功与否，都增加了我们对该学科的知识，也学会如何学习该学科，尤其当学习者遇到具体的学科困难时更是如此。

为了发展学科教学知识，必须与他人合作，探索如何帮助学习者形成自己的核心概念。适合学科教学知识发展的持续专业发展策略包括导师和教师的课程观察、课程研究和联合实践发展项目。本章调查了实践教学策略，帮助我们在解决课程教学的"棘手"问题中培养专业知识。

反思活动 9.3

利用自己的学科知识讲授课程时，需要花时间反思自己的学科知识。为了强化反思，请尝试本节介绍的三种概念性工具：

- 课程知识；
- 内容知识；
- 学科教学知识。

在这三个方面，首先思考作为一名专业学科教师，你的优势在哪里。列出这些优点可以提醒自己和他人你的工作做得很好。

接下来，看看是否需要进一步发展学科知识。

然后使用三方面学科知识作为指导，确定你在学科知识的哪个方面需要进一步提升。如何提升这一方面学科知识？你可以找谁谈话？需要找到哪些文本？是否有可用的网络资源或可参加的活动？关于你的研究主题是否有相关的已发表研究成果？如何知道在实践中何时有效地解决了这个问题？

总结

任何课程都反映政治、道德和社会意识形态、不同的价值观以及对知识和学习的看法。学校开设的国家课程以及大学和工作场所开设的职业课程都提出了一个紧迫的问题："这是谁的课程？"（Unwin，2009，**Reading 9.3**）要想找出这个问题的答案，我们需要重新考虑平衡课程是什么样的。主流观点和影响会随着时间的推移而变化，并不总是清晰或连贯的。教育的不同管理机构内部和各机构之间含糊不清和不和谐的情况也是司空见惯的。基于研究、经验、证据和反思，教师对这些问题有自己的看法。你为教育论辩所做出的专业贡献与你参与学科和专业协会所做的工作一样宝贵。

任何研究背景下的官方课程体系与大学或学科学习者被教授的课程是截然不同的，其中包括隐性课程和体验课程。在课程设计中有巨大的创新、适应和扩展空间。

我们必须利用专业知识和经验，在知识社会中的重要学科领域与学习者的具体需求之间进行建设性的互动。我们需要创造机会，建立一个平衡的课程体系。在下一章中，我们将重点介绍通过政策、学习计划、工作计划、课程规划和评估来实际实施课程的情况。

主要阅读文献

检验不同类型的知识以及这些知识如何形成课程，请参见：

Hamilton M. and Hillier Y. (2006) Curriculum and Method. In *Changes Faces of Adult Literacy, Numeracy and Language.* Stoke on Trent: Trentham books. (**Reading, 9.1**)

Ross, A. (2001) What is the Curriculum?. In Collins, J., Insley, K. and Soler, J. (eds)

Developing Pedagogy. London: Paul Chapman.

关于课程理论的重要思想家的介绍，请参见：

Scott, D. (2008) *Critical Essays on Major Curriculum Theorists.* London: Routledge.

盖伊·克拉克斯顿（Guy Claxton）在"培养学习能力"方面探讨了如何开发课程以支持主动学习和独立学习，请参见：

Claxton, G., Chambers, M., Powell, G. and Lucas, B. (2011) *The Learning Powered School: Pioneering 21st Century Education.* Bristol: TLO.

对课程中的高水平学习有重要贡献的文献，请参见：

Land, R., Meyer, J. and Smith, J. (eds) (2008) *Threshold Concepts within the Disciplines.* Rotterdam: Sense Publishers.

关于教师、学习者、雇主和政府在制定职业学习课程时遇到的问题，进一步讨论请参见：

Unwin, L. (2009) *Sensuality, Sustainability and Social Justice: Vocational Education in Changing Times.* Professorial Inaugural Lecture, Institute of Education, University of London, 4 February. (**Reading, 9.3**)

Keep, E. (2011) 'The English policy narrative'. In Ann Hodgson, Ken Spours and Martyn Waring (eds) (2011) *Post-Compulsory Education and Lifelong Learning across the United Kingdom: Policy, organisation and governance.* London: Institute of Education.

麦克·扬（Michael Young）关于学科知识作用的论辩以及如何区分"强者知识"和"强大的知识"，请参见 Reading 9.2，编辑自：

Young, M. (2013) *Powerful Knowledge in Education.* London: University of London, Institute of Education.

有关当前成人教育政策的危机和论述，以及它们与本章讨论的知识和技能有何联系，请参见：

Lima, L. C. (2018) 'Adult and permanent education in times of crisis: A critical perspective based on Freire and Gelpi', *Studies in the Education of Adults,* 50(2), pp.219–38.

第十章　规划
我们如何实施课程？

导言

认真而详细的计划是吸引学习者的基础。长期、中期和短期规划的理念描绘出学校和学院中几千名教师制定规定性学习计划、结构化工作计划和条理化教学计划的卡夫卡式（怪诞的）形象。但是好的计划并不是这样的。它不是技术性的，而是充满趣味的；不是对教师严格的控制，而是允许他们灵活地、有创造力地投入学习者身上。良好的计划为学习者提供高质量、反应迅速、令人兴奋和富有想象力的教育体验，进而促进学习。良好计划产生高品质的体验，包括兴奋、惊喜、敬畏、惊叹、专注、幽默、惊奇、好奇和表达。这种体验通过创建动态的"极限区"（Sennett，2008，p.49）来激发——当答案不确定而学习者面临选择时，教师和学习者之间的互动就发生了。学习者有思考的空间，有独立思考和相互协作的空间，有行动的空间，个人和集体也可以看到行动的结果。良好的计划让课程变得生动，激发教育体验。

在第二章中我们讨论过，布鲁姆（Bloom）及其同事克拉斯沃尔（Krathwohl）和戴夫（Dave）（Bloom et al.，1956）共同开发的认知、情感和心理运动学习分类学是有用的规划方法，但它们也会抑制良好的教学。斯克里文（Scriven，1967，pp.39-83）指出了利用课程规范方法的好处，例如布鲁姆及其同事的方法。但他也建议不要盲目接受他们的观点，"只有新来者能够站在巨人的肩膀上实现智力进步。这一壮举常常与新来者的止步不前相混淆"。

我们认为，良好的计划给教师提供发挥创造性和自发性的自由，既彻底又系统化。本章各节都包含了一套用来思考课程的有价值的概念工具，包括广度、平衡性、连贯性、连接性、相关性、进步性、个性化和差异化。这些概念并不新鲜，一直是英国国内外课程规划的核心。这些概念工具的具体表述有助于从整体上分析教师专业知识，这是第十六章的主题。

显然，良好的规划不仅是技术问题，还需要对"决定因素"和行为目标的给定事实进行逻辑分析。可以说，良好的规划既是一项创造性工作，也是一项系统性工作，教师在实践中理性思考实践不同方面的优点和结果，在努力实现计划的过程中，在情境中进行实践推理和思考。

本章从教师和课程负责人角度讨论如何通过连续的规划层次，以不同的细节关注度，完成课程的实施。学习计划中的上述问题对于确保学习者的参与至关重要，无论是新教师还是有经验的教师，在规划长期、中期和短期教学时都应牢记这一点。

本章重点介绍教师和课程负责人在一年、一学期、一个短期课程和个别课程中计划和组织教学、学习和评估的策略。首先探索了教师如何评估实践，以便在整个实施周期中和实施周期结束时开发课程。我们将在第十五章继续讨论这个问题。然后介绍了实用的规划策略和示例来探索关键问题。例如，需要牢记的是，计划是灵活的，要根据学习者的需要和课堂上出现的实践证据做出改变。我们还强调课程和课程规划在教学上要合理，不能过于僵化、科层化、机械化或工具化。最后指出了完善的课程和教学计划的重要性，这些课程和教学计划为创造性教学、解释和教育判断的运用提供了空间（Harper，2013，**Reading 10.1**）。

教与学研究计划（TLRP）原则（参见第四章）

两项教与学研究计划（TLRP）原则为我们提供高质量课程体验奠定了基础。

原则 2：有效的教与学包括各种重要形式的知识。教与学应与学科的重要思想、事实、过程、语言和叙述相结合，以便学习者了解某一特定学科的质量和标准。

原则 3：有效的教与学承认学习者先前经验和学习的重要性。为了下一步计划，教与学应该考虑学习者已有的知识。这包括以先前的学习为基础，并考虑到不同学习群体中的个人和文化背景。

如上所述，将课程付诸实践从来都不是一个完全直接的、逻辑的或线性的过程。良好的课程设计是必要的第一步，但即使是设计良好的课

程，如果教师不能充分理解、开发和适应课程内容，也无法转化为有效的实践。一套严格的课程规范不允许或不鼓励教师在课堂、工作坊或工作室实践的日常复杂事务和现实中套用专业化的教育判断。

创造力和想象力有助于学习者获得成功的教育体验。对教学的热爱和热情，以及优秀的学科知识和积极的课堂环境，进一步增强了这种体验。是你——教师，把课程带到了生活中。如果你的学科专业知识和教学实践经验丰富（见第二章和第十一章），那么你的想象力和反应能力就会更强。这就是良好的计划对教师和学习者都是必要和有利的原因之一。

FAVE 课程

规划是良好的教学、学习和评估（teaching，learning and assessment，TLA）的核心，与目标密切相关。在计划时，教师应该问自己：什么时候这样做有意义？哈珀（Harper）将出色的计划视为所有"优秀"课程的一个特点。她还指出，"教师的计划是由他们的假设、价值观和信念决定的"（2013，p.9）。

尽管学科和职业领域广泛，但中小学校、第六学级、大学、培训机构、成人和社区学习的课程有许多相似之处。但课程重点又有区别。在 FAVE 领域，课程除了根据国家和地方的倡议和需求，还由负责职业和学术资格以及资金流的众多授予机构（awarding bodies，ABs）来确定。

无论国家要求如何（见第九章），课程规划都受到 FAVE 总体理念和目标的影响。许多组织强调个人发展，声称为了确保每个学习者发掘潜力，发展成为全面、成功、关心他人和知识渊博的人。机构目标（参见使命陈述和年度报告）反映了 FAVE 机构的总体理念和目标，为具体实施提供详细的指导。然而，尽管国家和机构政策阐释了明确的目标和意图，但在实践中很可能产生意想不到的后果（见第九章：隐性课程）。

配置时间表是一项重要的规划决策，它可以启用或禁用规划中的各个方面。第一步是定义基本框架。教学周应该采用什么模式？一节课多长时间？休息时间从哪里来？休息多长时间？确定课程的起止时间要考虑到通勤时间、交通运行、儿童保育、专业工作室是否可用等很多因素。机构的其他决策（例如，哪里有跨课程规划和团队教学的机会？学科和职业团队如何与专家合作，发展学习者在英语、语言、数学和通信技术方面的需求？）也是需要考虑的因素。如果所有决定都体现在时间表中，这样会促进或限制具有创造性的合理教学规划。同样是这些决定（特别是与资金有关的决定）也会对面对面教学和学习接触时间产生重大影响（Berliner，1990，**Reading 10.2**）。其他考虑因素包括与学习者面对面接触、独立学习、小组学习、开放学习和在线或远程学习的时间比例，以及这些因素组合在一起为学习者提供的最佳结果。

在大多数教育组织中，课程规划在三个时间框架内进行管理：

- 长期（全程、大阶段或小阶段）；
- 中期（每年、每学期或每半学期）；
- 短期（每两周、每周或针对特定课程或教学顺序）。

许多教师，尤其是认证资格课程的教师，在教授的主题范围上几乎没有选择余地。这些课程通常以课程规范或教学大纲的形式由外部确定，而成人和社区教育课程，在教学内容方面有更大的自由度。所有教师都可以选择通过创造性的计划在课堂内外教授主题和概念，让课程生动起来。这是短期规划，也是本章讨论的重点。

课程规划不是一劳永逸的。还需要对课程进行审查和修订，以确保其相关性、时效性和有效性，让所有学习者都能发挥出潜力。将审查过程与机构改进规划和评估过程紧密联系起来是公认的良好做法（见第十四章）。

长期规划

学习计划——如何成为现实

学习计划的长期规划必须在了解国家和机构要求的情况下制定。FAVE 的许多教师都有规范的工作框架，或规定的教学大纲和特定的课程内容。这些由各种授予机构（ABs）和考试委员会（examination boards，EBs）设置。提供 FAVE 课程和资格认证的机构现在处于学习者市场，这意味着，每个供应商都应使产品对学习者客户具有吸引力和可行性。学科团队必须选择适当的认证课程。一旦做出选择，就要依据课程规范创建并设计学习计划和将这些规范付诸实践的方法。

在英格兰，受试团队选择合适的认证资格因 FAVE 资格的数量而变得复杂。科菲尔德和威廉姆森（Coffield & Williamson）称，共有"144个授予机构，提供普通中等教育证书（GCSE）、普通教育证书高级水平（A-level）和所有职业领域的资格"。总共有超过 9700 种不同的认证资格"（Coffield & Williamson，2011，p.47）。在过去十年中，采取了调查和解决质量问题和供应过剩问题的举措。

《沃尔夫报告》（Wolf Report，2011）和《塞恩斯伯里报告》（Sainsbury Report，2016）提出了加强资格质量和一致性的建议。最近，焦点又转移到如何简化资格的数量上，因为 16 岁的年轻人需要清晰、高质量和易于理解的学习方案。此外，也期待简化的流程得以实施，增强教师、教育领导者、持续专业发展（continuing professional development，CPD）供应商、教师教育者和督导人员的工作效率。

一些授予机构和考试委员会还提供了大量支撑材料。然而，教师和部门需要决定如何应对这些规定，他们批评这些规定缩小了课程范围，减弱而不是加强了教学法（见第十一章）。虽然 FAVE 的规定不受国家课程的限制，但对国家资格和责任制度的响应力度依然很高。授予机构和考试委员会制定的规范仍然具有极大的影响力。2013 年 9 月英国离校年龄的提高进一步影响了英国 FAVE 的课程规划。未来的政策发展不可避免地会涉及实践变化，我们需要记住，英国教育标准办公室（Ofsted）也是这方面的利益相关者。在审查规定时，它的任务是确保教育机构已将学习者注册到适当的学习计划中。

作为教师，我们要有信心，能够根据授予机构和其他机构制定的规范规划自己的课程，我们也需要有足够的空间和力量做到这一点。如果教师要"将这些规范付诸实践"，就要鼓励他们投入到课程规划的艺术和技巧中，激励和吸引学习者，激发他们对该学科的学习热情。工具主义存在潜在风险，授予机构又过度限制课程，因此在初始和后续的教师教育计划中要提出这些问题，并由 FAVE 部门的课程领导者和课程规划者加以解决。

行业内的许多学习者从未经历过教育上的成功，因此通过计划来实现这一点非常重要。成功是通过不断积累的进步和取得成就的经验来实现的。这就是为什么规划决策必须基于合理的教育，而不是基于纯粹的资金性、科层性或工具性理由之一。两者之间可能存在紧张关系，在课程规划中我们应该坚持教学决策并对此充满信心。

广度与平衡

在第九章中我们讨论过，课程应该是广泛和平衡的，为学习者提供机会、责任和生活经验。更严肃地讲，广度和平衡解决了有关教育规范的整体问题（参见第四章中教与学研究计划的原则 1）。虽然课程规范在设立课程时起着重要作用，但不应用来定义整体教育经验。因此，大多数国家努力在整体课程中实现知识、概念、技能和态度的平衡。

几十年来，英国各地的督导报告证明，如果学习者在丰富、广泛和平衡的课程中学习，他们在核心技能或读写能力方面将会取得最大的进步，这些课程为他们提供了激励性内容，使他们能够开展讨论、阅读和写作，并进行数学、科学、社会和创造性的探索。国际上的论证也强调了这一点，调查发现，广泛的课程是高绩效地区的一个显著特征（DfE，2011a，2011b）。对那些传统上依赖分散授课的科目，最近捆绑在一起开展学习课程的 FAVE 机构来说，建立并提供广泛的课程是一个特殊的挑战。

> ### 反思活动 10.1　课程的广度和平衡
>
> 问问自己，你的课程在多大程度上具有广度和平衡性？
>
> **广度**：课程是否代表了社会对公民的教育期望？
>
> **平衡**：体验课程是否为每位学习者提供了他们期待的所有内容？
>
> 这些问题有助于进一步支持专业知识发展的概念框架（见第十六章）。

连接性与连贯性

连接性

"连接性"（Connection）的概念让我们注意到课程经验对学习者的意义。对一些学习者来说，教给他们的课程与他们的生活毫无联系。与学校和 FAVE 课程的脱离，集中在背景较差的学习者中，其中各个年龄段学习者的学习成绩都较低，但程度分布不均匀（见 Rogers，2016）。一些社区的家长与 FAVE 教师交往缺乏信心。然而，我们在第十二章的一个教与学研究计划（TLRP）中讨论过，所有社区都有"知识储备"和"可能性区域"（Moll & Greenberg，1990），如果建立"家庭—学校知识交流"的方法，就可以取得进展（Hughes & Pollard，2000）。社区参与是社区学院的传统优势，但并没有在所有 FAVE 环境中得到充分利用。

在 FAVE 领域，可以将一种更熟悉的与课外生活紧密联系的方法"嵌入"教学中。选择学术主题，并在学习者感兴趣的环境中呈现出来。在实用英语和数学中，教学主题通常在职业教育环境中呈现。例如，当英语课题为制定一套清晰的说明时，可以将其与制定一份清晰的绘画和装饰工作简介相联系。同样，计算面积的数学课题也可以在订购油漆装饰房间的职业任务中情境化。

在制定工作计划时，教师常常面临两难境地，因为需要决定课程中有多少内容应该嵌入与地方环境相关的话题，课程中有多少内容应该与地方经验或职业关注之外的话题相关，这些话题虽然陌生但很重要。这两种策略各有优势。将地方经验或职业关注带入课堂可以传播地方特色知识，使掌握"大"思想的任务与工作生活相关联，从而创造麦克劳林（McLaughlin，2013，**Reading 10.5**）强调的"清晰的工作视野"。或者向学习者介绍其他文化和地方的奇观和特色，这也可以培养对差异性的欣赏，并激发对其他生活方式的讨论（见 Hirsch，2016）。只有和地方接触，和差异性接触，课程平衡才能实现。

连贯性

连贯性是指为了加强所学的知识、技能、概念或内容，计划课程的各部分在多大程度上有意义地联系在一起。与之相反的是零散和混乱的课程。

显然，重要的是要把学习看作一个"有意义"的过程（Haste，1987；Watkins，2003）。勒温（Lewin，1935）等格式塔心理学家确立了学习的总体参考框架。当人们从整体上理解该框架时，往往更喜欢学习，感觉自己更能掌控局面，更愿意独立思考和探索。另一方面，当感知到缺乏连贯性时，他们会产生挫折感，进而采取退缩策略。在单一学科中，连贯性是必不可少的，但也不能保证。正如我们在第九章中谈到的，传达一致理解的能力与教师的学科自信程度和专业知识有关。

反思活动 10.2　课程相关性

问问自己：

连接性：课程是否涉及家庭和社区的文化资源和知识储备？

这个问题有助于思考概念框架，它是专业知识的基础（见第十六章）。

因此，教师的学科内容知识和学科教学知识的质量是实现连贯性的重要变量，但实现连贯性的最终力量来自学习者对课程的感觉。

反思活动 10.3　长期规划

找到国家级学习规划的例子，如果可能的话，获取早期版本，来证明长期规划已经发生变化。与同事一起讨论这对实践意味着什么。

中期规划

工作计划

作为课程团队成员，每学期都要思考学科或职业领域涵盖的内容。思考如下问题会很有帮助：按什么顺序安排课题？课程设置在哪一级别？选择何种教学、学习和评估策略？面对面时讲授哪些内容？独立学习的机会在哪里？ FAVE 越来越重视学习规划，在职业或学科专业课程中，我们强调和发展英语、语言、数学和信息及通信技术（见第十二章）。在这一阶段，你会发现与同事联合规划是很有帮助的，这样就实现了跨课程领域学习的跨团队规划。

工作计划为每个学科或职业学习提供实用的课程计划，对课程进行策略规划和审查。它们可能包含也可能调整和补充了授予机构的学习规划和考试委员会的规范。工作计划不仅利用出版资源，也经常根据经验和课程方案进行修改。主要是为了在工作计划中明确指出与每个学科或学习领域相关的学习进展，教师确保课程呈现方式与学习者紧密相关。

我们建议每项工作计划应解决下面四个基本问题。

- 我们教什么？尝试概述要发展的知识、概念、技能和态度，学科之间的联系，以及跨课程要素，包括语言、英语、数学和信息及通信技术的发展。
- 我们如何教？尝试介绍课程和学习过程的组织方式、工作单元、学习活动和流程、差异化的分组形式、所需资源、时间分配和评估机会。
- 我们什么时候教？尝试解决课程连续性以及处于和跨越适当阶段的进展问题。
- 我们如何知道人们在学习？尝试制定监测进度和成就的方法和计划，制定未来的学习目标。

这一级别的计划通常由在学科部门工作的教师和班主任以单独、结对或小组形式制定。在可能的情况下，应与学科专家进行跨课程规划。这对于发展实用英语、数学和信息及通信技术技能尤为重要。有证据表明，广泛的跨课程规划是非常有益的。与所有计划一样，工作计划也会更新，主要根据教师和学习者对活动质量、绩效数据、组织变革、团队组成变化的看法，以及授予机构和考试委员会的要求。

工作计划是一个重要的中期规划工具，但需要根据整个组织的政策和优先事项制定。没有它们，我们就没有基础来定义教学课程的目的或评估学习者的进步。

制定工作计划的方法有很多，但往往从记录以下内容开始。

- 课程/科目详情。计划中包含群体、级别、时间安排和科目、课程、职业领域的简要细节。这些细节使同事能够快速理解文档的上下文。
- 学习目标。目标从知识、概念、技能和态度等方面表达了我们希望学习者学习的内容。学习成果也可用于说明学习者在教学计划中能够做些什么。此类陈述可用于在复杂度或难度梯度上制定成功标准的顺序或梯级。这些可用于审查进度，有助于了解任务中的挑战程度。进一步的改进是规定必须、应该和可能的评估标准，以反映课程的基本方面和非基本方面。课程规划、学习理论和学习性评估（assessment for learning，AfL）之间显然存在着关键的交叉点（见第二章和第十三章）。

● 活动。本节说明学习者为了达到既定目标将要做什么。在工作计划的这一阶段，只需要对活动进行非常简短的描述，可以在表格中列出（见下文），表格中的每一行第一列都被指定为描述每节课或每周要教授和学习的主题，其他栏目可以记录对应的目标、预期活动、必要资源和关键评估点。

这一表格版式为教学计划提供了整体概览，可以"一目了然"地审查活动是否需要适当调整，从而保持学习者的兴趣；也可以有助于计划需要差异化处理的活动，组织需要准备或预购的资源，以避免造成事到临头的慌乱。

表 10.1　工作方案示例

周	主题	目标	活动	资源	评估
1					
2					
3					

反思活动 10.4　比较工作方案

与同事一起比较工作计划中的活动，无论是针对自己的班级还是针对特定群体。计划所用的表格版式的优缺点是什么？学习方面的预期活动是否在有所增加？活动类型如何达到平衡？活动是否会激发和激励学习者？结果是否明确？是否描述了掌握学习重点的良好学习效果？

你将替换哪些活动，用什么来替换以及为什么？

在制定工作计划时，重要的是要记住，学习不一定要以平稳、向上的方式进行，我们在第二章和第九章谈到过这一点。在这个过程中，可能会出乎意料地获得新的洞察力和理解力，就像有时在巩固先前所学时感受到的一样。因此，需要密切监测学习活动和评估活动，以达到最佳平衡。例如，工作计划从总体上呈现出活动和任务的特点，一些因为过于简单或过度使用相同的评估方法，过于公式化和重复化而导致厌倦；一些因为过于困难而让学习者产生挫败感；一些巩固任务让人安心，而一些具有挑战性但不令人畏惧的任务带来兴奋感。在评估这些问题时，工作计划是一个极好的工具。

主题推进与排序

主题推进是分析规划决策的有力概念（Haynes，2010，**Reading 10.3**）。任何对主题推进的思考都需要认识到变化、多样性和不确定性，并尽量减少误解的机会，同时认识到，即使是最好的教学计划也无法保证教学结果。在规划课程时，我们可以通过不同的方式思考学习的推进。本章介绍了三种思考方式，主要与进行主题排序以鼓励学习者参与和取得成功的不同方式有关。第一种思考主题推进与排序的方法与布鲁姆分类学有关。我们在第二章中讨论过，布鲁姆等人的分类学（Bloom et al.，1956）区分了不同层次的目标，每个目标因认知水平、情感水平或心理运动水平的不同而不同。将这幅学习图景应用到课程规划中，可以帮助我们确定不同级别的挑战，它们与我们希望包含在课程中的任务范围息息相关。例如，在较低的知识水平上，要求学习者命名汽车车轮的零件是一项相当简单的任务，仅限于识别和标记不同的零件。然而，评估使用电动汽车和汽油汽车的对比效益和风险的任务则需要做出更多的研究和判断，哪一个是最好的，原因是什么。在制定工作计划时，布鲁姆分类学有助于对活动进行排序，便于学习者在进入具有挑战性的评估任务和创造任务之前，在低级别的任务中积累知识、技能和成功感。

其次，在许多情况下，根据主题本身的要求对主题的各个部分进行排序是至关重要的。在这些情况下，学习者对主题的理解取决于以正确的顺序介绍各个要素。例如，在教授分数时，首先应该引入整体和部分的概念，并结合现实生活中的例子（如比萨和蛋糕）探索日常语言的使用。一旦学习者对这些想法有了信心，就可以继续探索分数是如何书写的，并理解专业术语分子和分母。

最后，在某些情况下，主题推进从主题的丰富度和复杂度开始，抓住学习者的想象力和兴趣点。例如，从参观一家画廊开始，看看维多利亚时代绘画中的男性、女性以及他们对过去"英雄"的描绘，这种吸引人的方式可以用来介绍 19 世纪英国的生活主题。详细调查可以追踪男性和女性的角色，以前对他们的研究是被排除在外的，人们研究的是艺术再现，财富的产生、分配和使用方式，以及维多利亚时代的强大想象力是如何管理大英帝国和为大英帝国辩护的。这样的思考同样可以扩展到今天，思考这些态度如何在我们的思维中挥之不去。

反思活动 10.5　进展

问自己以下问题：

进展：课程是否提供了适当的学习顺序和深度，以鼓励学员参与和进步？

这个问题有助于建立专业知识的概念框架（见第十六章）。

有意义

有意义在内容选择中非常重要。毫无疑问，当学习者了解任务的目的和背景以及他们所面临的挑战时，学习效率最高。当学习者抱怨某项活动"毫无意义"、"无聊"或"看不到它的用途"时，课程就无法满足有意义的标准。

反思活动 10.6 有意义

回顾你所教的课程，考虑下列问题：

1.课程的呈现方式是否对学习者有意义，是否激发了他们的想象力？

2.如何提高课程对学习者的意义？

这些问题有助于建立专业知识的概念框架（见第十六章）。

如果学习者认为课程与自己不相关，学习动机就有可能下降，随之而来的就是注意力、承诺和学习质量的下降。

因此，如果教师不能证明活动的合理性并增强学习动机，工作的进展和标准都可能会降低。事实上，即使某项活动具有很大的意义，学习者也可能没有充分理解或欣赏。关键的问题是弄清楚工作计划将实践活动和第一手经验纳入教学计划的价值。工作计划应该适合学习者的经验，也应该是课程规定的重要组成部分。正如哈蒂（Hattie，2012）建议的，如果有人质疑这一点，就去问问学习者！

案例研究 10.1 在 ESOL（操其他语言者的英语）课程中规划自我评估和同伴评估

露丝是一位经验丰富的教师，在市中心的一所继续教育学院与八名 E3 级 ESOL 学习者一起工作。学生对各自小组的信心不同，一些人在参加小组活动时很放松，另一些人不愿意对整个小组发言，而是更倾向于在一对一的情况下，或在被直接问到问题时，只对老师发言。

课程重点主要集中在标准口语和听力部分。露丝希望将简单的自我评估和同伴评估活动纳入学习活动，通过向小组做简短演讲展开。她还希望学员评估自己和伙伴的演示文稿。这些活动计划分几节课进行，以便学习者习惯相关想法、单词和小组活动。她很小心，确保每个小组成员都能参与其中，尽管有时很困难。如果有人拒绝与整个团队交流，她会让他们与邻桌一起工作。她不断提醒学习者，整个练习的要点是：谈论什么是好的演讲，以便支持他们自己面对评估时的表现并提高自信心。她也强调该活动应具有建设性和支持性，并基于学员之间的相互信任和尊重。她友好、轻松的说话方式对培养学习者的自信心非常重要。

她从一个活动开始，围绕着怎样才能成为一个好的演说家展开讨论，并以政治家、电视节目主持人和体育明星为例。小组制作了一份质量标准清单，露丝根据所涉及的单词制作了一系列学习活动。

其中包括一些简单的意见，比如说话声音要被听到，说得清楚，让听者感到愉快，内容要有趣，注意词汇的使用和准确的语法。她在这项活动上花费了大量的时间。有时这是一场斗争，因为总有一两名学习者不习惯以这种方式参与学习活动。但即使这一过程并不完美，总的来说，它确实有助于不太自信的学习者更自信地参与，这是露丝认为的一个关键学习目标：

> 提出、讨论甚至实施不完善的策略具有很大的价值，因为它迫使学习者确定计划和判断未来评估的标准。一个教学策略有多少次是绝对完美的呢？

规划和准备学习者的演示文稿是这一扩展过程的另一个阶段。露丝给他们简单的模板来"搭建"工作，并给他们足够的时间进行修改和返工。有些人做个人报告，有些人两人一组做。

学习者陈述之后进入自我评估和同伴评估阶段。首先是小组讨论，然后是个别学习者进行个人评估。教师编排简单的记录表，学习者根据小组已经同意的标准评估自己和每个同伴的表现。他们使用了一个非常简单的分类系统，如"红绿灯"：重点不是实际结果，而是过程中培养的实际学习。然后，她加入了自己的评估，再组织讨论这三种不同评估之间的差异。大多数学习者发现，他们对自己的评估水平低于同伴对自己的评估水平。

露丝的结论是：

学习者的投入似乎会增加动机。当教育不太自信的群体时，很容易忘记他们是思维复杂的人。此时信任和尊重起到了重要作用：年初，一些人不愿意听取对方的意见，但现在他们都在愉快地进行自我评估和同伴评估。并不是每次都能完美地完成，但露丝现在把这种活动作为她教学策略的核心要素。事实上，他们是不太自信的学习者，这只意味着露丝的准备工作必须更加小心，而不是说他们做不到。

反思露丝计划上述工作的方式及其计划的影响。你做过类似的事情吗？你是怎么计划的？

（改编自 Derrick, Gawn & Ecclestone, 2009）

短期规划

工作计划是策略性中期课程规划的手段，为更具体的短期课程规划提供了起点。

教案

作为教师，备课是我们日常工作中最熟悉、最关键的部分。教案让自己和他人都能看到课程计划，也可以作为课程备忘录，帮助评估和发展未来的课程，也是一种与他人分享想法的方式。最近，教案又成了科层制的重要督查工具，用于判断教师的教学"质量"。当有经验的教师用现成的教案或按生产线方法制定严格符合设计格式的教案时，学习者和初任教师就会感到担忧。尽管如此，课程规划的过程以及我们希望学习者通过我们的决定而实现目标，才是一名备课充分的教师的核心任务。

这一过程的主要出发点是认识到学习者现有的理解和动机，有时根据他们对学科、主题或课程的入门水平来描述。这一点非常重要，因为这能够完善课程的具体目标，确保课程满足学习者的差异化需求。有效的计划提供了清晰的结构和可靠性，反过来有助于培养教师的信心，使他们能够在课程中对学习者做出反应。换句话说，良好的计划是灵活性的基础。

越来越多的教育者采用标准的教案格式，这帮助教师了解彼此的工作，突出教案中的重要内容。然而，正如我们在第十一章中指出的那样，如果不想让这些模板成为课程规划的工具性束缚，扼杀教师的创造力，忽视较高的灵活性和反应能力，就要谨慎使用这些模板。

教案包括如下要素：

a）背景和 / 或理由；

b）学习意图或目标；

c）课程的各个阶段；

d）学习任务，包括评估和差异化；

e）成功标准；

f）资源、信息及通信技术（ICT）与安全；

g）辅助人员。

首先，在第一部分介绍基本的结构信息，这很有帮助。例如：

● 班级及所有小组；

● 课程的日期和持续时间；

● 课程的主题和重点。

其次，要考虑学习者所达到的理解水平，并以适当的方式记录下来。包括：学习者目前的能力达到什么水平？掌握了哪些知识？为每一位学习者提供一份个人资料，详细说明他们的特殊需求和愿望，这也会有所帮助。

学习意图

这听起来显而易见，但真正清楚学习者应该学习什么是很重要的！随着以教师为中心的学习方式向以学生为中心的学习方式的转变，目标和成果也出现了区别。学习目标指出教师计划涵盖的内容，学习成果告诉我们学习者在课程结束时能够做到什么。在总体工作计划的背景下，系列课程或单个课程的目标应相对集中。很显然，了解学习意图（见第十三章）帮助教师做出恰当的决策，例如教学、学习和评估活动和任务的选择。从本质上看，学习意图很重要，因为课程的所有方面都取决于此。与课堂上的每个人分享这些想法也很重要（尽管在某些情况下，如果课程的目的是保持惊喜，那么在课程开始时不与学习者分享学习意图也是合适的）。学习者和课堂辅助人员都需要了解学习意图，这样他们才能了解学习方向、学习何时完成以及关注、自尊、自信和动机带给他们的好处。

你需要思考如何表达学习成果。一个熟悉的开场白是："到课程结束时，学习者将能够……"这样有助于澄清问题。应该尽可能观察出学习者能做到的事情，因此应选择主动动词，如列出、描述、比较、识别、解释、解决、应用、讨论或评估。或者，也可以以发展的眼光表达学习成果。例如，可以期望学习者：意识到、实践过、被介绍过、考虑过、发展过相应的能力，在分析上获得了更多的洞察力、提高了表现、思考过或已经开始了。除了一般的课程成果之外，我们还需要定义特定群体或个人的学习成果。

教师的一项重要技能是针对每个课程和课时写出有效的目标。下面是编写课程目标的简单公式，句子主干（通向学习目标的跑道）保持不变：本课或课时、研讨会、课程或活动的目的是……这样做的目的是从教师的角度仔细思考学习意图。换句话说，句子主干后面的动词将根据主题、水平、时间和学习者群体的不同而变化。更重要的是，句子主干和动词的组合为培养教师编写教学目的和目标的技巧提供了坚实的基础。

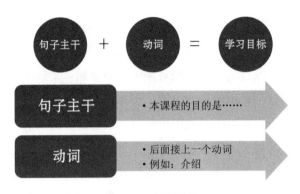

图 10.1　编写目标

　　与其他教师合作，构建自己的实用动词列表，用于编写学习目标，这是很有帮助的。请记住，这些动词应该描述教师的意图或行为——例如，介绍、发展。

表 10.2　用于编写学习目标的动词示例

为了：	为了：
介绍	总结
探索——进一步探索	回顾
综合	说明
复习	鼓励
解释	激励
概述	建立
发展	修订
检查	证明

学习目标

　　学习目标可以进一步细化为学习意图和成果（见第十三章），有助于对课程展开集中思考。要想清晰地陈述学习目标，需要思考学习者在课程中的学习内容。一旦确定了一至两个明确的课程目标，你就可以选择对学习者最有效的主题活动，还可以决定需要评估的课程要素，在课程结束时加以重述。

我们在第一章提到，与学习者协商并分享学习目标是一种很好的做法（Rudduck & McIntyre，2007）。讨论判断"成功步骤"的标准也会有所帮助。克拉克（Clarke）创造了首字母缩写词"WILF"（what I'm looking for，我正在寻找的东西），帮助教师加强计划的重点，并将其与如何衡量成功联系起来。克拉克还强调了"通过形成性评估进行积极学习"（Clarke，2008）的重要性。通过广泛使用元分析，哈蒂（Hattie，2009）收集了国际上关于可视化教与学重要性的确凿证明，并提出教师应注意如何与学生开展合作，成为自己教学的评估者。与学习者分享成功标准，可以帮助他们确定学习对象，清楚完成学习后的样子和感觉。这可以让学习者跟踪、调节和反馈自己和同伴的进展。因此教师需要问问自己，关键学习成果是否清晰，该如何与学习者分享？

哈珀（Harper，2013）提醒注意：

> 这种理性和线性的方法，深受泰勒（Tyler，1949）和布鲁姆等人（Bloom et al.，1956）的影响，尽管多年来不断调整和改变重点，但长期以来一直是主要的教学计划模式。正如约翰（John，2006，p.485）所说的，它的受欢迎程度可能与其"优雅的简洁性"和以问责制为重点的主流政治气候有关。泰勒提出的问题今天仍有人在问，例如，"如果一开始没有明确规定教师的目标，我们怎么知道他们是否实现了目标？"（Harper，2013，p.11）。

课时结构

思考课程结构或课程排序是教学计划中最重要的其中一个方面。除了考虑个别学习者以及课程目标和结果外，还需要应用学科教学知识（参见第九章中的讨论）。课程不同阶段的时间安排对于确保适当的节奏非常重要。

有一种久经考验的"三部分"结构，可用于大部分课程规划：

1. 首先，介绍整个课程。通过引人入胜的导入活动、挑战或惊喜吸引学习者的兴趣和想象力，获得并保持他们的注意力。在 FAVE 情境中，这可能是一段混乱的时间，学习者到达时间不同，彼此闲聊或者做其他事，初学者更应该考虑到这一点。初学者还有可能与以前的学习存在关联，因此要测试以前的学习是否已经完成，或者是否引入新主题。学习意图需要分享，使用的语言应该清晰、对学习者友好。有时，你会决定在课程后分享这些内容的一部分。但重要的是避免使用公式化的方式分享。哈珀（Harper，2013）提出了她在优秀课程研究中得到的证据，在这些课程中，没有一位教师一开始就宣读了一份成果清单。尽管她认为将课程设置与先前课程和未来课程建立联系，并告知学习者他们将要学习的内容是明智的，但也指出了教师应如何运用他们的专业判断，使用不同类型的术语，延迟、改变方向或加入惊奇元素。她认为"在课程开始时就读出结果会很难促成鼓舞人心的实践"（Harper，2013，p.107）。

2. 其次，开展活动帮助学习者实现学习目标。如果教学仅局限于布鲁姆分类学的较低层次，将导致肤浅的学习，因此需要发展高阶思维和挑战学习者能力的活动。还需要根据学生的差异化仔细规划，活动的多样性也要非常重要，尤其是主动学习策略（Biggs，2011；Crawley，2011）。

行动密集但内容浅显的课程很可能在智力锻炼上是薄弱的，而传统的、说教式的、由教师主导的课程也可能更具有启发性和成功性。这完全取决于计划。一旦你确定了主题的顺序，就需要计划在整个课程中连贯地、综合地介绍、发展和巩固词汇、语言和概念的学习进度。这样，在一个主题中介绍的想法和语言能够在下一个主题中得到整合和巩固。活动可能涉及全班、小组、结对或个人层面。活动的变化要求教师在课堂上每隔一段时间回顾课程进度并重新关注"下一步"；这些教师的干预都要确保学习的成功。你可能计划在不同的时间与班上的不同成员一起完成活动，以及为了获得最佳优势，计划如何部署辅助人员和同伴学习。你应该到访各小组，在小组活动时监督、提问和挑战。在创建情境化和连贯的任务时，利用学习者的经验和兴趣是很有价值的。FAVE 的学习者有明确的期望，尤其针对"教育成本"和性价比。人们越来越关注教师对教学所负有的责任，特别是在被称为"教育市场"的语言和文化教学中。

3. 课程的结束至关重要。需要留出充分的时间与学习者一起总结和回顾所取得的成绩，庆祝取得的成就。要求学习者反思，当只对学习结果粗略点头时，学习可能会变得肤浅。与分享课程成果一样，遵循公式化模式会导致学习者的肤浅反应。鼓励学习者通过以下问题深入思考取得了哪些成就。

- 你现在知道 / 能做什么，而在课程开始时你没有 / 不能做什么？
- 您在本课中做了哪些工作来实现这些结果？
- 你觉得今天的课怎么样？
- 写下 / 说出你在今天的课上学到的最重要的东西。
- 你还有什么不确定的？

这种反思将学习成就视为一个连续统一体，增加对学习者教育的全权负责和控制。在 FAVE 环境中，越来越强调为学习者提供自我评估、分享和记录进步和成就以及教育经验的机会。传统的方法是纸面上的个人学习计划（Individual Learning Plans，ILP），也可以将其调整为电子计划，包括社交媒体和博客。

全体会议提供了机会，可以再次检查学习成果的实现情况，展望未来课程，激励学习者。良好的课程收尾与良好的开端同样重要。学习者在离开课堂时应热切期待下一节课，渴望在课下继续认识、理解。课程之外的独立学习计划应与课堂活动一样丰富。

反思活动 10.7 主题排序

对于计划教授的主题，请思考如何呈现知识和安排教学顺序。利用教学学科知识和对学习者的了解，你会计划哪些步骤或"模块"？

确定任务和活动。尝试安排活动，完成第一份计划草案。

> 检查你正在考虑的结构，确定在哪里进行教材投入和学习者活动？是否实现了平衡？在哪里互动？
>
> 思考你的选择如何实现差异化和包容的过程。
>
> 再想想时间。你需要多少课时？现在够用吗？课程如何划分课时？让学习者一起学习，还是分出快班和慢班？
>
> 确定课程中哪些要素会被学员视为重点。他们来对地方了吗？
>
> 你是否有机会对学员进行评估，分享他们取得的成就，发现哪些工作开展良好，他们又遇到了哪些障碍？
>
> 必要时需要修改计划。
>
> **跟进**：按照计划审查结构，这是评估的重点，也可以对计划做出相应调整。

学习活动和任务

> 强大而有成就的教师关注学生对所教内容的认知参与。（Hattie，2012，p.19）
>
> 我们得出结论，教学和评估任务的设计是课堂教学质量的根本决定因素。（Hogan，2012，p.103）

当我们进行计划时，必须确保将要学习的内容设置在可管理的任务和活动中，这些任务和活动匹配学习者现有的能力并加以扩展。教师对任务中认知挑战的进展和深度的判断尤为重要。我们已经讨论过，认知挑战的核心是存在不同形式或种类的思维（见第二章）。布鲁姆（Bloom）的《教育目标分类学》（*Taxonomy of Educational Objectives*，1956）确定了认知领域中六种不同的思维过程。它们是：记忆、理解、应用、分析、综合和评价。分类学意味着一种层次结构，布鲁姆的大部分工作都是通过活动或教师提问来培养学习者的高阶思维。这种分类（或变体）也被用于分析课堂活动的范围和种类。布鲁姆分类学的局限性在第二章已详细讨论过。

比格斯（Biggs，1999，2011）开发了另一种分类法，主张学习目标、预期结果和评估方法的建设性一致。这种分类法叫作 SOLO 分类理论，建立在结构化学习成果系统的概念之上，在高等教育学习计划中的应用尤其成功。

教师和学习者倾向于停留在舒适区，而不是冒险并扩展他们的能力。例如，教师很容易开展常规教学活动，因为学习者可以将他们的大脑处于"中立"状态，每个人都能以最小的努力完成课程。为了获得更高期望的学习成果，教学督导、教育部长和其他教育者应坚持挑战行业，采取这些应对策略。

成功标准

评估是阶段规划的重要组成部分。没有对计划的评估和再评价，就无法发展和维持有效的教学。在计划时，仔细思考并记录下课程的成功标准是一种很好的做法。在解释任务、与学习者互动和提供反馈时，目标和结果更容易被铭记在心。

成功标准应规定学习成果的进展和成功的证据。在计划阶段，清晰的思路不仅可以让你与学习者分享广泛的课程目标，还可以澄清具体的期望、目标和结果。教师对学习者的反馈也可以更加精确。如果学习者可以参与评估自己的工作，使用成功标准就成为有力的工具，帮助教师在学习过程中发展自我评估（Clarke，2001）。

资源、安全和信息及通信技术（ICT）

建议使用检查表，确保课程成功所需要的所有实际条件都已准备就绪。还应考虑安全因素，在记录预期问题和做出规定时，不应走捷径。如果确实出了问题，这些记录将意义重大。

如果信息及通信技术（ICT）的使用对课程很重要，课程计划中可为此设置特定部分。显而易见的是，不可能列出交互式白板在课程每个阶段中的使用方式，尽管它们只在课程的某些阶段使用，或者教师将交互式白板与其他资源结合使用进行演示，但信息及通信技术都值得在课程计划中注明。在第八章中，我们讨论了技术和移动技术是如何与教学相结合的。

支持人员

有效规划对于最大限度发挥支持人员（如学习助理［learning support assistants，LSA］、技术人员、志愿者或任何其他可能对教学、学习和评估做出贡献的人员）的作用至关重要。你要与任何支持人员分享课堂活动的性质，并明确哪些学习者是他们关注的焦点。最重要的是，如果希望支持人员充分发挥促进学习的作用，分享活动的学习意图也很重要（有关有效使用学习支持的详细说明，请参见 Bailey & Robson，2004）。这些时候，一些教师采用口头方式，但许多教师保留书面记录，支持人员可以参考该记录，以确定课程学习意图、活动和他们的角色。

无论实际演示中有什么变化，这些主题都会体现在有效的教学计划中。新手教师和经验丰富的教师之间、探索性课程和既定课程之间以及这些与教师信心的关系，其中的细节程度会有所不同。

许多课程提供方要求教师使用规定的教案模板。许多教案模板和实例也可以在互联网和出版资料中找到，但质量良莠不齐。因此，在实际使用之前应评价资源。有趣的是，现在有越来越多的机会可以通过博客和在线论坛评价课程计划。这是教师和学生教师拓展专业对话的有效空间。经验证明，模板越复杂、越科层化，对教师的实际用处就越小。

我们还需要考虑两个支撑课程规划所有要素的问题：差异化和包容性（见第十五章），换句话说，我们如何设计课程，才能最大限度地把要教授的知识与要学习的人有意义地联系在一起。

差异化

差异化的概念强调了将任务与学习者的潜在能力相匹配的必要性（Haynes，2010，**Reading 10.3**）。维果茨基（Vygotsky，1934，1978）

的"最近发展区"概念（Zone of Proximal Development，ZPD）是一种将教学差异概念化的方法，我们需要使用这种方法满足学习者的不同需求（Vygotsky，1978，**Reading 2.2**）。

> 如果必须把整个教育心理学简化为一个原则，我会说："影响学习的最重要的单一因素是学习者已经知道的东西。确定这一点并相应地教导他。"（Ausubel，1968，p.vi）

差异性与任务和活动是否适合学习者现有的理解和需求有关。学习者和任务的"匹配"程度如何？实现差异化有四个关键阶段。
- 确定教师和学习者的意图；
- 确定学习者现有的知识、概念、技能和态度；
- 观察和解释完成任务的过程；
- 分析和评价任务的结果，为未来的学习机会制定适当的计划。

不匹配可能发生在任何（或所有）阶段。例如，在第一阶段，教师为特定目的设置任务，但如果没有适当解释，学习者可能会误解。任何任务都可能被错误地完成，也可能被盲目地完成，也就是没有看到它的意义。第二阶段也可能出现不匹配现象。一项任务对学习者来说可能太难了，因为完成它需要他们所不具备的某些知识或技能。第三阶段的不匹配可以通过任务来说明，该任务可以设置为使用特定设备的指令，或者以特定方式呈现结果。然而，该设备并不是必需的，实际上会让学习者感到困惑，或者以假定学习者已经拥有一些技能的方式呈现结果，而实际上他们还没有掌握这些技能。第四阶段的不匹配也可能导致其他问题。例如，教师经常标记出一个人学习的最终成果。然而，其中高比例的错误不一定与糟糕的工作或糟糕的学习有关。事实上，错误有助于定位错误的理解，并确定教学中薄弱和需要改进的领域（见第十三章）。

课程规划中可以使用各种差异化策略。许多书都可以用来发展理解并提供实用策略（参见 Cash，2011；Cowley，2013）。尽管确定了各种方法，但经典的区别在于任务差异和结果差异。

根据任务进行区分需要制定教案。在所有或部分课程中，特定的学习者群体将参与不同的活动。因为学习者是根据他们在某一学科中的成就进行分组的，或者因为不同的学习者适合不同的主题而进行分组。在这种情况下，教案应指定特定的小组、活动和目标。

根据结果进行区分同样需要制定教案。其中，相同的任务可以通过多种方式解决，学习者能够以适合其当前知识、技能或理解水平的方式做出反应。教案明确总体学习目标，同时根据所有、大多数或部分学习者预期完成的内容来定义不同的结果。

经验表明，在现实中，任务和结果之间的区别往往是模糊的。

但也应记住，过分依赖结果的差异化是有危险的，因为这可能成为一种托词——"只是看看学生做得有多好"。这样教师就跳过了一个重要过程，即想象课堂上学习者获得成功走了过哪些步骤。然而，如果达到了这一目标，课程任务的认知挑战就应该与课堂上学习者的认知需求相匹配。

同样重要的是要谨慎行事，以免我们做出自我实现预言（见第十三章和第十五章）。科菲尔德（Coffield）提醒我们：

> 如果教师期望发现三个层次的能力，那么危险在于这三个层次的能力恰恰是他们即将发现的。哈特等人有效地补充了该论点的下一个阶段："我们**创造**不同类型的学习者，正是因为我们相信他们**有**不同的类型并因材施教"（Hart et al., 2004, p.30, 原文着重强调此处）。如果围绕着固定能力这一有缺陷且不准确的概念来构建教学法，那么教师在学校和课堂实践中所采用的策略（目的是最大限度地提高考试成绩）"本身就与创造和维持持续的差异化成就模式有关"。（Hart et al., 2004, p.21, 转引自 Coffield, 2010, p.15）

包容性

包容性是一个教育概念，它既反映了国际社会对学习的累积理解，也反映了当代对减少不平等结果的承诺。它在呼应与差异化相关的认知问题的同时，也扩展和拓宽了这些问题，并涵盖了学习的社会、情感和动机层面。

在你意识到许多学习者有共同的需求之前，对参与和满足个别学习者需求的强调可能会令人望而却步。在课程规划的背景下，包容性或个性化概念可以用来审查已规划的内容，并提出课程设置的有效性问题。除了适当加以区分之外，这些任务是否真的会吸引学习者，是否与他们的文化和期望相联系，并支持他们的学习？

> 然而，如果实现了这一目标，包容性能让学习者以有意义的方式认同课堂活动（见第十五章）。科菲尔德鼓励我们……去接受**每个人**的学习能力都可以提高这一广阔的理念：你和我都可以变得更聪明，我们通过**学习**都会变得更聪明。（Coffield，2010，p.15，原文着重强调此处）

森尼特（Sennett，2008）的研究可作借鉴，他认为分享人才和团队合作至关重要，这反过来有助于我们成为好公民。

科菲尔德敦促教师"确保所有学生都有权得到提升、包容和参与"（Coffield，2008，p.29）。伯恩斯坦（Bernstein，1996）认为，在有效的民主中，所有学习者都有三项相互关联的教学权利：提高的权利，在社会、智力、文化和个人方面被包容的权利，以及参与社会变革活动的权利。一个非常简单但发人深省的问题是：

> 1级和2级学习者是否与3级学习者一样，接受同样类型的高要求课程、同样的教学时间和资源？如果不是，原因是什么？没有什么比一个好的理论问题更实际的了，它可以揭露不合理的不平等或机构的糟糕表现。（Coffield，2008，p.29）

第十五章将更详细地讨论包容性问题。

评价课程设置

本节思考三个可用于调查实践的一般问题，特别关注课程中学科知识的应用。解决这些问题将阐明重点关注的个人提升问题。正如我们在第一部分中指出的，联合实践发展（Joint Practice Development，JPD）提供了一种与同事合作进行的课程改进的系统方法。这吸引了大量关注，并提供了改善教学、学习和评估（TLA）和支持教师专业发展的机会（Fielding et al.，2005；Gregson et al.，2015，**Reading 16.1**）。

这些方法以不同方式说明了教与学研究计划（TLRP）的"教师学习决定学生学习"的原则（见第四章）。

关键评价问题

任何级别的计划都应根据它在辅助课堂学习发展方面的成功程度来进行修改和改变。反思型教师清楚地理解计划、教学、评估和评价之间的密切联系（见第九、十三和十四章）。

这里提出三个关键的评价问题。

- 学习者是否了解了预期的内容，以及为什么？
- 教师知识如何支持学习？
- 学习者和教师的活动如何促进学习？

问题 1：学习者是否了解了预期的内容，以及为什么？

评估（assessment）和评价（evaluation）经常混淆，因为它们错综复杂地交织在一起（见第十三章和第十四章）。例如，问题"学习者是否学习了预期内容？"关注学习者和教学的意图。为了回答这个问题，反思型教师需要获得关于学习者表现的评价信息。这种信息来自形成性评估。然后，评估包括收集学习者怎样与教学和学习经验建立联系的证据，以及他们发展了什么（如果有的话）知识、理解或技能。而评价则考虑教学和学习经验为什么支持或不支持意向性或非意向性学习。

　　评估和评价是齐头并进的，因为不考虑怎样和什么就不可能考虑为什么。评价学习者为什么这样表现应该引起对教师行为的深入分析——以及接下来的两个问题。

问题2：教师知识如何支持学习？

　　教学知识评价包括考虑学科/职业知识和教学知识（见第九章），以及这些知识是否足以支持学习。在规划时，你会考虑到这些问题。但是，只有在课程结束后才能完全回答这一评价问题。反思型教师会考虑他们对学科或职业领域的知识掌握得如何，以及如何让学习者接受这些知识。具体包括如下问题。

- 我是否使用了恰当准确的语言？
- 我是否需要依赖教科书或其他内容来源？
- 学习者是否回答了我不确定的问题或提出了建议？
- 我是否预测过学习者会发现什么是容易的或困难的，以及他们可能存在的任何误解？
- 我的解释和/或演示是否有助于学习者理解内容？
- 我是否使用了最合适的示例和展示？
- 我是否按照能够建立理解的顺序来介绍想法？
- 我是否将课堂上呈现的想法与学习者的学习联系起来？

　　这并不是一个确定的列表，但列出了反思型教师提出的各种与教学相关的问题。

　　针对教学知识提出的评价性问题，其确切性质将根据所评价的教学/学习经验的主题不同而有所不同。例如，在一堂工程课上，反思型教师可能会问："我使用的资源和示例是否描述了北海钻探的准确信息？"这里的本质是，反思型教师考虑他们的学科教学知识是否有助于学习。也就是说，对于这门学科和如何教授这门学科，他们是否使学习者能够学习了解得足够多？

　　评价教学知识的目的并不是为了确定教师知识的局限性。相反，是为了更好地理解如何满足学习者的教育需求。在评价了对语言的使用能力、对学习者的反应能力、对内容的排序能力之后，反思型教师利用这一分析为学习和未来的教学提供信息。通过关注学科／职业专业知识和学科教学知识支持学习的方式，可以促进教学知识的发展。这样，未来的教学和学习将得到加强。

问题 3：课堂活动如何促进学习？

评价课堂活动需要仔细分析学习者对活动如何反应、他们从活动中学到了什么以及为什么要学习。某些学习者和／或教师活动会比其他活动更好地促进某些学科内容的学习，如果教师要为特定学科制定教学策略，了解这一点非常重要。

还有必要关注个体学习者。例如，对一项活动的分析表明，一些人在解释他们在做什么的时候，喜欢通过身体操作来学习，而另一些人则通过观察和倾听来学习。然而，没能成功通过倾听来学习的人，随后通过身体操作，自己也能完成学习。因此这有很多可能性。

在分析了为什么不同内容和不同学习者的活动取得成功之后，会引发更普遍的教学学习。与其他两个关键的评价问题一样，这个问题的答案只有在促进教学计划的发展时才有用。如果进行了仔细的分析，就会从效果好的活动和效果不好的活动中总结出如何制定教学计划。

反思活动 10.8　同事的观察

安排一位同事观察课程。如果你是一名实习教师，这将成为教学计划的一部分。请观察者特别关注正在实施的规划的某个方面。例如，希望观察者关注开始或结束课程的方式。希望专注于差异化活动的使用。使用本章中的检查表与同事或导师讨论观察到的课程。

总结

每一门好课程都建立在多层面的合理规划的基础上。规划需要考虑国家层面的课程要求和整个机构的政策。还必须补充对学习者先前知识、学科知识和教学知识的理解。我们在计划方面的经验和信心越丰富，我们就越有信心尝试和计划具有挑战性、多样性甚至是实验性的课程。本章展示了如何通过课程来发展学习者需要培养和运用的知识，以及计划要教什么和注意如何知道学习正在进行，这些都是我们实践的重要内容。

作为教师，我们必须不断检查计划、课堂实际情况和所学内容（教师如此，学习者亦如此！）之间的联系（Hattie，2012，**Reading 10.4**）。下一章将针对教师如何与学习者交流计划并评估其影响，重点考察其可行性。

主要阅读文献

对于有效的课程规划的好处展开讨论，以下内容提供了可使用的实用指南：

Crawley, J. (2011) *In at the deep end: a survival guide for teachers in post compulsory education.* (2nd edn). Abingdon: Routledge.

Harper, H. (2013) *Outstanding Teaching in Lifelong Learning.* London: OUP Press, McGraw-Hill Education. (**Reading 10.1**).

Harriet Harper, *Outstanding Teaching in the Classroom.* （摘录了前著的关键要点）

Haynes, A. (2010) *The Complete Guide to Lesson Planning and Preparation.* London: Continuum.

Griffiths, A. and Burns, M. (2014) *Teaching Backwards.* Carmarthen: Crown House. (**Reading 10.2**)

大卫·伯利纳（**David Berliner**）为时间管理提供了有用的见解，这是对课堂环境和计划的基本考虑，编辑自：

Berliner, D. (1990) 'What's all the fuss about instructional time?'. In Ben-Peretz, M. and Bromme, R. (eds) *The Nature of Time in Schools.* New York: Teacher College Press, pp.3–35.

约翰·哈蒂综合分析了有效课程设计和教学实践在国际上的证明并得出启示。哈蒂通过"思维框架"实现学习最大化的文章，请参见 Reading 10.4，编辑自：

Hattie, J. (2012) *Visible Learning for Teachers: Maximising Impact on Learning.* Abingdon: Routledge, pp.1–20.

课程规划中可以使用各种差异化策略。有许多可提高你的理解能力和提供实用策略的书籍，例如：

Cash, R. (2011) *Advancing Differentiation: Thinking & Learning for the 21st Century.* MN: free Spirit Publishing.

Cowley, S. (2013) *The Seven T's of Practical Differentiation.* Bristol: Sue Cowley Books Ltd.

安东尼·海恩斯关于进展和差异化对课程规划和课堂规划的重要性的研究，见 **Reading 10.3**，编辑自：

Haynes, A. (2010) *The Complete Guide to Lesson Planning and Preparation.* London: Continuum, pp.135–47.

第十三章进一步阐述了课程规划和评估之间的联系，以下内容提供了关于形成性评估的类型及其对教学质量影响的见解：

Hogan, D. (2012) 'Yes Brian, at long last, there is pedagogy in England — and in Singapore too'. In James, M. and Pollard, A. (eds) *Principles for Effective Pedagogy. International Responses to the UK TLRP.* London: Routledge.

Clarke, S. (2008) *Active Learning through Formative Assessment.* London: Hodder and Stoughton.

系统和公开的课程评价是改进的关键，哈蒂的研究证明了这一点。正如我们在第一部分中指出的，联合实践发展（**JPD**）提供了一种与同事合作来改进课程的系统方法。以下建议提出了构建此框架的实用方法：

Fielding, M., Bragg, S., Craig, J., Cunningham, I., Eraut, M., Gillinson. S., Horne, M., Robinson, C. and Thorp, J. (2005) *Factors Influencing the Transfer of Good Practice.* London: Department for Education and Skills, RR 615.

Gregson, M., Nixon, L., Spedding, P. and Kearney, S. *Helping Good Ideas Become Good Practice*, 2015. (**Reading 16.1**)

Sebba, J., Kent, P. and Tregenza, J. (2012) *Joint practice development (JPD.) What does the evidence suggest are effective approaches?* Nottingham: National College for School Leadership.

第十一章　教学法
我们如何制定有效的策略？

导言

本章的重点是教学法。教学法是指随着日常教学实践中不断发展且复杂的情况，教师的专业教学技能和为学习者教育利益做出的巧妙判断之间的相互作用。它也指教师运用理论和研究来支持计划、实施和反思的方式。如果"课程"是我们教的"内容"，那么教学法就是我们教它的"方式"。

> **教与学研究计划（TLRP）原则**（参见第四章）
>
> 本章关于教师策略和所有教学法的重点涉及三个教与学研究计划（TLRP）原则。
>
> **原则 1：有效的教与学使学习者具备广义上的生活能力。** 学习的目的应该是帮助人们发展智力、开发个人资源和社会资源，使他们能够作为积极的公民参与进来，为经济发展做出贡献，并作为个人在多元化和不断变化的社会中茁壮成长。这就意味着对学习成果要采取广泛的看法，确保公平和社会正义得到认真对待。
>
> **原则 4：有效的教与学需要教师为学习搭建支架。** 教师应该在学习者的学习进程中提供支持性活动。但除了提供智力支持，还应该提供社会和情感支持。最终做到，一旦没有这些支持，学习者还是可以实现学习。
>
> **原则 6：有效的教与学促进学习者的积极参与。** 教学的主要目标应该是促进学习者的独立性和自主性。这包括获得一系列的学习策略和实践，培养积极的学习态度，以及树立对自己成为一名优秀学习者的信心。

教学法要求教师在规划、实施和反思教学实践时多加思考。在本章，我们反思教育学的艺术、技艺和科学。它分为三个主要部分。第一节介绍职业教学法和学科专业教学法。第二节着眼于教学和促进学习者发展，思考了教学如何使学习者与学科进行有意义的对话。第三节侧重于全组和小组学习。

教师不断游移在专业实践的各个方面。我们一直在判断如何最好地支持学习者的教育。哪些教学策略会支持学习，要教授哪些主题、概念和想法以及我们和学习者应该达到怎样的目标，对此我们进行了大量思考。当使用教学法（pedagogy）这个术语时，我们考虑的是老师在课堂上和 FAVE 环境中所做的复杂工作。亚历山大（Alexander，2008，p.4）将教学法定义为"教学行为以及理念、价值观和信念，并通过这些理念、价值观和信念，来影响、维持和解释教育行为"。

本章详细探讨的主题包括，帮助学习者为生活做准备、支架式学习以及学习者在 FAVE 中的积极参与。我们将这一讨论与教学工作联系起来，主要涉及与学习者的全组互动和小组互动。亚历山大认为，"教师需要一套方法，以适合目的为基础，从中他们根据学习者、学科内容以及环境中的机会和限制做出选择"（Alexander，2008，p.109）。虽然这一套理念是无限扩展的，但它侧重于三个广泛的方面：如何组织课堂以提供不同的互动机会，如全班教学或小组教学；教师如何利用谈话来鼓励不同类型的学习；以及学习者如何利用发言来发展理解能力。在本章，我们重点探讨全组讨论、问答课堂和小组讨论。这样，从支持学习者思考和为自己发言的角度，我们能够探索教学法的理念。我们也研究了教师如何使学习者发展自己的理解力，加深自己的思考方式，并增加信心。我们发现卡尔（Carr，1987）的研究有助于区分"制作"（making）和"实施"（doing）教学行为。我们借鉴了教与学研究计划（TLRP）对教学法的总体定义，其作者认为教学法是教学的技艺、科学和艺术。

如图 11.1 所示，教学法的三个方面相互关联，共同构成了教学法的整体概念（Bruner，1996，**Reading 11.1**；Simon 1981，**Reading 11.2**）。技艺被视为教师的技能、策略、方法、途径和实践的全部本领，他们从中选择不同的方面并在一生的专业工作中不断精进。当教学被视为一门技艺时，可以看到教师们如何通过精心打磨的"制作"方式来反思教学，以及这些方式如何有助于实现明确的目标。教学是一门科学，强调教师在评估、反思和研究方面的知识、理解与参与，寻求能为教师做出专业选择和决定而提供信息的证据。教学也是一门艺术，突出了教师"实施行动"，在特定环境中与特定学习者合作时，对何为正确行为做出判断，它也体现在根据情况需要而给予支持。

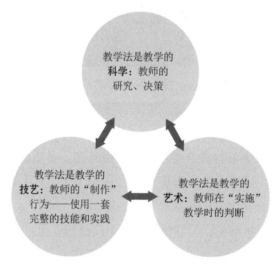

图 11.1　教学的技艺、科学和艺术

从实施行动的角度思考教学艺术，重点关注教与学研究计划（TLRP）原则，即"使学习者具备广义上的生活能力"。正如科菲尔德（Coffield）所指出的，这与将学习者发展成为主动的公民有关。例如，这意味着"将有价值的学习成果这一概念扩展到获取学历之外"（2008，p.11）。通过这种方式，将教学视为艺术——实施行动——有助于我们看到教学法在帮助人们成为独立的学习者和思考者方面所起的重要作用。

在第四章，我们考察了如何从获得资格、使学习者社会化、帮助学习者成为独立的思考者这三个教育价值观的重要性来反思发展中的教学。充分反思教学实践需要我们去反思教学法的三个特征：技艺、科学和艺术。

职业和学科专家教学法

教学法也是教授专门学科的行为。学科和职业领域随着时间的推移已经发展了，并且仍在发展，它们之间的界限在不断演变，学科和职业专业通常有相互关联的教学法，了解这一点很重要。它们可以侧重于历史或化学等传统学术科目，也可以是与工作相关的职业科目，如理发或木工。传统课程和职业课程的教学有着共同点。在这两个领域，我们都关注"要教什么"——与某一学科相关的学科知识、关键概念、知识和理解（Bathmaker，2013，**Reading 11.6**）。职业这一术语提醒我们，教育的诸多维度对于在世界上要有所作为的召唤尤为重要，这就是"职业"（vocation）一词最初的拉丁词根的意思。我们更青睐职业教育这个术语，因为我们认为，要想在世界上有能力做好任何事情，不仅仅需要培训。调整发动机、粉刷墙壁或理发的技艺，都开发了一系列学习技能。这些技能帮助人们在一般和特殊情况时做好工作。职业教育必须要做的不仅仅是使学习者能够根据专业学科的首要规范撰写论文；它还必须着重帮助他们将这些知识应用到持续的实践中（例如，见Eraut，2004）。

也就是说，正如格雷格森和托德（Gregson & Todd，2019）提醒我们的那样，"在英国，'职业'一词仍然具有第二层含义。在这种文化中，'学术'和'专业'教育比追求技艺或'行业'的教育更为重要"（p.2）。海兰德（Hyland，2017）在其理论／哲学分析中将此称为职业教育和培训（vocational education and training，VET）的"难题"，他着眼于如何通过对技艺的研究和在意识研究进展中获得的见解来解决职业与学术的鸿沟，并提高职业研究在各个层面的地位。在谈到教育改革的哲学／理论建议的局限性时，他提出了一个重要的观点，即如果要将这些建议纳入FAVE的教学和学习，就需要将其与实际课程开发联系起来。穆尔德（Mulder，2017）以及艾迪斯和维恩奇（Addis & Winch，2017）的研究进入了人们的视野，他们对职业知识和专业知识的研究，"告知了在教育领域关注未来课程开发的决策者们要为教育付出的努力"

（Hyland，2017，p.321）。

职业教育学

什么是职业教育？森尼特（Sennett）使用术语"技艺"（craftsmanship）来描述人们所做的技艺性工作，内容如下：

> 技艺是一种持久的、基本的冲动，为了自身的利益而把工作做好。与熟练的体力劳动相比，技艺的涵盖范围更广；它为计算机程序员、医生和艺术家服务。每一位优秀的匠人都会在具体的实践和思维之间进行对话；这种对话演变成持续的习惯，这些习惯在解决问题和发现问题之间确立了一种节奏。（Sennett，2008，p.9）

教育在帮助学习者建立持续的习惯和思维方式方面发挥着重要作用，使他们能够解决和发现职业领域的问题。森尼特注意到一个关键点，即职业教育还可以让人们了解到做一个好人意味着什么。如果这句话显得很高大上，为职业教育设定了不切实际的目标，那么海德对一个受过教育的匠人所知道的何为有价值的事做出了简要的总结：

> 他们知道如何在自主性和权威性之间进行协商（在任何工作坊都必须如此）；如何不对抗阻力，而是与阻力一起工作（就像第一次在泰晤士河下钻隧道的工程师一样）；如何使用"最小力量"完成任务（所有必须切菜的厨师亦如此）；如何以富有同情心的想象力与人和事打交道（就像玻璃吹制工一样，使用"身体预期"让自己在熔融的玻璃前先行一步）；最重要的是，他们知道如何应对，因为在应对中，我们找到了"工匠用黏土和玻璃等材料进行对话的起源"。（Hyde，2008）

因此，职业教育让学习者具备最广泛意义上在生活中的工作能力。普林（Pring，1999）观察到，当前英国的职业教育形式过于工具化、缺乏启发性且关注点狭隘，这就表明其潜力尚未实现。

科尔森（Corson）对"以工作为目的的教育"和"以工作为目的的培训"的区分有助于批判地反思如何规划和支持培养职业专业人才的职业教育。根据科尔森的说法，如果只专注于工作培训，我们就会忽略很多教育要求，似乎只有雇主才能为学习者提供成为匠人所需的东西这一观念也是合理的。科尔森认为职业教育必须包括"以工作为目的的培训"，但必须远远不止于培训：

> 接受教育比接受高水平的培训更重要；它涉及拥有一个知识体系以及一个概念性计划，以将该知识体系提升到一系列杂乱无章的事实之上。（Corson，1985，p.291）

森尼特（Sennett）提出了职业专家实践和思维的"联合性"（joined-up-ness）。如果将这一点与亚历山大强调对话结合起来时，我们开始看到共同努力在确定、解决和创造新的工作实践方面的根本性和重要性。从教学法的角度来说，它提醒我们，在帮助学习者共同建立职业中具体的解决问题和发现问题的技能时，全组讨论、小组讨论和问答是十分重要的。

哈德森和昂温（Huddleston & Unwin，2007）确定了教学、学习和评估实践的五个领域。在规划和实施基于能力的课程时，请特别注意下面反思活动 11.1 中的问题。

反思活动 11.1　评估当前职业学习实践

和同事一起思考以下问题。

- 你将如何根据学习者们的需求开发个人可以获取的学习支撑材料？
- 你将如何建立支持结构，使学习者能够识别出基于工作的"学习机会"，这些机会能够帮助他们建立含有合适的学习证明的档案？

- 在满足雇主和学习者各自的愿望与确保学习者参与连贯、丰富的学习计划之间，你将如何平衡二者的需要？
- 你将如何为学习者提供参与全组和小组讨论问题的机会？
- 你将如何为学习者提供机会，让他们在解决问题和发现问题时，通过联合实践发展来进行协作？

（扩展自 Huddleston & Unwin，2007）

职业领域和学科专业领域的教学核心概念

我们如何帮助学习者"开发智力、个人资源和社会资源，使他们作为积极的公民为经济发展做出贡献，并作为个体在多样化和不断变化的社会中茁壮成长"（TLRP 原则 1）？要做到这一点，我们需要避免伯恩斯坦所说的"社会性空洞的教学法"（Bernstein，1996），换句话说，在没有充分理解或批判性评价可迁移的技能时，我们就已讲授它们。我们还需要避免教授狭隘的技能或知识，因为它们不能使学习者作为社会的全面参与者在他们所选择的职业领域中进行实践。成人职业教学与学习委员会（Commission on Adult Vocational Teaching and Learning，CAVTL）报告（2013，**Reading 11.3**）特别强调，需要对工作场所的职业实践有一个直接的"瞄准线"，并鼓励采取协作方式来处理工作场所出现的意外情况和问题。我们面临的挑战是，尽可能将教育学知识带到工作场所，将"瞄准线"引导到工作经验中，并将协作性发现问题和解决问题融入实践中。

麦克·扬（Young）呼吁"将知识带回职业教育"（2008，p.174）。他认为职业教育应该有两个目的，即习得：

- 与职业相关的知识和技能；
- 作为升入高等教育或从事新职业的基础知识（不一定在工作场所用得到）。（Young，2008，pp.174–176）

我们经常需要处理"臃肿"的课程规范。这些规范可以追溯到教育政策优先事项（Oates，2010）。要实现的目标清单越长，职业学科和传统学术学科的学习者面临迷失方向、无法专注于真正重要事情的风险就越大。因此，我们需要区分可以教什么（可能的）和应该教什么（可取的或必要的）。为了帮助他们用更有意义的方式理解学科领域或职业领域，我们需要退一步，花一些时间思考学习者真正需要的重要内容、他们遇到的"棘手问题"、他们的想法和实践。这就涉及仔细分析当前的教学实践，确定学习者真正需要深入理解的课程的要素。反思活动 11.2 可以帮助你确定学科专业课程和职业教育课程中应该教授的重要内容。

反思活动 11.2　确定和教授核心概念和实践

请使用以下提示性问题帮助你确定并计划教授的课程核心概念和实践。

● **你教授的学科有哪些重要知识、概念、原则和操作？**

概念和原则可能有质量守恒定律、弹性和隐喻。概念包括需要被理解的关键操作，例如，在数学教学中教授向量。

● **要深入理解你教授的学科，哪些要素是必不可少的？**

例如，算术运算中的守恒、句子结构中的主语和宾语、工程中的公差等阈值概念。

● **所教授的概念和技能的顺序是否符合逻辑顺序？**

为了巩固或加深学习者的理解，你是否知道需要返回哪些主题？例如，介绍法语中虚拟语气的用法时，需要以现有语法知识为基础。

● **教学要素、教学内容和教学方式是否相互加强？**

是否有机会巩固以前的学习成果，例如，艺术和摄影中的用光、欧洲历史上民主的崛起以及当前的冲突地区？

● **学习者需要知道什么，能够做到什么，才能在不同的学习水平上表现出色？**

> 达到资格等级，如普通中等教育证书（GCSE）和普通教育证书高级水平（A-level）之间的资格；辨别商业与技术教育委员会（BTEC）颁发的各种证书的优点和区别。
>
> ● **需要教授的"棘手"概念、想法和技能是什么？**
>
> 你实际需要多少时间来教授这些主题？例如，在英语中使用撇号，在文学中使用文体，在数学中使用分数、百分比和小数。
>
> 是否需要使用多种不同的教学策略重复本主题的探索？
>
> （扩展自 Coffield，2011）

在确定了这些重要因素之后，你需要继续思考如何最好地教学并强化和巩固学习，包括考虑现实中有效讲授该主题所需的时间（见第十章）；需要仔细决定如何最好地调解或缓和外部需求，避免以狭隘或工具性的方式进行教学。下面列出了一些有用的策略。

表 11.1　职业教育中使用的学习和教学策略

职业教育中使用的学习和教学策略
- 通过观看学习
- 通过模仿学习
- 在实践中学习（"试误"）
- 通过反馈学习
- 通过对话学习
- 通过教学和协助学习
- 通过解决实际问题学习
- 通过调查学习
- 通过批判性思考和产生知识来学习
- 通过听、写、记来学习
- 通过绘图和素描学习
- 通过反思学习
- 动态学习
- 在辅导中学习
- 通过竞争学习
- 通过虚拟环境学习
- 通过模拟和角色扮演学习
- 通过游戏学习

（Lucas，Spencer & Claxton，2012，pp.58–85）

教学法之面面观

多年来，教学法概念已经转变为要求教师反思是否和如何从不同的角度探索教学。多年来，人们对教学法有许多不同的理解，这反映了教育工作者及其所在社会的兴趣、价值观和优先事项。下面，我们作简要介绍。

- 心理理论——从心理学研究和理解中获得教学技巧。
- 教学话语——强调语言在如何理解教与学中的关键作用。
- 教育智慧——认识到教学在某种程度上是一门需要对学习者做出反应的"艺术"。
- 学习和体验——强调教学需要，以促进学习者的积极参与。
- 批判教育学——明确了如何使用教学策略挑战现状。

心理理论

一些著名的教育家，例如美国的杰罗姆·布鲁纳（Jerome Bruner），再次从教育心理学的角度看待教学法，产生了不同的结论。布鲁纳深受维果茨基著作的影响，他对人类心理理论如何影响教师实践很感兴趣。他在对"民间教育学"（folk pedagogy）（1996，**Reading 11.1**）的分析中，证明了教师感知学习者思想的方式会影响他们的教学方式。这是教学科学的有力论据，使我们尽可能清楚地理解心智的运作。他将"心理模型和教学模型"联系起来（1996，p.53），展示了学习者通过模仿获得知识的心理理论如何导致一种截然不同的教育学，它有别于通过主体间性（inter-subjectivity）和社会互动而优先学习的心理理论。布鲁纳并不是在为一种模式而反驳另一种模式；相反，他认为我们需要在学习上形成不同的观点，形成"某种一致的统一，视为共同大陆的一部分"（1996，p.65）。

教学话语

黛博拉·布里兹曼（Deborah Britzman）是一位对教师教育有着浓厚

兴趣的美国批判性民族志学家。她认为教师需要了解理论观点如何影响他们的教学法。在《实践造就实践：学习教学的批判性研究》（*Practice Makes Practice：A Critical Study of Learning to Teach*，2003）一书中，她不仅探讨了识别和批判性地反思理论观点的重要性，而且分析了这种做法对教师、教学和教学法理解方式产生重大影响的不同话语：

> 每一门课程，作为一种话语形式，都强调特定的方向、价值观和兴趣，并构建权威、权力和知识的愿景。任何课程中选定的知识不仅代表要知道的东西，而且还代表一种知识观，这种知识观含蓄地定义了认识者的能力，因为它将认为此知识重要的人合法化了。这种使某些内容优先于其他内容的能力是基于权力关系的。（Britzman，2003，p.39）

因此，教师需要敏锐地意识到不同的话语如何塑造他们和学习者的思维。对于将学习者描述为"1级"或"C/D临界"的两级话语，都需要去熟悉化并使其受到挑战。正如科菲尔德（Coffield，2009，p.5）提醒的那样："教育研究的主要发现之一是，**所有**年轻人都可以学习到高水平（例如 Hart et al.，2004）。每个人都可以进步。"哈特及其同事的研究探讨了当学习者的潜在成就被视为"无限"时会发生哪些变化。这一研究改变了他们的观点，认为"制定教学任务时，主要任务不是反对消极的东西，而是致力于积极的东西：转变学习能力"（Hart et al.，2004，p.262）。

教育智慧

本章讨论了教育学中的教学艺术。教与学研究计划（TLRP）将其定义为教师的"反应能力、创造力和直觉力"（Pollard，2010，p.5）。毫不奇怪，有些教师拥有这些能力，但有些教师不具备这些能力。这些不是教学法概念，不能教授给教师。然而，专注和回应的艺术当然是一种可以发展的品质。这种能力的重要代表人物是马克斯·范梅南（Max van Manen）。他是加拿大人，写了大量他称之为教学"智慧"的文章。他从学习者的角度探索教学法的概念（van Manen，1999）。在早期著作《教学机智：教育智慧的意蕴》（*The Tact of Teaching*：*The Meaning of Pedagogical Thoughtfulness*，1991）中，他敦促教师密切关注个体学习者，在他们与所教的人互动时运用教学"机智"，即学习过程中不断变化的日常课堂动态以及教师反思实践的"智慧"（van Manen，1991）。（更多示例，请参见第二章。）在教学法中，这种明确寻找和研究学习者的观点是罕见的，但范梅南在随后的作品中选录了学习者对自己课堂经历的描述，借以提醒我们：教学法不是教师的专属领域；学习者——他们的价值观、态度、反应、先前知识——也是教学法的一个关键方面（另见 Coffield，2009）。

学习和经验

教学法与学习密不可分。教学法关注——但不仅仅关注——学科问题或学科主题；它还涉及人们更广泛的学习。约翰·杜威（John Dewey），20世纪早期伟大的美国教育哲学家，对只将事实灌输给学习者，而不鼓励真正思考的任何形式的教学都是高度批判的。在他的重要著作《民主与教育》（*Democracy and Education*，1916）中，他有力地指出了这一点：

> 毫无疑问，一种特殊的人为因素使学校里学到的东西太多了。许多学生很难意识到学科知识是不真实的；但对于他们来说，某些所学的东西确实不具有生命体验所具备的现实性。因此，他们学会了对这种现实不抱期望；但为了实现背诵、上课和考试的目的，他们却习惯于将之视为现实。他们对于日常生活的体验保持惰性，这或多或少成为一件理所当然的事情。这就产生了两方面负面影响：普通经验没有得到应有的丰富；学校学习没有产生应有的效果。这些习惯以及接受未充分理解和消化的材料而产生的态度削弱了思维的活力和效率。（Dewey，1916，p.155）

批判教育学

在一些地方，教学法用教育学的概念来挑战现状。如第六章所述，其中最著名的教育家之一是巴西人保罗·弗莱雷（Paulo Freire），他在《被压迫者教育学》（*Pedagogy of the Oppressed*，2000）一书中提出的中心论点是，教学法是一种手段，通过这种手段，可以教育最受压迫的人批判性地反思他们所受到的压迫，并积极地将自己从压迫中解放出来。弗莱雷的理念是读写能力教学（literacy teaching），通过读写能力教学，被压迫的学习者能够质疑现状中的不平等，并发展自我驱动力，而不仅仅是采用压迫者提供的、实际上就像一个空容器一样被填满的教育形式。

相反，他认为读写学习过程是一个动态的过程，"阅读世界总是先于阅读单词，阅读单词意味着不断阅读世界"（Freire，2000，p.37）。这类教育意味着在语言和生活之间建立联系，使之相互辉映。弗莱雷的教学法通常被称为批判教育学，表明人们期待将自己的立场转变成某种行动。这种观点产生于一个非常特殊的背景，具有特定的态度和价值观，但与世界许多其他地区的教育者产生共鸣。在弗莱雷的作品中，他识别出教师应该掌握的各种技艺、科学和艺术，这些方面与他们的学科知识紧密相关。

你可能也会遇到许多其他关于教学法的观点，它们通常与强调有效学习的观点有关联（见第二章），而且它们中大多数都提供了有价值的见解，但不是"全部"都有价值。

反思活动 11.3　谈论教学法

单独或与同事一起，回顾以上总结的每种教学法观点。

每种方法中最有价值的是什么？

每种方法的局限性是什么？

你是否发现自己比其他人更倾向于某些观点？为什么？

教学法与学习者发展

如上所述，杜威（Dewey，1916）质疑任何旨在简单地将事实放在学习者头脑中而不发展其思维技能的教学形式。FAVE 的教师尤其适合理解这种整体学习。这些教师往往敏锐地意识到经验和所学科目之间的相互联系。案例研究 11.1 探讨了在 FAVE 学习中丰富或"丰饶"的——借助杜威的隐喻——生活经验的程度。它举例说明了教与学研究计划（TLRP）原则 3。该原则将教学与先前的生活经历和学习联系起来，"包括在先前学习的基础上发展，但也考虑到不同学习群体的个人和文化经验"（TLRP 原则 3）。在这本书中，我们看到一位 STEM 教师罗伯特正在进行发展教学实践的实践者研究。

案例研究 11.1　罗伯特的案例研究（自述）

我试图调查和解决的是一组信息技术（IT）学习者学习成绩不佳的问题。我在市中心一所继续教育学院全职教学期间进行了为期四个月的研究。我所研究的学习者正在攻读英国商业与技术委员会（BTEC）信息技术扩展 3 级文凭。他们进入该课程时已经持有多种资格证书，一些人有普通中等教育证书，一些人有信息技术 2 级资格证书。小组中只有两三人在英语或数学方面达到了 2 级。

在课程培训期间，我收集了很多证据，包括我们面临的挑战，以及我对实践所做的改变及产生的影响，证据收集过程中使用了：

1）课程开始时的入学面试；

2）我的教师日记，里面包括对个人和小组辅导工作的反思，以及形成性反馈的使用；

3）课程期间对学员的调查和访谈；

4）认真分析作业和期末成绩。

通过访谈和观察，我发现所有学习者都敏锐地意识到信息技术及其对现代世界的影响。他们都认识到智能手机、平板电脑、个人电脑和游戏机在让他们获得信息和娱乐方面所起的作用。他们热情地谈论如何修理电脑，帮助家人和朋友"上网"并使用电脑。学习者经常表示出在信息技术行业工作的雄心壮志，大多数人都渴望在大学里学习信息技术。

通过访谈、课堂观察和对作业的分析，我选出了学习者开展学习或思考学习的两种方式，它们似乎是进步的潜在障碍。首先，学习者往往向我寻求"正确"的答案，即使是简单的或要求自由思考的任务。他们总想着被灌输。我与同事的谈话也表明，整个院系都经历过这种依赖教师的现象。其次，提交的作业草稿通常是结合了"维基百科剪切粘贴"和"同义词表/翻译软件滥用"来生成的。我认为这种学习态度体现了"表面学习"的许多特征，即找出作业的样子，然后制作一份符合作业标准的复制本。

我开始尝试将学习者的生活经历与信息技术课程结合起来。主要目标之一是改变他们的学习态度。我开始进行一系列小组合作任务的实验，通过建立环境，让学习者可以相互提问他们对某个主题的思考，探索关键概念之间的关联并产生对该主题的共同理解。我还运用同伴检查、支持和挑战的方式来建立他们对关键概念和我预先准备的问题的信心，以探索深度理解。然后，学习者就能运用这些理论知识，为"现实世界"的信息技术问题提出解决方案。

当反思自己教学实践的改变所产生的影响时，我发现，他们在家庭生活中帮助家人和朋友解决信息技术问题时使用的协作学习方式，可以通过小组活动应用到课堂任务中。我还发现学习者从同伴合作中受益匪浅，他们建立理解，并将知识应用到现实世界中。以这种方式组织课程可以鼓励个人更深入地思考概念和想法。小组任务与现实问题相结合也对他们的自尊心和学习态度产生了积极的影响。在后期作业的质量上，它与表层教学法的差异尤为显著。

从教学法观点来看，罗伯特的经历有两个突出的主题。首先，通过小组合作活动将生活经历带入课堂，现实生活中的信息技术问题有助于让每个人的学习"更深入"。罗伯特的案例研究还表明，并非所有的生活经历都能赋能学习。在这种情况下，一些学习者在上大学之前已经形成了自己的学习方式，这对他们的成功构成了障碍。案例研究表明，罗伯特的教学方式比传统的授课模式花费了更多准备和讲授的时间。在他对该课程的总体思考中，罗伯特也提出了自己的担忧：在紧迫的截止日期和密集的课程中，并不总能以这种方式教学。这些评论说明了把教学法广泛地定义为艺术、技艺和科学的重要性，以及教师确实需要平衡一系列因素。组织和政策约束会限制我们的能力，使我们无法实现我们认为适合学习者需求的事情。

小组讨论和问答

在国际上，尤其在英国，越来越多的研究支持这样一种观点，即通过小组合作，使用"谈话学习"（Alexander，2017，2008，**Reading 11.4**）可以提高学习成绩和改善学习态度。高尔顿（Galton）总结了小组学习对学习者的主要好处。

- 这一过程促进了独立思考，使个人获得了对其学习的控制感。
- 它可以培养口语和听力技能，让学习者更容易地分享感受和想法。
- 它可以鼓励积极的自尊，让学习者对自己的能力和表达树立信心。
- 它可以改善课堂关系，增强学习者的社会责任感和归属感（Galton，2007，p.110）。

在本节中，我们将集中讨论小组学习和小组讨论，侧重两种最有效的教学策略，即全组讨论和小组讨论，以及如何通过学习谈话将学习者的经历和手头的话题结合起来。这些策略可以用来组织学习者之间的互动，同时让他们有机会独立思考，将他们的经历与教育主题联系起来，并与同伴一起理解。这些教学策略所产生的力量与我们有效规划和实施策略时出现的挑战是匹敌的。

小组讨论

我们如何利用小组活动来发展思维和学习？利普曼（Lipman，2003）和费舍（Fisher，2013）介绍了支持探究共同体（Community of Enquiry）发展的概念和指导原则。这种教学技术的目的是鼓励人们与他人合作，成为更好的思考者。这项技术已在许多 FAVE 领域中成功使用，利普曼认为这项技术为学习者提供了练习三种"思维"的机会。

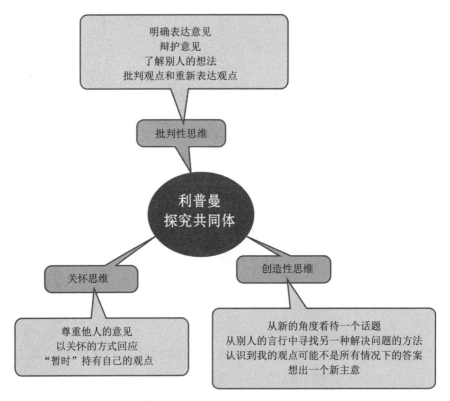

图 11.2　利普曼探究共同体

（Lipman，2003）

表 11.2 规划和促进探究共同体的步骤

规划和促进探究共同体的步骤
准备——所有参与者围坐一圈。推动者创建适合的探究环境。
刺激——导入刺激性素材：视频剪辑、绘画、诗歌，选择这类刺激物是因为它以某种方式探索了主题。
思考时间和形成问题——使用"思考、结对、分享"来支持学生针对刺激素材提出大量问题。
公开和比较问题——教师记下问题，要求学生解释问题背后的思考。
问题选择——学生投票选出最佳问题，并集中讨论。
开始探究——重新提出问题。学生开始梳理议题背后的问题。
发展或评论探究——这是拓宽和深化思考、考虑反例以及其他相异但相关的问题和议题的机会。
结束总结性探究——共同体中的每个成员都要给出关于该主题的"最后一句话"。这句话是一个典型的句子，总结了他们在讨论中突出的东西。
（改编自 Fisher，2003）

探究共同体的理念已经发展成一系列步骤，非常类似于发展小组讨论的方法。这种形式的优点是，它提供了一个清晰有序的步骤，尤其在尝试一种新策略时，特别有帮助。考虑到环境、学习者期望和在可用时间内可以实现的目标，与所有优秀厨师一样，我们可以选择只使用其中的一些步骤。

案例研究 11.2 对如何使用利普曼（Lipman，2003）和费舍（Fisher，2013）提出的探究共同体提供了一些见解。

案例研究 11.2 路易丝的案例研究（以本人的口吻讲述）

路易丝：我教一些还没有参加工作的年轻人。我决定尝试使用探究共同体，鼓励学习者分享他们以前的经历和对未来的希望。

我想让大家讨论他们的教育经历，表达和分享他们的担忧。这是为期一年的非正式课程中的一次课，该课程旨在帮助年轻人重新接受教育。我每周和这个小组一起教学和工作，已经进行了大约六个月，我们建立了良好的关系。这是一个多样化的学习群体，出于许多不同的原因，他们以前的教育经历并不令人满意。他们对这门学科很有兴趣，这令我感到惊讶，我发现这种教学方法对年轻人和我自己都产生了巨大的影响。

当我走进教室，让他们把所有的桌子往后推，围成一个圈时，大家都安静下来。我告诉他们我要给他们看一段短视频，然后我们要进行讨论。他们仍然安静地坐好。

我给他们看了《小不列颠》（英国电视喜剧节目）中的一个片段，片中维姬·波拉德回到母校，站在集会的舞台上。大卫·沃利亚姆斯扮演老师，采访她的生活。离开学校后，维姬经历了一系列事情——与几个男人生了孩子，吸毒和酗酒，还有她非常讨厌学校。

视频结束时，每个人都在大笑、开玩笑。我让他们列出维姬在学习上面临的障碍，他们列出了几乎所有的障碍，总共 11 或 12 个。尽管他们仍然不确定列清单的目的是什么，但还是很享受这个过程。

一旦他们列出了学习上的所有障碍，我就告诉他们课程的重点。我让他们两人一组讨论 4 分钟自己的学习经历（每人 2 分钟）。这种情况本可以持续更长时间。他们真的很喜欢有一个安全的空间来讨论自己的教育经历和学习上的障碍。完成后，我让每一组提出一个问题，我们可以讨论，让我了解到他们对学校和大学的感受。他们提出下面的问题。

- 为什么人们会觉得在学校里格格不入？
- 从学校升到大学，你有没有感到害怕？
- 你如何克服学校和大学中的偏见或种族主义？

他们选出了第二个问题，花了半个小时进行讨论。有些讨论太感人了，我几乎流下了眼泪。他们几乎不需要什么帮助。他们讨论了欺凌、缺乏老师的尊重以及获得第二次机会的感觉。他们讨论了学校和大学中他们喜欢和不喜欢的地方。他们的反应成熟而慎重，尊重彼此的感情。

从开始到结束，整个过程持续了一个小时。我感觉我们就像一起在一个泡泡里，分享了一些真实的东西。我能看到整个经历给整个团队和学习者个人带来了提升。

在这个案例研究中，我们看到，在课堂开始时播放喜剧，为关怀、批判性和创造性思维打开了机会。通过仔细思考自己的经历，在整个群体内建立彼此的信任，学习者能够大声说出影响他们教育的真实经历。这有助于识别学校制度为他们的教育设置了哪些障碍，个人环境对学习有哪些阻碍，以及他们自己如何在脱离学校的过程中发挥主动作用。最后，这项活动为学习者提供了机会，让他们探讨重返全日制学习的想法以及这可能为他们带来什么。

反思活动 11.4　计划使用探究共同体

请与同事一起阅读路易丝的案例研究以及设计和促进探究共同体的步骤。共同努力，确定课程中需要高阶思维能力的主题。围绕一个关键主题或概念设计一个探究活动。再花一些时间确定需要注意哪些因素来评估活动产生的影响。如果可能的话，和同事一起实施探究共同体的活动。然后一起思考这一策略的影响，以及如何进一步增强你在促进探究共同体方面的信心。

全组问答

作为教师，我们问了很多问题，而学习者喜欢、避免或担心回答这些问题。因此，花时间反思如何计划、实施和管理问答课堂会对教师的信心和教学效果产生重大影响（Perrot，1982，**Reading 11.5**；Alexander，2008，**Reading 11.4**）。这还可以真正帮助教师让所有的学习者参与进来，让他们有机会发展自己的理解能力。

要仔细反思当前的实践，着眼于与三种主题相关的问答课堂则会很有帮助。这些主题突出了问答课堂的不同方面。它们会帮助你设计问题，组织问答课堂，并为你所做的事情提供一个坚实的理由。然后，当你对尝试进行反思时，就能更好地判断你是否达到了想要达到的目标，并探索为什么事情进展顺利或没有达到预期，以及思考如何进一步发展。

本节考虑了对问答课堂进行反思的三种方式：

- 提问的目的；
- 精心设计问题；
- 充分利用问答课堂。

提问的目的

教师可以根据许多不同的目的或功能将问题进行分组。比斯塔提出的资格认证、社会化和个性化的目的为我们提供了一个有用的框架。通过这个框架我们可以思考我们提出的问题（Biesta，2010a；Biesta，2015，**Reading 1.1**）。

帮助学习者获得资格的问题

这些问题包括探索和建立对技能、态度、概念和知识的信心。技能、态度、概念和知识是为学习内容取得正式资格的核心所在。

提出的问题能够：

- 激发对某一主题的兴趣；
- 找出学习者对某个主题已经了解的内容；
- 探索某一个课程主题或议题；
- 构建对主题的探索，以达到理解；
- 检查学习者的理解，探究他们对主题的理解是如何偏离主题的；
- 提供反思信息的机会。

提出问题，帮助学习者理解和探索他们作为学习者和民主社区成员在其职业和社会角色中的地位

这些问题涉及职业理念、学习的社会性质以及参与民主社区的原则和责任。这些问题能够：

- 鼓励学习者思考他们所选择的专业涉及的价值观；
- 鼓励同伴学习；

- 促进同伴之间或教师与学习者之间的关系（例如，你对完成这项任务有何感受？）；
- 发现学习者对职业学科如何实践有什么了解，或帮助他们探索自己在团队、组织或专业团体中的位置；
- 鼓励羞涩的成员通过参与而融入进来（例如，"简，你也有了一个新外孙，是吗？"）；
- 对团队成员表现出兴趣和重视（例如，"你有一个好主意，诺丽塔。你能告诉我们吗？"）；
- 培养对彼此观点的尊重（例如，"你认为你会做什么？"）。

鼓励学习者独立思考、培养个人见解的问题

问题与独立和批判性思维所涉及的品质和品德有关。

这些问题能够：

- 探索一个话题对学习者如何思考自己生活的影响；
- 激发好奇心，让人们想象事物如何发展；
- 鼓励学习者发展作为读书人的个人技能；
- 允许学习者表达自己的想法、观点和兴趣；
- 鼓励学习者反思、发展或重新思考自己的观点；
- 发现学习者知晓的内容；
- 激发学习者的创造力。

在课堂上，问答的使用主要集中在支持学习者建立自己对主题的理解，使他们学会并获得资格。要提醒我们自己，问答的作用是帮助学习者建立对社会角色的理解。培养个人发言权有助于我们反思，教室如何能够成为教育的富饶之地，而不仅仅是死记硬背的学习场所。

精心设计问题

设计对学习者有意义的问题，关键之处在于要清楚问题的难度。只有当你知道回答问题涉及什么时，你才能够更好地针对你的问题，鼓励大家参与，让每个人都能实现目标，同时也帮助你挑战和拓展思维。因此，了解问题的难度级别可以帮助你创建一个人人都可参与的包容性课堂。对提问的主题可以采用布鲁姆教育目标分类学（在认知领域的分类；请参见第二章和第十三章），它给我们提供了一种讨论问题难度级别的方法。这也这符合布鲁姆等人的最初目标，即改善"教育者之间的交流和实践"（Moseley et al.，2005）。如果你想打开一个话题或吸引一个学习者，但不需要进行复杂的思考，你可以问一个更简单的问题。难度大的问题需要更复杂的回答，并可能发展出更深层次的教育经验。有时，你会想问一些简单、不复杂的问题。其他时候，你想进行更多的思考，促使学习者做出更深层次的回答（见第十章）。以下问题将帮助你精心设计问题。

需要学习者进行回忆的问题

- ……之后发生了什么？
- 有多少……？
- ……是什么？
- 是谁……？
- 你能说出……？
- 找到……的意义。
- 描述在……之后发生的事情。
- 谁对……说话？
- ……哪一个正确或错误？

促进学习者理解的问题

- 你能用自己话写出来吗？
- 你如何解释……？
- 你能写一个简要的提纲吗？
- 你认为接下来可能发生什么？
- 你认为谁……？
- ……主要内容是什么？

- 你能解释……?
- 你能展示……?
- 每个人都能以……方式行事吗?

促进学习者应用能力的问题

- 你还知道另一个……例子吗?
- 你能根据……特征进行分组吗?
- 如果……,你想改变哪个因素?
- 对于……你会问哪些问题?
- 从给出的信息里面,你能制定一套关于……的说明吗?

促进学习者分析能力的问题

- 哪些事件不可能发生?
- 如果……发生了,结局会怎样?
- ……和……如何相似?
- 你认为其他可能的结果是什么?
- 为什么会发生……的变化?
- 你能解释一下,当……时,一定会发生什么吗?
- ……的问题是什么?
- 你能鉴别出……?
- ……背后有哪些动机?
- 转折点是什么?
- ……的问题是什么?

促进学习者综合能力的问题

- 你能对……设计一个……?
- 你能找到一个针对……的可能方案吗?
- 如果你能够获得所有资源,你如何处理……?
- 为什么不自己想出一种……方法?

- 如果……，会发生什么？
- 你能找到多少个……的方法？
- 你能够为……创造出新的、不同寻常的用法吗？
- 你能提出一个将会……的建议吗？

激发学习者创造力的问题

- 对……有没有一个更好的解决方案？
- 请判断……的价值。
- 你对……的看法是什么？
- 你能为你对……的立场辩护吗？
- 你认为……是好还是坏？
- 你如何处理……？
- 你建议对……做出什么改变？
- 你相信……吗？
- 如果……，你的感受是什么？
- ……的优点和缺点是什么？
- 为什么……重要？
- 其他选择是什么？
- 谁会获得，谁会失去？

（改编自 Pohl，2001）

反思活动 11.5　设计自己的问题

　　请与同事一起，使用上面的提示设计一组问题来帮助你讲授某一主题。请找一个单独的教室去试用这些问题，然后一起评价这些问题是否对学习效果有帮助。接下来，试着找出引起误解的问题，以及如何避免这些误解。你如何进一步改进这些问题？

充分利用问答课堂

提问固然很好，但如何确保每个人都参与进来？这里有七种实用技巧，可以帮助你让每个人都参与问答。

快速抢答活动

这类问答课程有趣，娱乐性强，令人无法预料。教师向学习者提出问题，根据回答组织课程，形成全班对该主题的思考。这些课程的结构相对随意，依赖于教师快速而明智地做出反应。快速做出思考可以让你精神振奋。可能的话，你应该使用"不举手"的方法（见下文）。即使在结构随意的课堂中，也要记住重要一点，计划会有所帮助。在问答环节中尽量避免启动—回应—评价（Initiation/ Response/Evaluation，IRE）模式（例如，教师："请说出第二次世界大战的一个原因。"学生："经济不稳定。"教师："正确。"）。相反，使用启动—回应—跟进（Initiation/Response/Follow-Up，IRF）模式来组织对问题和答案的讨论。启动—回应—跟进模式可以按照以下方式进行。

- 问题"篮球"——也就是把问题传下去："乔，从莎拉的回答中挑出一个亮点。［……］现在，你想补充什么？"

- 从对问题的最初回答中获得更多信息："你能用另一种方式说吗？""你能多说一点吗？""你能给我们举个例子吗？""你能说出你为什么这么想吗？""总是这样吗？""我不确定我是否理解。你能说得更清楚吗？""这让你想起我们在学习时发现的任何东西吗……？"

- 邀请学生在各自的回答中进行协作，全组形成对主题某个方面的理解。可以从对一个基本问题的回答开始，并以此为基础："多说一点关于……的事。""还有其他人能帮忙吗？""我们能接受这个答案吗？""这和你的想法有什么关系，凯蒂？""你差不多明白了。""其他人能解释最后一步吗？""这对我们……有帮助吗？""我们能想出一个更好的办法吗？"

- 重复——"那么你认为……"，你可以使用这样的表达来确认学生是否学会了。或者你可以故意误解，让学习者有机会通过纠正错误达到进一步理解。
- 非言语邀请：眼神交流、歪着头、点头。
- 让你的个人经历发挥作用："我记得……"
- 澄清观点可以使关键点更容易掌握，鼓励人们思考观点："我可以这样说，因为……"
- 给出一个建议："你可以试试……"
- 反思话题："是的，我有时认为……"
- 提供信息或对某个话题进行观察："了解……可能会有用。"
- 对给定主题进行推测：鼓励学习者探究观点，并理解不确定性是思维过程中的一个正常阶段。

抢答式的问答课堂存在的问题是，问题的回答往往会以沉默、"不知道"、回答一半或错误回答的方式出现。坚持使用上述技巧和点出学习者的名字，会使参与更具吸引力。如果你用"举手"的方式挑选一个学生回答你的问题，那么你最终会忽视班上的另一半学生，强化学生对他人形成"谁聪明""谁愚蠢"的看法，这才是一个真正的危险。

思考—结对—分享

吉布斯（Gibbs，1981）给我们提供了一个实用方法，帮助教师鼓励学习者对问题做出深思熟虑的回答。他给出了做出回答的一系列阶段，教师可以按照这些阶段采取两人一组、三人一组或小组的方式做出回答。吉布斯还给出了一些精心措辞的表述，教师可以用这些表述来鼓励学习者进行细致思考。下面的例子改编自一个有关学习技能的课程，课程重点是记笔记。你应该考虑如何使这种方法适应自己的学科专业教学。吉布斯方法的优点在于它从学习者的体验开始。

表11.3 思考—结对—分享（Gibbs，1981）

个人活动 （5分钟）	使用提示字条。标记"强烈同意""同意""不同意"的表达。现在调整这些表达，使它们更符合你的想法。
结对活动 （10分钟）	与邻座一起讨论，比较你们的回答。你们同意或不同意的地方在哪里？如果你们的回答不同，原因是什么？
四人活动 （10分钟）	现在组成一个四人小组。简要浏览你们同意或不同意的地方。这是重要的吗？ 你的小组成员是否有你不知道的应对方式？为接下来全体会议记录下任何有趣或重要的观点。
全班会议 （15分钟）	每个小组选出一个你认为特别重要的陈述，并告诉小组你们的讨论结果。

随机选择的机制。不许举手！

布莱克和威廉姆（Black & Wiliam，1998b，2002）强调了让每个人参与问答课程的重要性。他们提出了一种简单、省事、有效的方法来随机选择学生回答问题：把学生的名字写在小木棍上。从罐子里拿出一根小木棍，说出被要求回答问题者的姓名。

以下是随机选择姓名的五种方法。

- 一次只选一个名字。
- 一次选择两个名字。
- 让学生选择一个名字。
- 问完问题后，选择一个名字。
- 在提问之前先选好名字（然后对选好的学生提出"适当级别"的问题）。

有一款名为"挑选木棍"（stick pick）的应用程序就是做这类活动。

全体学生回答的机制：迷你白板。红牌、黄牌、绿牌

布莱克和威廉姆还提倡使用全组回答的方法。迷你白板允许所有学习者同时回答一个问题。所有人都能看到各种各样的回答。教师可以评价学习水平，每个人都可以互相学习。

有如下四种使用白板的方法。

- 学习者在各自的迷你白板上写下答案。
- 学习者两人一组，在一块白板上共同给出一个答案。
- 使用迷你白板记录多项选择答案，如 A、B、C、D。
- 学习者画一幅卡通画来表达一个关键的想法。

概念漫画

学习者可以在不同的答案之间进行选择，对选项进行投票，并说明选择的合理性。这幅概念漫画侧重小组讨论。它可以帮助学习者挖掘观点，而无须声称这是他们自己的观点或者和他们有关联。

请参见基奥和内勒（Keogh & Naylor，1999）关于如何使用概念漫画的样例。

图 11.3　例子：概念漫画

学习者提出问题，向对方或教师提问

我们在第二章已经讨论了，社会建构主义学习观主张学习者通过讨论、提出问题以及让学习成为自己的事务这三点，让自己发挥更积极的作用。语言组织策略为学习者提供更多的空间，使其能够主动提出、延伸和详述自己的个人意义。因此，这个策略非常重要。但仅在一次讨论中，往往很难吸引、激励和吸纳大批学习者参与进来。

鼓励学习者为自己和他人制定并提出问题也有助于将所有学习者都吸收在内，这是了解学习者认为哪些内容最具挑战性或最感兴趣的一个好方法。学习者可能需要指导和练习如何提出或制定问题。你可以使用简化版的布鲁姆分类学来帮助学习者提出自己的问题，也可以使用上面建议的问题。

总结发言

这个提问活动很实用，可在课程结束时使用。它可以让你找到每个人在课程中学到的最重要的东西。在轮到小组成员发言之前，他们可能会重复别人说过的话。这其实可以被视为一种优势，因为这有助于提醒每个人主要内容是什么。你可以尝试按照下面列出的步骤进行操作。

1. 告诉每个小组用不超过两个句子（甚至一个句子）进行个人总结，总结他们在课程中学到的最重要的东西；

2. 告诉学习者，你每次都会单独地在小组中走动，他们将有机会与小组分享他们发现最重要的内容；

3. 给小组成员几分钟时间，让他们自己安静地思考自己要说的话；

4. 请每个人与小组分享他们的总结；

5. 在总结活动结束时，给自己一两分钟的时间来确认要点，并尽可能和下一节课做好链接。

你也许会发现学习者不想做出贡献。你可以选择跳过这一点，或者你可能希望在陈述结束时来到他们身边，让他们确定哪一个是经常被陈述的要点或者他们最赞同哪一点。

反思活动 11.6　吸纳所有学习者的实用问答技巧

请对你所教的学生和即将涉及的主题进行反思。请回顾上面列出的问答使用方法中让所有学习者参与进来的技巧。请识别一种能够非常适合学生群体和你将要教授的课程的策略，然后再尝试提问策略并反思其影响。如果可以，请与同事讨论。

小组合作

小组讨论通常在由四至六名学生组成的小组中进行，这些小组要完成一项任务。小组讨论通常会引发所有小组进行全体讨论，分享讨论结果。全体会议通常由教师领导，它给教师提供机会去检查和确认学生的理解，并引出与课程话题相关的主题和问题（Hillier，2012）。

在计划、实施和评估这些小组活动时，你的主要任务是创造一个环境，让高质量的讨论有发展空间。当学习者分组学习时，他们有机会讨论主题的含义，表达对主题的看法，并相互学习（同伴学习）。他们还可以消解彼此间的误解，对"简单"的答案提出挑战。小组对于共同协作建立理解来说是一个很安全的环境。小组讨论是一种有效的方法，可以帮助学习者获得资格，对合作类的社会"技能"树立信心，并培养作为读书人的社会角色认同感。它还有助于学习者培养自己的话语权，让别人听到并尊重自己的观点。

在本节中，我们调查了小组讨论，来帮助你充分利用这种教学方式或许带来的种种可能。首先，我们阐述了小组讨论的结构和过程。这将帮助你计划小组讨论活动。其次，我们简要介绍了在课程设计中使用小组讨论的理由。最后，我们来看一下对小组讨论工作的集中评价。这将帮助你仔细查看讨论可能出错的地方，并帮助你思考如何解决这些难题。

结构和过程

小组讨论可以看作由四个清晰而连续的阶段组成：说明和主题介绍、组织和任务介绍、小组行动、全会反思。以下模式可以帮助你了解每个阶段的资源准备、输入和学习者需要做的工作。

表 11.4　小组讨论的结构（Avon Collaborative Learning Project，1993）

说明和主题介绍	组织和任务介绍
在最前面的说明中，教师介绍小组讨论中要探讨的关键概念或想法。 可以使用视频、演示或某种示例。	教师： ・对全班介绍小组讨论任务。 ・介绍每个小组要讨论的具体话题。 ・将全班分成小组（混合分组，根据友情或随机分组）。 ・引入支撑材料，或激发讨论的材料。 ・明确对小组讨论的预期结果，并反馈给整个小组。
全会反思 　全会评论让学生有机会与全班分享他们讨论主题的成果。 　这种协作空间使教师和学生有机会回顾成果。教师可以强调所说内容的重要方面，并以此为基础，在与评价任务相关的情况下进行构建。	**小组行动** 　在这阶段，学生们实施任务。这项任务应该激发小组成员的集中讨论。 　教师可以在小组中四处走动，提供支持和监督讨论。

小组讨论的好处

为什么采用小组讨论？它的好处包括：

● 培养学习者对概念的理解；

● 将概念与日常体验联系起来；

● 给学习者表达自己的空间；

- 尊重他人，鼓励他人，发展而不是批评思想；
- 学会容忍与个人看法相左的观点；
- 学会合作：积极倾听，轮流发言；
- 得到一个具有合理性的共同答案；
- 清晰简洁地沟通。

即使我们清楚小组讨论的好处，但仍有许多因素可能会阻碍小组讨论成功实施。例如，我们可能创造了一个令人愉悦但偏离学习的消遣通道，大家聚在一起，愉快地聊天，但聊的可不是关于要讨论的主题！另一个问题是，学习者可能不清楚活动的目的、活动的说明和开展活动需要用到的资源。此外，学习者可能对这种方式的活动没有信心；可能有些人不参与活动，而另一些人在活动中占主导地位。如果要评价你采用小组活动的情况，一种方法是参考反思活动11.7。

反思活动 11.7

为了帮助你反思学习者在小组活动中一起学习的方式，你可以要求你的学习者考虑他们自己的体验和贡献。可以使用自我评价练习来关注学习者的反思。由此产生的讨论可以帮助你反思如何发展和支持小组学习，以及如何改进小组活动的实施。为支持这一反思过程，下面的这些问题会提供帮助。

- 别人对我在这次活动中的期望，我了解多少？
- 我试着将其他人也吸收进去参与吗？
- 我对别人的想法倾听了多少？
- 我把自己的感受表达得有多彻底？
- 我把自己的感受分享得有多彻底？
- 我在多大程度上尊重了别人的想法和感受？
- 我提出问题了吗？
- 我的音量是否适当？
- 我因为不赞同别人的观点而贬低他们了吗？

依我看来，今天的讨论……

我认为……

下次，我想……

总结

在本章中，我们了解了"教学法"（pedagogy）一词的含义。我们认为教学法是我们教学的"方法"：我们如何做我们要做的事情。我们从对教学法的思考中得出的一个教训是，当教学的一个方面主宰了所有其他方面时，实践会变得薄弱和有限。过分强调知识会导致死记硬背；过分强调学习者的需求会使教育沦为一种自我专注、感觉良好的疗法；过分强调情境学习会导致狭隘、有限和孤立的学习。对于实习教师或教师来说，如果他们发现自己已深深地投身于 FAVE 环境中，且这种歪曲已经在起作用，那么对教学法进行反思则提供了一种方法，让我们批判性地去看待正在发生的事情，并看到如何发展教学法以开辟更丰富的教育机会。

教学法就是我们着手做的事，这一事实意味着我们的实践已经陷入约束和机遇之中。罗伯特的案例研究表明，当教学将学习者的日常技能结合起来处理现实世界的任务时，普通体验是如何变得丰富的。我们的案例研究说明了仔细反思教学实践和表达重要信息的重要性。它要求我们考虑如何将学习者的经历与主题及受教方式相匹配。最后，本章展示了我们的教学法需要协商或面对的挑战，以及对这些问题进行思考的重要性。这些挑战还包括过去对教育的态度或对政策不切实际的期望。通过我们仔细反思，教学法开辟教育机会的可能性将得到加强。正是这些反思帮助我们计划要做的事，证明我们的决定是正确的，帮助我们反思已经发生的事情以及我们下一步应该选择做什么。

在本章中，我们也提请大家注意在专业实践中，对教什么和学什么进行缜密的思考必须发挥作用。我们展示了所学内容如何在诸多重要方面影响人们的生活，包括工作准备、家庭生活以及健康和幸福。我们还认为，不仅要考虑教学活动中教学法的内容，还要考虑与学习者一起学习时情感方面的内容。最后，我们还关注到学习者要能够独立和自主，即主动为自己学习负责的重要性。

主要阅读文献

有关探究教学法意义的文献：

Bruner, J. S. (1996) *The Culture of Education*. Cambridge, MA: Harvard University Press, 45–50. (**Reading 11.1**)

Simon, B. (1981) 'Why no Pedagogy in England?'. In B. Simon and W. Taylor (eds) *Education in the Eighties: The Central Issues*. London: Batsford, 128–140. (**Reading 11.2**)

Alexander, R. J. (2008) *Essays on Pedagogy*. Abingdon: Routledge, 109–113.(**Reading 11.4**)

有关将教学法视为科学、技艺和艺术的简明解释，以及有关解决持久教育问题的"概念工具"的阐述，请参见：

Pollard, A. (ed) (2010) *Professionalism and Pedagogy: A Contemporary Opportunity*. London: TLRP.

职业教育具有多重目的和潜力。 对这一主题的深入阅读可在以下文本中找到：

Bathmaker, A. M. (2012) *'Applied', 'technical' and 'vocational': constructions of knowledge in vocational education*. BERA PCLL event (BERA.ac.uk). (**Reading 11.6**)

Commission on Adult & Vocational Teaching & Learning (CAVTL) (2013) Extract from the *Summary Report*. (**Reading 11.3**)

Hyland, T. (2019) 'Embodied Learning in Vocational Education and Training', *Journal of Vocational Education and Training,* 71 (1).

Pring, R. (1999) *Closing the Gap: Liberal Education and Vocational Preparation*. London. Hodder & Stoughton.

Sennett, R. (2008) *The Craftsman*. London: Allen Lane.

以下阅读资料详细介绍了教学方法：

Black, P. and Wiliam D. (2002) *Working Inside the Black Box: Assessment for Learning in the Classroom.* London: Kings College.

Fisher, R. (2013) *Teaching Thinking: Philosophical Enquiry in the Classroom.* London: Bloomsbury, 2–26. (**Reading 2.4**)

Gibbs, G. (1981) *Teaching Students to Learn. A Student Centred Approach.* Milton Keynes, Open University Press.

Lipman, M. (2003) *Thinking in Education.* Cambridge: Cambridge University Press.

Perrot, E. (1982) *Effective Teaching: A Practical Guide to Improving Your Teaching.* London: Longman, 56–91. (**Reading 11.5**)

第十二章　交流
语言如何支撑学习？

导言

　　本章是关于交流以及它对教师和学习者的意义。互动、对话、阅读和写作都是 FAVE 中所有学科的组成部分。语言既是教学方式，也是教学内容。无论是教授管道维修还是法律、芳香疗法还是数学，都涉及语言和语言意识，认识到这一点至关重要。所有的教师都需要对语言有所了解，不是因为要成为语言专家，而是因为语言是思维和学习的一部分。无论我们的学科是什么，我们都需要培养自己的专业交流技能，比如解释、提问和倾听学习者的声音。我们还需要培养针对不同学习者的沟通技巧、语言和文化背景以及对于他们特殊的语言学习需求的理解和认识。此外，每个学科领域使用语言的方式略有不同。专业术语、学生需要阅读或书写的文本类型、学生和教师在日常或评估情境中交流的方式，都因我们自己特定学科的传统和实践而不同。因此，作为专业发展的一部分，我们需要更多地了解自己学科领域使用的语言和读写实践。一旦我们增强意识，我们就能将所需的语言"前景化"（foregrounding），更有效地支持学习。

　　虽然"嵌入"（embedding）一词经常被用来描述学科教师发展自身学科所需的语言方式（和其他基本技能），但我们选择在本章使用"前景化"一词，这是为了更好地反映这样一种观点：教师已经在自己的学科中开展了许多与语言和读写能力相关的活动，但仍需努力突出并提高自己学科领域内的语言和读写能力的意识和技能，将已经存在却又常常被忽视或看不见的东西彰显出来。

教与学研究计划（TLRP）原则（参见第四章）

　　本章强调三个教与学研究计划原则。

　　原则 3：有效的教与学承认学习者先前经验和学习的重要性。为了下一步计划，教与学应该考虑学习者已有的知识。这包括以先前的学习为基础，并考虑到不同学习群体中个人和文化背景。

原则 4：**有效的教与学需要教师为学习搭建支架**。教师应该在学习者的学习进程中提供支持性活动。但除了提供智力支持，还应该提供社会和情感支持。最终做到，一旦没有这些支持，学习者还是可以实现学习。

原则 8：**有效的教与学认识到非正式学习的重要性**。非正式学习如校外学习，应被视为至少与正式学习同等重要，因此应该被重视，并在正式学习过程中被适当采用。

有一个重要概念在学习中支持语言和交流，即对"好"英语和"坏"英语的判断可能是百害而无一利的。认识到 FAVE 课堂中的各种"英语"（和其他语言）以及任何特定语境中所需的各种语言惯例（无论是书面的还是口头的，正式的还是非正式的）则是不无裨益的。学习者所使用的语言是他们个人身份的重要组成部分，是丰富的学习资源。如本章第一节所述，学习者可能有一系列的语言目标和愿望，其中包括对使用更加正式的"课堂"书面英语树立的信心，以及感受到使用其他英语变体或语言是学习经历的一部分。作为教师，我们要发展对语言多样性的理解，以避免让不利且负面的判断成为学习者学习的障碍（**Reading 12.2**），这一点很重要。

本章的第二部分回顾了发展口语和听力能力的观点，这些观点实操性很强。我们首先检查教师在课堂上需要做的口语和听力活动，然后再考虑如何培养学习者在口语交际中的自信和有效性。本章的第三部分也是最后一部分，使用由词—句—语篇组成的框架来探索在主题领域内支持和发展阅读和写作的一些切实可行的举措。

语言和多样性

FAVE 领域的学习者为他们的学习带来了多样化的生活体验。因为他们之前的教育、工作及家庭生活经历各不相同，他们的听、说、读、写体验也会不同。这为从事 FAVE 的教师带来很多启示。首先，我们不能假设学习者会按照我们所期望的方式对某一学科按照"正常"或轻松的方式进行读、写或说。根据学习者的需求，我们有必要介绍、讨论和支持某一具体学科中语言使用的方法。弗莱雷（Freire，1972）给了我们一些灵感（见第六章和第十一章），我们可以对口语或写作任务进行协商和开发，使其对学习者更有意义。与此相关的是，我们需要认识到，不仅有一种"英语"，还有多种"英语"变体（Mooney & Evans，2019），许多学习者很可能会使用其他英语变体或语言。

语言、文化和社会阶层

案例研究 12.1（摘自 Hughes & Schwab，2010a，pp.99–100）介绍了两位来自不同社会和文化背景的学习者。同很多人一样，这两位学习者在日常生活中使用的"英语"不止一种。在阅读案例研究时，请考虑在你熟悉的教育环境中学习者和教师使用的英语变体。

案例研究 12.1　语言变体

　　杰拉尔丁是一位 17 岁的女性，她和家人住在伦敦市中心一个官方认定的游居者社区。在家里，她讲爱尔兰英语，这是她父母和亲戚们所说的一种英语变体。她继承的语言中还包括甘蒙语（Gammon），一种在爱尔兰游居者（Irish Traveller）社群中使用的传统语言。在游居者社群之外的社会环境中，对她的言语影响最大的是伦敦英语，这是一种丰富的地方话，它本身就映衬出几代本地人和定居社区的不同影响。作为一名正式文本的写作者，杰拉尔丁使用标准英语，她渴望更自信地使用标准英语，以期获得一份资历和工作。

　　杜尔西在牙买加农村长大，说牙买加克里奥尔语，这是一种在整个社区日常交流中使用的语言。但在官方或正式交流时，人们使用标准的牙买加英语。这种英语变体被媒体使用，并在学校里面被讲授。杜尔西根据对话者的不同在这两种语言之间进行切换，她的书面英语则借鉴了这两种语言，以及她在过去四十年里听到的伦敦英语。

（Hughes & Schwab，2010）

杰拉尔丁和杜尔西使用的语言或方言——爱尔兰英语、牙买加克里奥尔语、标准牙买加英语、伦敦英语和标准（英国）英语——都是英语的变体。语言总是以多种变体存在，这是因为语言的内在特点就是随着时间的推移而变化的，在不同地区或不同社区中的变化也不同。它们的变化方式和变化速度取决于人口密度、与其他语言的接触以及一系列文化、社会和政治因素。有些变体是在特定的社会政治情况下发展起来的。例如牙买加克里奥尔语源自在英国奴隶贸易中发展起来的一种语言变体，这种变体结合了大量（但不完全）以英语为基础的词汇和西非语言的语法结构。

杰拉尔丁和杜尔西都住在伦敦，世界上语言最多样化的城市之一。她们的英语将她们在伦敦的生活和社区与伦敦和英国以外（爱尔兰游居者社区和牙买加）的文化渊源联系起来。在英国大城市之外的地区，语言的多样性可能要小得多，但各种各样的英语变体仍然可以在每一个涉及 FAVE 的环境中找到。在城镇和小城市，除了标准英语外，主要的语言变体通常是当地或地区方言。根据说话者的年龄、社会阶层、对话者、目的和交际语境等因素，方言本身通常就是一种从"最本土"到"最标准"的连续统一体。大多数人，包括学习者，都喜欢谈论他们使用的各式英语，如他们所知道的方言词汇，某个地区、城镇或村庄特有的词组转换和语法，以及随着时间的推移已经变化或正在变化的语言。然而，标准英语与许多非标准英语（包括地区方言）之间的关系却因权力、地位和身份等问题而变得复杂。对于一些人来说，一旦他们进入正式场合，比如课堂环境，他们可能会对自己的"母语"或使用语言变体变得不自信。

非标准英语使用者遭受的偏见可能与这一事实有关：在公共领域

（包括教育、政府和国家媒体），人们只认可标准英语。我们只需想想一个人被赞评"口语良好"便知一二，这是使用标准英语的一贯"准则"，特别是带有中产阶级口音（例如称为"英语国际标准语音"的高级口音）。相反，在娱乐媒体中，地区方言和工人阶层使用的方言经常被（热烈地）嘲笑，并与智力低下或愚蠢联系在一起。正如黛博拉·卡梅伦（Deborah Cameron）所指出的，"这一判断不仅反映了阶级偏见，也反映了读写能力对人的影响"（Cameron，2007，p.99）。标准的英式英语被视为一种规范，因为它是唯一一种在写作中被一直使用的英语。随着印刷术、大学的发展，以及将伦敦视为民族国家首都的意识逐渐增强，标准的英式英语从牛津、剑桥和伦敦之间的三角地带中使用的英语发展而来（Crystal，2005）。它一直与最强大的社会阶层和精英机构联系在一起。它是英国绝大多数出版物的语言，也是语言教师期望学习者在写作时用到的语言。在标准英语的写作和口语中培养自信和流利，通常是教育中最具影响力的"副产品"之一。然而，它可能不是学习者每天使用的一种语言变体。

　　一种方言或一种语言的变体与口音不同。口音是指我们如何对词语发音。人们可能说同一种标准英语，但带有各种各样的地区口音。比如一个来自格拉斯哥的女士，一个来自斯旺西的女士和一个来自利物浦的男士一同参加一个教学会议。在这种专业场合中，他们可能都会使用标准英语进行交流。但他们的口音、发音方式以及在短语中使用的语调会有很大不同。会后，来自斯旺西的女士们可能会和一些朋友吃饭。她和她的朋友们可能会说各种各样的南威尔士山谷地区的英语（有时被称为威尔士英语或威式英语），使用这种变体的一些特有词汇和语法。在这种情况中，她说的是"家乡"方言，而不是标准英语，但她的"口音"和使用标准英语时的口音仍很相似。

　　区别方言和口音很重要，因为作为 FAVE 教师，我们需要帮助学习者清楚地发音。但建议学习者改变或改善他们的口音则极为不妥。（一种例外情况是从事 ESOL［操其他语言者的英语］教学的教师在教授英语初学者时，改善发音是学习计划中的重要部分。即便如此，改变口音仍然是一个敏感问题。）也许口音除了是语言使用的一个方面，它还与我们的身份和我们的自我认知感联系在一起。不同的口音在不同的社会和职业背景下是完全可以接受的。相比之下，在标准英语（即学习语法和词汇）这一方言的强势影响下，培养学习者的信心和能力对于学业的成功十分必要。关键是要确保这样做不会贬低或不尊重学习者在英语上使用的种种英语变体。我们的目标是为学习者提供工具，使他们能够在规定的语境和目的中准确、自信地使用标准英语。

反思活动 12.1　如何回应学生写作中的语言多样性

在大多数教育环境中，人们期望教师和学习者在写作中使用标准英语（在英国的某些环境中使用标准威尔士语等其他标准语言）。非标准语法如使用其他英语变体或威尔士英语的常用语法通常被认定为"语法错误"。下面的例句是从继续教育学院参加初级晋级课程（Pre-Access course）的三位学习者的作文中摘取的句子：

Yesterday she walk to hospital.（昨天她步行去医院。）

My sister, she love to travel.（我妹妹，她喜欢旅游。）

We done it carefully.（我们做得很仔细。）

按照不同种类英语的语法惯例，每个句子都是正确的。然而，如果作者想使用标准英语进行写作，那么这些句子都有错误。如果教师只是简单地划掉或纠正这些"错误"，那么每一个写作者都会感到困惑，他们会认为被他们视为母语的这种英语变体不被重视，因而他们自己和所在的群体也受到了贬低。另一方面，这些学习者参加的是初级晋级课程，他们可能有兴趣继续接受正式教育甚至就读大学。如果教师放任这些句子的使用，这无助于学习者培养他们的语言意识，也不能帮助他们学会在恰当的场合中使用书面标准英语。

作为评卷教师，你会怎么做？

　　这个问题的答案可能需要讨论和解释。教师和学习者都需要知道这个问题关乎语言多样性而非错误，关乎标准英语的影响。教师要明白语言的差异既不是随机的，也不是"草率"的。学习者可能没有意识到不同英语变体之间的语法差异，或许他们正在努力学习标准英语的语法，但还不够熟练。所以关键是要进行小组或个人讨论，解释、询问、开放学习过程，而不是划掉错误，就此了之。在诗歌中使用非标准英语可能与在求职信中使用造成不同的影响。对语言多样性以及英语历史的解释可以让我们摆脱选择的困扰，不用纠结我们是不是要遵从一种"正确"的方式。相反，它让我们看到这可能只是一个工具使用和授权的问题。想要了解更多关于标准英语和其他英语变体的历史，可以阅读戴维·克里斯特尔（David Crystal）的《英语的故事》（*The Stories of English*，2005），它会给你一个生动的介绍。

案例研究 12.2　语言变体的显著特征

　　里娅老师讲授戏剧。她的学生创作了两种类型的书面作品：一种是戏剧，另一种是关于 20 世纪戏剧的论文。当里娅第一次看玛丽的文章时，她认为文章中到处都是错误（例如主谓不一致，"we was"［我们是］、"they done"［他们完成了］）。但当她看到玛丽在戏剧写作中使用的语言时，她意识到玛丽使用的是布里斯托尔英语（Bristolian English）。在辅导时间，她和玛丽坐下来谈到了这种语言，并引发了一场关于这种英语变体的讨论。玛丽描述了她如何在这部戏中故意使用布里斯托尔英语，在论文作文中使用标准英语。她在作文中准确地使用标准英语词汇，而语法却是标准英语和布里斯托英语的混用。里娅和玛丽接下来又会谈了三次，一起确定了的标准英语的语法惯例和布里斯托尔英语的差异（例如主谓一致，"we were""they did"）。玛丽把对语法的新认识用来完善剧本和作文，里娅则用它为玛丽的作品提供更有用和更具针对性的反馈。玛丽完成了她的戏剧创作，戏剧组在下学期表演了她的戏剧，玛丽指导戏剧组如何使用布里斯托尔英语进行表演。

韦弗老师讲授普通教育证书高级水平（A-level）宗教研究课程。他注意到有些学生在作业中使用了不标准的语法。他的祖母会说约克郡的各种英语，他对语言变化一直抱有兴趣，因此他意识到与标准英语、语言多样性和权力有关的问题。他认为事态重要，不能回避。韦弗老师决定占用全班两个小时来真正解决这个问题。他首先从英语语言史入手，说明英语一直是由不同的变体组成的，标准变体和非标准变体在身份认同和政治权力方面一直存在紧张关系。然后，他让学生对他们自己的语言变体做一些研究（即便认为自己的语言变体就是标准英语），并向小组展示，展示的内容包括至少一项语法差异和一项词汇差异。在个人和全组的反馈中他重新提到了这个研究。

与教师交流

我们同经验丰富的教师进行了交谈，看看他们在语言多样性和前景化方面学到了什么。

- 学习者可能有一种感觉，他们使用的英语变体要么低人一等，要么支离破碎。因此这是个非常敏感的话题。他们也可能没有意识到他们创作的书面作品混杂着标准和非标准的语言特征。
- 语言变体是一个读写能力问题，因为英语和英语的其他变体之间较小的差异在口语中很少被注意到，但在写作中却成为突出的错误。
- 我经常使用其他英语变体来写短篇小说，通过这种方式来讨论我们如何根据上下文和想要制造的影响力来选择语言形式。
- 一旦你开始谈论不同种类的英语，你就会意识到多语和"单语"学习者有很大的相似点：每个人一直是如何进行"语码转换"的，每种语言实际上是如何由不同的变体组成的，而这些变体又不是被平等看待的。

英语以外的其他语言

　　如我们所见，学习者说或使用不同的英语变体。对许多人来说，英语是他们的第一语言，也是唯一的语言。然而，有些学习者从孩提时代就开始说英语和其他语言，他们在双语或多语家庭中长大，或者从小就开始学习英语。其他人在成长过程中会使用另一种或多种语言，在大一点或成人时期才学习英语。有些人直到最近才开始学习英语。还有些人可能已经在讲英语的地区生活了很长时间，但在你的课程中，他们可能第一次体验英语团体。种种情况有无限的组合可能。

　　在威尔士、苏格兰和北爱尔兰，FAVE 行业一些教师工作的环境中，威尔士语和英语、盖尔语和英语或爱尔兰语和英语都是教学媒介，或是学习团体和环境的一部分。对英国双语和多语语境的详细考察超出了本章的范围。本章的讨论虽然基于把英语作为语言媒介的环境，但同样适用于在不同语言环境中工作的教师，希望对他们有所帮助。

　　瓦尔德斯（Valdes，2005）在一项关于美国多种语言和"传统语言"的研究中，描述了语言能力（一个人如何有效地使用一种语言进行口头和书面交流）及其使用是一个连续统一体，从不具备语言知识或不使用到完全流利和经常使用。瓦尔德斯认为，对于移民社区的成员来说，他们的英语和"传统"语言（例如西班牙语）的使用都是沿着这一连续统一体进行的。例如，一个新移民可能会流利地使用西班牙语，而不会使用英语。拉丁美洲社区的第三代成员可能会流利地使用英语，而根本不会使用西班牙语。在这两种语言之间，英语和西班牙语用法的所有组合都与身份、教育、家庭和工作角色以及作为其他社区成员的身份等问题有关。FAVE 领域的许多学习者都会使用两种、三种或更多的语言，每个使用者都有不同的原因、背景、自信程度，这与他们身份的不同有关。

　　不是每个人都能使用口头语言。许多天生耳聋或由听力障碍致聋的人通过英国手语或其他地区的手语（如美国手语或澳大利亚手语）进行对话。这些不同的手语有共同的特点：它们都是利用空间和面部、头部、手及身体的运动进行表达的语言。它们既不是英语的变体，也不以英语为基础。它们是一种不同的语言，具有完全不同语法。需要注意的是，Deaf 和 deaf[①]——首字母大写或小写——这个两个词都被人们使用，我们建议询问耳聋（d/Deaf）的人，看看他们倾向用哪一个词。下文还讨论了聋人意识（d/Deaf awareness）以及与学习和教学有关的其他交流需求。

关键问题 1：英语语言发展

首先要记住的是，许多把英语作为附加语言的人对自己的英语语言运用完全有信心和能力。也许是因为这是他们的母语之一，他们小时候学过英语，也可能是因为他们是熟练的语言学习者和使用者。这一点虽然简单但至关重要。作为多语者并不意味着他们的英语需要帮助。

当然，也有说英语的人把英语作为附加语言，他们认为自己在努力学习它。这类学习者有着广泛的语言需求，他们可能是英语初学者，也可能是英语说得非常流利但希望进一步理解语法或词汇的微妙之处的人。因此，每一位教师都需要观察和讨论潜在的支持英语语言的需求，并能够使用前景化来支持那些有英语语言需求的学习者。

案例研究 12.3　解决语言需求

纳吉拉在一个小社区里讲授蛋糕装饰。她的一个学生乔治，正在把英语作为附加语言来学习。乔治在课堂以外不怎么使用英语。在监督个人和小组活动时，纳吉拉注意到，乔治并不总是能跟上她讲课，而且在两人一组的活动中，如果其他学习者语速很快，他就很难跟得上。她还注意到，在处理笔头信息时，乔治表现得更自信一些。因此，她开始以简单明了的形式对课堂讲授提供文字说明，并且（或者）与乔治一对一地交谈，向他重复课堂讲授的内容，力

---

① deaf（聋）的首字母小写时，用于标示听力损失的状况；首字母大写时，则具有聋人文化的意义，通常指使用手语的人或聋人社群成员（可包括使用手语的健听者，如聋人子女）。——译者

求做到精心组织，简明扼要。在与乔治一对一的交谈中，她告诉乔治如果有不懂的地方，尽管问她，并询问他是否有兴趣参加 ESOL 课程。她发现乔治刚刚在同一所大学注册了一个 ESOL 课程班。得到乔治的允许后，她和乔治的课程老师取得了联系。她还建议乔治自己做一本词汇手册，记录和练习与蛋糕装饰相关的重要词汇。

阿伦在一所成人教育机构教授哲学。他要求学生根据阅读和课堂讨论的主题，每周写一篇短文。其中一个学生戴安娜来自哥伦比亚，之前是一位记者。她的学术素养和整体的英语语言准确性都很高，但她在双重否定的使用上会犯错误（例如当表达"他们什么也不做"的时候，她给出的语言是"他们没有做没有的事"［They do not do nothing］）。阿伦在写作和课堂讨论中都注意到了这一点。在对戴安娜的作业给出反馈时，他用粉色荧光笔画出双重否定的句子。在辅导课上，学生们浏览了她的作文，阿伦问黛安娜为什么他使用粉色荧光笔。戴安娜一下子就明白了他的意思，因为她知道英语中双重否定的规则不同于西班牙语，并把校对自己的作文作为个人目标。

关键问题 2：课堂中的其他语言

多语言学习者可能有提高英语语言的需求，但这不是我们需要知道的唯一一件事。多语言学习者也会在不同的语境中，借助个人的不同体会，以不同程度的能力和信心使用其他语言。对于学生如何使用和感受其他语言，我们需要知道哪些内容？

许多语言学家认为，一种语言的使用和发展有利于另一种语言的使用和发展（例如，见 Cook，2003；Cummings，2005；Mehmedbegovic，2003）。它关乎我们的认知发展（即学习和使用语言可以发展我们的大脑）、语言及元语言能力发展（包括记忆、听觉、对语言功能和语法结构的理解、语言学习技能等）。这意味着对于大多数使用多语言的人来说，发展其他语言也将有利于他们英语语言的发展。

其次，对学校环境的研究（例如双语教材项目）表明，除了上述认知和语言方面的好处外，鼓励学习者使用和发展其他语言还可以提高他们的课堂参与度。承认并尊重学习者的母语和文化可以肯定学习者身份，让他感受到归属感和成就感——或者说"闪耀"（Mehmedbegovic，2007，2012）。这可能意味着用他们的母语表演一出戏剧中的一个场景；编写双语书；或者教别人他们的语言，不管是问候语还是其他什么内容（Dakin，2012；Mehmedbegovic，2007，2012；Kenner et al.，2007，2008a，2008b）。我们还可以鼓励学习者使用其他语言进行对话，以促使每个人都认为，他们可以在我们所教的科目和更广泛的学习环境中取得优异成绩。

　　最后，多语言学习者通过使用多种语言而受到的磨炼，使其具备了语言技能和理解能力，这些技能和理解能力对其他学习者（单语和多语）也可能有用。这既是一种同伴学习的形式，也是一种重视学习者专业知识和经历的方式。在四十岁时努力学习第四种语言的人也许会有一些有用的建议或想法，能够帮助其他人学习某一学科中的新词汇。当一个人在不同的社区之间转换语言时，他或许能帮助另一个学习者理解每篇文章都是按照特定的体裁惯例书写的。

和教师交谈

　　我们询问了一位经验丰富的教师："你对多语制有何了解？"

- 一些学习者可能觉得他们不能谈论他们的母语，或者甚至不把多语视为一种财富。我通常会提出这个问题，这样他们就可以知道谁说哪种语言了。我希望他们开始更有信心地把它写在简历上，并意识到说一种以上的语言，他们可以做一些了不起的事情——我希望这是我能做的事情！

- 没有全面的解释，很难理解语法错误。我花了好几年才意识到，仅仅用时态来纠正遗漏的冠词或错误真的没有多大用处。现在，我要么用"vt"表示动词时态（verb tense），要么用"sm"表示"缺少的东西"（something missing），让学习者思考他们认为我表达的意思，然后从中学习。或者我注意到使用范例，在同事的帮助下构建一个小型语法课。范例帮助我们理解事物。

- 我已经积累了一些关于不同语言语法系统的知识，例如哪些语言没有冠词，哪些语言的句子结构更流畅。这有助于我更好地理解和应对学生的错误。

为学习发展听说能力

反思活动 12.2　课堂话语模式

回想一下你上一次教学的时候，或者如果你刚开始从事教学，就回想一下你最后一次作为学生参加教学课堂的时候。想象一下，你在那儿正观看学习讨论会。谁在那儿发言？在和谁说话？还有谁在讲话？老师什么时候讲话？为什么讲话？学习者何时发言？为什么发言？请试着找出说和听的模式。就好比一团羊毛被解开，从你听到的第一个说话的人开始，把他和同他讲话的人联系起来，然后从那个人再到下一个。当几个不同的对话或听说模式同时上演时，就好比有许多不同颜色的羊毛球被解开。也许你什么都没有听到，但你可能看到了用英国手语或其他手语交流的人。

本节特别关注了 FAVE 课堂中的听和说或"话语"。教师和学生的话语是学习的核心。教师组织学习，进行讲授。他们解释观点，提出问题，让学生思考，检查他们的学习和理解。对教师而言，学生询问老师，同学来检查他们自己的理解。他们在合作时相互交谈，他们也可以通过讨论活动学习。而且他们经常被要求对讨论内容进行陈述，以此作为学习的一部分。我们作为教师的角色就是要支持积极、富有成效的谈话。对于传统的"苏格拉底式"提问方式，我们要批判性地去评价它（有关"提问与对话"的详细指导和讨论在第十一章《教学法》和第十三章《评估》中有详细说明）。本节还讨论了倾听和回应学习者的重要性和明确的指导，以及支持正式和非正式的学习者谈话的方式。

发展教师话语

对于许多教师和学生来说，听和说是理所当然的一件事，因此它并不总被视为一个需要反思和发展的课堂实践。然而，课堂话语可能存在几个问题。首先，教师处于一个强势位置，可以随时发言，主导课堂话语，几乎没有机会留给以学习者为中心的发言、积极的倾听、讨论和批判性的参与。所以，课堂交流的模式往往是有限的。而熟练的苏格拉底式提问方式能够让教师引导学生完成整个学习过程；让学生参与到话题中，并确保他们的大脑在教师展示时不会"关机"。它还为教师提供持续的评估机会，允许教师对展示和课堂做出相应的调整。

然而，它也有局限性。师生交流的一种典型模式是*启动—回应—评价*（initiation–response–evaluation，IRE），即教师开启信息交流，学生做出回答，教师对学生的回答进行评价（一般是指出回答的对错）。在这种交流中，通常教师严格控制话题，学生讨论自己想法的机会有限，他们的话轮也受到严格限制。学生回答内容的长度明显短于教师的问题，这意味着学习者没有获得太多的机会来使用和熟悉表达主题所用到的语言。因此，虽然教师主导的谈话和苏格拉底式对话是课堂交流的重要方面，但我们仍需要多加注意它们的局限性。

教师课堂指令

回想上一次你在课堂上给学生的指令。你是如何发出指令的？达到了你想要的效果了吗？我们请了五位经验丰富的教师和我们分享他们的策略。他们给出了下面看法。

- **确保清楚自己想要学生做什么**。仔细考虑细节。如果你为一个小组活动进行讲授，你希望每个小组有多少人？他们需要做什么？需要多长时间？如何组织反馈？是每个人都写一点反馈还是只让一个人去写？在发布指令之前，教师要提前考虑所有这些细节。
- **事先计划好要说什么以及要说的顺序**。例如，你是希望学生先自己阅读学习任务，然后找到合作伙伴？还是先找一个合作伙伴，和合作伙伴一起阅读学习任务？在你授课期间，布置学生去做一些任务时要格外注意，因为他们四处走动，可能听不到你讲的其他内容。你可以这样做，分阶段给出指令。例如，"找到一个合作伙伴"，然后等他们找到合作伙伴后再继续，"现在比较你们的笔记"。

- **教师尽量少说**。想象一下，一位教师站起来，给学生这样的指令："现在你们可以前后左右看看，找个搭档，任何人都可以。就是找个搭档，拜托，任何人做搭档都可以。我们最近已经做过很多这类活动了。当你找到一个搭档的时候，是的，没错，我就是这么说的，你们把笔记从包里拿出来。把它们拿出来，比较它们，再互相比较你们的笔记。你们看看自己写了什么，然后比较一下……"这些指令可能会令人困惑，尤其是对于那些缺少自信的英语使用者或使用英国手语翻译软件的人。重要信息就隐藏在这些啰里啰唆的话里。教师不妨使用简单的句子和祈使句——例如："请找一个伙伴""讨论关键问题""比较你们的笔记"——这样可能更有效。

- **为口头或手势指令提供书面或其他视觉类备用方案**。有些学生发现即便指令很简洁，他们也很难跟得上。在 PowerPoint 演示文稿、白板、分发的材料或卡片上显示书面说明会有所帮助。这样也可以通过帮助学生识别核心词汇和展示拼写来促进读写能力和语言发展。

- 不管你认为你的指令有多清楚，有些学生可能还不确定。**一定要仔细观察和监督学生的活动，检查并澄清任何混淆的地方或不确定性**。

- **一些教师喜欢让小组成员向小组重述他们的口头指令，借此检查这些指令是否被理解**。这种做法可以让教师评估学生对指令的理解，可以进一步增强理解。

课堂不仅仅需要教师来给学生发布指令。为了给学习者提升自信、发展沟通技巧的机会，我们可以计划一些让学生给出指令的活动，并对他们的指令进行批判性分析。

教师倾听

有很多关于教师话语的文章，但关于教师倾听的文章却很少。倾听（或在唇读者或手语使用者的情况中，观看相当于倾听）是最重要的教学技能之一。教师需要尽可能多地听到（或注意）教室里发生的事情。这是对掌控环境保持"敏锐"性（第七章）的一个方面。这听起来很简单。仔细听，集中注意力，保持警觉。但是如果……

1. 一个学习者对另一个学习者发表同性恋恐惧的评论。你没有听到，但两个学习者都认为你听到了。

2. 你提出一个问题。一个学习者多次给出正确答案，你没有听到。但你的确听到了另一个学习者的声音，并称赞这个学习者做出了正确的答案。

这两种情况都有可能造成严重影响。在第一种情况中，两个学习者都可能认为你纵容了这种行为，鼓励了犯错者，而进一步轻视了受害者。在第二种情况中，第一次给出正确答案的学习者可能会感受到伤害和气馁，以后不太可能做出回应，甚至可能对课程失去兴趣。

那么，我们如何避免这些问题呢？通过实践或经验？也许吧。然而，它也关系到我们如何在教学空间中走动，如何集中精力，如何了解学习者。教师倾听还与基本规则和纪律有关（见第七章）：每个人越习惯于话轮转换的惯例，教师就越有机会听到学习者并让学习者知道他们何时被听到以及如何被听到。

反思活动 12.3　管理学生的回答

一位实习教师在她的研究生教育证书（PGCE）课程的反思日志中写道：

这是第一次观察后从导师那里得到的反馈。她对我使用的提问技巧的反馈令我感受颇深。在此之前，我从来没有真正想过，当学生们回答我的问题时，我做错了什么。导师的评论是：

　　"当你为了顾及其他同学，重新给出或重复学生的回答时，要谨慎——这种做法可能很有效，但必须清楚的是，他们首先给出了正确的答案。有好几次，在你重新回答之后，学习者嘀咕着'我就是这么说的'，似乎很生气。好像他们认为，你在暗示他们的回答是错误的，而你的回答才是正确的。你可以通过说这样的话来澄清：'非常准确，这是很好的回答，你们都听到某某回答的……'这样会对小组如何合作产生巨大的影响。"

当我读到导师的评论时，我意识到我做错了一件事——我没有赞扬或承认学生的正确回答，因此他们不知道自己是否正确。

想想这个例子中涉及的学习的两个层面：导师观察和反思日志。在这个案例中，这两者是如何共同起效的？

你有没有类似的亲身经历或者观察到的案例呢？

支持学习者话语

聋人意识和额外的沟通需求

因为有许多不同的沟通方式，这就需要教师为所有方式做好准备。一些耳聋（d/Deaf）或听力受损的人借助唇读，通过观察说话人嘴部动作来进行口语对话，还有一些听障或听力受损的人使用言语，其他人则使用手语。教师们通常建议，当与听障学生合作时，要从询问他们的需求开始。这可能包括与手语翻译一起学习，他们可能需要留在教室里，坐在你和学生之间，或者有时需要离学生更近一些。这也许就意味着要提醒每个人去和听障学生交谈，而不是他们的手语翻译，而且在与借助唇读进行交流的学生交谈时，要面向对方。我们将在第十五章再次讨论这一点。现在，请记住，不同人的谈话方式也各不相同。

讨论和探究圈

关于小组活动的大部分讨论（见第十章和第十一章）都提出了一个观点，即通过两人一组、小组或大组的对话、讨论、合作和协商的方式获取新的理解。义务教育领域的专家哈维和丹尼尔斯（Harvey & Daniels，2009）主张在整个课程中采用"探究"圈模式。他们观察到，小型的、同伴主导的、以对话为基础的小组活动可以激发学习者较大的自主性，促进更多的参与和更深的理解。哈维和丹尼尔斯认为，探究圈模式可以培养参与者的社交技能。可以这样说，这种自主的、讨论式的小组是一种特别成熟的学习方式，因为它涉及自我管理、借鉴现有经验及专业知识、鼓励同伴互教互学。最后，探究圈或基于讨论的学习方式将学习者话语置于学习的核心位置，使学习者在使用其主题领域的（新）语言时，为其提供树立信心的机会。这也有助于学习者在书面作业中自信地使用新语言。

虽然我们计划并支持学习者为学习开展的对话和讨论，但这种对话通常是自发的，学习者在使用语言时有很大的自由度和灵活性。然而，有些时候，学习者需要参与更正式的对话，如接受评估的汇报，这就需要更多的计划和支持。

报告技巧的构建

无论是听众、同学还是教师，在他人面前讲话都会是一种令人紧张的经历。根据你以前的小组活动经验，通常好的做法是做一个正式的报告，尤其是当报告要被评价的时候。首先，学习者需要放松地对整个小组做出口头上的贡献，简单地回答问题或贡献想法。你的课程还可以提供机会，让个别学生成为发言者，从小组活动中获取反馈。这可以是一个连续的过程，一端是从不正式的小组活动中总结，另一端是从一开始就使用视觉辅助工具（海报、幻灯片等形式）呈现信息。关键问题是你要监控课堂管理，确保敏锐地察觉到每个人的贡献，而不仅仅是那些总是第一个主动做报告的人。

案例研究 12.4　使用视频培养报告技巧

　　黑莱德指导一个由成年学习者组成的多语小组，他们对自己英语口语的信心各不相同，口语的流利度也不同。他们中的许多人告诉她，他们很担心课程中的口头报告。黑莱德决定设计一项同伴支持活动来帮助他们建立信心。首先，整个小组都要对报告的总体结构达成一致。然后，学习者分成小组设计小报告，黑莱德根据需要进行监督和指导。学习者们对恰当的语言和表达各抒己见，并考虑在讲话中是否会用到"提示卡"、列出要点的讲义或其他类型的提示。黑莱德检查了每个小组是否能够使用平板电脑和手机视频，并为每个小组预订一个单独的空间。一切准备就绪，个人对小组进行汇报，并被录像。同组成员就报告中一致认同的方面提供建设性反馈，报告者可以和同组成员一起重看视频并确定需要修改和完善的地方。黑莱德也能够观看这些视频并给出反馈，不过她希望报告者和小组成员能最大限度地管理这些过程。

　　无论我们如何构建更正式的对话，学习者都需要理解这是一个包括语言选择和计划决策的过程。使用提示性问题和／或报告"框架"（与学习者协商或由学习者创建）也可能会有帮助，例如下面的框架。

表 12.1　口头陈述框架示例

介绍话题：你将要谈什么？	
介绍：请陈述你将要谈到的三个论点。	仔细使用语言
1.请说出第一个论点，然后使用标志词过渡到第二个论点，比如，"接下来，我将解释……" 　2.请说出第二个论点，然后使用标志词过渡到下一个论点，比如，"最后，我想说的是……" 　3.请说出第三个论点……	什么样的词汇和语言适合： ● 话题？ ● 你做报告时的情境（比如在专业课程中报告）？ ● 你的听众？
结论：概括主要论点并想出一个总结性的信息或陈述。	

读写能力素养

在过去的一百年里，世界上许多地区对读写能力的期望值急剧上升。在世界许多地方（包括英国），人们的文化期望是所有的孩子都受到读写教育，所有的成年人都能读写。然而，并不是所有成年人都能读写，更多的人读写能力达不到义务教育结束时预期的水平。对全民识文断字的期望意味着，那些比大多数人读书要少的人会被认为有读写问题或困难（Brandt，2001）。读写困难有时归咎于学习障碍，有时则是学校或社会教育的"失败"，这些都是确定无疑的因素。然而，这种观点隐藏了最重要的事实：当处理和产生书面语言时，我们思维的运行方式似乎完全不同。有些人会在很少或没有指导的情况下学习阅读和写作，有些人则需要更多的支持，还有些人学习阅读和写作需要更长的时间（Duncan，2012，**Reading 12.1**）。这种差异就像我们在手眼协调或对音乐音高的不同感知一样。对于 FAVE 部门的教师和学习者来说，这意味着他们的文化自信、经验、优势和发展需求都有很大的不同。阅读和写作对任何人来说都不是简单易懂的事情。

语篇、句子和词汇层面的读写能力

理解读写能力发展需求要从三个层面思考：语篇、句子和词汇（DfES，2001）。词汇层面包括拼写、理解和使用书面语篇中的词汇；句子层面包括理解和使用适当的标点符号和语法（例如词序和动词末尾词缀）；语篇层面包括理解某一语篇的整体架构和布局、组织结构（包括段落和标题）、识别语篇类型所需要的文体风格（如文体的正式程度）和批判性阅读。当我们思考读写能力问题时，这种阅读和写作的最高层次——语篇——常常被教师（和社会其他人）忽视。

学习者在使用拼写和语法等方面的发展通常是容易识别的。同样，教授专业词汇（词汇层面）也相对容易。我们也许还没有考虑到的是要求学习者在某一学科领域进行各种阅读和写作活动时在语篇层面的规范。这些规范由语篇的潜在读者、交际目的以及对某一学科的预期来决定。它们似乎是"常识",被人们熟知,但不应假定每个人都熟悉这些规范。

阅读和写作实践是一种社会和文化活动,也就是说,不同的人在不同的语境中进行不同的阅读和写作。想一想你今天读过的文本,可能包括账单、药品说明书、列车时刻表、文章、电子邮件或一本小说中的某一章。FAVE 从业者不要把读写能力看作一套拼写和语法技能,而是要把它看作一个高度情景化、多变的社会实践(Barton,Hamilton & Ivanic,2000;Bloome et al.,2019)。

反思活动 12.4　以读写促学

　　回想一下你教过或者上过的最后一堂课,请找出所有与阅读有关的内容,包括从黑板、墙面、讲义及其他说明上读到的内容,无论是默读还是朗读。想一下课程中发生了什么,列个清单,再记上课程布置的任何作业和其他与课程组织或管理有关的内容。清单上的内容比你之前想到的更多还是更少?现在参考刚才对阅读所做的一切,回想最后一次写作课,并列出和写作有关的所有内容。

反思活动 12.4 表明,阅读和写作是学习的一部分,它们的目的不同。教师的角色之一就是将这种读写能力前景化,借此阐明这种能力在学科领域内是如何运作的。以下各节探讨了开展这项工作的原则和操作思路。

阅读

当学习者选择在课堂之外阅读一些内容时,他们通常目的明确。他们的阅读目的往往与个人的价值观和身份密切相关,而且具有参与性、协作性和互动性(Ivanic et al.,2009,pp.179–180)。他们可能阅读朋友度假时在社交媒体上发的帖子,阅读设备使用指南,浏览报纸了解他们的星座运势或支持球队的比分。但是，在教育背景下的阅读并不总是有明确或直接的目的。学习者经常被要求阅读讲义或教材，唯一的目的是为日后的作业或考试做准备。

在发展这一领域的专业实践时，把阅读视为一个阶段性的过程大有裨益（见图12.1）。在许多方面，读前和读后阶段对确保有效学习都最为重要。读前阶段通过主题讨论、调动学习者的先前知识和学习者的个体身份及实践的联系，来"激活学习者的图式"。此外，任何具有挑战性的概念或语言都可以被引入并讨论。进入阅读之前，确定阅读目的，明确我们要从这篇文章中具体得到什么，这是很重要的，因为这会影响阅读策略的选择。例如，如果阅读目的是找到一些用来填充图形或表格的信息，那么读者可能会扫视文本，而不是非常仔细地阅读。但如果阅读目的是理解作者的论点，决定赞同或反对，那么学习者就需要仔细地、批判性地阅读。

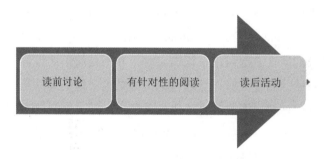

图 12.1　阅读是一个分阶段的过程

案例研究 12.5　让阅读具有目的

伊恩是一名教授餐饮和酒店招待的讲师，他希望在英国商业与技术教育委员会（BTEC）旗下的学习项目中开发有关健康和安全的课程。最初，为了完成关于行业健康与安全的作业，学习者们会得到导师的报告、阅读教材。但他们发现话题枯燥，不能有效地参与到规定的阅读中来。因此作业质量很差，没有反映出学习者的真正潜力。作为"继续教育中读写能力学习"（Literacies for Learning in Further Education）项目（Ivanic et al., 2009）的合作研究者，伊恩开发了一项更有意义的任务。在这个任务中，学习者必须为他们熟悉的环境设计一个商业厨房，可以是快餐店，也可以是高级餐厅。学习者阅读教材不是为了完成作业，而是要了解厨房的设计和布局。他们手绘或使用软件制作一个综合平面图，然后提交给导师和其他小组。这项任务有大量的选择和灵活性，所以学习者有强烈的动机。而且它与他们个人当前和未来的职业理想紧密相连，所以学习者能够创造出引以为傲并具有个人意义的作品。

（改编自 Pardoe & Ivanic, 2007）

在这个案例研究中，阅读的目的具有针对性和实用性，学习者也参与其中。读后阶段包括学习者做报告、讨论和分享想法。口语和听力活动增强并扩展了学习。本节前面提到的探究小组模式以及邓肯的"阅读圈"（reading circles）模式（Duncan, 2012）可以在此阶段使用。邓肯认为，当人们聚在一起讨论一篇课文时，并不是简单地告诉对方他们已经得出的结论，而是大家在一起讨论得出结论。最关键的是，他们在交谈中不断发展理解，形成解释（比如大家会询问"你明白吗？""你认为这是什么意思？"，等等）。这就表明在一个阅读圈里面，大家不仅在一起谈论阅读，而且还一起对文本进行解读。

案例研究 12.6　前景化词汇层面的阅读（和写作）

马可讲授"自己动手"（DIY）初级课程。课程中有一些关键术语、专业词汇，要求学习者能够读写且准确拼写。马可注意到，对于一些人来说，阅读和拼写都有难度，所以在每节课结束时，他都会要求各小组找出新的关键词，做成海报在墙上展示，并记录在个人词汇手册中。当学习者每周来到教室时，他会单独与他们交谈，询问他们是否想从海报上读出并写下单词，以提高他们对这些词汇的识别和理解能力。

写作

本章探讨了语言和交流的方方面面——听、说、读、写。在这几方面，对于一些教师而言，最艰巨的莫过于对学习者写作的支持和发展。我们自己可能都不是很自信的写作者，或者我们可能教授的是职业或实践领域的课程。在这些课程里，书面文字不如口头文字、物体、手工艺品、表演或实践那么重要。但是，对如何在我们自己的学科领域写作，我们都有专家级的理解，这是支持学习者的至关重要的出发点。

我们要求学习者进行的写作也可能缺少目的性、意义、协作和互动等这些课外写作才有的要素。我们在讨论阅读的时候已经谈到了这些。阅读是一个分阶段进行的过程，同样，写作过程也包括两个主要阶段：创作和书写。这些并不是简单的线性过程，因为"作文是我们将思维转化为写作的过程，写作本身就是了解我们所思所想的一种手段"（Mace，2002，p.55）。然而，作者们（尤其是不太熟练的作者）会发现，关注创作阶段有助于在写作过程中摆脱由书写问题如拼写、标点符号和语法等导致的焦虑。

"创作"阶段可视为"写前"阶段，包括下面一系列活动和资源。
- 收集写作内容：
  - 调查或采访；
  - 识别和共享在线信息（先进行个人活动，然后分享合作成果）；
  - 以阅读或探究圈的形式讨论（见上文）；
  - 通过剪贴板活动收集整个团队的想法。
- 识别读者、写作目的及其对作品的布局、风格、图例和语言的影响。
- 检查同一类型或体裁的范文，再次使用阅读或调查圈来支持讨论。

- 规划活动：
  - 合作开发"写作框架"，如模板、流程图或提示问题，来帮助组织章节或段落；
  - 开发蛛网图或思维导图（如果学习者没有接触过，要先进行合作）。

"书写"过程包括不同的阶段，学习者可以讨论和协商。例如，一致同意初稿的目的是按照计划把想法写下来，而不必担心语法或拼写。在之后的编辑和写作中集中处理句子层面的语法和标点符号问题，拼写和其他有关"润色"（如格式）方面的问题留在最后阶段处理。这种分阶段的方法可以帮助学习者把精力放在主题内容和/或整体交流目的上，而不会在表面细节或语言技巧上停滞不前。

我们还需要思考如何回应学习者的写作。对他们的写作进行反馈时，我们很容易只注意拼写或语法错误。但我们需要反思一下，这种回应能否最有效地培养学习者的信心、理解力和技能。这并不是说我们可以忽略单词和句子的准确性，而是我们的反馈内容要更加广泛。

大多数人认为把自己的作品交给别人评判需要很大的勇气。我们的目标之一是培养学习者的写作信心，因此需要对他们的写作给予反馈。在上文中，我们研究了如何"纠正"学习者的写作。支持成人学习者写作的相关文献给出的指导建议（Hughesand & Schwab，2010）是，进行反馈时，我们首先应该以读者的身份，而非充当评价者或审判员。因此，我们的出发点是对内容做出反馈，以发展的方式讨论学习者——作者的想法，并在可能的情况下与学习者进行真正的对话。然后我们可以继续讨论学习者的写作中哪些方面是有效的。除了建立自信外，将他们的写作前景化以便再次使用，还具有实用的优点。只有这样，我们才能继续讨论需要发展的领域。我们的建议也是有选择性的，并集中于可能给读者带来问题的错误上。

格里夫和查特顿（Grief & Chatterton，2007）认为，关键问题是从关注"大局"开始，即语篇层面的总体内容、布局和结构问题。它们以倒三角形的形式提供了一个示例（见下文）。它表明了导师在与学习者讨论写作时应该遵循的优先顺序，也是我们鼓励学习者在检查自己的作品或给予同伴支持时遵循的顺序。

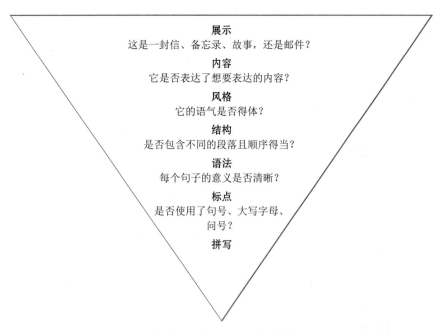

展示
这是一封信、备忘录、故事，还是邮件？

内容
它是否表达了想要表达的内容？

风格
它的语气是否得体？

结构
是否包含不同的段落且顺序得当？

语法
每个句子的意义是否清晰？

标点
是否使用了句号、大写字母、问号？

拼写

图 12.2 与学习者讨论写作的优先顺序

案例研究 12.7 突出句子和词汇层面的写作

　　格特鲁德讲授商业研究。她发现几乎所有的学习者都不知道如何使用句号，不知道句子的起始位置。她自己对这一方面充满信心。多年来，她开展了一系列活动，包括对句子结构知识进行集中教学，还有，让学习者在超市收银台取下的收据上写句子，并讨论如何切分句子，以及为什么这样做。她认为这方面需要不断地循环往复，并计划引入一些由同伴主导的学习活动。

　　米里亚姆在一所大型的继续教育学院讲授"通往教育的社会

学"课程。在评价学习者的第一次作业时，她发现很多人的作业中有不少拼写错误，有些是新的专业词汇拼写错误，有些是日常词汇拼写错误。米里亚姆决定在每次课前进行一次 5 分钟的"拼写策略"活动。她分发了一份在作业中拼错的单词列表，要求学习者努力学习下周要讲的词汇。在接下来的一周，她开始了一个拼写测验（每个人都要检查自己的作业），然后询问每个小组他们如何学习这些单词。结果发现有三种不同的拼写策略：1. 每个单词写十遍；2. 请朋友或同伴进行口头测试；3. 在厨房或浴室的洗涤槽上方张贴单词。米里亚姆鼓励每个学习者从这些策略中选择一种，并将其作为学习下一组单词的方法。渐渐地，随着时间的推移，学习者收集并探索了 12 种不同的策略。有些学习者更愿意一直使用相同的策略，另有一些学习者则根据单词的性质使用不同的策略（例如，他们更喜欢将由拉丁语派生出的较长的单词，如"communication"［交流］，按音节分解成几部分）。几周过去了，学习者开始管理每周的拼写任务，并编制他们想要学习的单词列表。

许多教师不太确定如何改善学生的标点或拼写，甚至不确定是否应该尝试这么做。如果你是一个自信的写作者，你可能会认为句子的起始位置或者如何使用其他标点符号是显而易见、情理之中的事。然而，对许多人而言，这远不是情理之中的事。这些都是书面规定，对于许多人来说，他们需要被明确告知，正如格特鲁德所做的那样（关于对句子层面写作训练的观点，请参见 Hughes & Schwab，2010b）。同样，米里亚姆明确指出，拼写作为任何学术或专业活动的一部分是非常重要的（"总是有更多的专业词汇需要学习，正确的使用会让你的写作更令人印象深刻"），她与学习者一起训练，不仅提高了拼写，还提高了学习技能，促进拼写能力持续独立发展。

与教师交谈

我们与经验丰富的教师交谈，了解他们目前在读写能力前景化方面学到了什么。以下是他们的想法。

- 书面作业的写作惯例因语境不同而有巨大的差异。有些人可能只是习惯于以某种方式写作，从他们过去的教育或专业经历角度去写，对教师所说的"一篇文章"或"一段话"没有概念。所以教师一定要明确写作的要求；不要认为学生什么都知道；提供范例很有效。

- 当我们看印刷材料时，我们会看到不同的事物。有些人会看到单词跳跃和移动，这可能与视力或学习障碍如阅读障碍（dyslexia）有关。我发现让人们描述他们在阅读一段文字时看到的东西总是值得的。

- 我了解到那些对自己的读写能力不自信的人使用的回避策略。如果有人总是去上厕所，或者在有阅读任务的时候忘了戴眼镜，那通常意味着你要找他谈一谈。

- 那些被诊断有阅读障碍的人也各不相同。有些人可能喜欢在浅色的纸上阅读，或使用彩色套印，但有些人可能不喜欢。你需要询问一下。

- 有些人可能会对阅读和写作中的任何一项感到困难，或者只在阅读或写作的某些方面有困难。保持注意和交谈。

- 显而易见，阅读和书写的困难与智力无关。一个学习者可能在某个学科领域很有天赋，但在阅读或写作方面有困难。因此，你需要谨慎评价他们在你教授的学科中的学习情况，而不是仅仅或只评价他们的读写能力。

这些教师强调，这些观念来自对学习者和其他教师的观察、思考、注意和提问。

总结

本章介绍了学习者（和教师）给 FAVE 带来的丰富多样的语言历史和实践。这种教育的广度和多样性相当巨大，它对包容性、公平性以及人人都有学习机会给出了郑重的承诺（**Reading 12.3**）。在教学中认识、重视和运用语言多样性是我们专业角色的一部分。关于包容的沟通方式还有很多内容，我们将在第十五章《包容》中继续讨论。

我们提供了一系列实用的想法和例子，在教师的学科领域中将听、说、读、写前景化，分享一些思考语言（如语篇、句子和词汇层面的语言）时用到的潜在原则和框架。我们还可以将其他跨课程主题，如计算能力或数学（见 Griffiths & Stone，2013）和信息及通信技术（ICT）前景化，我们建议以同样的方式考虑课程中出现的算术和信息及通信技术。

在 FAVE 领域，学习者的语言、读写能力和学习需求的范围之广，有时对新手教师来说似乎是压倒性的。然而，随着我们了解个别学习者及其特殊优势、支持需求和愿望，我们的专业知识和信心将像任何学习活动一样得到逐步发展。下面的主要阅读文献给人们提供了继续支持和灵感的来源。

主要阅读文献

这本书面向新教师和有经验的教师，提供了实用的思想、原则和案例研究，旨在帮助学习者学习英语和数学：

Allan, D. (2017) *Teaching English and Maths in FE: What Works for Vocational Learners?* Exeter: Learning Matters.

关于语言和多样性（年龄、性别、种族、社会阶层）以及语言如何影响身份、媒体、政治和日常谈话，感兴趣的读者可以阅读下列书籍：

Mooney, A. and Evans, B. (2019) *Language, Society and Power: An Introduction*, 5th edition, London: Routledge. 以下网站为每个话题附上更多文本、视频和音频资源：routledgetextbooks.com/text books/9780415786249。

以下资源是对我们生活中读写能力的深入思考：

Duncan, S. (2012) *Reading Circles, Novels and Adult Reading Development*, 'Chapter 9: Reading Circles as Ideal Pedagogy'. London: Continuum/Bloomsbury. (**Reading 12.1**)

以下论文集探讨了难民语言教育的问题和形式：

Mallows, D. (ed) (2012) *Innovations in English Language Teaching for Migrants and Refugees*. London: British Council. 线上可访问：englishagenda.british-council.org/ continuing-professional-development/teacher-educator-framework/understanding-teaching-context/innovations-english-language-teaching-migrantsand-refugees.

有关读写能力、语言和计算能力的政策与实践的调查，请参见：

Gregson, M. and Nixon, L. (2011) 'Unlocking the Potential of Skills for Life (SfL) Tutors and Learners: A Critical Evaluation of the Implementation of SfL Policy in England', *Teaching in Lifelong Learning*. CETTS Journal. Huddersfield: University of Huddersfield Press. **(Reading 12.2)**

Thomson, A. and Tuckett, A. (2010) *Lifelong learning in challenging times: An agenda for a new government*. London: Niace. **(Reading 12.3)**

以下三种论文集为读写能力、计算能力和 ESOL 的专业教师提供指导。它们同时为 FAVE 部门的教师概括了语言、交流和计算能力方面的原则和实践理念：

Griffiths, G. and Stone, R. (eds) (2013) *Teaching Adult Numeracy: Principles and Practice*. Maidenhead: Open University Press.

Hughes, N. and Schwab, I. (eds) (2010b) *Teaching Adult Literacy: Principles and Practice*. Maidenhead: Open University Press.

Paton, A. and Wilkins, M. (eds) (2009) *Teaching Adult ESOL: Principles and Practice*. Maidenhead: Open University Press.

第十三章 评估

评估如何促进学习？

导言

评估对学习有着深远的影响。它不仅测量或发现一个人所学的内容，而且还影响学习的进行方式、学习者对学习的感受以及学习者对自己学习过程的参与。在第二章中，我们讨论了理解教与学之间关系的必要性；在第九章中，我们探讨了在教育环境中，我们何以始终面对应该学什么以及为什么要学的问题。只有当明确了教师和学习者想要达到的目标时，我们才能对课程内容做出有意义的决定。这就意味着我们需要在教师和学习者之间以及学习者和学习者之间建立联系，以及明确应该设计何种活动来实现目标。作为教师，我们需要考虑如何评估学生取得的进步，如何判断教师和学习者是否达到了设定的目标。我们还需要了解总结性评估和认证形式对学习者及其学习的影响（Hamilton & Hillier，2006，**Reading 13.1**）。

测试和考试显然非常重要（见第十四章），但评估不仅仅是测试。"评估"（assessment）一词来自拉丁语"assidere"，意思是"坐在一起"。这就拓宽了评估的概念，它包括协作活动，这让人想到，在两个人的对话中，他们一起看某个内容，一方试图了解另一方的工作并提出改进建议。也可以打个比方，比如我们坐在自己旁边，回顾取得的进步，规划前进的道路。格里格森和托德（Gregson & Todd，2018，p.1）认为，有效的评估方法是良好教育实践的核心内容，"教育研究领域的文献支持这样一种说法，即当教学、学习和评估共同构成良好教育实践的整体时，就实现高水平的成就"。

教与学研究计划（TLRP）原则（参见第四章）

本章内容和教与学研究计划原则中的两个原则相关。

原则 5：有效的教与学需要将评估与学习达成一致。评估应该有助于促进学习，确定学习是否已经发生。它的设计和实施能够可靠地衡量学习成果，并为未来的学习提供反馈。

> **原则6：有效的教与学促进学习者的积极参与。** 教学的主要目标应该是促进学习者的独立性和自主性。这包括获得一系列的学习策略和实践，培养积极的学习态度，以及树立对自己成为一名优秀学习者的信心。

本书的前几章提到了教育价值观在FAVE中的重要性，以及平衡教育目的——促进学习者发展知识、技能和性格——的必要性，以便学习者能够在某个特定领域进行符合资格要求的实践（Biesta，2009，2010a，2015）。但这并不是教育的唯一方面。我们还需要仔细思考，教育怎样才能帮助我们成为现有社会、文化和政治实践及传统的一部分。这些实践和传统曾经塑造了我们的社会，并在未来成长发展。比斯塔（Biesta）将其描述为教育的社会化维度，他认为，将"新人"（例如各种学徒、实习教师、实习医生、建筑师、理发师、电工、护士、诗人、舞蹈家、音乐家、演员、厨师或成年移民）引入现有的社会及专业秩序和文化中是必要且可取的。对这些秩序的认同，影响着我们个人和集体身份的发展，进而影响着我们的文化和社会。

在第一章、第四章和第十六章中，我们指出了教育的第三个维度——教育对人的影响方式——的重要性。它包括，学习能够且必须能够存在于现有的社会和政治秩序之外，这样我们就能够行使人的自由，去批评和改变这些秩序，解决其内在不公正和不平等的问题。通过这种方式，教育介入不公事件并追求道德实践，它帮助我们改善现有的社会、政治和经济的权力结构，从而有助于推动民主的发展（Hyland，2009，2011，2017，2018；Biesta，2012）。

在本章和下一章中，我们从不同的角度看待教育评估。我们特别探讨了在FAVE环境下支持评估的实践策略。我们将讨论如何使用评估来帮助学习者实现目标并充分发挥他们的潜力。做到这一点，学习者需要接受他人的反馈，并学会如何向自己提供反馈。要达到效果，反馈应该是可获得、有建设性且及时的，不仅鼓励学习者批判性地、仔细地、独立地思考，而且帮助他们认识到他们当前的进步，需要在哪里取得下一个进展，以及需要采取什么步骤（Harlen et al.，1992，**Reading 13.2**）。

在 FAVE 语境下，我们可能听过"评估"这个词和其他的词语一起出现。也可能听过关于*初步评估*（initial assessment）的讨论，也许它描述了用来决定一个学习者在大学应该参加哪个班级或哪个级别的测试或访谈。我们也可能听说过诊断性评估（diagnostic assessment），这种评估形式通常指教师在课程的前几周进行的一种评估，用来了解学习者已经知道什么，他们需要发展什么。我们可能听到有些人把期末考试或期末作业说成是总结性评估（summative assessment），也就是对某门课程的成绩进行最终评估的评估形式（我们将在第十四章深入探讨其复杂性）。我们可能会听到人们谈论形成性评估（formative assessment），即教师在整个教学过程中所做的各种评估，用来帮助教师确定学习者正在学习的内容。这些都是常被讨论的评估方法。

在这一章中，我们重点讨论的是形成性评估中的一种类型，或者说它是我们谈论形成性评估的一种方式——学习性评估（Assessment for Learning，AfL）。这种评估通过周密和系统的计划（见第十章）以及缜密和广泛的交流（见第十二章和第十五章），支持主动学习，鼓励学习者监督自己的进步，使他们在与教师的对话中找到通往成功的道路（Swaffield，2011，**Reading 13.3**）。学习性评估（AfL）一词常与形成性评估一词互换使用，但本章有意将学习性评估称为一种社会实践，它集教学、学习和评估于一体，而不是一系列可以工具化或机械化地运用到实践中的技术或方法。虽然学习性评估确实包括一些实用技巧，如开放式提问、分享学习目标、确定"成功标准"（有时被称为"成功步骤"）、集中评分、等待时间和"不举手"等技巧，但教师必须始终遵循原则并以合理教学的方式将这些技巧用到评估中，以促进主动学习。

因此，本章主要关注的是我们如何使用学习性评估，而不是学习评估（assessment of learning，学习后的评估采用总结性考试和测试的形式），这部分内容将在第十四章（Assessment Reform Group，1999，**Reading 13.4**）中充分讨论。本章有两个主要部分。首先，我们考虑了评估、学习和教学中的关键问题，然后继续探索学习性评估的课堂学习策略。第一部分主要介绍和讨论了评估、学习和教学动态的关键问题、定义和原则。第二部分讨论了在五个范畴中实施形成性评估用到的不同方法。我们建议你同时阅读这两个部分，以更好地理解形成性评估的原则和实践。

学习性评估的相关活动不仅提供用于形成性评估的信息，更重要的是，这些活动本身就是学习过程。学习性评估由一套原则和关键策略支撑，实施这些原则和策略，我们就可以在课堂上营造主动学习的氛围，帮助学习者看到他想取得成功需要采取的步骤。它们也有助于培养学习者对自己和其他学习者的信心，并鼓励发展他们在现在和将来的学习中越来越强的自主意识和责任感（Hillier，2012；McGill，2017）。

评估、学习和教学

荣特瑞（Rowntree，1977）建议，如果想了解一个教育体系、一门课程甚至一次课程的目的，换句话说，它为何而设计，那么仔细研究它的评估实践和步骤是明智之举。政治管理部门、教育组织或教师个人所采用的评估方法可以揭示（尽管言辞往往相反）实践中真正值得重视的是什么，实际得到的回报又是什么。评估实践和步骤告诉学习者和教师需要做什么（或不做什么）才能成功。因此，教师必须意识到不同的评估方法传递给学习者哪些信息。

回想我们自己在学校被评估的经历，我们很容易看到评估方式对我们作为人以及对真正教与学的内容的影响。例如，你可能有过准备考试的经历，你只学习自认为会在考试中出现的内容，考过之后你马上就忘了这些内容。我们的评估方式也会对我们认为自己是谁以及我们认为自己现在和将来能够学习和实现什么，产生重大的积极或消极影响。如果你被要求参加某种入学考试来决定你能进入哪所学校或被哪种专业、学徒资格或职业录取，你可能很早就知道你要么"聪明"，要么就是"一个失败者"。

本书的前面部分讨论了 FAVE 如何涵盖人们学会做事情以及鼓励和

培养能够做好事情的特质。我们已经注意到，教育如何从世界中抽身出来，批判性地看待那些被认为理所当然的事情。这样一来，我们就开始看到可以做得更好的事情，以及世界上的事情可能会有什么不同（Gregson & Todd，2019）。学习性评估是良好教育的基础。作为教师，我们需要将评估付诸实践，让它反映出 FAVE 环境中教育价值观和主动学习的坚定承诺（Duran & Topping，2017；Wiliam，2011）。这包括发展和理解职业知识，鼓励自主，培养价值观，使受教育者能够建立和加入他们希望参加的职业实践社区。它还包括，培养我们的学习者在追求自己所选职业的过程中对世界投入热情，为自己出色的工作感到自豪，培养敢于挑战不公正、贫困、不平等以及一切阻碍人类繁荣幸福的因素的品质和勇气（Hyland，2009，p.13）。

根据英国国家成人职业教学与学习委员会（CAVTL，2013，见第四章和 **Reading 11.3**）的规定，FAVE 中的评估方法应鼓励学习者获得良好的审慎思考和系统的独立解决问题的能力。英国国家成人职业教学与学习委员会呼吁在行业内制定评估的实践方式和步骤，鼓励 FAVE 学习者在生活和工作中培养有效应对意外的能力，以便他们能够在当前和未来各种状况下共同分担和解决问题。这与狭隘的规定性结果以及用零碎的证据来证明学习结果形成了鲜明对照。因此，在制定评估方法时，我们必须不断提醒自己教育的目的以及评估的性质和目的（Gregson & Todd，2019；Rowntree，1977；Biesta，2010a；Wasserman，2017）。

学习性评估的指导原则

学术文献和实践把对学习者在学习过程中的评估称为形成性评估。这种表述过于概括，布莱克和威廉姆（Black & Wiliam，1998b）将这种概念发展成一种方法，认可主动学习的重要性。这种方法被称为学习性评估（AfL），它强调通过评估，人们是可能学会如何学习的（Harlen et al.，1992，**Reading 13.2**）。

克拉克（Clarke，2008）指出了三种评估方式，它们与评估和学习之间的不同关系相关：

学习评估（Assessment of learning）包括任何总结性的评估测试，可以得出**测试分数或等级**。这种测试可以在课堂、学院或全国范围内开展，也可以通过课堂提问的形式来检查学习情况，如提问有关记忆、理解或分析等方面问题。例如，"这个序列中的奇数是多少？"或"染发剂需要多长时间才能覆盖灰色？"

学习性评估（Assessment for learning）向学习者提供要去改进**什么**的信息，是一种评价实践。例如，"这篇文章可以通过更好地使用形容词和使用不同长度的句子来改进"。

学习型评估（Assessment as learning）是任何一种将要改进的内容扩展到**如何**改进的评估实践。例如，"调动你的感官想象剧中这个角色的感受"，"建立一个描述性形容词和表达有力的动词词库，用它们来提高写作的说服力"，"看看去年一位学生的作业，特别注意他们是如何组织作业内容，以及他们是如何使用哈佛参考文献来支持自己的论点的"。

由于学习性评估的首要目标是学习型评估也应该产生结果（Clarke，2008，p.9）。在本章的其余部分，我们使用的术语"学习性评估"来涵盖这两方面。其他人会使用"形成性评估"一词来涵盖这一点：

> 与任何有教育价值的东西一样，形成性评估也被争论、曲解和误用。问题之一［……］是，形成性评估需要有非常具体的技巧，同时允许实验和发展。过于拘束的技巧是行不通的，因为主动学习的根本目的不是指导实践。而"遵循原则，做你自己的事情"的灵活方法会因为技巧的细节没有被研究透彻而进展不顺，最终导致幻想破灭。这两个方面决定了形成性评估实施的成败。（Clarke，2008，pp.2–3）

学习性评估中的主动学习要求教师与学习者合作，共同计划、决定学习环境和成功标准。它包括教师与学习者就如何识别一件好作品，对"质量"进行讨论。它还包括，参与连续的结对或全班课堂谈话，批判性地分析当前的学习，以及不断地对成功和改进进行仔细而慎重的回顾。教与学研究计划（TLRP）原则"学会如何学习"（Learning How to Learn）项目（James et al.，2007）制定了"学习性评估"的三个关键原则，它包含了由布莱克和威廉（Black & Wiliam，1998a）首先提出而随后由克拉克（Clarke，2008）扩展的形成性评估策略。

明确学习

学习性评估（AfL）的原则涉及关键策略的使用，如明确学习意图，建立学习者自主制定的成功标准。和学习者合作，共同确定清晰的"成功步骤"（学习者行动有助于取得成就），形成性评估的核心内容是帮助学习者"看到"成功的外观、感觉、声音或味道，帮助学习者确定如何判断成功以及如何认可成就（Clarke，2014）。这意味着教师需要创造一种学习文化，在这种文化中，所有参与者都认为能力并非一成不变，而是可以递增的。我们需要让学习者参与课程的规划，包括规划适当的内容和设计有意义的学习环境。我们需要开展并设计有效的课堂对话，教师通过提问鼓励学习者"一起边想边说"（Mercer，1995，2000；Wasserman，2017；Philipson & Wegerif，2017）。形成性评估的核心是让学习者参与分析和讨论，不仅要讨论达到成功的标准，还要考虑达到这些标准的不同方式，以及如何最好地达到它们。

自主学习

自主学习是指学习者对自己的学习负责，并行使一定程度的独立性。这并不意味着学习者自己学习（尽管有时他们会认为这是最合适的事情）。如果我们想促进学习自主性，那么我们必须给予他们一定程度的学习选择权，并支持他们的选择，培养他们做出决策所需的技能和信心。自主学习的一个关键特征是，学习者是自己和同伴的评价者，他们可以决定学习的下一步，而不必依赖教师或他人来告诉自己。做出更现实的自我评估需要了解学习目标或意图。明确成功和质量的标准对教师和学习者都至关重要。同样重要的是，学会自我调节并不取决于年龄或所处阶段。这是一个学习的过程。学习者通过教师指导并定期接触形成性评估的原则和实践来获得自主性。

关注学习

在第二章中，我们告诫不要过于简单化学习的相关概念，不要认为所有的学习都是有效的。作为教师，我们需要注意学习的本质。主动学习对形成性评估的原则至关重要。形成性评估的基础与机械论的方法和功利主义的方法形成了鲜明的对比。机械论和功利主义的方法只关心在考试中获得分数，而在考试之后所学的东西很快就会被遗忘。形成性评估与德韦克（Dweck，2006）提出的"成长型"思维模式而非"表现型"思维模式密切相关。关注主动学习包括关注学习过程以及学习内容。这意味着我们要创造持续的机会，以便教师和学习者及时进行回顾和反馈，要强调对成功的认可和对改进需求的辨识。正如哈蒂和克拉克（Hattie & Clarke，2019）所警告的那样，如果学习者没有阅读或聆听，或者没有机会将反馈付诸实践，那么提供反馈是没有意义的。在设计形成性评估时，要确保为学习者规划并提供时间，以便在教室、研讨会、工作室、工作场所和其他学习场所中尽可能根据反馈采取行动。

主要观点

形成性评估并不是在一系列教学活动结束时才出现。它从计划阶段的一开始就存在，是动态的，并且贯穿于整个学习过程。当我们计划学习者要达到的学习类型和水平时，我们就需要确定问题和评估活动，来检查学习者是否成功地参与课程并从中学习。我们还需要制定策略和措施，确保学习者朝着既定的学习目标前进。在这个过程中，我们需要对教学做出相应的调整，因为我们要确定学习者在课程中的进展情况。评估活动也可以在课程结束后使用，除了检查还可以巩固学习成果，并在取得的学习成果基础之上进一步提高。

克拉克（Clarke，2001，pp.51-53）有力地展示了教师在课堂上的语言如何影响学习者对重要内容的理解以及他们在课上和课后所关注的内容。需要注意这一点，评估的实施方式决定了学习。它的影响深远，因为实行评估对培养成功的学习者有很大的影响。它还决定了文化、权力关系、人际关系以及课堂、车间、工作室等环境中的互动。

如果教师的反馈和评论主要是关于展示和数据，而不是学习目的和质量，那么"学习目的和成功标准将被视为谎言"（Clarke，2008，p.51），而学习者却认为这些方面最为重要。此外，如果一个人对班上最高学业成绩的重视超过了对最大进步的重视，如果正确答案比尝试更重要，那么就会有一部分学生认为他们永远不会成功，还可能掉队。如果是这样，没有人愿意通过努力和冒险来获得丰富的知识。

正确把握形成性评估的指导原则，优化支持形成性评估实践的关键策略，对包容性和参与性的教学至关重要。当这些同最新的、彼此紧密联系的相关学科专业知识体系（见第九章）和广泛的教学方法和技巧一起使用时，学习者才有能力真正发展。

课堂策略

本章的下一节更详细地讨论了五个相互关联的范畴中的形成性评估策略。

分享目标和确认质量：学习目标和成功标准

如前所述，形成性评估的第一个积极因素是分享学习目标或学习意图。不清晰的学习目标会导致不匹配的活动，因为不确定每个人都在做什么，所以会阻碍成就。学习目标不明确也会曲解课程重点，难以明确成功的标准和良好学习的构成要素。为了避免这种情况，学习目标或学习意图应该在课程的某个阶段明确提出（尽管不一定在课程计划使用的术语中），可以根据活动设计的性质，在开始阶段或后续阶段提出来。有时也可以向学习者介绍一个简单的短语和记忆法来帮助他们识别、讨论和关注学习意图或结果。在学校里，"我们正在学习去做……"（We are learning to…，WALT）这一短语经常被使用。虽然教师很清楚必须要谨慎地使用符合学习者年龄特征的语言，但这个短语不仅有助于确定要学的内容，也表明学习是一个过程。

它帮助学习者了解自己的目标，但有时在课程开始时过于大胆地说出来会抑制学习者的兴奋、惊讶或好奇。教师可能希望通过各种创造性的方式来吸引学生的兴趣，所以他们在课程上到一半时陈述学习目标。在其他情况中，当学习者要去研究或创造一些东西时，在开始做之前给他们"答案"是不合适的。因此，理解不同类型的目标是有帮助的。艾斯纳（Eisner，2002）将课程目标与解决问题和创造目标区分开来。他认为，这些分类表明，以目标或结果的形式来拟定学习目标并不总是必要或恰当的。在某些情况下，以问题或挑战的形式来拟定学习目标可能更合适。例如，一位摄影教师在课程开始时可能会说："今天让我们思考一下，如何从你上周在大学图书馆拍摄的照片中捕捉到最好的动态图像。"一位音乐技术教师可能会问："我们怎样才能创造出一种让人想起20世纪70年代的声音？"值得重申的是，归根结底，良好教育和参与式教学、学习和评估的核心是教师的创造力和判断力，而不是"秘诀"或公式化的方法。

学习者也可以被邀请制定成功标准，他们被问到："如何知道我们已经达到了这个目标？"另一个在学校中成功应用的简单短语和助记法是"我在寻找什么"（What I'm looking for，WILF）。这种助记法鼓励学习者进行定期的自我评估。克拉克或其他人在学校使用的这些助记符，在FAVE中可能同样有效。你可能会调整这些短语，使之能够在你的实践中使用，或者开发一种新的记忆法。无论是哪种方式，重要的是找到简单清晰的方法与学习者分享学习目标和成功标准。

要帮助学习者理解他们的目标，可以让他们看以前制作出来的作品。对单个作品的讨论可以揭示人们给予作品的期望、作品的特征和作品显露其品质的迹象，但要注意避免给人留下一种印象，即只有一种方法或者应该抄袭例子。这里的例子当然不必局限于书面作品。各种各样的产品，包括模型、手工艺品、录音和动作视频，都可以用来激发学习。分享高质量的作品并分析其成因可能非常有效，但需要有多个例子，以便学习者认识到优秀作品有多种可能和独特的表现形式。

分享学习意图，培养品质意识，共同制定成功标准，都能让学习者对自己作品的质量负责，帮助他们成为更加自主的学习者，发展自我调节能力。然而，只有当学习者积极参与形成性评估，学习性评估的这几个方面才会出现。它们并不是由僵化的学习目标塑造的，尽管学习目标有时教条式地依附在简单的政策或高度规定的、科层化的、统一规定的课程计划上。因此，至关重要的是，我们要把重点放在学习意图上，而且不要在不知不觉中给人留下这样的印象：其他事情如行为或表现比课程的学习重点还重要。

重要的一点是，一旦学习者对学习目标和成功标准有了清晰的认识，他们就可以在与教师、同伴的形成性对话中，甚至在与自己的内心对话中，详细地思考和谈论自己的学习。这种对话使学习者能够保持适当的焦点，也有助于澄清认识、确定进步和困难。换句话说，学习目标和成功标准帮助学习者和教师谈论学习，并"看到"进步和"成功"可能是什么样子。当我们与那些在以前的教育环境中经历过长期失败的学习者，或者仅仅是那些已经脱离正规教育一段时间的学习者合作时，这一点就尤为重要（参见 Hughes & Schwab，2010b；Derrick et al.，2009）。

克拉克（Clarke，2005a，2008，2014）提醒我们，当要求学习者思考学习目标时，我们需要小心。学习者倾向于关注目标中最具体的要素，他们的思考和谈话更有可能是关于他们在做什么，而不是在学什么。通过这种方式，学习者假设他们在一个科目或活动中应用的学习过程与另一个科目或活动无关。例如，在下面的表格中，如果我们让学习者思考如何好好讨论他们城镇的污染情况，他们可能会思考他们对污染的了解，而不会去想他们为报纸写新闻报道的能力。表 13.1 中学习目标示例改编自克拉克的著作（Clarke，2005，p.31；2008，p.86）。

表 13.1　学习目标（改编自 Clarke，2005，p.31；2008，p.6）

学习目标	语境
撰写一份报纸报道	关于我们城镇的污染问题（基于研究和信息交流技术）
分析数据	使用地图册上的图形比较伯明翰和开罗的气候
用等值相加的方式进行乘法计算	使用计算器和各种资源
按照莫奈的风格作画	先分析莫奈的作品，然后练习他的技巧，画出公园里的一个场景
对话题提出书面的合理论点，包括"赞成"和"反对"两个立场	素食主义
了解人类婴儿的需求	采访一位家长关于她的婴儿的需求
调查一个经济活动的分布	采访一个家庭，了解他们的购物场所以及他们的购物模式的改变方式
排列写好的数字	使用至少 50 个数字卡进行排序
运用水彩创造冲刷效果	画出大海

考虑长期和短期学习目标的"嵌套"效应（nesting effect）或许有所帮助——例如，短期学习目标是写一篇关于污染的报纸报道，实际上与论述性写作、为不同的受众以不同的方式发声以及撰写研究分析报告等长期目标有关。

表 13.2　长期学习目标、短期学习目标和学习目标

长期学习目标 （通常几年之内）	短期学习目标 （个别课程）	脱离学习环境的学习目标 （强调"关键技能"，学生制定获得关键技能的成功标准）
能够正确使用标点符号	能够使用问号和句号	识别符号及其含义
能够设计一个科学实验	能够记录观察结果	观察并注意重要信息
了解都铎时代的重大事件	认识到亨利八世对人们生活的影响	选择和组织历史信息
能够以莫奈的风格作画	分析和实践莫奈的艺术手法	运用水彩创造冲刷效果

表 13.3 是英国一家大型工程公司培训部门的学习目标框架示例。

表 13.3　情境中的学习目标

学习目标：制作纸垫片。
使用场合：用于变速箱。
成功标准：在不撕裂材料的情况下制作垫圈；监控垫片的结构。为齿轮箱提供两个垫片。
活动（简写）：介绍；研究；在纸上设计；讨论；轻敲齿轮箱边缘制作纸垫片，为齿轮箱做出一个完美轮廓。
评估：自我评估、同伴评估和培训师评估，并制成垫片最终版本。

（Todd，2013）

一旦明确了学习目标，确立质量的概念，成功标准将帮助学习者实现学习目标。例如，在上述案例中，成功标准告诉我们成功制造纸垫片需要包括哪些方面。虽然最初我们需要模仿恰当的成功标准，但当学习者帮助制定这些标准时，这些标准才是最有效的。这样做的方法包括：询问要记住的关键点，比较产品样本，展示不完整的作品或者老师"做得不对"的地方，并引出改进作品的方法。制定成功标准也是将学习者的经验带入课堂的一种方式。他们可能有经验，知道不撕裂材料很重要（在上面的例子中）。帮助学习者养成将成功标准贯穿思考的习惯，能够使他们明确自己的目标，意识到自己的进步，并不断提高。表 13.2提供了一些示例，说明如何将长期和短期学习目标与学习环境分开，以帮助学习者"看到"学习过程中涉及的关键基础或"可迁移"技能。

分享学习目标、成功标准、质量概念以及对他们的学习进行评估的信息，都有助于学习者理解他们想要达到的目标。这些都可以看作短期规划的要素（见第十章）。克拉克（Clarke，2001，2005a，2008，2014）指出，当学习者参与讨论他们学什么、什么是"好"的学习成果以及如何评价他们的学习时，学习就会有所改善。此外，成绩较低的学习者比之前成绩较高的学习者取得更大的进步，这表明一些学习者以前缺乏成功可能是因为他们不了解成功是什么，需要做什么。

提问和对话

提问和对话对于以学习为导向的评估至关重要。通过对话，学习者才能了解自己的目标、达到目标的方法，以及组成一件高质量作品的要素。提问和对话是反馈和同伴评估的组成部分，也是教师评估学习内容、洞悉学生理解和误解的重要方法。这与我们在第十章、第十一章和第十二章讨论的研究和教育问题有许多共通之处。

课堂谈话不仅有助于对学习者当前的理解进行评估，是支持学习的评估中不可或缺的一部分，它本身还是一个思考和学习过程。学习者和教师都必须学会如何进行有效的对话。要取得成功的对话，必须具备下文所示的一些条件。

教师通过提问，准确地了解学习者已经知道和理解的内容，他们持有的错误观念，他们如何通过重要观点进行思考，他们哪些行为为高质量学习提供了证据，他们的哪些方面需要加强以及哪些步骤可进一步改进学习并达到成功。然而，教师提出的许多问题是不必要的，既没有经过深思熟虑，也没有什么效果。例如，封闭式问题可能意味着只有一个正确答案，而且教师已经知道答案。依据布鲁姆分类学，封闭式问题通常是在较低认知层次上对事实的记忆或基本理解，答案之前已经给出，这类问题通常以"这是……吗？"形式出现，答案直接是"是"或"不是"。在帮助教师理解个人所知道或理解的内容方面，封闭式问题的作用非常有限，并且常常会让教师误认为学习者理解的比他们期望的更多。例如："清楚了吗？意义理解了吗？大家都明白这一点吗？"当问到这类问题时，回答通常是"是"，但实际情况大不相同。

提问很重要，随后对话的质量在很大程度上取决于问题的性质。封闭式问题可以用于检查记忆，但它们不会激活对话。在布鲁姆等人（Bloom et al.，1956）的分类学中，开放式问题促进更高阶思维的发展，所以更有效。值得注意的是，"为什么"、"如何"和"什么"问题比"何时"或"何地"问题更有可能引发讨论，但在很大程度上也要取决于后续问题的确切表达和类型。问题的形式和产生的效果也各不相同。例如，教师可以通过提出一个问题和给出一系列答案来激发讨论和对话，答案包括绝对正确、绝对错误以及模棱两可的回答。也可以询问学习者对给出的一个说法是否同意，并给出理由。教师也可以给出答案，然后询问学习者问题可能是什么，或者也可以要求学习者确定哪种说法、形状或物体与其他的不同以及为什么不同。

提出问题后，计划并留出足够的"等待时间"（Black & Wiliam，2002）也非常重要。这可以让学习者在做出回应前有时间思考。否则，学习者很快就习惯将回答留给整个小组，让那些能快速回答的人来回答，结果他们对自己学习的信心越来越低，越来越害怕在公共场合给出错误的回答。学习者也可能习惯性地认为如果他们不回答问题，教师会自己回答，所以可以等待这种情况发生。威廉（Wiliam，2010）有力地证明了这种低参与度和低成就感呈向下螺旋式发展且破坏性大，结果是一些学习者一开始认为自己"迟钝"或"愚蠢"，永远无法变得"聪明"。威廉通过形成性评估的经验和实践指出，从积极参与课堂对话开始，学习者是可能学会成为更好的学习者的。

增加参与对话的其他技巧也包括采用小组形式。关键是使用"对话伙伴"，学习者在与整个小组分享他们的想法之前，可以先两人一组进行讨论。根据任务的内容，保持讨论的针对性，并且不要持续太长时间（从5秒或10秒到2分钟或3分钟），这种方法可以保证讨论不偏题而且还很有趣。教师还可以考虑经常随机性地选择对话伙伴，确保每个人都参与进来，并防止在群体中形成小集体。建立和使用基本规则、惯例和协议来监控和管理课堂行为是很有用的（Hughes & Schwab，2010；Pollard，2019）。能够参与有效的小组对话本身就是一项非常重要的技能，需要不断练习并给予支持。有一种方法是思考在课堂、研讨会、工作室或其他教育环境中如何通过运用自己的语言，给学生做示范，展示他们需要发展的语言。

反思活动 13.1　真正的好问题

真正好的问题和对话提示通常需要提前思考。有多种方法可以做到这一点。

- 鼓励学习者详细说明："多说一点关于……"
- 回应他们的想法，并帮助学习者澄清自己的见解："所以你认为……"

- 使用非言语鼓励：眼神交流、歪头、点头、微笑、扬眉。

- 贡献出自己的个人经历："我记得……"

- 提出建议——鼓励学习者提出建议或在你建议的基础上继续："你可以试试……"

- 鼓励学习者反思主题，而不是简单地通过示范"我有时会这样想或想知道是否……"来寻找最直接或最明显的答案。

- 提供信息或对某个主题进行观察："了解……也许会有帮助，提醒你……也许有帮助。"

- 对一个特定的话题进行推测："我也对此感到困惑。我不确定的是……"，"我想知道这是什么意思……"，"我不确定这对……的影响"。

尝试其中的方法，并记录你使用的确切措辞以及这些措辞产生的效果（包括学习者具体的反应）。与同事分享你的发现，鼓励他们做出同样的尝试并分享。

反馈和评分

对学习者的反馈可以是书面形式或口头形式。两者都可以关注评估任务和活动的结果或过程。我们已经看到，在关注学习目标时，反馈最有用。通过提问和对话，在课堂讨论中采用"缩小差距"（Clarke，2001）的方法可以帮助教师站在最近发展区（zone of proximal development，ZPD）（Vygotsky，1934），与学习者一起确定下一步的学习。当反馈是对进步和学习需求进行的持续双向对话的一部分时，那么提供书面反馈也可以是"对话式"的形式。

然而，在向学习者提供书面反馈方面存在许多问题和陷阱。其中包括：向英国教育标准办公室（Ofsted）督导人员或外部核查人员展示评估实践的评分；在说明哪些方面需要改进时，由于提供太多批评性质的反馈，以至于学习者感到不知所措，最后干脆放弃改进。另一个问题是提供的反馈过于模糊或平淡，学习者无法进行任何建设性的工作，所以他们可能不会阅读反馈或根据反馈采取行动。还有的问题是，反馈给出得太晚或者反馈的语言要么太复杂，要么太模糊，令人费解，这类反馈对学习者没有用处。记住不要把每一个书面作业都当作英语考试，也不要把每一个数学作业或计算当作数学考试。一次课程不要引入多个需要改进的技能或领域。学习者需要有足够的时间练习运用反馈提供的新技能、知识和建议。因此，教师最好为学习者安排时间阅读反馈，并在课程中采取行动，但要始终确保反馈足够具体，让学习者理解他们需要做什么。

教师可以对初稿给予反馈，帮助学习者提高最终分数；也可以对提交的作品给予反馈，帮助他们改进未来的作业。首先，反馈应关注学习者根据成功标准实现学习目标或意图的程度。当使用形成性评估对学习者的作业进行评分时，教师不能通过偶尔地打钩、给出整体分数或等级来明确学习内容。相反，在课堂之外与学习者保持对话很重要。理论上，可以通过使用"我""你"的对话语言来确定学习者的学习优势。例如，教师可以在学习者的作业上书写评语。

> "我喜欢你确定每种方法的优缺点的方式。"
>
> "在这一段中，通过使用有效的动词和形容词，你真的让场景栩栩如生。"
>
> "你对自己在这个问题上的立场给出了明确的理由，很好地证明了你的论点。"
>
> "通过参考相关文献，你继续支撑了论点中的关键要点。"

你可以通过仔细和建设性地使用问题，认真地使用祈使句来聚焦学习者的思考，指出具体的改进点。例如：

> "想一想，参考……你如何在此处扩展你的论据。"
>
> "……的作品如何与此处内容相关？"

"与你在这里提出的论点可能相反的观点是什么？"

克拉克（Clarke，2001）用如下一些例子做了展示，帮助教师构建他们的"缩小差距"评论。

- 关于学习者改进之处的提示："多谈谈你对这个角色的感受。"
- 支架式提示——为那些需要更多结构而不是简单提醒的人："你能描述一下这个人如何是一个好朋友"（使用问句），或"描述一下发生了什么事情，让你知道他们是好朋友"（使用指令），或"他告诉我当他做……时，他是一个好朋友"（给出一个未完成的句子，由学习者完成）。
- 示例提示——对需要更多帮助的学习者提供示例："选择其中一个人或你自己的朋友。他是一个好朋友，因为他从不对我说不友好的话。他是我的朋友，因为他总是对我很好。"

尽管这是克拉克在学校环境中进行的研究，但不难看出类似的提示如何在 FAVE 环境中使用。

案例研究 13.1　ESOL（操其他语言者的英语）的海报解释了由教育和培训基金会（Education and Training Foundation）支持的联合实践发展（Joint Practice Development）项目

　　下面的海报举例说明在参与由教育和培训基金会资助，与从事 ESOL 教学相关的联合实践发展项目中，教师如何在 FAVE 领域中对克拉克（Clarke，2001）提出的"缩小差距"反馈进行调整。教师扫描学生的作文，将其保存为 PDF 格式，使用视频反馈软件给学生提供形成性评估。教师使用软件对扫描的文件进行注释，注释过程和支持性评论被实时记录，对此的叙述贯穿整个评分过程。这样，教师在评分过程中和评分后就可以和学习者对话。然后老师将视频文件和带注释的 PDF 上传至学习管理系统 Moodle 中。每个学习者都可以通过 Moodle 随时获取反馈。学习者报告说他们能更清楚地理解视频反馈，并多次观看视频，喜欢听老师的发音，而且相较于书面反馈，他们更喜欢视频反馈。

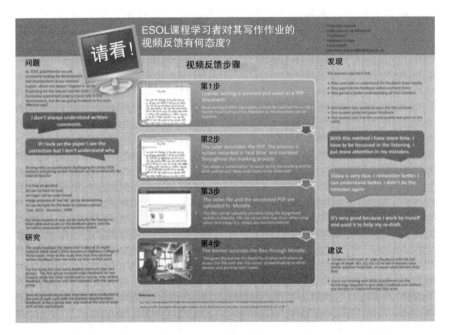

图 13.1　桑德兰大学卓越教师培训中心（SUNCETT-ETF）从业人员研究海报示例

　　上面的例子说明了教师在 FAVE 环境中如何相对轻松地调整、适应原本在学校中形成的那些严谨、稳健和原则性强的形成性评估方法。

　　反馈和评分操作要明确且易于管理，这一点非常重要。一些教师在辅导讨论中使用一些简短笔记来表示进行了口头反馈，并使用行动计划作为记录，证明自己对学生的作文初稿进行了思考。其他教师对评估任务的权重进行了调整，这样就可以先对初稿给予评分，再对修订稿进一步评分，两次评分可以看出学习者听取和回应形成性反馈和建议的程度如何。为了在质量和可管理性之间取得平衡，教师必须有选择性地对学生作文的某部分或某方面进行详细标记。例如，他们可能会在课程开始时花更多时间提供详细的形成性评论。这不仅有助于建立信任和支持关系，确立具有建设性的挑战的重要性和合理性，也有助于与学习者建立有意义的对话。学习者需要清楚他们在反馈和标记符号及规定方面的期望是什么。评估政策和实践需要对学习者、导师、雇主和其他利益相关者做出仔细解释。

反思活动 13.2 　非正式焦点小组

　　我们建议你与班上的学生建立一个非正式的"焦点小组"，与他们一起讨论你所做的评价示例。你也可以和他们一起阅读他们写的一些作品，一起审阅你给出的评论。学生对你的评论有何感受？

　　在向学生提供恰当的评价反馈时，你可以制定哪些保护学生尊严的方法？你能否与学生协商，来确定评价其作品的标准？

　　你也可以在教学过程中有意识地监督自己的口头反馈。注意你的评论并观察学生的面部表情。他们的反应如何？他们是高兴、安心、警惕、困惑、焦虑、愤怒，还是一副听天由命的表情？

自我评估和同伴评估

　　厄尔和卡茨（Earl & Katz，2008，p.90）曾说"所有年轻人都需要成为最好的自我评估者"。继续教育、成人教育及职业教育的经验告诉我们，这一点适用于所有人，不论年龄如何。

　　每个人都需要不断地学习和适应，成为更加自主、能够自我调节和自我监控的学习者。以上章节讨论的课堂策略可以帮助学习者增强自我调节能力。尤其是，了解了学习目标，明确了成功标准，学习者可以评估自己的学习。教师示范的反馈和批改意见有助于学习者自我反馈，其本质是"坐在他们旁边"，回顾他们的努力。自我评估需要支持和实践，因此教师可以首先发起这个活动。目的是让学习者掌握控制权，以便他们可以开始反复的自我评估，将实践融入对任务的持续学习中。这就是自我评估的真正力量所在，不是去对已完成的学习进行"打分"，而是学着不断评价和改进自己的学习。

同样，同伴评估正逐渐被视为协作改进（Harris & Brown，2018），而不是按照更传统的方式交换作业来打分。如果与同伴一起阅读和讨论作品，并立即做出改进，就不需要评分或给出书面评论。通常，尤其对于那些对自己的读写能力缺乏信心的同伴来说，强调书面评论的同伴评估可能会成为另一项读写工作，评估会受到书面表达能力的限制。同伴评估大可不必这样。

将重点放在讨论如何改进上，也会减少对判断的重视，并降低同伴评估中一些更敏感的风险，其中包括对自尊的潜在威胁和欺凌。为了促进相互学习与同伴合作，有助于学习者欣赏彼此的优势，可以增强群体认同感和凝聚力，帮助学习者欣赏另一种观点的价值。它还有助于提高学习者的自主性，鼓励学习者认识到，在发展自己的思维时，寻求、分析和使用他人的观点同样具有帮助。学习者关注自我评估和同伴评估，这也表明了他们正在寻求有助于改进的某些方面。

反思活动 13.3 自我评估和同伴评估

学习者在课堂上通过自我评估和同伴评估来提高他们学习的机会，请对此展开思考。当前评估实践的优势是什么？可能产生哪些负面结果？

如果有时间，多读一些有关自我评估和同伴评估的书。对照"学习性评估"（AfL）的三个原则（明确学习；促进学习自主；强调学习而不是表现），然后决定你在实践中可以做什么来帮助学生成为更自主的学习者。

自我评估和同伴评估的拓展是让学习者相互参与教学，换句话说，在教与学过程的早期阶段传递责任。扮演教学角色的行为本身就是一种学习体验。教育捐赠基金会（Education Endowment Foundation，EEF）的佐证工具包（Toolkit Evidence）概述（见本章末尾）表明，它在承担"导师"和"受培训者"角色的这些方面上都表现出持续有力且积极的影响，特别是当它用于巩固学习而不是引入新材料时，影响更显著。

调整教学与学习

奥苏贝尔（Ausubel，1968）认为，影响学习的最重要因素是学习者已经了解的内容；因此，教师应"确定这一点，并据此进行教学"（见第十章《规划》）。这种看似简单但有力的观察是学习性评估的一个关键要素，其概念是利用评估将下一步的学习与学习者在当前学习所处的位置进行匹配。

在学习一个新主题之前，教师可以通过多种方式检查学习者的理解。让学习者谈论他们学过的知识可以用来识别主题中的棘手的内容（Rutledge，2010）。拉特利奇（Rutledge）使用术语"棘手的内容"（tricky bits）来描述学习者经常遇到的某个主题中常见的误解和错误观念。教师意识到并关注一门学科中棘手的内容，然后就可以通过仔细的课程规划，开发具有创造性和系统性的方法来解决和挑战这些误解和错误观念。

课前和课后的概念导图也可以提供丰富的信息。已经开发的软件包可以帮助学习者组织他们想法，建立联系，看清理论和概念之间的关系。概念导图可以在课程前后使用，帮助学习者比较他们课程前后思维发展情况。其他方法如快速测验（纸质测试或使用信息技术的测试）、个人或小组演示、项目、海报演示、辩论和角色扮演等，可以检查学习者理解情况。

当学习者已经掌握了一些知识，评估他们当前理解的一种方法是让他们设计课堂测试。测试并不一定要真实发生，但测试题目要反映当前知识的广度和深度以及潜在的误解。另一种做法是，教师会给学习者一份列表，上面列出了有关即将学习的主题的各个项目，要求学习者指出他们对每个主题的理解，学习者使用"红绿灯"的方式，也就是将项目涂成红色、琥珀色或绿色，不同的颜色反映了他们对每个特定主题的了解程度或学习兴趣。这个方法在教学时间总是受限的情况下能够给出有效的指导，但它有两个必要条件。第一，列表中每一项的措辞必须确保学习者的回答能够提供有效的信息。我们不一定知道我们还有不知道的东西。例如，我可能认为我理解了"光合作用"，但可能有许多我自己都不知道的误解。第二，学习者必须诚实回答。当他们理解了任务的目的并知道回答的后果时，他们就会诚实回答。如果建立起一种支持和尊重的学习文化，这个问题就不大可能存在。但如果课堂强调的是把一切都做好，让人觉得自己很聪明，那么学习者可能会无法给出诚实的回答。

无论使用哪种技巧来确定学习者当前的知识和理解，教师都必须有足够的时间，根据他们发现的内容采取行动。如果后续课程已经计划好，没有时间进行修改，那么在针对某一主题的系列课程的第一次课上使用这些技巧是没有意义的。

在确立了出发点之后，还需要考虑目标。目标通常由课程、考试大纲、工作计划等决定。这些方面很重要，但它们必须要符合实际。计划一些中期目标可能更合适。有些教师让学习者参与决定学习内容，这种做法增强了他们的动机，促进他们努力学习。但是，对"你想到什么？"这个问题通常要给予一定的指导，因为学习者并不总是想到所有的可能性或限制因素。一种解决方法是鼓励学习者选择学习情境。在这个情境中他们探索由教师决定的需要掌握的概念和技能。例如，可以在许多不同的情境中学习和练习议论文写作或计算面积的技能。

此外，学习者头脑中对学习意图保持清醒也是一个明智之举，但学习很少是可以预测的线性过程。因此教师要对计划外但有价值的学习持开放态度，这种学习可能只在学习过程中才会显现出来。教师应该按分钟、按课节地检查学习，调整教学，以保持"随机应变"（Pollard，2019）。教师可以通过多种方式收集有关学习者进步的信息，例如：

● 措辞谨慎的提问除了帮助理解，也会引起重大误解；

- 在对话和讨论中，倾听学习者对问题的回答；

- 观察学习中的学生；

- 检查书面作业和其他实物证据；

- 查看学习者写在个人白板上的问题回答；

- 每位学习者使用"ABCD"卡回答多项选择题；

- 为每个学习者布置专门设计的任务。

教师可以根据自己对学习的理解做出许多不同的调整。一般来说，这包括加快或放慢学习进程、增加或减少步骤、改善材料或人员的支持、设置不同的任务或改变学习小组。实践的形式包括重新表述一个问题或提供不同的说明，彻底反思学习目标和实现目标的方法。总之，实践的可能性是无穷无尽的。许多调整几乎是在瞬间做出的，而其他调整可能在下次课或下周才开始实施；持续的监控和调整意味着我们可以继续使学习处于正轨。如果教师只是偶尔检查一下学习进展，就可能发现学习者的成绩出现更大的偏差，需要彻底改变策略才能回到课程上来。

学习者在监测学习进展和调整学习方面也扮演着重要角色。教师对整个小组负责，每个学习者都比他人更清楚自己是否需要额外的帮助，或者是否已经掌握了一些东西，需要继续前进。学习者可以使用多种策略，如询问合作伙伴、绘制图表、使用设备、查阅参考资料或以不同的方式表达自己的理解。持续的回顾和改进是自我调节的本质，是与自我评估相关的学习的重要方面。当一种学习文化在教室、研讨会或工作室中稳固建立时，学习者可能会在课程进展不顺利时轻松地告诉教师，以便共同决定如何改进问题。

教师有时担心偏离既定的工作计划（Schemes of Work）（见第十章）。工作计划和其他计划是用来帮助而非阻碍学习的，它的目的是让学习者参与有意义的学习并实现学习目标，而不是要学习者毫无疑义地遵循预定的计划。计划可以而且应该在教学过程中发生改变。此外，在学习结束时回顾系列课程，教师要思考哪些课程进展顺利，哪些课程不太成功，这将为下次讲授同一主题的课程设计提出修改建议。

总之，如果假设起点的准确性经过了检查，那么拟定终点的适当性也应得到质疑，学习所处的位置和进度得到全程监控，学习者也会参与反馈和适当的调整，那么学习和教学将更加有效。而不是（通常情况下）在推测每个人都到达了合适的位置时，如通过最后的主题测试，教师才会检查学习，此时解决任何问题可能为时已晚。前者才是学习性评价（AfL）的核心所在。

总结

在关注支持学习的评估时，我们注意到教学、评估和学习之间关系的复杂性。评估实践对所学内容，更重要的是对学习过程以及学习者的自我意识和参与感，都产生了深远影响。我们将在第十四章中继续讨论在课程任何阶段、各阶段结束时评估学习的方式，以及如何利用这些关于学习者学习进展的信息。

作为 FAVE 的培训教师，我们要培养学生养成做好某件事的性格，"能够站在世界高处，批判性地看待那些被认为理所当然的事情，这样我们才能开始看到怎样才能做得更好，如何才能做得不同"（Gregson & Todd，2019，p.9）。

主要阅读文献

有关以评估促进学习的详细分析，请参见：

Assessment Reform Group (1999) *Assessment for Learning: Beyond the Black Box.* Cambridge: University of Cambridge School of Education, 5–8. (**Reading 13.4**)

Black, P., Harrison, C., Lee, C., Marshall, B. and Wiliam, D. (2003) *Assessment for Learning: Putting It into Practice.* Buckingham: Open University Press.

Hamilton, M. and Hillier, Y. (2006) 'Mapping and tracking: assessment and accreditation'. In *The Changing Faces of Adult Literacy, Numeracy and Language.* Nottingham. Trentham. (**Reading 13.1**)

Harlen, W., Gipps, C., Broadfoot, P. and Nuttall, D. (1992) 'Assessment and the improvement of education', *Curriculum Journal,* 3(3), pp.217–25. (**Reading 13.2**)

Swaffield, S. (2011) 'Getting to the Heart of Authentic Assessment for Learning',

Assessment in Education: Principles, Policy and Practice, 18(4), pp.441–3. (**Reading 13.3**)

Wiliam, D. (2018) *Embedded Formative Assessment*. 2nd Edn. Bloomington, Indiana: Solution Tree Press.

布莱克和威廉（**Black & Wiliam**）编写的这本手册介绍了"学习性评估"的基本原则和实践：

Black, P. and Wiliam, D. (1998) *Inside the Black Box: Raising Standards through Classroom Assessment*. London: King's College.

以下书籍和附带的 **DVD** 资源对在学校实践中开展的形成性评估进行了深入讨论并提供了示例，读者可以清晰地看到这些示例如何在 **FAVE** 领域中调整使用。

Clarke, S. (2008) *Active Learning Through Formative Assessment*. Abingdon, Oxon: Hodder Education.

Clarke, S. (2011) *The Power of Formative Assessment: Self-belief and active involvement in the process of learning* (DVD). Sussex: Shirley Clarke Media Ltd.

关于反馈影响的最新研究：

Hattie, J. and Clarke, S. (2019) *Visible Learning: Feedback*. Abingdon, Oxon: Routledge.

以下文献对高等教育学习评估（适用于从事更高级别的继续教育、成人教育及职业教育领域的群体）进行了探讨：

Bryan, C. and Clegg, K. (2019) *Innovative Assessment in Higher Education: A Handbook for Academic Practitioners*, 2nd Edn. London: Routledge.

评估成人读写能力、语言和计算能力，请参见：

Hughes, N. and Schwab, I. (2010) *Teaching Adult Literacy: Principles and Practice*. London, Open University Press: McGraw-Hill Education.

Derrick, J. and Gawn, J. (2010) 'Planning and Assessment'. In Hughes N. and Schwab I. (eds) *Teaching Adult Literacy: Principles and Practice*. London: Open University Press.

Derrick, J., Gawn, J. and Ecclestone, K. (2009) *Formative Assessment in Adult Literacy, Language and Numeracy: A Rough Guide to Improving Teaching and Learning*. Leicester: NIACE.

第四部分
反思结果

第四部分谈到了 FAVE 取得了哪些成果，以及由谁实现的问题。它提出了我们做什么和如何做能带来哪些结果的问题。这部分还谈到了我们承担的法律和道德义务，以及学习者之间的差异等问题。

第十四章回顾了评估和评价，尤其是测量成绩和管理问责制。第十五章《包容》讨论了差异的各个方面，并提出在 FAVE 中建立丰富的、更具包容性的社区的方法。

第十四章 质量
我们如何评价教与学的质量?

导言

评价教学质量现在是我们行业许多人工作的一个重要方面（**Reading 14.1**）。与当代生活的许多其他领域一样，与"质量"（质量保证、质量提升、质量体系）相关的理念在 FAVE 中变得越来越普遍和重要。在本章中，我们将重点介绍如何在 FAVE 中理解、管理和报告教学质量评价。作为教师，我们应该如何思考自己的教学质量？

给教育质量下一个定义并不是一项简单的任务，因为不同的利益相关者对"高质量教育体系"的构成持有非常不同的观点。多尔蒂（Doherty，2008，p.256）概括说："这个问题没有简单的答案［你说质量是什么意思？］，因为"质量"和"美"一样，都是主观的、属于个人判断的问题。"丹尼斯（Dennis，2012，p.513）指出，质量是否意味着对某事物要达成一致，这是具有挑战性的。他借用加利（Gallie，1956，pp.167–198）"本质上有争议的概念"来强调：

> 这是多个相互矛盾的观点不断发生的相互作用，使得一个概念发展变化。一个本质上有争议的概念是无法达成绝对的一致。所有的和解都是暂时的，直到某些事情发生变化，让讨论永远继续下去。

有人会说，教育本质上是道德活动，它必须关注公平、卓越、民主和社会正义等理念，这些都不是纯粹的很实用的事情，它们都面临争议和挑战。另一些人则认为教育本质上是一个产业，产品是掌握了某一公认学科领域中适当水平的知识和技能的人。这些观点之间的根本区别反映了加利的"本质上有争议的概念"。

对巧妙使用公共资金的解释，非常合理地导致了政治家和政策制定者要优先考虑识别和衡量学习者成就的总结性方法，以及用影响指标的硬性测量进行教育评价（Black，Gardner & Wiliam，2008）。在英国（乃至全世界），许多政治家和公众人物认为，像集中修改课程内容、由国家规定标准、学校排名、目标、考试和检查等措施都有助于提高教育成就的标准。另一些人认为，用这种方式看待教育的影响，可能会产生反常的后果，从而将我们的注意力从由来已久的教育问题和担忧转移到"应试教学"或追求对成绩工具化的"捏造"（Ball，2003）。鲍尔（Ball）认为，这种对实践的扭曲（有时被称为"表演活动"）往往呈现为这些肤浅的现象：遵守集中制定的标准，对外部督导制度进行公示，制定狭隘的课程大纲，教育上的学习成果变得"薄弱"，等等。这些通常又有高度工具化的证据支持，这些证据表明表面的成就目标已经实现（Elliott，2001；Fielding et al.，2005；Coffield，2008；Pollard，2008；Biesta，2010a；Coffield et al.，2014［**Reading 14.2**］）。

威廉（Wiliam，2009）指出，提高教育成绩与个人生活质量和经济增长密不可分。

> 首先要考虑的是我们为什么需要提高成绩。并不是因为英国教育标准办公室（Ofsted）制定的学校排名或有时被称为"标准议程"的东西。而是因为提高成绩对个人和社会都很重要。对个人而言，更高的成绩意味着一生之中工资的增加、健康状况的改善和寿命的延长。对社会而言，这会增加税收，降低医疗成本，降低刑事司法成本（Wiliam，2009，p.1）。

教育系统中总结性评估和评价的不同方法反映了该系统中人们认为重要和不重要的内容（Stenhouse，1975；Sarason，1990；Gregson & Nixon，2009；Coffield et al.，2014［**Reading 14.2**］）

例如，一些总结性评估和教育评价方法主要关注教育目标（如教育系统的目的或结果）的测量，而其他方法更关注教育过程（如实现教育结果的手段）。

> **教与学研究计划（TLRP）原则**
>
> 　　两项**教与学研究计划**原则与教与学质量评估有关。
>
> 　　**原则 2：有效的教与学包括各种重要形式的知识。**教与学应与学科的重要思想、事实、过程、语言和叙述相结合，以便学习者了解某一特定学科的质量和标准。
>
> 　　**原则 10：有效的教与学要求一致的政策框架，以支持教与学作为重中之重。**国家、地方和机构的各级政策需要认识到教与学最基本的重要性。教与学的设计应能创造有效的学习环境，让所有学习者都能在其中得到发展。

　　本章讨论了对教育影响方式的不同看法可以揭示出教育成绩的不同证据。

主要议题

FAVE 中教与学质量的评价方法

　　对于质量（及其评价），有许多不同的观点。有两类观点会对我们有所帮助："管理导向"和"专业导向"。与帮助我们应对高度复杂的现实的任何方案一样，对待这些分类也要持谨慎的态度，要认识到它们之间存在重叠。我们也要认识到在 FAVE 中的教学质量评价系统可能会借鉴这两类观点。概括起来，每一类观点有如下主要特点。

- 管理导向由测量和界定投入、过程和产出这一需求驱动，它强调系统和过程、效率和效力。对一个组织表现的关键方面进行检查和报告是以公开可用的"质量框架"为基础。
- 专业导向指的是，把尽最大能力为客户服务的承诺和责任视为专业基础，不断发展和完善自己的实践，为专业发展做出贡献是专业人士应尽的道德义务。把教师视为匠人的理念（Sennet，2008）与这一专业导向相关。

区分质量的"管理"定义和"专业"定义与丹尼斯（Dennis，2012，p.518）区分"把质量作为要求"和"把质量作为愿望"有共通之处。

理想情况下，教育评价是学习结构中的组成部分。开展教育评价的目的是确保维持整体表现标准，或者确定教学、学习和评估等需要改进的方面，包括判断成功与失败的标准，以及教育期望与成绩之间差距的大小（Adelman & Alexander，1981）。教育评价可以采用总结性评价或形成性评价，也可以同时采用两者。无论采取何种形式，教育评价通常涉及系统地收集和分析证据，并根据证据对教学、学习和评估标准做出判断。最好是教育评价包含了领导者、教师和学习者等人的诸多观点。然而，在包含多个观点时也存在着相应的问题、优势和困难。存在争议的问题包括评价的重点应该是什么，用谁的标准，在做出判断时应该使用什么证据以及由谁来进行。布兰那等人（Brynner et al.，1982，p.10）指出，"只有让参与者有机会为评价政策的制定做出贡献，才能确保他们对评价政策的承诺"。他们的主要观点是，由于教师根据教育评价的结果不可避免地要为行动而负责，并对其建议付诸实施而担责，因此他们在决定采取何种形式进行评价上具有发言权。这种包容性的教育评价方法被称为"形成性"（Scriven，1967）、"民主性"（MacDonald & Parlett，1973）和"启发性"（Parlett & Hamilton，1972；Parlett & Dearden，1977）的评价。

利益相关方与学习者的声音

众多利益相关方对 FAVE 感兴趣，而且在许多情况下，这些兴趣点往往互相矛盾。每个利益相关方，如政治家、学习者、教师、管理者、雇主、当地社区成员，都可能对 FAVE 的目的持有不同的观点（Biesta，2010a，**Reading 1.1**）。在此基础上，如果其中一方认为 FAVE 的主要目的是让学习者取得"资格"，这将导致他们对质的看法与另一方截然不同，后者将"社会化"视为最重要的目的。

　　另一个明显的利益相关方是学习者本人。最近越来越多的关注集中在"学习者"（或"学生"）的声音。学习者个人成绩通常被汇总在一起，作为评价和比较某一个 FAVE 机构或全国系统整体表现的指标。这在"新自由主义"教育体系中是很常见的（Green & Janmaat，2011，**Reading 5.2**）。由于 FAVE 各机构之间的竞争，将会出现全系统范围内的整改。然而，这样就混淆了评价目标，导致了对个人学习的判断与整个 FAVE 机构或系统本身的衡量标准纠缠在一起。正如哈兰等人（Harlen et al.，1992）所说的，这种目标的融合可能会无意中带来重大后果。

　　每年都会对在英国参与高等教育课程的学习者开展全国性调查。调查结果用于建立和发布大学排名表。虽然排名表有助于向潜在学习者提供之前的学习者对其在某一机构学习经历的反馈，但它对把教育视为市场的观点起到了推波助澜的作用，并且可能会带来误导。在英国，英国教育标准办公室（Ofsted）通过"学习者之声"（Learner Voice）和"雇主意见"（Employer View）网站从两个特定利益相关者群体——学习者和雇主——那里收集数据。在威尔士，除其他数据收集机制外，督导之前还为学习者分发在线问卷，以及检查机构生成的学习者反馈数据。在苏格兰，"学生之声"的理念在"卓越学院"（How Good is Our College）的质量框架中尤为重要。该框架要求所有大学使用"学生评价框架"。下面将进一步讨论该框架。在每一个案例中，我们都看到"为学习者和其他人的声音留出空间"的重要想法正在由于竞争而变得更加复杂、更具争议。从本质上讲，教育不是市场，但如果把它当作市场，它就会受到影响（Coffield，2008，p.1）。高风险测试（high-stakes testing）制度和排名表"让学院与学院、同事与同事较量"，这反过来"阻止了学习社区的广泛出现"（Coffield，2013，p.20）。

　　对学习者表现进行的内部组织调查通常采取向学习者发放问卷的形式。虽然这样可以提供有关学习者满意度方面的定量数据，但讨论小组和学习日志可以更有效地获取学习者的声音，并帮助教师和教育部门领导者确定需要在实践方面做出的改进。但是正如科菲尔德所指出的，

"学生是经验丰富的教师观察者，他们善于发现教师之间的差异以及个人的优劣"（Coffield，2009，p.55）。 这把获得学习者观点来改善反馈的这一愿望转变为一种惩罚或中伤教师的制度。所以需要谨慎，以确保学习者的反馈能够提供帮助。菲尔丁（Fielding，2012）也提出了类似的观点，他认为我们需要与学习者合作，使他们能够与教师合作，寻求持续改进。他提出了"伙伴关系模式"类型，确定了学习者伙伴关系模式的不同类型，一共有如下六种不同类型的合作关系。

1.学习者作为数据来源——教师从中利用有关学习者进步和良好发展的信息。

2.学习者作为积极的回应者——教师邀请学习者进行对话和讨论，以深化学习或专业决策。

3.学习者作为共同探究者——教师发挥主导作用，为学习者提供引人注目、积极的支持。

4.学习者作为知识创造者——学习者在教师的积极支持下发挥主导作用。

5.学习者作为联合作者——学习者和教师共同决定联合行动方案。

6.代际学习作为一种活跃的民主制度——在此当中，所有人为共同利益分享承诺和责任。

菲尔丁认为，通过这种方式，我们可以将学习者（或其他利益相关者）的观点和经验或"声音"以真实、真正有用的方式融入我们为提高"质量"所做的努力中。

FAVE 中监控教与学质量的"自上而下"方法

英国各地的 FAVE 质量框架

近年来，来自企业和管理层的想法，尤其是与质量保证和质量提升相关的想法，在 FAVE 中的影响越来越大。来自工业和商业的质量保证和改进系统带来了对活动、表现指标和责任的更多监测或监督。该行业的一些人主张，教育评价必须严谨、客观，由被评机构之外的训练有素的督导人员进行评价。从这个角度来看，重点是要确保教育机构的运作方式能够提供符合国家政策法规的证据。这一点反映在英国各地使用的质量框架中，本节对此进行了研究。

政府和雇主都特别重视课程中的学生在学率、成绩、读写能力和计算能力的标准，以及获得的学术学科或职业学科专业知识的质量、通用性和相关性。重要考试、评估和督导报告的结果用于判断教学和学习质量。这给教育组织施加了压力，要求其在公共领域有良好的表现（Shain & Gleeson，1999，**Reading 14.3**）。结果、排名表和督导报告是影响学习者对学习地点的选择做出判断的重要因素。

在英国各地，不同的组织和框架是质量督导和改进的一部分。表14.1总结了这些组织和框架。

表 14.1 英国各地质量督导框架

地区	组织	框架
英格兰	英国教育标准办公室： "四分制"评分表 四项关键判断： ● 领导和管理的有效性 ● 教学、学习和评估的质量 ● 个人的发展、行为和福祉 ● 学习者的成果	共同督导框架：教育、技能和早期经历
北爱尔兰	教育及培训督查处： "总体有效性"——4 个级别 "表现级别"——6 个级别 要素或主题： ● 学习者的成果 ● 教育服务的质量 ● 领导和管理 ● 关怀和福祉（2 个级别） ● 安全防护（3 个级别）	督导和自我评估框架

续表

地区	组织	框架
苏格兰	苏格兰教育部： 六分制评分表——由学院确定并经苏格兰教育部认可的分数 四个"高层次原则"： ● 领导力和质量文化 ● 提供学习和服务以支持学习 ● 成果和影响 ● 改进能力	"卓越学院"框架
威尔士	威尔士教育标准办公室： 四分制判断量表 五个督导范围： ● 标准 ● 健康和学习态度 ● 教学和学习体验 ● 关怀、支持和指导 ● 领导和管理	共同督导框架

简要地了解每个框架就会发现它们有一些共同点。

● 少数方面或要素被确定为督导或评价的重点。也可以对其进行扩展，以确定更具体的"质量指标"。
● 要用外部指定的督导人员（虽然大学允许提名一些人员承担某项职务）。
● 督导人员使用量表进行判断或评分。在苏格兰，由学校自己确定等级，然后由苏格兰教育部批准（或不批准）。
● 重点放在改进或提高质量以及前瞻性的规划上。
● 自我评价报告是督导的基础。
● 督导或评价报告发布在上表组织的官方网站上。在苏格兰，每所大学（曾获得苏格兰教育部认可的学校）编写的"自我评价报告"会被出版，督导报告则不会出版。

该过程通常始于每一个 FAVE 机构，根据相关政府机构设定的标准编制一份自我评价文件。根据英国各地不同的标准选择机构接受督导（在苏格兰，所有继续教育学院每年都要接受苏格兰教育部的访问）。在视察访问之后，根据督导人员收集的证据，该机构被授予一个等级。苏格兰的教育由学校自己确定。这些等级确定了优势领域以及需要改进的领域。然后在督导报告中公布督导结果。

　　框架之间的差异与每所大学的被访频率、用于"分级类别"的名称以及涉及的调查程度有关。在苏格兰，大学的"自我评价"报告（曾获得苏格兰教育部的认可）是被公开的。通过这种方式，FAVE 的教师和教育领导者必须对他们的实践标准负责。在英格兰，未获得"良好"或"优秀"等级的学校需要改进，第二年将自动再次接受督导。施恩和格里森（Shain & Gleeson，1999，**Reading 14.3**）研究了英国继续教育行业专业实践的变化性质，展示了审计和督导文化的兴起如何导致管理主义文化的加强，这种兴起产生了不同形式的战略性服从，威胁到教师的专业精神和终身学习的一些政治理念。

　　英格兰地区的 FAVE 机构在政府资助的督导中，与外部设定的表现衡量标准进行对比后，屡次获得高分。这些机构获得了自主权，这意味对它们督导的频率降低，且督导力度放松，而那些被认为表现不够良好或甚至不合格的机构则面临巨大的压力，他们几乎没有什么外部支持。相比之下，在芬兰，由于公众承认所有社区都有权在其所在地开展高质量教育，即便表现不佳的教育机构也会得到支持进行改进（Sahlberg，2011，**Reading 4.2**）。不同国家的督导评级制度和后续的处理方式反映了占据主流的教育和社会价值观，揭示了每个国家关于教育目的的核心假设（Biesta，2015，**Reading 1.1**；Heilbronn，2011，**Reading 4.1**）。

　　各国政府关注全球经济竞争和国家劳动力的长期有效性，这一点合乎情理。一个国家的经济成功，包括其老年公民的养老金和福利，取决于其年轻人的教育以及其劳动力的资格和技能。尽管大多数注意力都集中在学校和高等教育上，国家间的比较也很常见。FAVE 系统的国际比较定期进行，通常是每年一次。对这些比较的解释可能会引起争议，因此要记住，这些比较可能出于政治目的而被故意操纵。在得出任何结论之前，我们需要谨慎对待它们。

学习者参与评价 FAVE 中的教与学

上文提到的每一种不同的框架都要求 FAVE 的办学者从不同的利益相关方（特别是学习者）那里获取一系列证据。前面已经提到了学习者的声音，这里需要考虑如何将学习者的声音作为"自上而下"方法的一部分来监控和评价质量。苏格兰的"卓越学院"框架通过明确引用苏格兰质量体系学生伙伴关系（Student Partnerships in Quality Scotland，SPARQS）制定的"学生参与框架"（Student Engagement Framework），强调了"学生之声"的重要性。根据 SPARQS 网站，"学生的参与对大学和学院至关重要——无论是在学习、教学和质量过程还是管理方面"（SPARQS，2019）。

"学生参与框架"包括学生参与的五个关键要素。

1. 学生感觉到自己是支持性机构的一部分。

2. 学生参与自己的学习。

3. 学生与学校合作，确立学习方向。

4. 质量和管理的正式机制。

5. 在国家层面影响学生体验。

这个框架还指出了学习者有效参与的六个特征：

- 参与文化；

- 学生是学习伙伴；

- 回应的多样性；

- 重视学生的贡献；

- 强调改进和变化；

- 恰当的资源和支持。

苏格兰质量体系学生伙伴关系与大学和学生协会密切合作，确保学生参与框架有效地保证"学生之声"在苏格兰的继续教育中得到有效的倾听和尊重。

FAVE 中教与学的质量指标

FAVE 中用于评价教与学的"质量指标"的范围非常广泛，对上述框架的简要回顾就说明了这一点。然而，正如吉布斯（Gibbs，2010）所强调的那样，一些指标可能比其他指标更加稳健或有效，应引起高度重视，其他指标也需要更加谨慎地对待。吉布斯（Gibbs）建议根据比格斯的 3P 模型（Biggs，1993），使用三类"质量指标"（或变量）。这三类指标如下。

- 预测（Presage）——通常是拟定、启用或约束教育形式的变量。可能的例子有：学习者人口统计资料、先前学习者所获资格、资助、工作人员的经验。
- 过程（Process）——描述教学和学习过程的变量。可能的例子有：班级规模、接触时间、师生比、评估任务的数量；正式反馈的数量或频率。
- 产品（Product）——与教育过程成果相关的变量。可能的例子有：学习者的表现、在学率、就业能力。

吉布斯提醒我们（Gibbs，2010，p.12）：

> 将变量分类为预测、过程或产品并不总是直截了当的。例如，一些过程变量（如学生参与程度）可能与其他过程变量（如班级规模）相关，而班级规模又可能与资助水平相关。

在苏格兰的"卓越学院"框架内，学院采用 12 个质量指标（quality indicators，QI）制作评价报告。四项苏格兰框架关键原则中的三项由以下质量指标支撑。

- 领导力和质量文化（4 项质量指标）。
- 提供学习和服务以支持学习（3 项质量指标）。
- 成果和影响（2 项质量指标）。

法定测试及考试

在英国的 FAVE 环境下，正式评估和测试通常在单元结束时进行，是总结性评估的一种形式，用来评估课程或单元结束时所学的内容。通过这种方式，这些评估形式测试了学习者个人的成绩或表现。评估结果还用于跟踪 FAVE 机构的表现以及整个 FAVE 系统的有效性。在英格兰，《沃尔夫报告》（Wolf Report，2011）的发表使得在 FAVE 学校中考取英语和数学普通中等教育证书（GCSE）的学生数量急剧增加。

考试成绩和其他形式的总结性评估是目前督导和问责制结构的一部分，也代表了学习者的个人成绩。总结性评估具有极高的"风险"，也就是说，对个人和机构的评估在很大程度上都取决于总结性评估，大多数 FAVE 机构的政策和实践都非常适合于最大限度地利用这些测量结果。开发高质量的测试和考试是一项复杂而专业的活动。测试开发不仅包括编写和开展测试项目的试点研究，还包括所有评分方案和评分审核、评分员的培训和监控、为需要特殊安排的学习者制定考试步骤等。考试委员会（Examination Boards，EBs）、授予机构（Awarding Bodies，ABs）和测试开发机构通常拥有丰富的专业知识和多年积累的经验，它们得到现有研究部门的支持，同时自身也受到监管。

然而，测试永远不可能是一门精确的科学。布莱克和威廉指出，"外部测试的可靠性非常有限，它们获得了不应有的自信"（Black & Wiliam，1998a，p.158）。毫无疑问，有些学习者被错误地分类了，虽然我们还不清楚哪些人以及总共有多少人的分类是有疑问的。威廉（Wiliam，2001）估计，至少有 30% 的学习者可能会被判错分数。

外部测试产生的另一个问题是"等级膨胀"的风险。当更多的人（通常是年轻人）在考试中表现出色时，媒体经常提出的问题是："这些学生真的比前几年的学生好很多吗？""是因为考试越来越容易，标准真的在提高，还是从某种意义上说，标准真的在下降？"为了消除这种担忧，考试委员会强调，他们每年都根据考官对教学质量的判断来设定分数界限。他们还通过跨学科来取得比较的结果，并使用统计模型试图解释其他情境因素。即便做出了这样的努力，考试成绩仍然是政治辩论中经常关注的焦点。在英国，国家考试结果公布后的几天里，媒体经常让教师处于"两败俱伤"的局面，如果学生成绩提高，报纸头条就会宣称考试和评估程序过于简单；如果学习者的表现下降，新闻标题就会批评教师的教学水平和学习成果标准下降。

教师评估

总结性评估的另一种方法是进行定期的教师评估。教师可以根据国家框架对学习者个人的学业水平做出判断。这种做法通常用于决定学习者是否努力达到某一特定级别资格，如取得英国的普通中等教育证书。但这样的分类对学习者实际理解了什么和能够做什么提供了很少的信息。虽然测试和任务可以对教师评估提供信息，但教师评估的真正价值在于做出决定之前可以仔细考虑各种各样的证据，从而提高有效性，因此测试结果不应该被过分强调。如果我们了解学习者的个人情况，并且对他们的优势和发展领域有细微了解，我们就可以对他们的进步做出判断，不一定要依赖更正式的评估制度。

作为教师，如果评估目的是为了总结和比较，那么我们对标准的理解对于评估的可靠性是至关重要的。一旦我们做出了临时判断，就需要进行评分审核，确保对学习者公平，产生的数据是有用的。评分审核制通常有助于确保评估在更广泛的领域中具有可比性。在 FAVE 中，评分审核过程通常涉及检查每个群体中学习者学习的百分比样本，涵盖全部学业成绩，例如，从不及格或临界不及格到"优秀"（达到可用分数的 70% 以上即被视为"优秀"）。学习者的试卷或作业通常首先由其授课教师打分，然后由另一位可能认识或不认识该学习者的教师打分。两位教师都会得到一个达成一致的分数。然后，来自不同群体的学习者成绩样本可以由教授相同或类似课程的其他 FAVE 机构的教师进行评分审核。他们需要详细讨论评分的差异，以确定如何加强评分的一致性，然后将成绩样本提交外部审查。受邀的外部审查人员通常来自其他教育结构，他们讲授类似课程或提供相似的课程教育，是一群受人尊敬、经验丰富的教师。评分审核还可以包括授予机构指定的外部核查人员。这种外部审查或核查的主要目的是确保学习者的学业成绩符合全国各地提供相似课程的不同教育机构的预期标准。

反思活动 14.1 如何对教学进行评估和审核评分？

请先单独思考以下问题，然后与同事分享。理想的做法是和来自不同机构或者在 FAVE 不同部门任教的熟人进行分享。

你教授的课程是如何被评估和审核评分的？教师的角色是什么？

你所在的机构或你的资格认证系统使用了哪些审核评分流程？

如果你有审核评分的经历，你在担任这个角色时经历过哪些挑战？

FAVE 中评价教与学质量的"自下而上"方法

从业者调查、专业学习以及教与学的微观评价

FAVE 教师需要经常考虑的关键问题是：我如何知道我对教学实践做出的改变是否能有效地为学生创造更好的学习体验和结果？

要想回答这个问题，就要了解"从业者调查"（practitioner enquiry）这个概念。"从业者调查"并不把 FAVE 的教师置于仅对外部影响做出回应的位置，它强调了教师需要更积极地参与专业知识的生成。在苏格兰，唐纳森的报告《苏格兰的未来教学》（"Teaching Scotland's Future"）（Donaldson，2011）将"从业者调查"描述为理论依据清晰合理的调查，且调查结果可以共享，因此这项工作也就不仅仅是个人反思和个人调查了。

唐纳森在他的报告中设想，从业者调查将成为专业学习和发展的

核心要素，并成为所有教师应承担的专业责任。摩尔（Moore，2011）也认同这一观点，他确定了以下重要原则作为从业者评价教学方法的基础。

1. 评价应促进学习者、学术人员和专业服务人员就有效学习的性质和实践进行调查。

2. 自我评价和批判性反思是有效学习所需的核心技能，因此评价的目的应该是为有效学习做出示范。

3. 评价应具有参与性和包容性，因为它不仅使所有利益相关方参与，而且还使他们在评估活动中合作并分享从评价中吸取的经验教训。

4. 评价应区分形成性目标和总结性目标。

5. 评价应侧重于核心目标或倡议的目标。

6. 评价应该是公开和诚实的。

7. 评价应确定并建立在优势之上，而不是采用完全落后的发展模式。

8. 评价应持续进行。它不是在倡议或开发活动结束时或仅在某个固定时间点进行的活动。

9. 评价的资源应与活动的资源成正比。

10. 评价既要聚合，也要发散。聚合评价侧重于预期目标。发散性评价旨在确定意外结果。

（Moore，2011，p.8）

如果把评价视为回答一系列关于教学或教学实践问题的过程，那么我们需要用高质量的证据来回答这些问题。收集可靠证据的方法范围广泛，不同的背景或目的将影响方法的选择。摩尔（Moore，2011）认为，我们必须要在收集"丰富数据"和"广泛数据"之间做出选择。前者提供了深度，对学习者体验具有启发性，而后者提供了更广泛但可能是浅显的选择范围。前一类数据通常是定性的，通过学习者反馈来收集，反映了广大群体中少数学习者的情况。后一种类型的数据通常是定量的，但就实际学习经历而言，又可能没有太多的价值。

正如摩尔（Moore，2011）所阐明的，评价的目的应该指导我们选择合适的方法来收集数据。可选择的方法包括：

- 结构化或半结构化访谈；
- 录像；
- 反思日志；
- 焦点小组；
- 问卷；
- 课程结束后的"红黄绿"勾选（学习效果调查）；
- 评估结果（形成性和总结性评估结果）。

为从业者调查提供有关教与学评价的机构支持

如果教师工作的环境没有支持性的机构文化，即使是最敬业的教师在评价自己的教学并分享见解之后，取得的成果也是有限的。这种机构文化的关键要素包括：来自高级院校管理人员的支持，从业者调查视角，信任，分配进行评价和发布结果的时间，愿意承担（合理的）风险，把失败当作学习的机会以及通过同伴学习和指导或辅导与同事合作的机会。关于后面一点，格雷格森等人（Gregson et al.，2015，**Reading 16.1**）描述了帮助从业者改进教学实践的"联合实践发展"（Joint Practice Development，JPD）方法。他们强调，联合实践发展需要时间，对参与改变过程的人提出了更高的要求。他们给出了一个六步循环法来激发讨论并将其作为重点，讨论了人们可以而且应该根据具体情况进行调整。最后，作者断言，大多数人都想做好工作，而且做得更好——在个人学习中评价教与学反映了这一点，但只有在支持性的机构文化中进行评价才会有效。无论工作地点如何，所有人都应该对此进行反思，我们应该怎样努力建设更具支持性的机构文化。

反思活动 14.2　机构文化

你认为你所在机构的文化在多大程度上支持你（或你的同事）

对教与学进行有效的评价？要使文化更具支持性，需要进行哪些改变？在与同事分享自己的教学评价时，你可能面临哪些挑战？

使用评估数据作为教育评价的一部分

　　虽然大量的时间、精力和金钱都花在评估上，但要改善学习者的学习（见第十三章）需要评估信息被真正使用，而不是被简单地收集。这里需要注意的一个关键点是，评估信息要能够被不同的人以各种各样的方式使用，而且还能用于不同的目的。

支持学习者和进步

　　本书反复提到，以学习者当前的知识和理解为基础是至关重要的。任何课程或学习单元的最开始，我们需要使用评估信息来确定每个学习者在该科目上的入门水平。在讲授任何课程时，我们都可以根据学习者的反应，使用形成性评估信息来调整教学。每节课结束后，我们可以在教学计划或在反思日记中记录下一次课需要考虑的事情。这些做法可能适用于所有或部分学习者。因为设计出来用于提供支持的学习目标已经很好地达成了，它与强化某一特定概念或省略已经计划好的活动需求有关。

　　在单元或课程结束时，我们可以针对该单元或课程的重要学习目标设计一个特定的评估活动。随着学习者的其余学习需求和任何误解或错误认识的出现，我们也可以在单元或课程接近结束时的最后一段时间里扩展学习或检查单元或课程目标。完成一个单元、知识模块或课程后，再次做好记录，以便以后对其他人讲授这个单元或者对同一组学习者讲授与之相关的其他单元时，能有所了解。

　　FAVE 教师可使用个人学习计划（Personal Learning Plan，PLP）、个体学习计划（Individual Learning Plan，ILP）或类似计划与学习者合作，根据商定的标准，监督学习者的努力、进步和成绩。个人学习计划

（PLP）的检查通常从学习者根据国家标准、课程标准或个人标准对自己的学习进展进行自我评估开始。学习者将自我评估过程和做出判断的支撑材料带到个人辅导课中，并在与导师进行专业、职业或个人的对话和目标设定时，将其作为重点，以便确定学习者在未来发展中采取的下一步行动。

数字评估数据可以以级别或等级的形式呈现，它们可作为个人学习计划过程的一部分，用于跟踪随着时间推移而取得的学习进步。个人学习计划数据可定期用于监测个人和群体的成绩，并与学习者以前的成绩和目标成绩进行比较，判断他们是否处于适当的学习轨道，是否落后或超过预期。不同的教学场景如审查和修订初始目标，提供额外支持或拓展挑战，可能导致支持学习的行动产生差异。同样，当根据"所有"、"大多数"和"部分"学习者的预期目标设定了对单元、知识模块或课程的预期后，记录每一类别的学习者姓名可以追踪学习者的情况，但无须使用级别或等级。虽然级别或等级具有明显的吸引力，但在呈现学习者学习时，数字是一种非常武断的工具。

迁移和转型

当学习者从一个水平迁移到另一个水平时，评估信息可以支持有效的转型。当学习者想要从一个 FAVE 机构转入到另一个机构时，或者当他们进入高等教育或就业时，评估信息就提供了重要信息。重要的一点是，关键信息必须以可管理的方式传递，而且要在信息可以被有效使用时传递。评估信息可以是学习者的成绩单或个人参考资料。

完成 FAVE 课程的人可以参加工作或继续学习，也可以参加由雇主和行业培训中心提供的学徒见习，这是一种传统的职业教育路线，帮助学习者走进技能型职业或大学教育。对许多人来说，当代经济环境更具挑战性。学习者某方面的进步和成绩，如适应力、决心、自信、自尊、创造力、灵活性、持续学习的承诺，通常不在正式评估体系中衡量。但这些都是重要的品质，与找到工作或进入更高层级的学习息息相关。

整体的组织改进和问责制

近年来，尤其是在英语教育系统中，评估佐证的使用与目标之间的关系尤为突出。国家目标已经确定，与实现这些目标密切相关的资金大量地涌入 FAVE 机构中。绩效目标和结果数据对机构政策和实践产生了巨大的影响，对责任机制也很重要。这是世界性趋势，尽管"英国可以说比世界上任何其他地区都拥有更多、更复杂的数据"（Earl et al., 2003，p.385）。

学生在校期间在不同场合参加国家考试、测试和相关评估，产生了大量数据，与此同时，信息技术的发展使大规模数据存储、复杂分析和详细报告成为可能。除此之外，教育责任制现在受到高度重视，这催生了许多行业使用评估数据管理信息系统进行组织改进并建立问责制。大学校长、教育部门领导和督导人员定期使用这些评估数据为组织改进助力。这也为学生、雇主和他人提供了解决分歧和解释信息的机会。

然而，专注于目标、数据收集和以结果为驱动的资助可能会产生严重的意外后果。数据有助于做出明智的决策（Ofsted，2008），但也具有误导性，容易被误解，甚至变成"游戏"。所有教师和教育领导者要想确定其实践中需要改进的地方，就必须对评价和评估数据及其优缺点和相关问题有基本的了解。因此，在教学作为工作的核心与确保数据收集不会变得过于繁重这两者之间，要取得平衡。数据不应成为打击教师的棍棒，而应该作为进行富有成效、开放、诚实和建设性的专业对话的重点，在对话中，所有相关方都应相互负责，确保教学和学习的改进。

从评估中获得的数据有时被称为"绩效数据"（performance data），这个术语包括原始的和聚合的成绩数据、增值数据和情境增值数据。

成绩数据可通过教师评估、任务、测试和考试、同伴观察生成，它通常关注某些关键指标，例如在综合科目的考试中达到特定水平、取得更高成绩，从多个科目中取得的得分点，或通过同伴观察取得更高等级的成绩。当对学习者个人的原始数据进行汇总时，也可以使用其他指标，例如获得五个或五个以上好成绩的学习者的百分比。增值数据考虑到学习者有不同的起点，因此在一个阶段结束时，两个原始分数相同的学习者可能取得不同的进步，甚至有的学习者根本没有进步。增值数据适用于个人和大型学习者群体，它在比较招生成绩存在很大差异的机构时尤其重要。情境增值数据不仅考虑了学习者的先前成绩，还考虑了其他因素，如性别、种族、特殊教育需求，以及社会贫困的指标，如学习者居住地的邮政编码或地区。许多人认为，与原始分数相比，情境增值是更好地衡量组织表现力的方法（Schagen & Hutchinson，2003），但是增值数据也需要理解和仔细说明。绩效数据可以汇总、分析并用于生成排行表。这些通常会引起媒体的高度关注并被宣传，以便学习者和雇主能够对不同的学校做出判断，从而为选择提供信息，这反过来又为组织改进带来了市场压力。然而，正如我们讨论的，这种分析的可靠性不能被认为是理所当然的。

反思活动 14.3　数据存储

请试着确定你所在的组织、地区或国家中数据的存放位置。你在哪里可以找到比较学习者成绩的信息？你的机构是否要求你使用基准线？如果需要，你是如何做的？

如果可能，请与你所在组织的其他人或你所在地区 FAVE 行业的其他人交谈，并比较你们的记录和经历。

记录和报告

保持记录

所有教师都需要决定应该记录学习者活动和学习成绩的哪些方面以及如何记录。

记录什么？

评估和记录用于多种目的。记录必须符合法律要求，这是底线。法律通常要求学校机构为每个学生保留"课程"记录。它们正式记录了学业成绩、课程或单元及作业结果、技能、能力和进步，是每个人更全面的教育记录的子集，必须要保存下来。通过简单地保存所有课程记录、审核记录和报告以及一些评估档案，就可以实现这一要求。但是，这还不足以支持学习者的学习，也不可能满足督导人员及其他人的要求。他们希望看到在学情况、成绩和其他有关学习者个人学习起点的数据的详细分析，希望看到每个学生充分发挥潜力的佐证，以及衡量个人和团体进步的不同证据。

除法定最低限度外，在任何组织内，教师都可以保存各种不同的记录，每种记录都有其特定的目的和用途。这些记录包括：

- 教师计划下一步教与学的支撑材料；
- 有关学习者知道、理解和能做的事情以及他或她取得进步的支撑材料；
- 证明学习者意识到他们正取得进步的支撑材料；
- 设定目标的支撑材料；
- 与导师或用人单位（雇主）讨论的支撑材料；
- 关于学习者的成绩、进步和学习需求的准确信息，这些信息可以传递给下一位教师；
- 协助教师年终或法定评估的支撑材料；
- 鉴于学习者反馈，为中期计划和工作计划提出修订的支撑材料；
- 教学效果评价的支撑材料；
- 在推进组织改进计划过程中发现的问题和采取的行动的支撑材料。

（改编自 Swaffield，2000）

案例研究 14.1 如何保存记录？

这个问题涉及记录的可管理性和使用。思考可以采用的各种记录形式会对我们有所帮助。

无论组织决定采用何种记录体系，教师都要保留记录，以协助日常教学，并为整个组织系统的监管做出贡献。在大多数国家，获取记录的趋势都在增强。例如，在英国，教师可以保留个人记录仅供自己使用，但任何可能被其他教师或其他专业人员看到或移交给他们的记录必须按要求提供。这可以帮助教师养成主动记录成绩的习惯。这一问题反映出对个人信息的集中积累和记录给予了一般性的伦理关注，无论在医疗、金融、犯罪还是其他方面的信息记录。事实上，大多数人可能想知道哪些信息被保存，为什么被保存，由谁来保存。事实上，许多人认为这是一种权利。对教师创建的记录保有持续的潜在读者意识是必要的，欧洲 FAVE 行业的各个组织应该考虑《通用数据保护条例》（General Data Protection Regulation，GDPR）给出的启示以及 2018 年《数据保护法案》（Data Protection Act）和 2000 年《信息自由法》（Freedom of Information Act）的要求。

向雇主、导师和其他利益相关方汇报

和其他环境的非正式学习一样，家庭和雇主在学习者的生活中起着极其重要的作用。因此，如果教师能够向这些重要人物通报资讯，向他们学习并且与他们合作，学习者的学习成果可能会得到相当大的改善（Desforges & Abouchaar，2003；Goodall & Vorhaus，2011）。

然而，有两种看似矛盾的预期影响了我们如何汇报学习者取得的进步。第一种预期是，在 FAVE 中，雇主和导师通常是教师和家庭成员的合作伙伴，他们对每个学习者的学习起到了支撑作用。雇主和导师可能会在课程的招生和选拔阶段以及其他关键发展点，同课程委员会及评估委员会一起定期受邀进入学校。辅导讨论也可能包括对评估过程、学习者的进步以及他们目前为止的学业标准和成绩进行考量。

一种最明确体现合作伙伴关系模式的方式是 FAVE 机构报告学习者成绩时采用的流程。诸如指导小组、焦点小组、开放日或开放夜、就业能力活动、临时报告、电话、电子邮件、个人面对面讨论等活动，都可以加强学习者和教师之间的关系，同时也可以满足雇主对获得机会和信息的期望。在一些最佳实践中，学习者是积极参与者，例如他们通过雇主或以前的学生参加招聘会和初次受聘活动，并参与书面报告和评价。

第二种预期是基于雇主作为职业教育消费者的形象，雇主与学院或培训机构签订合同，向其当前或未来学徒、雇员或未来雇员提供教育服务。因此，雇主和其他利益相关者需要一份结果报告。通过该报告，FAVE 机构便可对学习者的进步负责。大多数 FAVE 机构都会做出规定，这反映了这两种方式的基本内容。虽然 FAVE 的合作模式在专业上被公认为对学习者及其在 FAVE 环境中的学习做出了非常具有建设性的贡献，但消费者模式则通过诉讼和建立部门主导的雇主组织才得到越来越多的担保。

对于按照国家标准进行等级评定的学习者，需要提供额外的信息，也必须提供与同龄 / 同科目学习者在组织内和全国范围内相互比较的信息。这些要求为教育的消费者模式提供了素材。合作伙伴关系方面最明显的表现是在报告中加入了未来目标，并就雇主可以提供帮助的具体方式给出了建议。然而，随着时间的推移，合作伙伴和消费模式之间的紧张关系将如何发展，尤其是鉴于资金的严重削减，以及 FAVE 和大学课程学费的显著提高等问题，这种关系何去何从还未可知。

总结

本章讨论了教育评价的方法既重要、复杂又具有争议。教育评价对学习者本身至关重要，因为他们的生活和人生际遇可能会受到教学质量、课程中的学习经历，以及这种学习在官方认证或其他记录中的表现方式的显著影响。总结性学习者评估可以塑造自我形象、自尊、自信和动机。因此，对学习采用总结性评估的过程是复杂的，需要仔细的专业判断。

总结性评估和以结果为导向的教育评价方法通常也会对 FAVE 机构、教师和院系领导产生影响，因为他们的工作是根据正式的总结性评估中学习者的成果而做出判断。在英国各地，FAVE 机构越来越多地受到监督和评价，其结果也向一系列利益相关者公开。通过"学习者之声"这一理念，学习者作为教育过程中关键的利益相关者群体，其重要性得到了认可，这也鼓励了学习者成为评价过程的共同参与者。

为了应对这些挑战，我们需要有把握地理解与（不同级别）教育评价相关的问题，这样可以方便我们为学习者做出最佳决策，培养我们对教学实践进行明智改变的信心，即我们的"教师能动性"意识。我们必须与同事、学习者、雇主、导师、督导人员、决策者和公众进行合理对话——尽可能积极参与所有级别的对话，寻找机会发挥更好的影响，这是我们作为反思型实践者的关键要素。

主要阅读文献

有关评价政策和方法，请参见：

Brynner, J., McCormick, R. and Nuttal, D. (1982) *Organisation and Use of Evaluation.* Milton Keynes: Open University Press.

Gaillie, W. B. (1955) 'Essentially Contested Concepts', *Proceedings of the Aristotelian Society New Series,* Vol. 56 (1955-56), pp.167–98.

Pollard, A. (2008) *From Learning Cultures to Educational Cultures: Values and Judgements in Educational Research and Educational Improvement.* London: Continuum.

Parlett, M. and Dearden, G. (eds) (1977) *Introduction to Illuminative Evaluation: Studies in Higher Education.* Cardiff-by-the-Sea, California: Pacific Soundings Press.

有关总结性教育评价方法对教学的影响，请参见：

Gregson, M. and Nixon, L. (2009) 'Assessing Effectiveness: Ways of Seeing Impact',

International Journal of Interdisciplinary, Social Sciences, 21(3). **(Reading 14.1)**

有关对政府政策的评论和深思熟虑的回应，请参见：

Coffield, F. (2014) in F. Coffield, with C. Costa, W. Muller and J. Webber, *Beyond Bulimic Learning: Improving Teaching in Further Education.* London: Institute of Education Press, pp.1–21. **(Reading 14.2)**

想了解管理主义在 FAVE 领域的兴起，以及评价和评估实践如何将注意力从持久的教育问题上引开，请参见：

Biesta, G. (2010a) *Good Education in an Age of Measurement.* London: Paradigm Publishers.

Shain F., and Gleeson D. (1999) 'Under new management: changing conceptions of teacher professionalism and policy in the further education sector', *Journal of Education Policy,* 14(4), pp.445–462. **(Reading 14.3)**

有关将教与学作为 FAVE 领域主要优先事项的观点，请参见：

Coffield, F. (2008) Just suppose teaching and learning became the first priority. London Learning and Skills Network.

关于 FAVE 教师使用自己在教学中的评价来支持同事发展，请参见：

Hattie, J. (2012) *Visible Learning for Teachers: Maximising Impact on Learning.* London: Routledge.

第十五章　包容

我们如何创造学习机会?

导言

> 包容性教育要求学校和大学改变他们的常规做法，确保所有学习者都能成功地具备社会性和学术性潜力。不平等现象在人类历史中一直存在。自联合国颁布《世界人权宣言》（Universal Declaration of Human Rights，1948）发表以来，人权观点一直备受支持，它要求世界向前迈进，拥抱一个合作的未来，在这个未来中，人与环境被置于利益之前。人生而为人，所有人都有权共同成长、接受教育。扫除阻碍的这一进程是人类进步和未来可持续发展的重要组成部分（Rieser，2011，p.156）。

本章讲述了在 FAVE 机构的教学环境中，包容意味着什么；它讨论了人们在教育环境中是如何被接纳和排斥的，人与人如何相同又是如何不同的；本章还谈论了在我们深入地理解教学和学习的过程中要更好地理解他人；它探讨了教育如何排斥、歧视和边缘化人们，以及它如何改善、丰富和扩大我们的生活。本章讨论的出发点是，多样性是一个现实，一个非常受欢迎的现实，而包容性实践、对每个人都有最佳学习机会并取得成就的愿望和承诺，是"良好"教学的核心（Richardson，2009，**Reading 15.1**）。本章既为读者提供一个巩固本书所有内容的机会，又邀请读者仔细思考学习者的多样性，思考偏见、歧视、欺凌和排斥，思考如何满足需求和理解残障，思考多元文化主义和种族主义，以及思考我们对"包容性教育学"概念的特殊理解。

教与学研究计划（TLRP）原则

本章涉及三个教与学研究计划原则。

原则 3：有效的教与学承认学习者先前经验和学习的重要性。
为了下一步计划，教与学应该考虑学习者已有的知识。这包括以先前的学习为基础，并考虑到不同学习群体中个人和文化背景。

> 　　**原则 4：有效的教与学需要教师为学习搭建支架**。教师应该在学习者的学习进程中提供支持性活动。但除了提供智力支持，还应该提供社会和情感支持。最终做到，一旦没有这些支持，学习者还是可以实现学习。
>
> 　　**原则 7：有效的教与学促进个人和社会的发展过程和结果**。学习是一种社会活动。应该鼓励和帮助学习者与他人合作，分享想法，共同积累知识。询问学习者的学习情况并给予他们发言权，这既是一种期望，也是一项权利。

多样性：我们如何与众不同

　　多样性展示了我们的差异。我们每个人都不一样，在很多方面都不相同。想象一个你已经教过或正在授课的班级，或者想象一下你附近的监狱或社区中心的一个班级；想象一个你曾经是其中一员的班级，或者一个你梦想加入但从未成功加入的班级；想一想在这些场合中人们聚集在一起的方式是多么地不同。我们可能年龄不同，教育背景迥异。我们加入这个团体可能出于不同的目的、动机、兴趣和激情。我们可能有着不同的种族背景、性别和信仰，也可能是性取向、家庭和经济状况各不相同。我们可能使用不同的语言，对阅读和写作有不同程度的自信。

　　我们的身体状况也不尽相同；我们中有些人可能更健康、更强壮、跑得更快或跳得更高。我们散发的气味也千差万别，因为我们身体里的化学成分不同，饮食不同，我们有着不同的洗漱习惯，使用不同的洗漱用品。在行动方面，我们也有不同的需求，有些人可能会步行，有人可能会坐轮椅，有些人可能有不同程度的听障或视障。我们的健康状况也截然不同，有些人可能有长期的健康问题，感到疲劳或疼痛，需要药物治疗。我们中还有一些人是马拉松运动员，而有些人只需努力跑上几米就能赶上一辆公共汽车。我们有不同的睡眠时间、不同的年龄。我们的心理健康也千差万别，有些人焦虑、抑郁或精神分裂，有些人可能对某种事物上瘾，也可能或曾经与成瘾者一起生活。我们中有些人可能有某种学习困难，如阅读障碍，而另一些人可能有学习障碍，需要对他们的日常生活给予支持。我们在国家法律中的地位也有所不同，有些人可能是难民，有些人可能正在经历申请庇护的程序，还有些人获得居留许可。有些人从出生那天起就是国家公民，有些人最近才获得公民身份，还有人可能面临被驱逐出境的威胁。

我们的生活方式和生活地点也大相径庭。有些人独自居住，有些人和他人一起生活，有些人住在监狱或被假释。有些人有安全的住房，有些人住在商店门口。有些人对儿童、脆弱的成年人或老年人负有重大的照顾责任。我们中有些人很孤独。有些人怀孕、哺乳或有小孩，大多数晚上都睡不着觉。有些人在至爱至亲的人陪伴下入睡，而其他人则远离他们所爱之人。

我们中有些人对教育环境充满信心，认为我们知道自己的期望和归属。其他人则感到不确定、不安全，或者不知道自己是否就一定要留在这里。我们中有些人在其他领域颇有天赋，发现音乐、艺术、烹饪、运动都是力量的源泉。有些人可能在寻找自己的才能，还有些人可能或多次被告知自己是愚蠢或无用的。有些人上课可能是为了交朋友，给生活安排一些内容，或者学习一种特殊的技能。有些人则是把它作为人生目标的第一步。

对于什么是容易、困难、刺激、挑战、无聊、重要、不重要，我们都有不同的看法。对于我们去过的地方，与谁交谈过，读过、看过或听过什么，也是千差万别的。对于我们喜欢怎样的天气，拥有或记得怎样的经历，认为什么是正常的，自己在哪里能被接纳，我们的感受都判然不同。我们微笑、跳舞和接吻的方式也各不相同。我们如何做米饭、吃什么也都不一样。我们的经历、品味、偏好、当务之急、生活计划和愿望也迥然相异。我们在情绪和让我们快乐或不快乐的事情上，也是千差万别。我们在看到的事物和如何看待事物上也截然有异。

这些只是我们展示不同的一些方面，也是你们学习小组中的学习者可能存在的差异。重要的是，各不相同才正是我们的相同之处。尽管有更明显或推测出来的差异，这些都是我们可以拥有的共同点，我们还是可以感觉到这是与他人团结在一起的方式。本章的主要任务，也是任何教师在任何教学情境中最重要的任务之一，就是去思考这些差异和相似之处对教学和学习意味着什么（Richardson，2009，**Reading 15.1**）。

反思活动 15.1 差异

想想上面提到的差异，以及你可能想到的其他差异。作为一名学习者或教师，这些差异对你意味着什么？从学习者和教师这两个不同的角度来看，对差异的理解会有什么不同？

其中一些差异意味着我们可能会将重点放在不同示例、不同活动或其他课程要素上。如果一位语言教师知道一个小组中有几个成员无家可归，那么他们可能不会使用"描述你的家"之类的话题，而是让学生描述教学中心的房间、图书馆或附近的咖啡馆。如果生物教师知道小组中几个比较安静的成员对音乐很感兴趣，他们在描述耳朵如何工作时可能会使用音乐作为示例，甚至尝试鼓励一些学生在示例中演奏或表演他们的音乐。人们以不同的方式或速度学习。花艺教师可能注意到，小组中的一些成员在学习植物名称方面有着良好的学习技能，而其他人则不知道从哪里开始，因此她可能会将学生配对，组成"学习技能伙伴"，从而让学生分享想法或为需要的人提供更多的个人支持。

我们的每一项差异都会对学习的原因和方式产生影响。这些差异可能会影响我们对挑战、兴趣或参与的认识，也会影响到守时、出勤率或家庭作业的完成情况。重要的一点是，教师需要对可能的差异保持敏感性，并不断反思这些差异对每个学习者的学习方式意味着什么，以及这些差异对教师角色的影响。此外，我们的多样性本身就是多样的；我们的差异对教学和学习意味着不同的东西。差异丰富了教学和学习情境，提供了广泛的经验和观点。然而，差异可能表明我们中的一些人会变得更加脆弱，另一些人则变得更加强大；有些机会只对我们中的一些人开放，对其他人则关闭。因此，多样性关乎公平、公正和平等。它通常通过歧视现象而被理解。差异也是有些人被排斥的原因。接下来，我们将探讨歧视和排斥等问题。

歧视、偏见、欺凌和排斥

歧视和法律

歧视通常被理解为，由于个人是某一特定群体成员或某一类人，个人与该群体或类别的关联使个人遭受偏见或不太有利的待遇。例如如果有人因为自己的宗教信仰而被拒绝参加大学课程，这通常会被认为是直接歧视。如果被允许参加这门课程，但开课的时间会阻碍有宗教信仰的人参加，那么这可以被视为间接歧视。

许多国家都有立法来界定歧视，并在多样性的具体方面将歧视定为非法行为。在英国，《2010 年平等法》（Equality Act 2010）是一项非常重要的立法。它汇集、澄清、在某些情况下扩展了现有的关于平等、多样性和歧视的单独法律条款，并试图用更易懂的语言来表述。有趣的是，它首先规定了"公共部门在社会经济不平等方面的职责"（所有引文均来自上述《平等法》官方网站），目的是要保证减少社会经济不平等这一目标作为所有公共决策的核心。通过这种方式，意识到巨大的社会经济不平等是歧视行为发生的背景，这是制定该法案的框架。

《2010 年平等法》确定了九个"受保护特征"或多样性的几个方面，并制定了关于工作场所、教育机构和其他组织不能基于某些特征歧视某人（或骚扰或伤害，见下文讨论）的立法。"受保护特征"包括：年龄、残障、性别重置、婚姻和民事伴侣关系、怀孕和分娩、种族、宗教和信仰、性别和性取向。我们将从《2010 年平等法》对这些特征的规定以及从成人教育者的角度出发，看一看需要补充哪些内容，并简要地探讨每一个特征。

年龄

在义务教育中，年龄不是受保护的特征。这意味着一所学校的学生确实可以因为年龄不同而受到不同的对待（因此 5 岁的学生与 12 岁的学生受到不同的对待，等等）。年龄是继续教育和高等教育中的受保护特征。这对已退学的学习者和面向就业能力的课程意味着什么？或者，当资助越来越集中在年轻的学习者身上时，对于年龄较大的学生，这又意味着什么？作为教师，我们是否会因为学生的年龄而区别对待他们？我们对他们有不同的期望吗？舒勒和沃森（Schuller & Watson，2009，**Reading 15.2**）指出了在我们的一生中获得教育机会的重要性。

残障

《2010 年平等法》对残障的法律定义是：残障是一种"身体或精神损伤"，对某人进行日常活动的能力产生长期、重大的不利影响。长期指 12 个月或更长的时间。该法案规定，继续教育和高等教育机构有"义务做出合理调整"，以支持残疾人的学习。根据这一定义，长期疾病，如癌症，可被视为残障，而正常情况下的腿骨折则不被视为残障。对残障的定义以及"合理调整"的法律要求决定了 FAVE 行业的政策和实践，本章在后面会谈到残障问题。《2010 年平等法》明确规定，教育组织有责任满足残障人士的需要。如果一个盲人想要参加一所大学开设的一门课程，这个大学若不能告诉他，他们的课程不对盲人开放，那它就必须试着做出必要的"合理调整"，以允许盲人参加该课程。因此，有关残障的立法就突然变得复杂了（什么是合理的调整？对谁合理？是什么影响了某人开展日常活动的能力？），然而它还是提供了一份明确的政策声明：如果你是残障人士并想参加某个课程，该课程的提供者有义务为你提供便利。

性别重置

如果某人"想通过改变生理性别或其他性别属性来重新划分性别，

将要进行、正在进行或已经进行一个性别重置过程（或性别重置过程的一部分）"，则其符合性别重置的受保护特征。这意味着，出生为男性且已成为或即将成为女性的人，或与之相反的人，他们受到保护，免受歧视、骚扰或伤害，例如其他学习者拒绝用女性名字称呼她就是一种歧视行为。此外，如果有人因性别重置手术而住院，工作场所或教育机构必须像对待任何其他住院手术的人一样对待他们。如果一名教师的学习小组中有人分享性别重置计划，那么教师需要询问他想对其他学习者说些什么，以及他希望教师记住什么。

婚姻和民事伴侣关系

在工作场所，民事伴侣的对待标准不能低于婚姻中的人（例如，当伴侣住院进行严重手术时，可以获得休假请求）。就包容性实践而言，婚姻、民事伴侣关系和非婚姻生活问题也是 FAVE 的一个重要问题。如果语言教师（或历史教师或任何其他教师）将所有的示例都集中在异性婚姻生活上，这很可能会疏远那些没有结婚、非异性恋或根本对家庭生活不感兴趣的人。

怀孕和分娩

女性不能因为怀孕、分娩（分娩后 26 周内）或处在哺乳期而受到不太好的待遇。这为工作场所的产假提供了重要保证。在 FAVE 中，这意味着教师需要与怀孕和哺乳期的学生合作，以确定她们如何在截止日期前完成课程要求。

种族

《2010 年平等法》规定，"种族包括：a）肤色；b）国籍；c）民族或族裔"。这一定义反映了"种族"一词在英国目前的用法，也突出了其含义的复杂性。该法案明确规定，基于种族的歧视是非法的。种族和种族主义将在本章后面讨论。

宗教和信仰

《2010 年平等法》对宗教或哲学信仰的定义强调了宗教范畴也包含不信奉宗教和没有信仰的情况。该法案明确规定，大学和其他 FAVE 机构必须确保不会因为学生的信仰或没有信仰而歧视他们。一些穆斯林学生一天祈祷五次，这使得许多继续教育学院建立了祈祷室，这样学生就不会因为要去清真寺而错过部分课程。这些祈祷室通常被称为"多信仰祈祷室或冥想室"，因为只为穆斯林学习者设置祈祷室可能被视为歧视其他宗教信仰者或没有信仰的人。有时，适应信仰和让信仰做出让步的界限并不是很清晰，但要记住，歧视是关于不利地位的问题，而不是某个人对某一谈话主题感到不自在。例如，在文学课上讨论同性恋作家可能（也可能不会）让某个基督教团体的某位学习者感到不舒服，但这不是歧视。确定构成宗教歧视的因素也很复杂，因为一种信仰（基督教、伊斯兰教和犹太教都是很好的例子）通常都有许多不同的形式和解释。

性别

女性的待遇不能低于男性，反之亦然。在 FAVE 中，这就涉及了女子课堂和男子课堂的问题，例如（以大伦敦地区一所进修学院为两个例子）"女性的崭新开始"（Fresh Start for Women）是一个针对失学一段时间的女性的重返学习项目，"男性谈话"（Men's Talk）是一个为学习障碍的男性建立的讨论小组。前者仅适用于女性，后者仅适用于男性。但这些通常不被视为性别歧视，因为它们为特殊需要的学习者提供教育支持（女性可能对重返学习感到不自信，需要只有女性参与的群体给予支持；或者男性想和其他有学习障碍的男性一起谈论有关男性气质、性取向或约会等问题）。如果规定中没有提及这种情况，这样的班级可能被视为有歧视性。

性取向

异性恋、同性恋或双性恋关乎性取向。基于性取向的歧视是非法的。在教学和更广泛的包容性方面，这提出了重要的问题。为 ESOL（操其他语言者的英语）课程所使用的材料是不是基于异性恋已婚夫妇和传统家庭，他们对待那些非异性恋者是不是不够友好？一些教师和社会学家谈论无形的异性恋规范。这意味着，许多教师和学习者可能认为"性取向中立"的课堂实际上充斥着关于夫妻或其他异性恋家庭规范的讨论，而没有对等地对同性恋夫妻、同性恋或双性恋生活进行普遍讨论。

这九个受保护特征的独特性并不意味着它们是我们看到多样性或歧视的唯一方式。它们当然不是人们遭受歧视的唯一方式。《2010 年平等法》本身承认了许多歧视是以社会经济为基础的，但这是资本主义社会的本质，身在其中，我们无法真正处理它。当某人因工作而获得 6.5 英镑 / 小时的报酬，而另一人因工作而获得 2000 英镑 / 小时的报酬时，我们不能将任何人告上法庭。

反思活动 15.2　受保护特征

《2010 年平等法》确定了九种"受保护特征"。请反思你所在机构的通常做法，确定你的机构如何有效地解决歧视问题，并确保与受保护特征相关的人感到安全，使其能够被接纳并充分利用他们的教育机会。从这个成功的例子中，你为更广泛的实践组织吸取了哪些经验？

案例研究 15.1　资深教师的见解

安德鲁·伯克是一位经验丰富的 ESOL 课程教师，也是一位成人读写教师，他近期写作他的对外英语教学（TESOL）硕士学位论文，关于"在英国的大学英语教学中心的课堂上，教师在性少数者（lesbian, gay, bisexual, transgender and queer, LGBTQ）包容性上面临着什么障碍？"（Burke，2018）。他用以下段落总结了论文观点：

对课堂上性少数群体（LGBTQ+）的研究是缺乏的（Kathleen & Graves，2012）。有些研究调查了教师对性少数群体的态度（Evripidou & Çavuşoğlu, 2015），但还需要进一步研究性少数群体和非性少数群体教职工所遇到的不同障碍以及学校在支持教师包容性方面的作用。

我们都愿意被包容，没有人喜欢被排斥、被忽视或感到不安全。这种感受可以延伸到性少数群体学生所处的学习环境中。边缘化群体需要感觉到自己是 EFL（English as a Foreign Language，即英语作为外语）课堂的一部分，"被人忽视是一种危险而痛苦的状态"（Hawkins, 2012, p.236）。英国《2010 年平等和多样性法案》（2010 Equality and Diversity Act）列出了九项受保护特征，旨在保护和提升社会中的弱势群体，如性少数群体。在许多 ESOL 部门，教师面临着巨大的压力去证明自己是具有包容性的。ESOL 教师有义务将英国教育标准办公室（Ofsted）和地方政府要求的平等和多样性嵌入教学中，这也属于 2011 年预防策略（Prevent Strategy）的职权范围。但是，还有哪些因素影响了其他 EFL 课程教师的包容性？法律在多大程度上适用于此？

我还建议进一步研究教师如何促进《2010 年平等和多样性法案》中提到的九个特征（年龄、残障、性别重置、婚姻和民事伴侣关系、怀孕和分娩、宗教和信仰、性别和性取向）。其中哪些是英语课堂上经常被考虑到的，哪些取决于授课教师的特点？促进同性恋平等、残障平等、性别平等是同性恋教师、残障教师和女教师的责任，还是所有教师都有义务来推广这九个特征？

请思考这些问题。你的看法是什么？围绕这九个受保护特征，谁有责任推动平等或包容性实践？在你的环境中你能做些什么？

偏见

我们或许应该停下来思考一下偏见和歧视之间的关系。偏见是对群体或个人的预先判断，通常基于刻板印象。它是我们思维的延伸，是我们对每天面对的大量信息进行理解的延伸。大脑根据我们的观察和经验将事物分类，例如孩子们很快就知道老年人通常有皱纹。有偏见并不一定意味着我们的行为带有歧视性。有人可能对女性有偏见，认为女性"过度情绪化"，但只要此人不按照这种偏见行事，例如拒绝雇用女性，这就不是歧视。

有人说《2010 年平等法》提供的法律框架非常重要，因为我们总是会抱有偏见，所以明确什么是歧视以避免歧视就尤为重要。也许，我们无法避免偏见，但我们可以而且应该避免歧视。需要注意的是，要知道我们什么时候有偏见，什么时候可能会把这些先入为主的行为变成歧视性的行为，这并不总是或往往不是一件容易的事。

让我们看一个例子。例如，一位教师可能怀有偏见，但她并不认为这是偏见。她的经历让她相信，在印度传统中大多数年轻女性都是高度反思和勤奋的，而大多数踢足球的年轻男性则不安分，精力不集中。如果这位教师看到她的一位学习者，一位具有印度传统的年轻女性在她的哲学课上向窗外望去，她可能会得出结论，这位年轻女性正在深入思考，这正是她在哲学课上应该做的事情。但如果这位教师看到另一位学习者，一位年轻的男性足球运动员，同样向窗外看，她更可能将男性学习者的行为理解为心不在焉、没有集中注意力、溜号了。

对这些小动作的理解会影响教师的推断和期望。它们可以影响教师如何对待每个学生（在上述的例子中，教师更可能向年轻女性提出更具挑战性的问题，而向年轻男性提出简单一点的问题），进而影响学生对教师和课堂的回应和反应。这可能会产生所谓的"自我实现预言"（self-fulfilling prophecy），即教师认为一个学习者会取得更高的成就，他们的确这样做了（因为教师对待这个学习者的方式不同，可能会给予更多的鼓励或挑战）。作为教师，我们大部分的工作都是关于判断、解释和做出不同的评估行为，所以我们需要非常谨慎地对待自己可能持有的偏见，以及这些偏见在我们的行为中的表现（Gregson et al.，2011，**Reading 15.3**），特别是当我们思考如何区分偏见以及为什么区分时，我们要高度警惕（请参见第十章）。

欺凌

直接和间接歧视并不是《2010 年平等法》提到的"禁止行为"中的唯一一种；该法案（以及国际上类似的立法）还提到了"骚扰"和"迫害"，它们被定义为"不必要的接触"、"侵犯尊严"和 / 或"为某人制造恐吓、敌对、有辱人格或冒犯性的环境"。在教育领域，特别是义务教育领域，有对欺凌的讨论，也有类似的定义。社会教育机构"儿童天地"（Kidscape，2013）对欺凌行为的定义是："欺凌行为是以伤害他人为目的的攻击性行为。欺凌会给受害者带来痛苦和忧虑。"（Kidscape Sample Antibullying Policy for Schools，2013）欺凌发生的原因与受保护特征有关，其他原因与感知差异和脆弱性有关。欺凌影响到约 40% 的儿童（Kidscape，2013）。被认定为女同性恋、男同性恋、双性恋或跨性别者的年轻人更容易受到欺凌（Smith，2011；Stonewall，2006，2009）。因此，反欺凌培训和政策是理解义务教育包容性的重要组成部分（Duncan，2011）。

在 FAVE 中，欺凌很少被提及，但这并不意味着它不存在。在职业教育和成人职业教育中，欺凌发生在年轻人和老年人中，也可能发生在学生的课外生活中，其方式与义务教育中的类似。学生在教育之外遭受虐待，如家庭暴力（例如，见 Duckworth，2013）。此外，值得注意的是，FAVE 中的许多学习者都有在学校被欺负的经历或在过去的生活中遭受过虐待。过去遭受虐待的后果直到现在仍然以低自我价值感的形式存在，这可能对学习产生重大影响。有些人多年来一直被反复告知，自己是愚蠢或一文不值的，有些人可能永远不会因为做了某事而受到表扬。当想到表扬和鼓励的力量以及它多么具有变革意义时，让学习者相信他们的确能在学习上获得成功，这一点是值得我们铭记的。

排斥

歧视、欺凌以及教师基于偏见的解读这一微不足道的行为都属于排斥。因此，对包容的思考涉及对排斥的广泛思考：谁可能会被排斥，如何被排斥以及为什么被排斥。如果我在一栋没有电梯的老楼四层的一个房间里上课，我可能排斥了那些不能爬楼梯的人。如果我的现代中国历史课涉及大量阅读，我可能排斥了那些对自己的读写能力没有信心的人。如果我向坐在教室前排的学习者提出所有问题，我可能就排斥了其他的同学。我们知道，后勤、交流、评估、建议、指导和期望可以丰富学习经历（这一点贯穿本书，我们将审视如何做到），但要记住，如果我们不够谨慎，每一项都可能会出现排斥。

后勤：课程的时间和天数、建筑、地点、课程成本、材料和运输、资格要求（哪些资格重要，哪些不重要）都可以把某些人排斥在外。比如远离成人教育中心、几乎没有公共交通资源的人被排除在外。轮班工作的人也被排除在外，他们不能保证每周的学习时间。教师和机构需要与现有学习者交谈，了解学习者结束课程的原因，对保存和完成的数据进行有意义的分析，开展外展社会工作。通过这些方式去了解这些排斥因素。

交流：语言、读写能力以及信息及通信技术（ICT）的规定和要求，尤其是在没有解释的情况下，都可以排斥某些学习者。没有信息及通信技术素养的人可能被排除在通过电子邮件与学习者交流或需要在线申请的课程之外。如果需要大量的独立阅读但没有相应支持，那么努力阅读长篇文本的人可能会被排除在夜校的古典文明课程之外（参见第十二章）。教师需要了解课程中语言和交流的不同需求，以及与之相关的学习者需求。

评估：语言和读写能力的要求与规定，对正式评估类型的理解或意愿，都可以排斥某些学习者。只有参加考试才能进入下一级的规定，把不想参加考试的人排除在外。因为缺少对规定的适当解释，某些人可能因未能通过评估练习而被排除在外。我们需要仔细考虑评估的内容和方式，明确评估要求（请见第十三章）。

对"事情如何运作"的建议、指导或意识：你如何找到可以帮助你进入所选职业的课程？你如何知道在大学里学习某门科目需要上哪些课程？哪些课程或科目比其他课程或科目更重要？如果你不认识从事某个职业的人或者上过大学的人怎么办？有些人具备大量现有知识，当发觉自己缺乏相关的专业知识和经验时，知道向谁提问。其他人没有这方面的知识，可能就不知道向谁寻求建议。这说明 FAVE 机构和个别教师（与其他专业人员合作）提供的建议和指导对包容性教育至关重要。

期望：学习者过去和现在生活中重要的人（包括伙伴和家庭成员）对他们的期望会影响他们的学习成绩。同样，教师和学习者对自己和彼此的期望也会影响成绩。

案例研究 15.2　卡拉

卡拉在一所继续教育学院教授普通教育证书高级水平（A-level）化学课程。她看到洛林对指甲、男孩、时尚等感兴趣。她并不期望洛林在化学方面表现出色。在课堂上她监督洛林，以防她扰乱课堂纪律。她并不期望洛林做得很好，因此避免给她提出更多难题。

从上面的案例我们很容易看出哪里出了问题，但我们自己在做类似事情时却不那么容易判断。我们要不断地问自己问题，并记住，在不忽视可能的支持需求的情况下，对每个人都抱有很高的期望是可能的。

反思活动 15.3　对卡拉案例研究的反思

使用上面的案例研究，与同事讨论在这种情况下你会怎么做。

包容性实践的六个方面

- 了解《2010 年平等法》(或同类的国家立法)。
- 了解并适当制定机构政策和实践。
- 让学习者了解机构和个人的课堂期望和规则。
- 在教学计划、教学实施、教学管理和教学评估中积极反对歧视和排斥。
- 在外联工作以及课程规划和设计中积极反对一切形式的排斥。
- 不断反思自己的偏见、假设和期望,以及这些对你的教学意味着什么。

残障人士、"特殊"或"额外"的教育需求

本章前面探讨了人类的差异,这些差异表明在教学和学习方面,我们都有特殊或不同的需求。但是否有些人比其他人有更重要或迫切的需求?包容性教育实践的另一种方式是理解教育环境和教师如何支持那些被认定有额外或特殊学习需求的人以及那些被视为残障的人。本章将探讨残障人士、特殊或额外的学习需求的含义,以及这些需求对我们教师的意义。

要考虑需求的范围。有的人承担护理他人的责任,他需要上午9:30 后开课的课程;有的人有严重和多重学习困难,这意味着他们与他人沟通的能力受到严重限制。在这一系列需求的范围内,有成百上千种需求影响学习,比如关于沟通的需求,关于行动、疼痛管理、药物治疗和身体健康的需求,关于心理健康的需求,关于认知障碍或学习障碍的需求,以及行为和生活环境方面的需求(包括负有照顾责任、无家可归和成瘾)。

教育机构按照不同的方式分类这些需求,最常见的分类是特殊教育需求(Special Educational Needs,SEN)、额外教育需求(Additional Educational Needs)、学习支持需求(Learning Support Needs)或残障人

士需求。这些标签之间有重叠之处。例如，视力障碍可能包含在这三大需求中。然而，它们的目的的确是要涵盖一些不同的领域，例如在一些机构中，英语需求将被归类为额外教育需求或学习支持需求，但英语肯定不属于一种残障。在 FAVE 中，最常听到的可能是残障和残障支持，因此我们将从残障开始思考。

残障

我们已经简要介绍了《2010 年平等法》对残障的定义：对某人开展正常的日常活动的能力产生重大和长期不利影响的残障。因此，它可能包括：精神健康问题，如抑郁症；身体健康问题，如癫痫；身体残障，比如失去或缺少肢体；感官残障，比如视觉或听觉障碍；以及学习困难和学习残障。这是从如何理解和满足支持需求的角度理解残障的法律框架。许多 FAVE 机构都有残障协调员或残障支持员，他们与学习者和教师合作，一起提供必要的支持。我们将在本节后面的内容中举例介绍。

残障研究也是社会学研究和政治行动主义的一个扩展领域（例如，见 Goodley，Hughes & Davis，2012）。残障研究理论家分析了文化上占主导地位的残障模式，从"宗教"模式、医学模式到社会模式的变化。在"宗教"模式中，残障被视为上帝的惩罚或礼物；在医学模式中，残障被定位于个体内部，"有问题"的人需要进行"修复"；在社会模式中，残障被定位在社会环境中，定位在对何谓"正常"的期待中，在此背景下，社会无法调整去适应那些与众不同的人。从残障的社会模式来看，僵化的社会（及其机构）而非个人才是致人"残障"的因素。

社会模式也因忽视个人的潜在痛苦和鲜少讨论残障人士的肯定性个体身份而饱受批评。因此，残障的肯定性模式在过去十年中取得了进展，在政治上更加关注残障人士，将其视为被压迫的人民，他们的残障既不是个人悲剧，也不存在于外部或与个人身份分离。这种模式强调残障人士身份（Swain & French，2000；Cameron，2010；Hodkinson &

Vickerman，2009）。大多数残障人士现在更倾向于用"残障者"（disabled person）一词，而非"身患残疾者"（person with disabilites），这反映了一种观点，即残障人士的残障是社会造成的，而这个导致残障（disabling）的行为对个人身份而言是核心而非次要的。

如上所述，残障的范围广泛，包括许多被归类为特殊教育需求、额外或学习支持需求的内容。下面是一些我们找到的有关需求类型的例子，虽然不能覆盖所有内容，但是可以提供一两个例子和一些总体指导方针。

身体需求面向灵活性、灵巧性、疲劳和疼痛——例如，患有某种疾病的学生者无法久坐。她可能需要在课程中站立和走动，有时需要离开课堂躺在预先安排的空间中。她的老师经常与她和本机构的残障协调员就如何最好地满足她的需求进行对话。

感官需求面向视觉障碍和聋人文化（D/deaf culture），二者影响到人的移动、视觉或听觉。例如，一个重度耳聋并使用英国手语（British Sign Language）的人会带着英国手语译员和笔记员来大学。英国手语译员可能需要提前查看教师的教学材料，以熟悉专业词汇。每一节课，教师、手语译员和学习者都要仔细考虑每个人与他人的座位问题，以便听障学习者能同时看到教师和译员。在讨论中需要小心地轮流讨论（例如，而不是彼此交谈）时，教师和其他学习者都要考虑听障学习者的需求。教师可能曾经与听障学习者合作过，参加过聋人意识培训。但由于听障学习者的需求差异很大，教师在课程开始时要与听障学习者就他们的需求进行长时间的讨论。这种对话式、协作式的方法也经常被视障学习者采用（见 British Deaf Association website，2013；Action on Hearing Loss website，2013；Marschark & Spencer，2011；RNIB，2013），可以获取支持盲人或视力受损学习者的信息。

精神健康需求面向抑郁、焦虑和精神分裂症等。精神健康需求可能意味着某人错过了课程或可能发现某些活动（如演讲）对他们极其困难。无论是在专科医院还是社区，为有精神健康问题的成年人提供各自的服务是相当普遍的。在这些机构工作的教师可能会接受专业培训，与有精神健康问题的成年人一起学习。这种培训也越来越多地在"主流"FAVE 机构中开展。如本章中讨论的所有问题一样，个人需求差异很大。例如，两个残障状况相同的人可能有截然不同的需求。此外，精神健康需求也许可能不会立即显现；人们可能没有接受过正式诊断，或者因为害怕歧视而不希望披露自己的信息。FAVE 中的任何一个班级都可能包括有精神健康问题的学习者（见 Mind，2013）。

孤独症。国家孤独症协会网站（The National Autistic Society，2013）这样定义和解释孤独症：

> **孤独症是一种终身发育障碍，它影响到一个人与他人的沟通和联系以及对周围世界的理解**。这种状况类别广泛，它表明虽然所有孤独症患者都有一定的困难，但他们的状况会以不同的方式影响他们。有些孤独症患者能够过上相对独立的生活，但其他患者可能伴有学习障碍，需要终生的专家支持。孤独症患者也可能对声音、触觉、味道、气味、光线或颜色过度敏感或不敏感。阿斯伯格综合征是孤独症的一种形式。患有阿斯伯格综合征的人通常智力水平中等或高于平均水平。他们在语言方面的问题较少，但在理解和处理语言方面仍有困难。

我们使用这个定义，因为它非常清楚地表明了孤独症的情况十分复杂。孤独症类别广泛，所以无论你教什么科目，教什么水平的学生，在什么地方教，你的课堂上都可能有孤独症或阿斯伯格综合征的学生。虽然孤独症患者可能有某些特征相同的需求，例如与他人交往困难，但他们的个人需求差别很大。为了更好地满足孤独症学习者的需求，我们建议与学习者、护理人员或支持人员（如果合适的话）以及残障协调员进行交谈。

具体的学习困难（包括阅读障碍、计算障碍和运动障碍）

例如，阅读障碍包括处理书面语言的特殊困难。被诊断为有阅读障碍的人有不同的需求（例如，一些人可能不喜欢阅读印在白纸上的书，而另一些人则很喜欢），他们对自己的诊断也有不同的感受，因为有些诊断令人"如释重负"，例如，"[……] 我在学校多年被称为傻瓜，因为我不会阅读和拼写，现在我明白我并不愚蠢；我只是有阅读障碍"。其他人则有不同的感受："我不想别人告诉我是这样还是那样，不能做这个还是那个。"阅读障碍理论家和专家也有不同见解（见 Rice & Brooks，2004；Herrington，2010），一些理论家否认阅读障碍的存在。

这又是一个复杂的领域，但对我们作为 FAVE 教师来说非常重要，因为有很多 FAVE 课程的学习者已经被诊断有阅读障碍，有的人则觉得自己有阅读障碍，或者觉得自己在阅读和写作方面有特殊困难。作为 FAVE 的教师，我们需要知道如何组织阅读障碍评估（通常通过我们的机构），并了解正式诊断对学习者的潜在好处，这其中可能包括提供额外的考试时间、一对一的人员支持和对学习材料进行经济援助。我们还应该意识到，并非所有的阅读和写作困难都属于阅读障碍，尽管如此，阅读和写作还是有很多理由成为多数人的挑战（Appleby，2010，**Reading 15.4**）。

学习障碍

学习障碍，有时被称为"整体学习困难或障碍"（为将其与具体学习困难区分开来）或智力障碍，通常被分为轻度、中度、严重或重度和多重障碍。这些类别曾经以智商的概念来区分，但现在更多的是从一个人独立生活的能力来理解。学习障碍有别于精神健康问题或癫痫等疾病，但许多学习障碍患者也患有癫痫、其他健康问题或精神健康问题。在 FAVE 中，有为学习障碍者单独提供的课程（如生活和工作技能课程、园艺和餐饮），在"主流"课程中也有学习障碍的学生。例如，在成人读写课上有中度或重度学习困难的学习者需要更多支持来理解任务，他们可能比"大多数"学习者需要更多的重复和强化（Duncan，2010；Wilson & Hunter，2007）。

理解和满足特殊或额外的学习需求

以上只是学习者提供的数千种具体、额外或特殊需求中的几个例子。对于每一位教师来说，都有很多需要学习的东西，这个例子说明了为什么教师教育必须持续进行（并且具有挑战性）。下文再一次提醒大家注意我们的关键信息。

上面使用的术语和类别（残障、视力障碍、阅读障碍）是为了更好地理解某一特定需求并建立专业知识。但与大多数称谓一样，它们表示的内容仍然非常多样。我们仍然需要记住，每个人都是不同的。一个视力受损的学习者需要的东西可能和另一个学习者需要的不同。这意味着我们需要从每个人身上出发，去提问、学习、评价。要谨防假设和低期望，因为我们给予支持并不意味着我们放弃挑战。

案例研究 15.3　萨姆

作为一名与中度和重度学习障碍群体一起工作的新教师，萨姆首先感到惊讶的是，她并没有收到一张信息表，上面列出每个人的信息或"诊断"出的障碍，指导她如何满足他们的需求。但她很快意识到，即使有这样一份文件，也没什么用处，因为每个人的情况不同，包括那些具有官方认定的相同"状况"的人，而且为学习者贴上一个标签，就直接与个人合作，会分散对个人需求的评估。人们希望获得关于某种残障的具体情况，但也认为这些信息具有潜在的危险性，这两种情况都很普遍，争论仍在继续。看待这个问题的一种方式是，我们获得的关于某人残障性质的任何信息肯定都是有用的，只要它：1）不会取代直接来自这个人（可能的话与他们交谈）的信息和你对其需求的持续评估；2）不会限制我们对该学生的期望或不会限制他们对自己的期望。

支持任何学习者，我们需要与残障支持者、支持人员、健康专业人员、咨询和指导专业人员、财务顾问以及我们机构内外的其他专业人员合作。这还包括在教室里与我们一起工作的人。班级上可能会有助教或教师为所有学习者提供全面的支持。这就需要我们找出如何最好地与其他从业者合作的方法，以充分利用这一资源。或者，我们可能会为某一位学习者（如行为需求具有挑战性的学生），指派一名学习支持助理。同样，我们需要知道如何让他们发挥最大作用，并确保他们的存在不会妨碍该学习者与其他学习者之间的互动。学习者也可能与主要支持人员或看护人（如辅助他们通勤的人）一同前来，这同样需要仔细考虑什么方式最有效。一些学习者在重要支持人员不在房间内时可以更好地互动，而对于其他人来说，主要支持人员始终在他们旁边时可能互动得更好。再一次强调的信息是交谈、尝试和评估。

多元文化主义与反种族主义

多元文化主义有不同的程度。市中心的一个成人班级包含十几种不同的语言、种族和少数不同的信仰是很常见的，但这并不是全国所有成人教育群体的情况。尽管如此，我们所有的班级都是多元文化的。每个群体的成员都有不同的文化，包括与地区、城市或农村、年龄、语言使用和出身、宗教、种族和阶级有关的文化。我们需要彰显我们周围的多元文化，将其纳入我们的课程和教学。但是，我们还需要认识到，虽然"种族"（race）或族群（ethnicity）是一个容易混淆且有争议的术语，但种族主义是一个需要教师不断思考和关注的现实。

我们将从三个角度探讨多元文化主义和反种族主义。第一个是郭和贾马尔（Guo & Jamal，2006）的观点，他们关于加拿大大学的著作与 FAVE 有关。他们认为"将文化多样性融入成人学习"（p.126）可以遵循三种行动模式。他们称之为"个体多样性发展框架"（a framework for individual diversity development）（p.228），这是一种教师的持续专业发展（continuing professional development，CPD）和反思性实践，旨在尽可能广泛和深入地培养教师对其他文化的意识。它关乎教师个人发展，包括提问和"冒险"。第二种是多元文化教育模式（multicultural educational model），教师通过"内容整合"来"回应文化多样性"（p.129）（如在课程中增加有代表性群体的内容和观点），通过明确知识生产中的价值观和权力结构，使学习者了解知识生产和价值的文化本质；通过教授提高对不同群体的意识来"减少偏见"；通过"公平教育法"，即"教师可以为学习者提供以不同方式学习的机会"，"从与他们相关和有意义的内容中学习"，以及"鼓励他们批判性地思考支撑课程内容和材料的观点"（pp.129-130）。重要的是，这种"多元文化教育模式"包括在整个机构中创建"具有效力的学习文化和社会结构"，机构的所有部门共同努力，提供一个积极、支持、包容的环境。郭和贾马尔（Guo & Jamal）提出第三种模式——"反种族主义教育模式"（anti-racist educational model）（p.131）——通过关注现存障碍，鼓励教师和学习者理解并质疑自己的"价值观和推断"，这种模式是对前两种模式中的教师发展和整个机构行动驱动力的一种补充。

米尔扎和米托（Mirza & Meetoo，2012）研究了英语教师教育系统中实习教师的需求。他们的研究对象是在小学或中学教育中进行的教学培训。不过，他们的观点似乎同样与成人教学或培训相关。米尔扎和米托引用了弗雷德曼（Fredman，2001，p.2）关于"种族主义"的观点，讨论了种族主义的多元性："没有单一的种族主义，而是多种种族主义；必须将肤色种族主义与文化种族主义（包括种族、宗教和语言）结合起来加以考察。"米尔扎和米托也强调了种族同时存在的现实性和不现实性：

> 现在人们普遍认为，种族差异没有科学或生物学基础。因此，"种族"被视为一种社会结构。当人们使用"黑人"一词来表示自我身份时，对它的理解是它并不构成一个真实的或固定的（基本的）"种族"类别。相反，这是一个在政治上有争议的总括性术语，意思是后殖民时代的人民，他们在政治上明显地被定位为种族化的"他人"[……]因此，"种族"不是关于客观可测量的身体和社会

特征，而是关于支配和从属关系。（p.4）

他们强调种族主义不仅仅是"仇恨和暴力"，而是：

> 维持种族主义的宏观社会结构是微观的日常行为和态度。这种无意的过程被称为制度性种族主义，即轻率的日常歧视行为成为一个组织的民族精神或文化中根深蒂固的一部分。（pp.4–5）

米尔扎和米托继续提出建议，包容性实践因此意味着"嵌入式的多元文化和反种族主义教师培训"，"开发适用于文化类课程的包容性课堂教学法"以及"通过挑战专业实践和领导能力来增强种族平等和多样性"（p.60）。

最后，我们想谈谈英国最有影响力的研究种族主义和教育的理论家之一大卫·吉尔伯恩（David Gillborn）。吉尔伯恩用批判性种族理论（Critical Race Theory，CRT）来分析英国教育体系中的种族不平等。根据戴戈多和史蒂芬西克（Dalgado & Stefancic，2000）的研究，他解释说，"批判性种族理论的出发点是关注种族主义；尤其是它在社会中的核心重要性及其通常未被认识到日常特征"（Gillborn，2008，p.27）。吉尔伯恩分析了不同年龄组和不同种族组之间的成绩数据，认为评估制度、教师期望、校级纪律处分以及其他形式的制度性种族主义构成了种族主义"阴谋"。虽然这是对义务教育而非对 FAVE 的分析，但对 FAVE 也有明确的相关性：1）我们接触的年轻人和成年人是学校制度性种族主义的受害者；2）制度性种族主义也很可能以类似的方式在 FAVE 内部运作。

案例研究 15.4　大卫·吉尔伯恩

那么，作为教师、实习教师和教师教育者，我们能够或应该做些什么呢？这是我们向大卫·吉尔伯恩提出的问题，他的回答是：

　　我认为我的建议（从批判性种族理论的角度看）总是对亏损型分析／阐释提出质疑，并对自己的行动或推断（无意中）可能会如何推动这一过程，进行自我批评。例如，如果一所学校发现它更排斥来自 X 群体的孩子——不要自动地推断这是孩子或他们的父母的问题，这所学校有问题吗？对待来自那个群体的孩子时有问题吗？老师们对这个群体的推断有问题吗？X群体的人会"预料"到麻烦吗？来自 X 群体的孩子是否在冲突中陷入麻烦，有用于检查这种情况的支持措施吗？冒犯了 X 群体的排斥行为是否看起来与排斥其他群体有所不同？如果来自Y 群体的孩子数学成绩不好，你是否与 Y 群体的孩子或家长交谈，了解他们对数学的看法或他们对问题的解释？

　　基本上，因为大多数政策制定者和实践者都是白人，他们没有意识到种族问题和对种族的刻板印象。当我们制定政策、设计课程、进行评估或管教孩子时，我们的行为往往会对一些少数群体不利，这不是因为我们是狂热的种族主义者或坏人，而是因为我们的行为包含了我们自己都无法识别或理解的信念和推断。因此，当出现问题时，我们需要寻找能够反映我们行为处事的方法。这是一种很好的教育方法，因为如果我们感兴趣的话，我们所做的事情就是我们最容易改变的事情。

（Gillborn，2013）

　　为了更好地理解这一信息的重要性，我们要提醒自己，"文化"可以被分割得相当精细。当我们想到种族主义时，请记住，我们谈论的可能是诸如以下方面的歧视：宗教、阶级、口音、移民身份、某人居住在城市的哪个部分、他们的父母是不是瘾君子、他们是否长期失业、心理健康问题、性行为等（例如，见德灵顿［Derrington，2011］关于吉卜赛人［Gypsy］、罗姆人［Roma］和游居者［Traveller］学生的研究，以及加达帕［Candappa，2011］关于寻求庇护者的研究）。同样，我们需要时刻警惕，我们自己可能会歧视我们本应帮助的人。我们要确保自已没有歧视，这只是承认我们世界和课堂多元文化或多样性的一部分。正如郭和贾马尔（Guo & Jamal，2006）所强调的那样，我们还需要在教学方式和教学内容上利用这种多样性，尤其是保证我们的课程和教辅材料能够反映周围环境的多样性。

总结

我们通过接触和理解各种差异的形式来进行学习。当遇到其他不同的做事和看待事物的方式、经验和方法时，它们将挑战并发展我们在学科领域内外的思维，并帮助我们作为人类成长。除了认识到打击种族主义、性别歧视和同性恋恐惧的重要性外，还要谨记我们可以从其他种族、信仰和文化以及不同性别和性征的群体中学到什么，从保证更多样化的阅读材料中获得什么。除了了解现成的政策和实践，以确保听障或视障学习者能够学习之外，我们还需要记住我们可以从与他人的交流方式中学到什么。我们可以利用群体的多样性和周围世界更大的广泛性来丰富我们的课程和学习方法。这意味着无论是祝贺女性物理学家还是男性物理学家，祝贺加勒比诗人还是爱尔兰诗人，我们都要保证我们代表的是周围的社区，我们的整个课程反映或者至少部分地反映了我们的学习者。多样性是指仔细审视本地和全球。我们可以互相挑战，互相学习，了解我们持有的不同观点。如果每个人对堕胎都有相同的感受，那么我们可以从关于堕胎的辩论中学到什么？或者如果我们把辩论的框架设定为只有一个"好"的方面，那我们又能从中学到什么？

通过包容性实践，我们都能更好地学习和教学。包容性教学就是更好的教学。包容性教育的关键信息包括：周密的评估、创造性教学、检查学习、经过仔细筛选或设计的资源、细致观察差异化或个性化、从个人需求出发、警惕臆断和偏见——无论他们有怎样的需求或被认为缺少怎样的需求，这些都是让我们可以更好地对任何群体进行教学的方法。良好的教学实践是包容性实践（Appleby，2010，**Reading 15.4**）。这并不意味着"一刀切"，而是要认识到每一个课堂里都有各种各样的差异

（见本章开篇部分），因此我们总是需要去评估需求，更多地了解我们的学习者，与同事一起进行教学反思。

主要阅读文献

以下网站围绕《2010 年平等法》提供了解释、分析和建议。

Equality and Human Rights Commission. (该网站提供了关于《2010 年平等法》的导引)

有关特殊教育需求、包容和多样性的交叉领域以及教学如何承认和包容差异的概述，请参见：

Appleby, A. (2010) 'Who are the Learners?'. In N. Hughes and I. Schwab (eds) *Teaching Adult Literacy: Principles and Practice.* London. OPU, pp.29–47. **(Reading 15.4)**

Frederickson, N. and Cline, T. (2009) *Special Educational Needs, Inclusion and Diversity* (2nd edn). Maidenhead: McGraw Hill/Open University Press.

Richardson, R. (2009) *Holding Together.* Stoke-on-Trent: Trentham Books. 24, 26–8. **(Reading 15.1)**

Whittaker, P. and Hayes, R. (2018b) *Essential Tips for the Inclusive Secondary Classroom: A Road Map to Quality-first Teaching.* London: Routledge.

关于消除偏见、审慎思考并以"反种族主义"方式教学，以及建立包容性的学习环境意味着什么，请参见：

Spedding, P., Gregson, M. and Nixon, L. (2011) *Tackling Prejudice Together.*

桑德兰大学教育与社会学院 9 月 5 日会议报告（**Reading 15.3** ）

Gillborn, D. (2008) 'Developing antiracist school policy'. In Mica Pollock (ed) *Everyday Antiracism: Getting Real about Racism in School.* New York: The New Press, pp.246–51.

Candappa, M. (2011) 'Invisibility and Otherness: Asylum-seeking and Refugee Students in the Classroom'. In G. Richards and F. Armstrong (eds) *Teaching and Learning in Diverse and Inclusive Classrooms.* London: Routledge, pp.156–69.

有关残障、社会和如何建立更具包容性的实践的调查，请参见：

Goodley, D., Hughes, B. and Davis, L. (eds) (2012) *Disability and Social Theory: New*

Developments and Directions. London: Palgrave Macmillan.

Marschark, M. and Spencer, P. E. (2011) *The Oxford Handbook of Deaf Studies, Language, and Education* (2nd edition). Oxford: Oxford University Press.

Duckworth, V. (2013) *Learning Trajectories, Violence and Empowerment amongst Adult Basic Skills Learners.* London: Routledge.

从具有差异性和挑战性的角度描述和评价多样性和包容性的理念和理想：

Richards, G. and Armstrong, F. (eds) (2011) *Teaching and Learning in Diverse and Inclusive Classrooms.* London: Routledge.

Derrington, C. (2011) 'Supporting Gypsy, Roma and Traveller pupils.' In Richards, G. and Armstrong, F. (eds) *Teaching and Learning in Diverse and Inclusive Classrooms.* London: Routledge, pp.156–69.

　　舒勒和沃森的著作提醒我们，政策背景和资助安排对于为所有学习者提供终身学习机会非常重要：

Schuller, S. and Watson, D. (2009) *Learning through Life: Inquiry into the Future for Lifelong Learning.* Leicester: NIACE (**Reading 15.2**).

第五部分
加深理解

这是本书的最后和概要部分。这部分通过讨论教师专业知识和专业精神，将本书大部分主题整合在一起。

第十六章《专业知识》将前几章中的关键主题融入对教学长期问题的分析。本章还介绍了专业思维的各个方面。第十七章重点探讨了一个具有争议的概念——专业素养，为我们每个人促进自己和同事的专业实践不断深化提供了多种方式。

第十六章　专业知识

职业生涯魅力的概念工具

导言

　　本章首先概述了我们发展 FAVE 领域专业知识的意义。首先通过概念框架来理解专业知识的性质。我们提醒自己第四章强调的教与学研究计划（TLRP）的十条实证原则，回顾了贯穿本书的讨论。然后，我们将这些讨论提炼成一系列支持专业知识的有力观点，这些理念将专业知识组织成课程、教学法、评估、包容和专业素养的五大支柱。我们思考了专业标准在发展这些专业知识中的作用，包括理解反思、判断和智慧的作用。最后，我们来看整个职业生涯中你可能会遵循的一些路径，并对你可能会做出一些选择提供实用的见解。

教与学研究计划（TLRP）原则

　　所有**教与学研究计划**原则与本章尤为相关，本章的重点是专业知识的持续发展，并将教师定位为终身学习者。以下原则尤为重要：

　　原则 2：有效的教与学包括各种重要形式的知识。 教与学应与学科的重要思想、事实、过程、语言和叙述相结合，以便学习者了解某一特定学科的质量和标准。

　　原则 9：有效的教与学依赖于教师的学习。 这一原则说明，讲师、教师、培训师和教辅人员需要不断地学习，以发展他们的知识和技能，尤其是借助基于实践的探究来适应和发展他们的角色。这种学习必须得到承认和支持。

　　原则 10：有效的教与学要求一致的政策框架，以支持教与学作为重中之重。 国家、地方和机构的各级政策需要认识到教与学最基本的重要性。教与学的设计应能创造有效的学习环境，让所有学习者都能在其中得到发展。

　　这些原则认识到发展教师专业知识的重要性，这一发展必须持续、

协同地进行，并与机构、地方和国家结构相联系。

支持专业知识的有力观点

在本书中，我们重点介绍了教与学研究计划（TLRP）的十条实证教育原则，这些原则指导了我们在第四章探讨过的有效教学和学习（见图 4.1）。

重新审视这些原则可以将本书的一些基本线索连接在一起。我们先暂停一下，回顾本书讨论过的一些观点。这些观点为理解深化教师专业知识的本质提供了一个框架。我们已将这些观点分为课程、教学法、评估、包容和专业素养五大支柱。

课程

- 课程应利用家庭和社区的文化资源和知识储备，并代表社会的愿望和价值观为其公民服务。
- 课程设计应满足学习者的需求和目标，同时支持学习的进步和深度。

教学法

- 我们的教学专业知识建立在有效教学和学习的既定原则之上；这种专业知识具有创造性、技能性和广泛性，能够促进学习者积极参与、享受学习并受到激励。
- 发展教师—学习者、学习者—学习者的课堂关系是形成参与、互惠和达到高标准的基础。

评估

- 作为教师，我们的工作是开发适合教育目的、被理解和接受、稳健可靠的多样化评估形式。
- 评估包括定期向学习者提供具体的、建设性的反馈，尊重并公平地支持学习者实现个人目标。

包容

- 课程、教学法和评估必须始终以支持所有学习者实现其目标和制定新目标为驱动力。
- 学习环境必须体现尊重、培养、公平、创造，属于所有人，并认真考虑所有学习者的具体需求和贡献。

专业素养

- 我们认识到，教师需要成为反思性、协作性的实践者，致力于与同事合作，通过研究和写作去质疑、挑战和拓展实践。
- 作为教师，在地方、国家和国际层面上都要批判性地参与政策、研究和创新，辨别出我们可以在哪里发挥积极作用。

有关更详细的分类，请参见"反思性教学"（Reflective Teaching）网站上关于反思性教学的概念框架。

在前几章，我们围绕着这些有影响力的观点进行了讨论，认识到实现这些理想的困难以及努力实现它们的重要性。这是 FAVE 教师专业知识的内容。我们相信随着时间的推移，教师可以共同地、细致地发展这些知识。这不是只有通过重要的教师教育课程才能实现，这是贯穿整个职业生涯的过程。通过这一过程，教师个人或与他人一起加深了我们对作为一名教师的理解，增强了我们的反思能力，并培养了我们对实践的判断能力。

因此，成为一名专业教师所涉及的不仅仅是教与学的知识和技巧，它还要求我们在整个职业生涯中都要积极参与。在职业生涯的初始阶段，我们最关心的是教育实践的直接性，包括如何设计、教授良好的课程，如何从失败的课程中学习，如何应对课堂或讨论课的意外状况，以及如何应对经常影响整个行业教师和管理者工作的诸多政策和结构变化（Hargreaves，2007，**Reading 16.3**）。随着职业发展，我们可能会被要求承担新的角色和责任，常常牵涉到教育领导的方方面面，如制定行业或组织的政策及战略决策。毫无疑问，每一个新角色都会带来不同的可能、问题和困难的决定。它还包括坚持教育实践的价值观，始终能够并准备好挑战"理所当然"的假设。我们还要时刻准备好去证明我们的立场和判断是正确的（Dunne，1993；Hillier & Jameson，2003，**Reading 16.2**）。因此，作为 FAVE 教师，我们有义务在最初的教师教育经历之外，继续发展和改进我们的实践。但接下来的问题是，如何才能知道我们需要做些什么来改进实践，以及我们应该如何着手改进？

标准、智慧和专业知识的发展

专业标准

专业实践发展的主要手段之一是引入标准，并通过测试、测量和督导的制度来执行这些标准。标准可以提供一个通用词汇表来支持从业者之间对工作的讨论，还可以提供一个框架来规划和认证新手从业者的初始培训。但这并不是说，包括教师在内的实践者不应该对描述他们实践的正式框架进行持续反思、批评并更新他们的想法，因为这些框架永远只是近似的，也可能有局限性或遗漏之处。

在英国，FAVE 行业从业者根据教学所在地区的不同，会受到不同标准的约束。目前，在英格兰有《教育与培训中教师与培训者专业标准》（*The Professional Standards for Teachers and Trainers in Education and Training*）（Education and Training，2014，请参见教育和培训基金会官网）。在威尔士，从业人员遵循《威尔士继续教育教师和基于工作的学习从业人员的专业标准》（*Professional standards for further education teachers and work-based learning practitioners in Wales*）（Welsh Government，2017，请参见 Hwb 网站文件）。在苏格兰，从事成人和社区教育的人依照苏格兰标准委员会（Standards Council Scotland，请参见其官方网站）规定的"能力"工作，而继续教育从业者则遵循《苏格兰学校讲师专业标准》（*Professional Standards for Lecturers in Scottish*

Colleges）（College Development Network，2018，请参见其官网文件）。虽然这些标准之间存在差异（当然值得花时间研究所有这些标准），但它们都强调了评价和反思实践、持续专业发展和利用研究挑战实践的重要性。

反思活动 16.1　对一套标准的反思

以下内容来自《威尔士继续教育教师和基于工作的学习从业人员的专业标准》（*Professional standards for further education teachers and work-based learning practitioners in Wales*）（Welsh Government，2017）。

威尔士继续教育教师和基于工作的学习从业人员的专业标准

威尔士新的职业标准以一系列个人承诺的形式表达出来——

　　　在我个人以及与他人的实践中，我……

表现出对学习者、他们的学习、安全和幸福的承诺

- 激励、支持和充分发挥学习者的才智，考虑他们的起点和进步的多种选择。
- 与他人合作，确保学习者得到充分支持。

重视并促进多样性、机会平等和包容

- 拥抱多样性，倡导包容。
- 挑战一切形式的歧视。

了解威尔士文化和语言对威尔士作为双语政体的重要性

- 利用机会庆祝威尔士文化及其在世界上的地位。
- 为自己的威尔士语言发展寻找机会，并向他人宣传其重要性。

对他人展现尊严、礼貌和尊重

- 倾听并尊重他人的观点、意见和想法。
- 行为处事能够作为公平、礼貌和尊重的榜样。

保持和更新自己的学科知识、教学方法以及如何最好地教授和评估知识的方法

- 同步了解自己专业或职业领域的发展以及有效的教学和评估方法。

- 使用学习评估和学习性评估的方法来支持学习者的进步。

知道如何使用佐证和研究来改进自己的实践

- 从各种来源获取研究成果并将其作为试验。

- 与同事一起反思最新的理论和研究，并探讨它们与自己的教学和学习环境的相关性。

计划并实施有效的学习、教学和评估

- 确定、准备、实施和评估学习课程。

- 使用一系列媒体如数字媒体，有效地促进学习过程。

建立积极的合作关系

- 致力于建立和维护与学习者、同事、雇主及其他相关人员的关系。

- 在专业实践的各个方面发挥领导能力，参与专业学习网络并为之做出贡献。

使学习者能够为自己的学习和评估分担责任

- 与所有学习者合作，使他们能够设定具有挑战性的目标，并根据这些目标评价自己的进步。

- 与所有学习者、雇主和其他相关人员进行有效沟通。

批判性地反思自己的价值观、知识和技能，以改进学习

- 培养自己的读写能力、计算能力和数字素养以及其他适当的专业技能。

- 批判性地评价自己的实践，并根据反思和反馈（包括学习者的反馈）进行调整。

请仔细阅读标准。你有什么想法？它们在多大程度上反映了你看到的一位 FAVE 教师所承担的角色和挑战？你是否觉得有些方面不太适合你的环境？有什么需要补充的吗？你认为这些标准的哪些方面需要作为自己职业发展的一部分并给予优先考虑？为什么要这么做？请与同事分享你的想法。

标准制定出来是为了定义什么是好的实践。但这些标准有时是以一种科层式"自上而下"的方式来制定的。它们的功能也限制了教师在教学中运用专业判断和创造力的范围，而不是增强这种能力（Hargreaves，2007，**Reading 16.3**；另请参见第四章对绩效的讨论）。理想状况是，教育专业标准可以而且应该加强反思、鼓励专业判断和价值观、促进教师"能动性"（见第五章和第六章），是一种在实践中帮助教师做出良好教育决策的工具（例如，见 Priestley et al.，2015；Jeffrey & Troman，2012）。同样重要的还有"单循环"和"双循环"学习的概念（Argyris，1977）："单循环"思维的目的是提高标准和组织既定目标中被正式确定的工作效率和工作效能，而"双循环"思维是指以提高实践的有效性为由，对标准和目标本身展开评判。

必须指出，旨在改善教育的专业标准和其他政策举措必须依赖于教师的意愿和专业知识，去反思如何在实践中最好地实施这些标准和措施。显然，一个可以让教师有反思和情境化空间的条件对实践的发展至关重要。换言之，教师解释、实施、调整和评价教育政策（包括教师实践标准）的方式对教育政策的成功和影响至关重要（O'Leary，2014，**Reading 16.4**；Coffield，2014，**Reading 1.2**）。

专业知识的发展

已经有很多著作关于不同的专业群体如何发展他们的专业知识，而且也有各种各样被创造出来的模型代表了从新手到专家的过程。德雷福斯（Dreyfus，1986）为发展临床技能而设计的模型是其中更广为人知的一个。该模型代表了专业实践发展的五个阶段：

1. 新手；
2. 高级初学者；
3. 胜任者；
4. 精通者；
5. 专家。

新手或初学者依据专业守则所制定的规则和原则进行实践（事实

上，通常根据这一点判断他们是否适应实践）。当他们能力提高时，就会熟悉规则和原则，并以更全面的方式践行这些规则和原则。他们还利用自己以往的经历，介绍制定职业守则的方式。专家们拥有丰富的专业知识、经验和理解，这能帮助他们处理更复杂、非常规的情况。他们通常在方法上更具自主性，还能与他人分享自己积累的知识。这一点对于扶持下一届新手和高级初学者进入该行业尤其重要。然而，在德雷福斯模型（Dreyfus model）下，需要谨记于心的是，专业领域内的根本性技术变革可能会使专家的知识和技能变得多余，因此专家可以重新成为新手。意识到这种可能性以及任何从业者专业知识的局限性，是该模型中更高水平专业知识的深层属性。

案例研究 16.1 高级初学者

詹姆斯是一名吉他手，曾在当地继续教育学院学习职业资格课程。自从获得资格，在各种环境中工作以来，他已成为该学院的一名实习教师。他对音乐有着深刻的了解，现在正在研究如何鼓励年轻人在他最初取得职业资格的学院中开发他们的音乐天赋。

詹姆斯有一群学习者正在为音乐会做准备。他们是一个声乐团体，需要在和声中演唱，并为个人表演找到最合适的音调。他们都热衷于表演。

詹姆斯从练习开始，让他们的声音做好准备。他决定让他们唱一些学习者觉得困难的音程。他与他们一起唱，直到他们更加熟悉所需要的内容，然后他要求每个学习者按照他的建议唱一段音程。接着，詹姆斯提出更严格的要求，让他们唱更高或更低的半音。随着任务难度的增加，尽管需要好言相劝，学习者还是按照他的要求去做了。

詹姆斯知道唱歌前热身的重要性。他还知道用不同的调子唱歌、识别音程也很重要，因为这有助于学习者唱任何歌曲，无论歌曲的要求有多高。在仔细观察和聆听了学习者尝试唱音程和半音之后，他决定改变原来的计划，花更多的时间做热身，练习音程和半音。这一改变是正确的，因为这为学习者进行声乐表演提供了一个更好的平台。

他有很多想法可以在未来的课程中尝试，而且他在 FAVE 之外的经历中也获得了深厚的音乐专业知识。他不仅是一位刚取得资格的教师，而且还是一位专业音乐人。作为一名教师，他的 FAVE 职业生涯刚刚开始，他从以前的工作和学习中获得了一系列理解和知识的支持。

由于他的学习者一直都非常配合，他还没有学会如何对待一个不那么专注的群体。

詹姆斯如何计划和管理一个缺少积极性的团队的声乐表演？

你认为用"高级初学者"来描述作为教师的詹姆斯合适吗？用它描述作为音乐人的詹姆斯合适吗？用它描述作为音乐教师的詹姆斯合适吗？

学习和专业知识理论家最近指出，德雷福斯模型:（a）将专业知识视为在界定明确且稳定的领域（如国际象棋）工作的个人的特征，在很大程度上忽略了团队合作;（b）仅仅是基于"专家"的实践;（c）未充分解释前面提到的领域内的变化。例如，埃劳特和希尔史（Eraut & Hirsh，2007）认为，德雷福斯模型很少关注工作中出现的新奇复杂情况，这些情况需要一种解决问题的方法，包括搜索相关知识、收集证据、在同事之间做出批判性推理。恩格斯特罗姆（Engeström，2004，2010）从这一角度进行了深入研究，他将专业知识视为：

（a）本质上是动态的，并受环境限制（受具体时间和空间限制）；

（b）集体性的；

（c）为具体的多学科任务而开发；

（d）需要对任何新的环境或任务重新进行概念化。

他认为，"扩展性学习"是产生新专业知识的核心过程，在这一过程中，学习的发展要与实践和组织内部的发展齐头并进。恩格斯特罗姆认为，学习、实践和创新应被视为一个整体，技术和社会变革导致了工作和工作场所性质发生变化，所以需要对专业知识进行彻底的重组（Engeström，2004）。

最后，哈蒂（Hattie，2009）思考了专门与教师相关的专业知识，确定了专家型教师的五个特征。它们是：

- 确认对他们所教授学科的基本描述；
- 通过课堂互动引导学习；
- 监督学习并提供反馈；
- 注意情感特征；
- 影响学习者的学习结果。

反思活动 16.2　对专家型教师特征的思考

想想哈蒂所说的专家型教师的五个特征。在你的机构中至少找到一位经验丰富的专家型教师，你是否可以花一些时间观察他们的一节或多节课程或工作坊。当你观察时，请问自己：你能在他们的教学中看到上述特征吗？然后请向你认为是专家型教师的同事提问，他们是否会在哈蒂列出的清单中添加或删除任何内容，以及为什么会这样做。将这个讨论作为你从新手教师到专家型教师的旅程的基础。在新手—专家这一范围内，你把自己定位在什么位置？为什么？请确定你希望发展成为"专家"的领域，最多列出三个。

哈蒂认为，教师的专业水平对学习质量有影响。他认为，由专家教授的学习者对概念的理解更连贯、更完整，因此他们的思维更抽象。不过，哈蒂的分类法里没有提到团队合作。在实践中，学习者通常由教师团队授课，而对于开发学习资源、设计课程、计划工作、更新课程、解决具体教学问题或从事专业发展，最简单、快捷、有效的方法就是与同事交谈，无论他们是否更有经验。

我们建议，反思实践并与同事分享想法是从新手过渡到专家的基本要素。虽然并非所有阅读本书的人都会将整个职业生涯花在 FAVE 上，但我们希望从 FAVE 中获得的许多知识、技能和理解可以迁移到其他职业和活动中，反之亦然。

在本书中，我们还讨论了主题知识的概念和作用。你可能在学士、硕士或博士等不同级别的阶段中学习过你的学科，或者在你的学科领域还没有获得正式资格，你的专业知识来源于职业实践和获得的经验。不同的从业者以不同的方式发展他们的专业知识，这也反映出他们爱好的多样性。伯利纳（Berliner，1986）指出，教师在掌握学科知识的同时，也必须掌握学科教学知识。发展我们专业知识的一个重要方面是检查和加深我们对学科专业知识的了解。无论是在 FAVE 内部还是外部，这都是需要与他人合作的地方。

学会睿智？

理查德·森尼特（Richard Sennett，2008）指出，我们中的大多数人，无论从事什么职业，都不是只想在工作中"过得去"，而是想越做越好。在第三章中，我们认为批判性反思对于改进我们的教师实践至关重要。希克森（Hickson，2011）承认，个人主义反思模式可能导致人们"被自己的故事和信仰所诱惑"（p.832）。 汤普森和帕斯卡（Thompson & Pascal，2012 ）认为，反思性教学的理念和反思性实践的模式变得过于简单，将思想和行动分开，缺少反思性实践中关键的"社会学"要素（例如，参见 Canning，2011；Ghaye，2011）。继博德（Boud，2008）之后，他们批评了反思性实践的支持者，他们有时过于强调个人反思，忽视了更多集体形式的反思、集体商议和决策的重要性：

> 人的存在从根本上说是社会性的。因此，社会问题不应仅仅被视为陪衬或一系列次要的背景特征。社会背景是人类现实的主要特征。因此，有必要将个人反思视为文化形态和结构关系所在的广泛

背景中的一部分，而非仅仅是人际关系问题（Thompson & Pascal，2012，p.318）。

他们认为，正如第三章中所说的那样，我们需要在对话的基础上建立更具集体性和批判性的反思方法，包括在背景和证据的基础上对共同达成的实践进行思考和审议。这意味着经验丰富和经验不足的教师应该继续独立或与同事一起仔细思考我们的工作。

"反思"还需要与另外两个关键概念放在一起：判断和智慧。反思与我们仔细思考所做之事的方式方法有关——我们是独立做事还是与人共事。判断强调了反思的一个特定方面，即我们对如何做事和要做什么事的思考，即对目的问题的思考。判断不是关于规则的应用或遵循规定，它还涉及将知识、标准、原则和理论应用到教师工作的复杂和不断变化的环境中。从某种意义上说，这些是我们自己与学习者每天、每分钟待在一起的独特环境。智慧指的是，随着时间的推移，教师开始能够体现良好的教育判断，这种判断能力成为整个专业自我的一部分。

例如，如果两名航海工程学徒在一个工作坊中不停地使用手机，老师很容易忍不住去要求他们关掉手机并集中注意力。然而，如果老师去询问他们为什么需要如此频繁地使用手机，就会发现其中一个有一位年老的亲戚正在接受手术，另一个正在和他的朋友聊天。其他人使用在线词典查找讨论中使用的术语又有什么关系呢？对于这些不同的情况，需要采用对所有相关人员都适合且公平的策略。在不考虑根本问题的情况下，一时冲动得出结论可能会导致进一步的困难。为什么人们在教学过程中使用手机？需要确立哪些协议和例外情况？在这种情况下，我们和学习者期望什么样的行为？

我们认为，在发展智慧和实践判断上，联合实践发展（Joint Practice Development，JPD）（Fielding et al.，2005；Gregson et al.，2015）在思维从个人（和职业初期）反思实践转向更加积极、协作、注重实践的研究和实证的方法上，发挥着潜在的关键作用。我们在第三章中介绍了联合实践发展的理念，并指出，在我们的职业生涯中，通过与同行的互动来反映和发展实践非常重要。我们认为，联合实践发展提供了不同的、有意义且实用的方法来改进实践，满足持续专业发展（continuing professional development，CPD）的专业要求，并更加"专家化"。

案例研究 16.2 说明了经验丰富的教师和教育领导者经常遇到的复杂问题。它凸显出在面临预算有限、优先事项冲突、外部压力和迫切需要等问题时，他们必须做出的艰难决定。

案例研究 16.2　专家型领导者

理查德刚刚在英国的一所继续教育学院担任高等教育课程经理。他已经为自己学院和附近另外两所学院讲授高等教育课程的教师筹措了一些持续专业发展资金，用来开展获得正式资格认可的持续专业发展活动。他为三所大学的所有员工组织了一次持续专业发展活动，这样他们能够会谈并计划如何使用这笔资金。尽管教职员工渴望获得认可，但他们很难找到时间完成所需的文书工作。理查德已经安排了两位演讲嘉宾为活动筹谋划策。

第一位演讲嘉宾建议，所有三所学院都可以使用联合实践发展（JPD）方法进行持续专业发展，以解决教学和学习可以改进的领域，并共同研究和改进这些领域，同时为高等教育管理专业实践标准提供研究活动的证据。第二位演讲嘉宾介绍了人力资源部如何在他们的学院设计并提供一系列时长两小时的课程，内容涉及安全措施在内的各种主题，学院所有从事高等教育的教职工都必须参加这些课程，以便为他们在学科中参与了持续专业发展提供佐证，并展示他们的学术水平以及根据高等教育管理专业标准进行反思和评价的能力。

理查德应该做什么？他的这一决定可能产生什么后果？

下面我们将更详细地了解持续专业发展。

专业发展和职业生涯管理

持续专业发展

职前教师教育项目和 FAVE 机构教师专业发展形式是一个相对较新的现象。例如，只是在过去 40 年中，英国、澳大利亚和美国的政府和大学才正式制定了教师专业发展计划。在此之前，职业或专业领域的知识被认为是胜任教学的必要条件和充分条件。FAVE 行业的教师有的是全职教师，有的是兼职教师，他们有不同的术业或学科，承担不同的工作量，而且不同教育机构对教职人员的发展也做出不同的安排，所以这些教师的职业道路不尽相同。不过，大多数教师都一致认为，重要的是要找到时间和空间仔细思考自己的实践，致力于改进方法，并意识到可以利用的持续专业发展（continuing professional development，CPD）机会。

FAVE 的领导者们也许有持续专业发展预算，可用于更新教职员工的教学主题和教学知识。有时，这包括耗时且昂贵的课程、会议或其他活动。在这些活动中，被视为"专家"的人会告诉在场的每个人该做什么。当然，并非所有的持续专业发展都是这种形式。持续专业发展（CPD）也可以由个人驱动，比如参加某一学科组织提供的讲座，生物教师可以参加伦敦林奈学会讲座，法语教师参加在英国举办的法国电影节与导演的问答活动。

虽然持续专业发展活动和网络有助于提高对新发展的认识、促进思想交流和资源分享，但它们不足以保证持续专业发展。因为在知识迁移足以给实践带来变化之前，必须要进行更多的"新学习"（Eraut，2004）和"语境重构"（Guile，2014）。埃劳特（Eraut）用冰山的比喻来解释实践是如何变化的。他认为，将"好主意"付诸实践所需的知识中，关于"良好实践"的抽象的理论知识和信息仅占八分之一（水线以上的冰山），其余八分之七（水线以下的冰山）代表真正改变所需的新知识。盖尔（Guile）的观点是，实践是"语境重构"的持续过程，在这个过程中，知识被应用，不是简单地从旧语境中迁移过来，而是总在某种程度上进行转换以适应新语境（Guile，2014）。这一观点表明，最复杂的实践（如教学）大部分时间都涉及最广义的"研究"，因为教师总是在不同的情境中测试和更新他们的专业知识。从这个角度来看，每个教学环节实际上都是一个实验环节，有可能产生专业学习和创新想法（Gherardi，2012）。与此密切相关的一个观点是同行评议。同行评议在高等教育中被正式或非正式地广泛使用，是质量保证和新知识开发的核心。对教师工作进行正式和非正式的同行评议（例如，教学的同侪观察、评分审核或协作式课程工作），这对专业知识的发展很有价值。

以共享专业知识、经验和信任为特征的社会框架通常被称为"专业学习共同体"（professional learning communities，PLC）（例如，Brosnan & Burgess，2003；Vescio et al.，2008），非正式专业学习可以在共同体中进行。这些共同体可以长期存在，也可以在某一个项目的实施周期内暂时存在，部分或全部在线运营，利用数字媒体工具，如慕课（MOOC，例如：FutureLearn 平台、OpenLearn 平台）、维基（wiki）和其他允许同步在线团队工作的数字工具。专业学习共同体（PLC）完全可以在不同的组织内部或跨组织存在。

我们已经指出，改变和改进实践的认知不仅仅是指简单的信息传递或由他人告诉你该做什么。这一点对联合实践发展原则非常重要，联合实践发展承认改变需要时间。它以教师现有知识为基础，认为将想法付诸实践对参与变革过程的人和负责改进实践的人之间的关系提出了更高的要求，而不仅仅是告诉别人该做什么（Gregson et al.，2015，**Reading 16.1**）。鉴于上述情况，我们认为教师和领导者需要仔细考虑不同形式的持续专业发展提供了什么，在性价比方面又意味着什么。

表 16.1 确定了在 FAVE 行业中一系列持续专业发展方法的主要优势和局限性。

表 16.1　持续专业发展方法：优势和局限性

持续专业发展模式	方法特征	主要目标	主要优点	主要局限性
内部持续专业发展活动和发展日	由教育领导者组织的研讨会或系列的研讨会，由内部/外部"专家"告诉每个人该做什么。经常用于告知教职员工其行政管理过程和职责的变化。	展示教与学中的"最佳实践"。	快速提高整个组织对"最佳实践"的认识；建立教职工关系网络。	活动结束后，很少或根本没有人支持参与者将想法付诸实践。强调出勤率，而不是对实践的影响。与稳健研究的联系薄弱。易受"时尚和噱头"的影响以及专家或大师的硬推销。存在以下风险：主要关注活动而不是教学和学习。更新和责任而不是教学和职责趋势。互动性有限。学生很少参与。自上而下的影响趋势。
会议	以组织为主导的主题活动。在区域、国家或国际级别开展的以研究为主导的主题活动。	提供信息。为聚焦主题和问题提供机会。大型活动将来自相同或多个组织的代表聚集在一起。可以具体到某个行业。	共享最新消息。杰出的研究人员在任在会省出教育实践未来的发展方向。对身边常见问题的看法提供国际视角。为推广研究和行业提供机会。为代表们建立人际网络。	高度依赖会议、组织和发言者的能力。高成本、精英式方法。耗时：旅行可能或就搁工作的时间。一些研究应用难以联系起来。们与实践对前沿实践的潜在未来影响起到促进作用，但起不到支持性的作用。在某些情况下，关注"教育"研究而不是"为教育"开展的研究。互动性有限。活动结束后，很少或根本没有人为参与者将想法付诸实践提供支持。自上而下的影响趋势。

续表

持续专业发展模式	方法特征	主要目标	主要优点	主要局限性
指导	资深教师提供支持。外部机构提供导师培训或支持。	使新教职员工能够通过一对一的指导方式开展实践。有经验的教职员工能够通过实践反馈，与新教职工分享"最佳实践"。	使用内部现有知识和专业知识作为持续专业发展的基础。相对便宜。具有提供个性化和灵活性服务的可能。新手从导师那里直接获得如何开展实践的指导。强调日常实践的发展，本质上是互动的。	高度依赖于导师现有知识和技能的质量。关系通常是以等级划分的。受到来自导师和专业知识的单向影响，被视为理所当然的做法可能被固化。可能会抑制所当然反思批判态度的发展。通常缺乏之训练和资源。学生参与度小。
联合实践发展	分享地实践发展的经验。两个或两个以上的人进行互动，影响彼此。实践之间的相互发展不是简单的"转移"。研究支撑了思想和干预措施的发展。有用于谈论教与学的时间和空间。	主要关注实践发展。共同识别实践中需要改进的方面，为想法、支持或干预寻求教育研究。分享关于实践影响的经验。合作讨论问题，可能的解决方案和对影响的反思。基于"选择加入"而非"强制"人"模式。	强调地方实践效果。合作让参与者能够相互学习，增长社会资本、互惠和信任。遵循基于研究的投入与挑战证据的思维。注重地方实践的发展。选择符合地方、区域或国家优先事项的项目机会。联系直接参与者之外的人群。影响模式是双向的。这种模式交互、重复和递增的，花费相对较低。基于现有的内部知识和专业知识——教职员工和学生潜在可持续性的项目上使用该方法。生可以在同一组织内部的项目——一级别教职员工之间的横向影响显著。学生可以直接参与项目的设计和实施以及对影响的评价。	需要务实分配时间资源。需要有研究经验的指导和支持来帮助教职员工参与文献研究。这种方法不是"快速修复"，而是"慢工出细活"。这种方法存在的风险是，联合实践发展这种研究的结果的传播方式不能反映出其指导原则和核心实践。

反思活动 16.3　组织和参与教师驱动的专业发展

在以实践为基础的专业发展方面，与一些志同道合的同事聚在一起。可以给小组命名，然后以小组为单位开展以下活动。

1. 找出一两个与教学、学习和／或评估相关的重要的共同问题或你面临的问题。

2. 请集体设计一个连贯的活动方案，可以在六个月或一年的时间内切实执行。你们可以每学期相互观摩一次教学，采用同样的具体干预措施，或调整教学作为联合实验。活动方案还包括参加相关的正式发展活动或会议，或者成员编写并向小组提交简短的讨论文件。重要的是，小组的每个成员都要承诺按照商定的时间表进行活动。其中应包括，整个小组每学期至少召开一次会议，以了解进展情况，讨论关键问题和想法，并调整计划。简要地记录会议的要点和行动方案。

3. 开展计划好的活动和会议。

4. 当活动方案按期完成后，开会评价课程，确定学到的知识，讨论每个成员如何调整自己未来的实践，并记录讨论结果。

5. 如果合适的话，考虑与其他同事分享你的发现，或者与教师发展在线共同体分享，比如利兹贝克特大学的 CollectivEd 网站或者贝德福德学院的团体研究网络博客。

6. 重复进行一套完全不同的活动。

追踪进展

当你在职业生涯中不断进步时，要去发现并把握机会发展自己的专业技能。你可以充分利用指导，和专业人士建立重要友谊，让更有经验的同事为你提供建议和支持。希利尔（Hillier，2012）列出了发展教师专业知识的多种方法，如教师担任其他机构或授予机构的外部审查员或核查员，参加机构范围内的委员会、工作组、指导小组、评估委员会或在学科专业或教育学科中获得更高学位。此外，还可以在某一具体方面开发自己的实践，例如在使用信息交流技术方面。另一方面，也可以领导开发课程的某一方面或开发新课程，或者带领团队成功地通过主要的认证、验证或审核流程，以此来培养自己的学术领导力。

在利用上述机会时，要仔细做好记录。一个较好的方法就是保留一份成就档案。成就档案包括记录你参与的所有专业发展和可能对你职业发展产生的影响（请参见**反思活动 16.4**），以及定期更新的、能反映你当前专业发展的简历。当你从初级教师转为高级实习教师或专家时，请记住将持续专业发展活动与你专业知识的深度和广度的发展联系起来。另一个好方法是写一篇关于个人整体实践的陈述报告，这样不仅可以用例子具体说明发展，还可以展示 FAVE 专业人士的原则和价值观如何支撑这些活动。

反思活动 16.4　开发教学成就档案袋

为了你对自己的教学进行总结，请阅读以下策略，它们改编自希利尔（Hillier，2012）提出的策略。请思考你如何使用或调整这些策略来总结自己的成绩，以便纳入教学档案，用于申请晋升或新工作。

1. 写一篇简短的陈述，说明什么样的教育价值观对你很重要，以及为什么。你的观点可能会随着时间的推移而发展，因为你在不同的环境中教学，获得了更多的经验和专业知识。例如：

"学习者要了解他们正在学习的学科或职业领域的历史、当前思维和实践以及未来发展方向的可能性。这一点很重要。"

或者：

"我当前职业发展的首要任务是抓住新技术的教育潜力。"

2. 保持更新以下记录：教学情况、课程回顾、学生反馈（以及你的回应）、项目、计划或你领导/管理的创新项目。还包括学习者的人数、教学方法以及你调整、开发和使用的资源；评论你如何为学科专业知识、教学知识做好保障，以及你如何通过参与研究、订阅专业期刊等方式紧跟学科或职业领域的发展步伐。

3. 可能还包括你如何在教学中采用以学习者为中心的方法，如何与学习者建立积极的专业关系，帮助有困难的学习者取得成功的例子，学习者完成学业取得成就的例子，你如何帮助来自不同文化背景的学习者，让他们感受到自己备受重视并被吸纳到课程/工作坊中，以及你如何使用形成性和总结性反馈来帮助学习者发展。

4. 此外，你可以举例说明自己或他人的研究如何影响到你的教学，以此来证明你在所属的学科专业、职业领域或教育领域中对研究和学术做出的承诺。你可以提及参加过的会议或课程，以及读过的书籍或文章。记录你收到的邀请，你在任何国家、地区或地方的会议、工作坊和研讨会上谈论教学、学习和研究所收到的各种邀请形式。请描述你在教学中所做的任何创新、你获得的资助以及你或你的学习者获得的任何奖项。请记录你对机构、部门或团队决策和政策的任何影响。

5. 在你的简历和申请表上提交你的证明文件或支持声明，说明你的教学及其发展，并提供令人信服、连贯和有说服力的证据来支持你的观点。

FAVE 中的学术和研究

我们应该进行研究、参加学术活动吗？一般而言，教育领域的学术可以被视为教师就其专业学科领域的教与学或对更普遍的教与学开展和发表研究的过程。它也被视为与提高 FAVE 教师和教学的形象有关。我们还可以认为这是一种教师利用教学研究和文献为实践提供信息的"学术"方式，或者是我们以更具研究性的方法进行教学的方式。有些人认为学术和教育研究，本质上是追求"优秀"的一种实践。

　　豪德金森和詹姆斯（Hodkinson & James，2003）对教学中存在某种普遍化的"卓越"和"良好实践"模式的概念提出了质疑。教学可以而且将会仅仅通过识别和传播所谓的"最佳实践"而得到改进，这一理念被科菲尔德（Coffield，2014）描述为"构思不周"和"无效"的。无论我们如何广义或狭义地理解教育研究和学术的范围，如果认识不到教学、学习和研究的复杂性和关联性，就无法完全理解 FAVE 中课堂和其他教学场所的情况。我们不应低估教师的专业判断在所有这一切以及在良好教育实践发展中所起的重要作用。

　　教育领域的学术和研究常常始于识别教育实践中需要调查的问题，随后产生了对问题潜在性质的疑问，研究过程由此开始。然而，教育实践中的问题往往被认为是庸师才有的问题，或者是良师不必面对的问题。另一个流行的观点是，如果你在教学中遇到问题，你可能需要并且想要快速解决它。在高等教育领域，麦卡锡（McCarthy，2008）认为，将教学中的问题从有缺陷的不良实践中（通常认为可以通过简单的技术补救或"教学配方"解决）转移到系统的、持续的调查中来，是教与学中学术和研究的一个关键方面。

　　布鲁（Brew，2006，p.18）提到一个事实，即教学和研究之间的"传统"关系与传统相去甚远，把教学和研究视为独立事物的观点还是一个相对较新的观念。她展示了关于教学和研究之间关系的"传统"观点是如何使它们相互对立的。她假定教学和研究可以且应该处在不同的领域和实践形式中，在"时间、资源和空间"方面相互竞争（Brew，2006，p.1）。她接着说明了研究如何被普遍视为在学科研究文化中进行。在这种文化中，大学的学者、研究人员和研究生承担着创造知识的工作。从这个角度来看，教学被认为在远离这些研究场所的地方进行。从这个角度来看，教师的工作就是传播他人研究的知识。

　　布朗（Brown，2002）展示了这种观点是如何在英国和其他地方主导教育的。他解释了这如何导致前所未有的集中的课程体系。在这种体系中，教学角色被理解为管理阶层中的底层角色。他认为，在这种环境下，教师已被视为次要的技术人员，教育的总体目标是预先设定好的，并根据国家经济的需要形成工具化的框架结构。在这种情况下，他展示了课程材料如何被所谓的学科专家遥控，他们进行预包装并制定教学方法。从这个角度来看，教师的工作仅仅被视为"有条理地将事实按序插入学习者的头脑中"并进行技术监督（Brown，2002，p.46）。这个观点的问题在于，教育研究与教育实践脱节，无法触及对方。因此，形成"完美风暴"的条件具备了，在这场风暴中，教育研究搁置在学术研究人员现实和虚拟的书架上，而教育实践却以教育研究所不了解的方式进行（Sarason，1990；Gregson & Nixon，2009）。

当你在教学和学习方面形成更多的专业知识时，想想你的职业如何体现自己对研究和学术的承诺。考虑到教与学学术研究的争议性，要注意教学、学习和研究是如何联系起来的。教和学方面的学术研究可以将学科专家或职业知识领域的研究与教学和教学论的发展联系起来。换言之，通过在教育领域开展富有活力的研究，了解更多有关学习的发生方式，我们就可以确认更富有成效（也更加可能意识到那些不成功的）的教学干预措施、想法和方法。

研究、发展和晋升

在 FAVE 机构中，有些教师相比其他教师更积极地参与教学和学术研究。FAVE 的教师不从事研究有很多原因。其中最突出的原因是教学工作量大，给教师带来了巨大压力，而且几乎没有（如果有的话）时间或资金来支持和帮助教师从事研究。许多从业教师发现，参与研究能让他们感到自己更有能力应对实践中的挑战，并为他们提供"更广泛"或完全不同的视角。一些教师通过参与硕士或博士研究课程进入研究领域，另一些人则通过其机构或专业机构提供的研究机会进入研究领域。例如，成人读写能力研究与实践组织（Research and Practice for Adult Literacies，RapAL）和全国成人英语和社区语言教学协会（National Association for Teaching English and Community Languages to Adults，NATECA）。同样，研究活动以及发表研究会有助于教师获得晋升。因此熟悉所在机构关于各类人员晋升的政策和指导方针也是一个好主意。但也要记住，更正规的研究并不吸引所有人，一些机构可能扮演"高级从业者"或"首席导师"等角色，这就允许将职业发展的重点放在支持课堂教与学的其他方式上面。

FAVE 行业的许多教师发现，为了获得晋升，他们不得不离开教学岗位，进入教育管理和领导岗位。科菲尔德（Coffield，2008）指出了这种情况的困难和危险。他认为，教育管理者和领导者从教学中退出，他们的优先事项和决策可能不再关注教育价值，而是更多地转向了反映市场的价值观、当务之急和语言（请参见第五章）。

在本书中，我们探讨了课程、评估和教学的理论和概念。在本节中，我们将介绍将所有这些结合在一起的策略，为你构建畅通无阻的职业机会、晋升和打造你真正想要的职业发展提供支持。

反思活动 16.5 评估自己和他人的专业技能

结合我们在本章中关于开发、扩展和证明你在 FAVE 领域的专业知识的方法，请思考一下你目前在以下领域的实践定位，以及你可以提供哪些证据来支持这一定位。

- 对学习者的影响。
- 个人教学与学习发展。
- 课程开发。
- 教与学的学术和研究。
- 在你的专业、学科和职业领域的研究活动。
- 领导力。
- 自我实现。

总结

本章探讨了 FAVE 中专业知识发展的性质和动力，以及持续专业发展形式在加深我们对教学、学习和研究的理解方面所起的作用；还探讨了在 FAVE 职业生涯发展过程中可能遇到的一些重要事件，规划和反思有关职业轨迹和利用潜在晋升机会的重要性，以及对全新的、不同的专业活动的激励。

我们希望，通过阅读本章（以及整本书）的内容，你获得最重要的信息之一是，生成和用来证明教师不断发展专业知识的证据一定是由强健的教育研究和明确的工作影响指标来支撑的，这一点非常重要。

我们已经注意到，各种正式的专业教学标准的重要性和价值体现在对实践深思熟虑的评价，以及把持续专业发展作为 FAVE 专业教学实践核心的承诺上。本书前面介绍的英国教与学研究计划（Teaching Learning and Research Programme，TLRP）十大原则（见第四章）以及本章开头的有力观点，为你、你的同事或者你所在的机构和行业在实践背景下进行研究、教学和学习，提供了有用的框架。你甚至可以考虑使用联合实践发展原则（Fielding et al.，2005；Gregson et al.，2015，**Reading 16.1**）作为同事、团队、部门或整个组织的持续专业发展活动指南。

我们相信，领导者、管理者和教师能够并应该利用现有知识、专业知识、教职员工的才能，以及他们拥有的教育研究和资源，建立并支持合作与负责任的关系和部署，支持教育实践的改进。我们提出，联合实践发展可以帮助教师在教学、学习和评估方面做出真正可持续的改进，是机构持续实践发展战略的一个组成部分。改进实践要求我们在日常教学中遇到复杂和不断发展的情况下做出判断、执行判断和评价判断。我们强调了仅根据个别教师对自身实践的思考来构建反思这一概念的缺点（例如，见 Thompson & Pascal，2012），并指出，我们需要更加务实，通过合作和探索来理解我们的工作，并与学习者一起改进工作

（Sennett，2008，2012；Guile，2014）。下一章将讨论我们的行为和理解是如何影响我们的实践的，以及成为"专业人士"意味着什么。

主要阅读文献

关于第四章有效教学原则的重要阅读材料也与教师专业知识的长期问题高度相关——例如，见哈蒂（Hattie）的专著（Reading 4.3）。

有关专业知识性质的哲学概述，请参见：

Winch, C. (2012) *Dimensions of Expertise: A Conceptual Exploration of Vocational Knowledge*. London: Continuum.

回顾专业知识、判断和／或智慧的性质和发展的相关文献：

第三章关于反思性实践的许多重要阅读文献与本章对发展专业知识、判断和智慧的探索有关，包括卡尔德黑德（Calderhead）（Reading 4.1）和杜威（Dewey）的文章（Reading 3.2）。

Eraut, M. (2004) 'Transfer of knowledge education and work place settings'. In Rainbird, H. (ed) *Workplace Learning in Context*. London: Routledge.

Guile, D. (2014) Professional knowledge and professional practice as continuous recontextualisation: a social practice perspective. In Young, M. and Muller, J. (eds) *Knowledge, Expertise and the Professions*. London: Routledge, 78–92.

Jeffrey, B. and Troman, G. (eds) (2012) *Performativity in UK Education: Ethnographic Cases of its Effects, Agency and Reconstructions*. Painswick: E&E Publishing.

Hattie, J. (2009) *Visible Learning: A Synthesis of Over 800 Meta-Analyses Relating to Achievement*. London: Routledge.

Wiliam, D. (2009) *Assessment for Learning: Why, What and How?* Inaugural lecture. Institute of Education, University of London, 24th April.

有关专业发展、职业生涯、研究和 FAVE 学术的文献：

Hodkinson, P. M. and James, D. (2003) 'Transforming learning cultures in further education', *Journal of Vocational Education and Training,* 55(4), pp.389–406.

Gregson, M., Nixon, L., Spedding, P. and Kearney, S. (2015) *Helping Research Findings Become Good Practice*. London: Bloomsbury Publishing. **(Reading 16.1)**

Hargreaves, A. (2007) The Persistence of Presentism and the Struggle for Lasting

Improvement, Professorial Lecture. London: Institute of Education (IOE). 24 January. **(Reading 16.3)**

Hillier, Y. and Jameson, J. (2003) *Empowering Researchers in Further Education.* Stoke on Trent: Trentham. **(Reading 16.2)**

O'Leary, M. (2013) *Classroom Observation: A Guide to the Effective Observation of Teaching and Learning.* London: Routledge. **(Reading 16.4)**

第十七章　专业素养

反思性教学如何贡献于社会？

导言

　　历史上，世界各地的教师都有强烈的公民责任传统，具有社会意识的教育工作者对公共生活的贡献巨大。事实上，教学反映了道德目的，并带来了重大的社会后果。出于这些原因，各部门代表性机构推动教育工作者对教育质量和社会公正做出承诺。在英国，这些机构包括教育和培训基金会（Education and Training Foundation，ETF）、英国教育和培训协会（Society for Education and Training，SET）、苏格兰教育学院（Education Institute for Scotland）、苏格兰总教学委员会（General Teaching Council for Scotland，GTC S）、北爱尔兰总教学委员会（GTC Northern Ireland，GTC NI）和威尔士教育工作者委员会（Education Workforce Council，EWC）。

　　由于教师的工作性质，我们处于一个独特的地位，能够对未来几代学习者的生活、生活机会和思想产生深远的影响。我们大多数人都能想到一位或多位帮助、鼓励甚至激励过我们的老师。回顾历史，不难发现教师改变了其所在的社会，例如，在古希腊，哲学家、教师和科学家亚里士多德是历史上最有影响力的思想家之一。亚里士多德最著名的一位学生是亚历山大大帝。离我们时代更近一些的爱尔兰政治家约翰·休姆，在进入政界并成为北爱尔兰和平进程的设计师之前，曾是德里的一名教师。他的成就获得了多项奖项的认可，1998年与大卫·特林布尔一起获得诺贝尔和平奖。可见，教育与民主之间的联系至关重要。

　　在第一章和第五章的讨论中，我们谈到了个人与社会之间的互动以及个人生平与社会历史之间的交叉点。我们讨论了，作为教师如何承担特殊的责任，教师在特定历史和社会背景下的行为如何塑造了儿童、青年和成人的一生。通过这种方式，我们帮助创造未来。我们现在的行动受到过去的影响，并对未来做出贡献。米尔斯（Mills，1959，**Reading 5.1**）提出了几个问题，帮助我们思考社会、教育和教师在其中的作用。

　　在第十四章中，我们注意到公共资金使用需求如何引导政治家和政策专业人士转向依赖衡量教育成果的教育评价方法。在英国，教育标准办公室（Ofsted）负责评价小学、中学和后义务教育时期的教学标准。教育标准办公室对教育机构的督导结果分为 1 到 4 四个等级，其中 1 表示"优秀"实践，4 表示必须整改。科菲尔德（Coffield，2017）指出，尽管此类评价措施具有直观的吸引力，但教育标准办公室的督导可以将稀缺的教育资源（以及教师的精力）从持久的教育问题转移到制定昂贵的遵守标准上来。鲍尔（Ball，2008a，2008b）和科菲尔德（Coffield，2017）也指出，教师们常常难以将财务和运营要求与他们的教育价值观相协调。

在 FAVE 领域，成为一名反思型教师需要我们参与到一种特殊的生活方式和一系列教育实践中，参与到特殊的工作方式、思考方式和行动方式中。这意味着我们经常面临意想不到、不断发展的情况，而且我们并不总是清楚在这种情况下如何才能做到最好。在对困难情势做出判断时，我们开始培养实践智慧、性格和美德。它们鼓励并支配我们在熟悉和意外的情况下，能够在正确的时间里做正确的事情（Biesta，2010a，**Reading 1.1**；Heilbronn，2011，**Reading 4.1**；Wiliam，2007，**Reading 17.1**）。我们在这些情况下做出判断的质量在我们的职业生活和学习者的生活中起到重要作用。

在你的教师职业生涯中，你应该紧跟你所教授的职业或学术实践的研究和发展。你还应该确保自己也跟得上教育学科和实践的研究和发展。在前一章中，我们阐述了这一观点，即教师的专业性不仅仅是"技术性的"，只与我们使用的技术、方法和资源有关，它还与这些技术、方法和资源是否付诸实践有关，以及如何以教育的方式投入到实践中。在区分了教师工作的技术知识与规范性专业知识（决定他们是否应该或如何做）后，我们讨论了反思、判断和智慧之间的关系。在本章中，我们强调了通过持续专业发展，保持职业生涯的长期承诺，成为教育智者的重要性。

本章首先讨论了成为并作为专业人士对我们所有人提出的个人要求和人际要求，然后讨论了教育与社会的关系，包括建立专业协会。接下来，我们探讨了具有社会意识和社会反思的教师的责任。最后，我们关注反思型教师作为公民在影响地方和国家政府的民主决策过程中可以采取的行动。

以下两项原则对我们如何写作本章有特别影响。

教学与研究计划（TLRP）原则（参见第四章）

原则9：有效的教与学依赖于教师的学习。这一原则说明，讲师、教师、培训师和教辅人员需要不断地学习，以发展他们的知识和技能，尤其是借助基于实践的探究来适应和发展他们的角色。这种学习必须得到承认和支持。

原则10：有效的教与学要求一致的政策框架，以支持教与学作为重中之重。国家、地方和机构的各级政策需要认识到教与学最基本的重要性。教与学的设计应能创造有效的学习环境，让所有学习者都能在其中得到发展。

专业性

在思考有关成为和作为专业人士的问题时，我们回到了我们最初的价值观和原则。我们每天从事的这一复杂、棘手的专业实践，处在一个复杂且不断发展的社会，其中充满了紧张、困境和高度竞争且充满矛盾的需求。同样值得注意的是，许多人认为教学本身的地位低于其他广为人知的职业。

本书中谈到了专业实践，但所说的具有专业性或"成为专业人士"到底是什么意思？当我们想到要具有专业性，我们通常会想到坚持专业标准、遵守实践守则以及在教师职业生涯中致力于持续专业发展。这些当然是专业的重要方面，但在我们仔细观察成为专业人士的一些重要方面之前，不妨考虑一下专业性的个人维度和人际维度。虽然我们倾向于含蓄地接受它们，甚至认为专业性的这些方面理所当然，但我们经常会发现它们更具挑战性，更难以在实践中实现。

展示专业性的个人维度和人际维度的最佳方式之一是从教育领域转向其他形式的专业实践，如喜剧和专业表演领域。索尼电影公司的电影《斯坦和奥利》（*Stan and Ollie*，2019）讲述了一对喜剧双人组的故事，影片里两人在职业上是完美的搭档，但在个人方面并不总是最好的。我们第一次见到斯坦·劳莱（Stan Laurel）和奥利弗·哈台（Oliver Hardy，Ollie 是其昵称）是 1937 年，当时他们正处于好莱坞名声的顶峰。劳莱和哈台很受欢迎，但和查理·卓别林以及巴斯特·基顿等同时代的喜剧对手相比，他们的收入却很低。在拍摄《西部之路》（*Way Out West*，1937）这部现在很有名的舞蹈片时，斯坦威胁他的合作制片人哈尔·罗奇（Hal Roach），要离开他，并坚称："没有劳莱，你就不会有哈台。"当罗奇虚张声势时，斯坦转向福克斯制片厂，并确信奥利会跟随。但哈台仍然与罗奇有合同关系，罗奇试图在电影《泽诺比亚》（*Zenobia*，1939）中与哈里·兰登（Harry Langdon）合作。奥利在与福克斯电视台的一次会议上缺席，导致他们没有得到福克斯制片厂的签约。这让斯坦多年来一直感到被人背叛和痛苦。尽管他们之间存在分歧，但两人仍然在一起。

十六年以后，在经济拮据的情况下，劳莱和哈台来到纽卡斯尔，二人面临着不确定的未来。他们好莱坞电影的黄金时代已经远去。1953年，随着斯坦年龄的增长和奥利欠佳的健康状况，他们开始在英国的综艺厅巡回演出，与影迷重新建立联系。两人都有一笔旧账要和对方清算，都对彼此有着深厚持久的感情和相互尊重。尽管住着租金低廉的房子，里面空空如也，两人还是逐渐找到了自己的位置，他们精彩的喜剧表演再次将他们与观众联系在一起，两股生命之泉之间迸发了不可否认的、极具感染力的化学反应。这些节目最终成为票房热门，但斯坦和奥利并没有完全摆脱过去。埋藏已久的紧张关系开始浮出水面，威胁到他们宝贵的伙伴关系。尽管在他们个人和职业关系中遇到了许多困难和挫折，他们之间的真情却依然存在。

影片的尾声透露，他们的英国之行是他们最后一次合作。奥利的健康状况持续恶化，他于 1957 年去世。斯坦因朋友的去世而深受打击，拒绝在没有搭档的情况下工作，实际上他退休了。八年后，1965 年，斯坦去世。斯坦在他生命的最后八年继续为劳莱和哈台写幽默短剧，这是对老朋友和同事最感人的悼念，尽管他知道这些短剧永远不会演出。

《斯坦和奥利》的故事本质上揭示了一个我们如何在专业和个人层面上相互联系的普遍真理。有时候，这些关系帮助我们成为更好的人，一起完成自己做不到的事情。有时候，我们需要努力工作才能维持良好的关系。

合作伙伴关系的维系当然有道德方面的因素，但仅仅从道德维度来考虑，会削弱我们的理解。从斯坦和奥利的故事中我们可以看出，现实生活中的合作和协作需要的不仅仅是善意。

马克·佩格尔（Mark Pagel）在《新科学家》（*New Scientist*）中对森尼特（Sennett，2012）的开篇段落做出评论，他指出：

> 尽管合作具有挑战性和高要求，但它一直是我们这一物种的秘密武器。我们这些今天还活着的人都是那些有能力让合作发挥作用的人的后代。

在上文提到的同一本书中，森尼特（Sennett）还提醒我们，合作与协作可以是：

> 一个充满困难、模棱两可的棘手过程，往往会导致破坏性的后果。在社交和职业生活中，我们都会遇到欲望和意志的极限，或体验到他人的需求与我们自身的需求无法调和。这段经历应该教会我们谦虚，从而推动一种道德生活。在这种生活中，我们认识到并尊重我们之外的事物（Sennett，2012，p.x）。

对森尼特（Sennett）来说，合作需要耐心和实践。它意味着，通过我们彼此制定的具体实践来确定我们共同生活的方式，同时努力发展合作能力，保持我们与他人生活和工作的能力。在本章前面和第五章中，我们重点讨论了个人与社会之间的互动，个人生平与社会历史之间的交叉点，以及我们当前的行为如何为未来做出贡献。作为 FAVE 行业的专业人士，当我们以自己的方式面对合作与协作的挑战，不仅有助于我们的职业生涯，也有助于行业本身的未来发展。

反思活动 17.1　合作

请回想一下自己经历过的一个合作伙伴关系。它可能发生在教育、工作、娱乐行业或私人生活的关系中。请试着尽可能具体地说明是什么让这种特殊的合作关系能够起作用。你如何扩展这些见解并应用到你自己的职业关系中？

我们可能从上面看到，也可能从自己的反思中看到，要做到具有专业性，需要耐心、实践、同甘共苦地一起工作。但"专业"一词还有什么其他含义呢？当你问邻居当地的水管工是否做得很好时，人们可能会告诉你，他的活儿干得"非常专业"。当你去看牙医时，你可能会得出结论，她补牙的技巧以及与你交谈的方式"非常专业"。"专业"或"专业人士"到底意味着什么？

在许多职业中，成为一名专业人士需要满足严格的标准，包括在能够执业之前具备入学资格。医疗和法律专业就是一个很好的例子，在经过多年的初步培训后，在执业期间进行深入培训，直到人们完全具备执业资格并获得执业证书。在其他职业中，成为专业人士包括参加考试成为专业团体的成员，同时作为团体成员使人们有资格执业。一旦获得资格并开始实践，人们就会通过进一步的培训和发展（通常称为持续专业发展）来维持其专业实践。因此，专业实践被视为已达到并超过入门标准的实践，它在不断发展，并涉及该领域的最新研究和发展。成为一名专业人士还需要处理意料之外的、有问题的并正在逐渐展露的情况。在这些情况下，人们可能会情绪激动，不清楚该做什么。这时候处理自己和他人的情绪可能会有压力。因此，在这种情况下做决定时需要敏感与谨慎，并对证据进行公开和定期的检查，以便承认错误、接受并解决错误。保持良好的人际关系、正确的判断力、幽默感以及工作与生活的良好平衡对于保证和维持高标准的专业实践至关重要。

这本书的大多数读者都是某一职业或学科领域的专家，他们同时也从事教学。他们可能是电工、语言学家、美容师、会计师或顾问。因此，他们需要设法遵守和提高学科专家的专业要求，还要满足雇主和他们所在行业的要求。这种情况最近被描述为"双重专业素养"。然而，这个概念备受争议，它将教育实践与所教授的职业领域区分开来。你也许会发现，你的持续专业发展集中在发展自己的学科知识，或者根据该领域当前的变化不断更新。你还需要考虑你的教学，如何进一步发展它，考虑你的教学与学科专业发展的关系。

思考教学实践的一种方法是，不把自己当作一个需要思考教学的专家，而把你的实践当作一个连贯的整体（比如，你教授管道或创意写作，因为你是教授管道、创意写作或美发等方面的专家）。这种方法有助于你以不同的方式进行反思和创造性思考，而不是专注于两种不同的身份：教师身份和学科或职业专家身份。

许多行业都有从业者必须遵守的具体业务守则。尤其是医疗行业，由总理事会、议会法案和道德委员会管理。在 1999 年之前，没有为从事后义务教育工作的教师设立同等的专业机构，也没有要求工作人员具备教学资格。事实上，即使人们确实获得了教师资格，那也并不等同于学校部门的教师要求的那个资格，因此员工的地位受到了损害（例如，见 Appleby & Hillier，2012；Bathmaker & Avis，2005；James & Biesta，2007）。你可能希望辨识并探索适合教职员工专业实践的机构支持，以及能代表或支持你所在 FAVE 机构的专业人士的任何会员组织。

专业素养（professionalism）是一个很难理解的术语。它意味着许多不同的东西，当应用到后义务教育（post-compulsory education）的教学中时，它变得更具争议。在继续教育和高等教育工作人员的专业素养领域，有些作者详细总结了专业素养的特点，包括自主性、能动性和根据行为准则执业。在一份讨论专业素养政策的大学和学院联盟（University and College Union，UCU）论文中，图布曼（Taubman，2013）确定专业素养的常见要素，包括处理"复杂和不可预测的情况"的人员，他们具有专业知识和专长，受到利益相关者的信任，并期望自身表现出高水平个人诚信（Taubman，2013，p.2）。《继续教育专业素养林菲尔德调查》（*The Lingfield Review of Professionalism in Further Education*，2012）确定了支撑专业素养的十项标准。

1. 掌握一门复杂的学科。

2. 不断增强专业知识。

3. 认同专业知识是为了他人的利益而无私追求的志业。

4. 为高标准、能力和行为承担公共责任。

5. 成为获得并值得社会尊重的群体的成员。

6. 成为具有类似技能的特定群体的成员，超越了地方忠诚，获得国家和国际的认可。

7. 接受为专业群体其他成员的能力和良好行为承担责任。

8. 成为负责规划继任者的群体的成员。

9. 成为不断努力扩展和改进自身知识领域的群体的成员。

10. 成为高于平均生活水平的群体的成员。

任何专业群体中的紧张关系来自如何根据利益相关者和同行的一系列期望来管理自己的自主性（Sahlberg et al.，2012，**Reading 17.2**）。如果他们的行为不符合更广泛社区中其他人的利益，那么加入由志同道合的人组成的"俱乐部"无疑不合情理。过去，包括医学界在内的一些老牌专业被指责以"故步自封"来保持其服务，而不是进行审查和改进做法。另一个问题是，专业如何受到政府政策的控制，以及他们在代表自己做出决策时能有多大的回旋余地，而不受其他外行人的干预。这种紧张关系在教学中和卫生行业中尤为明显。人们来自不同的背景，在不同的环境中工作，扮演不同的角色，他们的承诺、知识和专业技能是一种优势。然而，正如鲍尔（Ball，2012）所说，今天的教育被视为一种商品，可以自由买卖，伴随这一发展，管理主义文化和教师微观管理系统也日益增多。然后，质量保证过程被内化，其表现特征是为实现目标而监控教学的输入和输出。图布曼指出，专业人士已经"被改造为一个不断接受绩效和生产力审查的单位，因此可以提高这些绩效和生产力"（Taubman，2013，p.5）。

这种"专业人员应受到密切监督并遵守一套可衡量的标准"的观点，与专业素养的内容截然不同，专业素养承认专业人员发展其业务所需的自主性。艾瑞克·霍尔（Eric Hoyle，1974）首先对"受限"的和"扩展"的专业素养进行了有效的区分。

- 受限的专业素养（restricted professionalism）描述了支撑核心效能的能力。技能和观点来自直接的课堂经验；工作场所的学习是逐渐进行的，主要是被动学习；对教学方法的考虑往往以个人方式进行，个人自主性会受到保护；教师很少参与专业发展，每个人都喜欢以自己的方式发展。

- 扩展的专业素养（extended professionalism）认为技能和理解是从实践经验和理论分析的互动中发展起来的；意识到社会、经济和政治环境会影响教育；工作场所活动与政策和整体教育目的有关。与同事分享教学方法，并根据基于研究的原则（research-informed principles）进行评议。高度重视专业协作和部门或学科协会之间的联络。以积极、专注和开放的方式使全部教学技能和学科知识保持与时俱进。

这些教师专业素养的对比模式至今仍能引起共鸣。例如，门特等人（Menter et al.，2010，**Reading 17.3**）为苏格兰政府做的一项调查使用了这个受限—扩展的光谱，总结了四种专业素养之间的区别。表 17.1 对四种模式此进行了总结。

克罗瑟和肖（Crowther & Shaw，2011）研究了诸多专业素养模式，包括专业资本模式（Hargreaves & Fullan，2012）、综合能力模式、扩展学习环境模式（Fuller & Unwin，2009）以及基于教学标准的各种专业模式。每一种模式都捕捉到，专业发展中发生的事情以及应该发生的事情都有其优势和不足。克罗瑟得出结论，我们需要一种模式，但也许更重要的是需要一种实践，这种实践反映出该行业教师以综合方式工作的价值观、性格、传统和背景（Crowther & Shaw，2011）。

表 17.1　教师专业素养和实践模式

受限的专业素养	扩展的专业素养		
效能型教师	反思型教师	探究型教师	变革型教师

林菲尔德（Lingfield，2012）在对继续教育专业素养问题的调查中指出了继续教育机构的广度和成熟度。他意识到继续教育行业士气下降，指出了各部门教师在为学习者提供更好的服务方面发挥着关键作用（p.23）。他还指出，教职员工需要得到"更多的关心和尊重"（p.19），特别是考虑到行业内信心不足和结构性缺陷。他在报告中给出建议，希望通过提高教师地位来解决这一问题。这份报告对继续教育机构教师提供的支持带来了一些根本性的变化。员工的持续专业发展和资格要求已经开始由继续教育学院负责决定，而不再由国家规定和通过其他法定机构注册来决定。

在其他国家，也有类似的机构被派去支持和监督地方的教育服务质量。例如，在澳大利亚，每个州都有自己的制度，但也有一个全局性的国家机构。正如在英国，这些机构随着政府的变化而变化，而且必须跟上这些变化，因为它们的政策和指令直接影响到自己的专业实践，特别是在质量督导制度和专业资格要求方面。

豪德森和斯布尔斯（Hodgson & Spours，2012，**Reading 17.4**）提出了五项建议，他们认为这些建议有可能促使在英国建立更一致的 14 到 19 岁的教育体系。其中包括建立一个能被所有与教育相关的人理解和接受的总体设想和目标；加强普通教育和职业教育的统一课程和评估资格框架；为雇主提供更多的支持和参与；建立一个高度协作的本地学习系统，将机构自治与共享专业素养的强烈意识以及渐进的和更审慎的政策过程结合起来。这些建议扩大了教育领导者和教师的作用及其专业水平。如果这些建议被采纳，将对整个教育部门的专业发展产生重大影响。

　　我们从几个例子入手，讨论刚刚适应其身份的新手教师所面临的一些专业挑战和困境。

案例研究 17.1　持续专业发展

　　现在是年底，你成功地讲完课程。你的学生已取得资格证书，你培训的学生也取得了职业资格证书，其中一些学生已经成功就业。其他人则继续申请继续教育和培训。你在夜校的学生对自己的进步非常满意，并希望明年报名参加其他课程。回顾过去一年，通过对学习者、同事和自己的记录进行评价，你意识到你的专业实践中还有一些领域需要发展。你不确定如何在教学中最有效地使用技术。你的确不太确定资格的变化以及你应该如何评估学习者的工作。你知道在你的课程领域有新的发展，你想了解更多。你将如何着手发展和改进你的实践？

案例研究 17.2　督导

　　下面是另一个场景：

　　督导人员正在访问你的机构。你们进行了大量准备工作，来提供证据证明课程质量是恰当的。一部分准备工作包括你所在部门管理者观摩你的教学，以备应对督导。你将收到一份评价报告，上面概括了督导人员将重点关注的领域。你就督导人员访问你团队的适当时间进行讨论。课程结束后，督导人员将向你提供反馈。当大家坐在一起时，督导人员会询问你们对课程的看法。你描述了你感到满意的地方，以及哪些方面会变得更好。督导人员表示赞同，然后开始确定你的教学中可以改善的方面。比如督导人员注意到，如果学生有一秒钟的犹豫，你会回答刚才询问学生的问题。在你介入之前，学生没有机会回答。你在白板上写的字很难从教室后面读出来。PowerPoint 演示文稿和讲义中有一些印刷错误。年轻一点的学习者没有参与该主题的学习，而且干扰了课堂纪律。

根据对你的观察结果，你的部门管理者建议你参加该机构提供的员工发展计划。它为你提供一个与其他导师见面的机会，你可以分享你在实践中获得的成功以及继续面临的挑战。特别是关于 14 到 19 岁学生的系列研讨会，可能对明年的一些课程特别有帮助。

她还建议，你可以加入你所属学科领域的专业网络平台。你已经知道该网络平台，但尚未加入。她还为你提供了一些或许对你有用的网站，并安排你在下学期再次见面时，可以向她介绍你的进展情况，并讨论你从网站搜索和网络中获得的一些想法。

你将如何使用这些反馈来改进你的实践？你会优先考虑什么？为什么？

这两个例子展示了个人可以寻求改进其专业实践的方法。第一个例子来自个人，他决定实践的哪些方面可以发展。第二个例子来自部门管理者的建议。教师被要求参加正式的专业发展有很多原因，不仅仅是因为有人认为教师教学不得当。

专业发展可以帮助教师把实践作为个人探索的一部分，提高自己的实践，达到高标准的教学，这将最大限度地提高课程中的学习。上述两个例子都突出了"阈限空间"（liminal spaces）和发现问题、解决问题以及批评过程的重要性，森尼特（Sennett，2008）和海兰德（Hyland，2017，2018）的研究在其他章节中对此有深入的讨论。

专业人才和社会

正如我们在第三章、第四章和第五章中所指出的那样，我们并不是孤立地实践。作为教师，我们起到重要的作用，我们拥有改变人们生活的力量，但同时也要认识到我们实践中的制约因素。许多关于专业人士应该做什么以及他们应该对谁负责的辩论都与这个问题有关。因为我们能够并且确实对学习者做出会影响他们后续行动的教育判断（例如，继续接受高等教育或工作），所以我们就需要对自己的行动负责。实现这一点的方式包括督导系统、考试和资格认证系统以及我们所在机构的质量保证流程。对于就业方式以及如何使用通过税收或收费筹集的资金，我们要对学生负责。

然而，我们也在一个具有潜在价值和功能的教育体系中工作。例如，波拉德（Pollard，2019）认为，教育系统可以创造财富、再生产文化，并致力于社会公正、个人权利和环境的可持续性。基普（Keep，2011）认为，在 FAVE 行业，对财富创造和经济成功的关注已经将该系统推向了一个如此之高的程度，以至于产生了许多荒诞的说法（例如，全球化是一种威胁，我们必须通过在 FAVE 机构中使用资格证明来应对它）。为了实现社会正义或增进个人权利，当务之急是什么？在调和这些经常相互冲突的目标上，我们的作用是什么？

这就是我们必须按照教育方式明智行事之处。并不是说，如果我们反思自己的实践，或者如果我们共同努力，通过反思性思维和反思性实践来审视实践，我们就能够解决世界上所有问题。袖手旁观，或者指责教育管理者或政府决策者为世界上所有的错误买单，而不采取任何行动，是无济于事的。我们在第三章讨论了使用我们权力和能动性的价值。本章下一节将以实际的、具体的方式概述我们如何采取行动，推动我们成为一名 FAVE 的专业人士。

你对自己的机构有何期望？

我们并不总是知道需要做什么来发展我们的专业实践。有时我们的机构会提出具体要求。例如，我们可能需要参加健康与安全研讨会、安全保障或数据保护新立法的员工研讨会。我们可能会被提供一个自愿参加的员工发展项目。我们如何判断要参加哪些活动？我们为什么要参加？如果在你的机构，你担任全职工作或者负责部分工作，你的专业实践就会被要求评估，目的是确定你如何达到上次评估设定的目标、审查你的绩效、检查你的工作描述是否准确，以及确定发生的任何变化。你要考虑你的表现的长处和弱点，并为下一个周期设定新的目标。如果你在最近一段时间内从事过任何发展活动，你会被要求思考这些对你的表现有多大的影响。

如果你是按小时计酬的，可能不会得到评估，但你可能会被要求与你的项目负责人、课程协调员或课程管理者会面，讨论你的教学。你可能会被定期观察（O'Leary，2014，**Reading 16.4**）。几乎可以肯定的是，当你第一次为一家机构工作时，可能每两到三年被观察一次。各机构在这方面有不同的质量保证程序和要求。对于任何形式的评估，重要的是考虑它如何为你服务。你认为什么样的发展有助于你更好地完成工作？如果你被要求教授一组全新的学习者，而对他们的教学和学习要求却得不到任何支持，那么你会发现这是一份困难的、充满挑战的工作。你还有责任了解你的学习者，了解你专业实践中关于最新教学问题的部分，包括如何与不同的学习者群体合作等问题。

如果你没有得到任何关于新课程发展的信息，务必去和课程负责人或部门管理者交谈。有时，这些同事像你一样被自己的工作压得喘不过气来，他们无法确保所有教职人员，尤其是每周工作时间很少的人，都能及时了解情况。是否有大学内网（内部网络）可以让你登录并获取新闻和信息？你有责任让自己了解情况，而不是简单地依赖他人将信息传递给你。

所有学院和成人教育机构都有一个由工作人员代表的管理机构。确保你知道你的教工主管是谁。通过阅读学院的正式会议记录以及自己的课程团队会议，了解组织层面的最新发展。通过这种方式，你可以确保把你的观点陈述出来。按小时计酬的教工做了大量的教学工作，但由于他们的合同性质和其他职责，他们很少有机会参与决策。但这绝不能说明他们缺少对工作的投入。最近的研究表明，非全日制时薪员工持续感到与他们的机构隔绝和疏远，尽管他们也很重视部门管理者的支持，并对他们的学习者做出巨大承诺（Hillier & Jameson，2004，2006）。同时，必须确保全职教工的意见被听取，因为他们很容易陷入日常活动的泥潭。如果不这样做，其他人做出的决定将难以执行。作为一名专业教师或导师，负责及时更新并积极参与组织的决策过程是其职责的一部分。

分析我们的实践：专业标准

许多国家已经制定了 FAVE 教学标准。例如，在英国，教育和培训基金会（Education and Training Foundation，ETF）发布了一套专业标准（ETF，2014），它们已经从以能力为基础的绩效标准转移到更全面和通用的以价值为基础的标准。根据 FAVE 结构，不同国家对其教师队伍提出了不同的要求（Misra，2011）。有时很难确定标准要求的是什么。这也是参加教工发展项目，特别是参加那些最终能带来资格证书的项目的有用之处。你可以与来自不同背景和环境的其他教师会面，通过分享自己的实践，向同事学习。在许多课程中，在课程开始时，你会被要求识别自己作为一名实践教师的优势和劣势。课程结束时，去思考自己学到了什么，打算如何运用自己的技能、知识和理解。在所有经过认证的教学发展课程中，人们期望你在课程结束后仍能继续进行专业发展。没有人希望在完成资格认证后，会就此"躺平"，期望每年重复同样的做法，直至退休。

并不是每个人对什么是良好的教学实践都有一致的看法。你可能也会发现，与自己同一专业的同事对于某些概念和主题包含的内容，和你存在分歧。使用技术支持学习这一领域，有一些"倡导者"一直在使用技术，还有一些人说他们正在与电脑进行最后的搏击，电脑的使用是以代替面对面学习为代价的。这种辩论是正常合理的，因为它迫使我们所有人，作为专业人士，检查我们的实践，并找出在哪里可以实施和评价新想法。也正是缺乏讨论和辩论，才使我们的实践僵化。

除了专业实践标准之外，我们还必须遵守政府管理安全实践的法规，例如《预防职责》（Prevent Duty）（参见教育和培训基金会对 FAVE 的解释）。我们在第十五章中指出了，我们还需要在健康与安全标准范围内工作，这些范围主要由《工作场所健康与安全法》（Health and Safety at Work Act，1974）和《工作场所健康与安全管理法》（Management of Health and Safety at Work Act，1999）规定。我们受平等法案的约束，包括最初的《性别歧视法》（Sex Discrimination Act，1975）、《种族关系法》（Race Relations Act，1976）、《人权法》（Human Rights Act，1998），其中大部分现已被《2010 年平等法》（Equality Act 2010）取代。

反思活动 17.2 实践中的政策

请查找你所在机构中与国家立法相关的政策，这些政策有关健康和安全、歧视以及包容与积极实践。你如何跟进发生的任何变化？通过入职培训和专业更新，你的机构能提供什么？保持信息畅通有多容易？

一旦有了一套专业标准，我们就可以开始衡量自己与这些标准的匹配程度。发展专业实践的一种方法是在一定的时期内回顾我们所做的事情。我们不断评价我们的教学，想了解个别课程进展如何，如何使某些学习者取得进步，从而来决定是否改变某一研讨会或开发可在网络上使用的新材料。第三章讨论了反思实践的重要性和复杂性。我们需要在教学过程中超越对行为的"微观"反思，以确保我们置身日常经历之外，将我们的经历置于更大的背景中。我们是否发现我们应该在更深的层次上做出改变？例如，如果我们注意到学习者在某些活动中学得特别好，在其他活动中则学得不那么好，那么我们是否应该改变对某些主题的总体教学方法？我们是否已经决定使用技术来支持学习者自主完成一些学习内容？对我们的实践进行自我分析不容易，但至少专业标准提供给我们一个更大的框架，让我们可以据此思考目前的做法，以及我们是否可以改变一些实践。但这并不是说我们应该认为必须不断地改变一切。反思在教学中的作用是去肯定良好的实践，并帮助我们看到可以改变的事物。

然而，标准并不是我们判断专业实践的唯一手段。如果你和你的同事交谈，你可能发现你们对良好实践有不同的看法。分享实践是教师最值得做、最具挑战性和最有用的事情之一。没有必要坐下来拿着清单问是否可以勾选项目。更重要的是观察他人如何实践，观察其他学习者在教学中如何学习、讨论和辩论。如果你有幸参加会议，你会注意到，有时你从休息时的非正式讨论中学到的东西比你从演讲者那里学到的要多。如果你所在的机构举行教工会议，请务必参加，因为无论是在你自己的课程领域还是在完全不同的课程领域，你都可能从与同行的非正式交谈中获益匪浅。

保持消息畅通

你如何参与有关教学和学习的争论？你如何了解当前的问题？你也许加入了自己学科的专业团体。此外，还有专门参与成人教育和培训的机构。例如，《直觉》（*Intuition*）是教育和培训协会的专业会员期刊，由 FAVE 行业的从业人员撰写。里面的栏目包括正在举行的活动和会议、书评、网站评论，以及一系列由从业者撰写的文章，它们有时针对特定问题或专题。阅读专业期刊可以让你了解教育领域的主要发展和论题，特别是 FAVE 领域以及专业领域的问题。对于在行业培训环境中的工作人员，人事与发展特许机构（Chartered Institute of Personnel and Development, CIPD）是一个更为正式的团体，因为它是一个特许机构，在这些环境中工作的专业人员必须参加各种认证课程才能成为其成员。人事与发展特许机构的专业杂志是《人事管理》（*People Management*）。

在国际范围内，欧洲教育研究协会（European Education Research Association, EERA）每年在不同的欧洲国家举办一次年度研究会议，来自世界各地的数千名代表出席。在美国，美国教育研究协会（American Education Research Association, AERA）和国际比较教育学会（Comparative International Education Society）的年度研究会议吸引了数千名教师，研究人员和教育领导者有兴趣为所有国家的学习者（包括发达国家和发展中国家的学习者）推广最好的教育。每个组织都出版一本接受同行评议的期刊，由其成员撰写文章。

在英国，规模较小的学习和技能研究网络（Learning and Skills Research Network，LSRN）由对该领域研究感兴趣的区域成员团体组成，他们在当地会面。每个参与地区举行年度会议，许多从业者为发表研究论文做出了贡献，他们的论文在1997~2003年在全国范围内举行的一系列年度会议上获奖（Hillier & Thompson，2004；Hillier & Morris，2010）。

所有这些专业团体以及其他各种机构都通过自己的网站提供信息。在这些网站里可以在找到他们的出版物列表。要阅读有关教学和学习的内容，也可以通过搜索图书馆目录和网站、访问当地图书馆以及从教职员工发展管理者和课程管理者处获得推荐目录。有各种资料来源可以进行查阅。许多关于扩大学习参与、终身学习、教育项目付费的政策文件，可以从英国教育部（Department for Education，DfE）网站上获得。

有一些书涵盖了教学和学习中的一般问题，还有一些书专门针对FAVE背景下的教学问题，比如本书。通过互联网或学术搜索引擎搜索某一主题或作者，就可以找到另外的有关教学和学习不同方面的信息来源。例如，如果想要了解更多关于评估的信息，可以通过使用诸如"学习性评估"、"教育评估"、"评估"和"成人教育"等关键词进行搜索。

还有一些特定主题的书籍和文章。某些学科有自己的期刊机构。例如，关于成人基本技能，成人读写能力研究与实践组织（Research and Practice in Adult Literacy，RaPAL）有一个由从业者撰写的出版物。《职业教育与培训杂志》（*Journal of Vocational Education and Training*，JVET）在牛津每两年举行一次研究会议，这是观点和研究的绝佳来源。

作为继续教育和高等教育的教学联盟之一，大学和学院联盟有自己的期刊《继续教育和高等教育期刊》（*Journal for Further and Higher Education*）。这是一本接受同行评议的期刊，提交的文章在被发表之前经由编辑委员会成员审读。这个过程有助于保证论文的质量。其他有参考价值的期刊包括《成人教育研究》（*Studies in the Education* of Adults），以及《后义务教育研究》（Research in Post-Compulsory Education），即后义务教育研究协会（Association for Research in Post Compulsory Education，ARPCE）期刊。

在教育领域的研究提供了重要的信息和观点来源，而期刊往往是研究结果的良好来源。有些期刊涵盖了义务教育和非义务教育范围的教育主题，如《英国教育调查杂志》（British Journal of Educational Studies）或由英国教育研究协会（British Educational Research Association，BERA）出版的《英国教育研究杂志》（British Journal of Educational Research）。有些期刊有具体的关注点，如《英国教育技术杂志》（British Journal of Educational Technology）关注的是学习中的技术，有的期刊只涉及某些方面，如《教育评价研究》（Studies in Educational Evaluation）。教育证据门户网站（Education Evidence Portal，EEP）可以帮助我们在各教育部门中搜索最近的研究，就像教育捐赠基金会（Education Endowment Foundation）的网站一样。例如，可以搜索中小学的研究如何为大学的教学提供信息，或者大学的研究如何为中小学的教学提供信息，等等。正如我们在本书开头所讨论的，经济和社会科学研究理事会（Economic and Social Science Research Council，ESRC）的教与学研究计划（TLRP）涵盖了教育部门和环境的范围，发表了大量研究论文。这些研究为我们提供了有用的见解，并引出了我们在每一章中采用的原则。在英国，新成立的教育和培训基金会（Education and Training Foundation，ETF）涵盖了四个主要领域的专业实践：专业标准和劳动力发展，职业教育和培训，领导、管理和治理，以及研究和创新。教育和培训基金会拥有一个不断壮大的从业者研究社区，提供资助，并有 FAVE 行业研究人员的其他形式的支持。在威尔士，教育工作者委员会（Education Workforce Council，EWC）对教师在所在部门的专业学习和其他领域的教育实践实行委托研究。

此外，还有国际出版物和机构，包括欧盟的欧洲职业培训开发中心（Centre Européen pour le développement de la formation professionnelle）、欧洲从业者学习研究协会（European Association for Practitioner Research in Learning，EAPRIL）、欧洲基本技能网络（European Basic Skills Network，EBSN）、欧洲成人教育研究学会（European Society for Research into the Education of Adults，ESREA），澳大利亚国家职业教育和培训委员会（Australian National Council for Vocational Education and Training，NCVER），所有这些委员会都有包含研究报告和其他资源在内的网站。阅读不同的国家是如何对待 FAVE 的，找出相似和差异之处，这对在你自己的环境中检验观点是非常有帮助的。

你也可以在英国各大报纸、《泰晤士报教育增刊》（*Times Education Supplement*）和《泰晤士报高等教育增刊》（*Times Higher Education Supplement*）上阅读有关当前问题的短文。如果你属于像大学和学院联盟这样的组织，你会收到一份简报，里面涵盖了教学和学习方面的问题，还有书评。学院协会（Association of Colleges，AoC）有自己的出版物。教师和讲师协会（Association of Teachers and Lecturers，ATL）提供支持和指导，并为会员提供学习区。教育和培训基金会的教育和培训协会每季度出版一本学术期刊《直觉》（*Intuition*）。

最后，你也许会发现自己的机构有一份简讯，提供有关当地和区域发展的信息。你可以参加课程会议，讨论有关新资格、新实践和程序的信息。授予机构（Awarding Bodies，ABs）通过内部简讯、与各研究中心的正式沟通以及其网站传播信息。例如，伦敦城市行业协会（City and Guilds）制作了它们的《大报》（*Broadsheet*），载有关于新奖项、新任命的信息，并庆祝候选人的成功。爱德思（EdExcel）有一个《政策观察》（*Policy Watch*）杂志，可从培生研究所获得。《政策观察》的出版支持了通过早餐会、网络广播和包括推特在内的社交媒体来传播政策分析。

为自己的机构或授予机构担任核查员可以提供良好的个人发展来源。如果你有幸被邀请担任认证课程的外部核查员或评价员，你将会遇见其他学院和研究中心的同事。担任外部核查员，你必须确保其招聘、教学和评估学生的程序是得当的。因此，你要将遵守同行的做法。你们会讨论学习情况、如何实施新课程开发、与评估有关的各个方面、平等机会和获取权利的问题，以及该领域的总体发展情况。这些讨论是对你个人发展的一个极为有效的来源。从担任外部核查员和外部审查员到一系列教学和培训奖项，我们学到了很多东西。这些经验为我们自己的实践提供了信息，使我们能够在访问研究中心的工作人员时分享和传播我们观察到的实践做法。如果你在你的领域获得了经验，并且能够担任该角色，我们也会建议你申请担任授予机构的外部核查员。授予机构必须为其员工提供专业发展，因此你可以获得你所在机构以外提供的其他机会。

重要的是，你不必走出自己的组织去寻找机会来发展自己的专业实践。如果你被邀请参加全校委员会，例如教学委员会、质量委员会或平等机会委员会，你就会讨论如何实施和监督学院政策的各个方面。这可以为你自己的实践提供信息，并帮助你在同行中广泛传播想法。

指导委员会和课程委员会的成员资格也能让你向同行学习。大多数委员会要求吸纳来自不同学科领域的成员或外部成员，这一要求的具体目的是未来促进思想的交流。传播这些理念对于专业实践在更大范围内让人受益尤为重要。

获得新的技能和知识

通过阅读新的发展和跟上当前的论题，了解最新情况，将有助于你掌握有关成人教与学的最新知识。然而，不断发展专业实践的另一个方面是提高你目前的技能和知识水平。一个明显的例子是，你被要求学习一门你以前从未教过的新课程。你不仅需要熟悉课程要求，还需要更深入地了解主题，你也许会被要求使用新技术。许多机构中都有利用学习资源中心的趋势。你可能会被要求为正在转变为网络学习的课程提供内容，并通过远程和网络学习提供指导，你也许以前从未做过这样的事情。专业发展包括学习新的技术和知识，使学习者能够以不同的方式获得技能和知识。如果你发现自己不确定需要什么，你会怎么做？首先，确保你知道谁是你的课程协调员和课程管理者。确定你花时间了解该机构在教学和学习专业发展方面的核心内容。不要局限于只看被认证的课程。你所在的机构可能有一项政策，通过资助主流课程的学习来支持其教工学习。这样，你就可以决定去研究如何开发自己的网络学习，或者学习一门新语言。但要记住，正如我们认为学习者接触各种学习方式很重要，你也可以这样做，去了解做一名学习者的感受。你不仅可以诚实地告诉你的学生，你知道学习时还要兼顾家庭、工作和家庭事务的感受，你还可以亲眼看到其他老师是如何工作的。从下面的案例研究 17.3 可以看出，自己的教学中许多创意来自与自己学科领域无关的课堂上。如果你承认你的想法是从哪里获得的，那么你就没有理由不在自己的课堂上尝试别人的好主意。你可能会发现，对你的导师来说，你的档案就是他在你的教学资格课程上的灵感来源。你通常可以在任何学习者群体中分辨出教师和教师培训师是谁，因为他们总是记录自己刚刚经历的活动！

案例研究 17.3　伊芳

　　伊芳在年纪大些的时候重拾钢琴，开始了一系列的课程，最近终于参加了一次考试。她经历了在考官面前展示自己真实技能时的极度紧张，这是她十几岁后就没有做过的事情。这是一次极其令人谦卑的经历，让她非常清楚地意识到一个有最后期限的挑战和一次"当天表现"的经历是什么样子。这也让她有机会反思钢琴老师的教学方法。她很欣赏老师给她培养信心的方式，让她相信自己有能力达到比她想象的更高的标准。这段经历影响了她如何与自己的学习者合作，当然，也给了她一个机会去（带着感觉）说，她确实知道学习一门要求很高但不一定会成功的课程是什么感觉。

机缘

　　你的许多思考和反思可能完全发生在你的日常实践之外。有些人的想法出现在半夜里、公共汽车上、看电影时、听音乐时、在公园里跑步时、躺在瑜伽课上或洗澡间的地板上。留出时间，让思维过程创造性的一面脱颖而出，这对于反思型教学非常重要。和朋友偶然说一句话都可能让你对实践有洞见，或者给你一个现成的想法，让学生尝试一下。

专业实践具有多种含义。该术语隐含着良好实践的概念（Biesta et al., 2011）。你可能在自己的机构或上述材料中读到并听说过这一点。很难知道什么是良好实践，以及你是否真的在自己的工作中做到了这一点。在复杂的教与学活动中反思什么，本书给出了一些建议。你能做些什么来保证继续发展你的实践？你不需要取得教学和学习方面的资格证书就可以持续发展你的专业实践。然而，如果你认为这是你想要做的，那么有什么可用的东西？读本书的许多人都已经获得了教学资格。如果你对教成人或年轻人很陌生，你可能还在准备初步的实践教学资格。在这种情况下，你还可以获得更多的实践教学资格。随着经验的获得，如果你决定努力获得更高水平的教学资格，你将有机会利用这一点。每个授予机构提供了各种中心发布的资格证书，以及高等教育机构提供的研究生教育证书（Postgraduate Certificates in Education，PGCEs）。

所有这些资格授予都是基于这样一个理念，即无论你的学科专业如何，都可以涵盖教学和培训的一般概念。与其他教师和培训师就此类课程进行交流是一种有益的体验，在这种体验中，你可以从分享经验和想法以及观察不同的做法中获益。然而，课程和资格有具体的主题。有时候，这对讨论关于你自己学科的教学问题特别有帮助。

更高的学位

你也可以考虑为高一级的资格而努力，它们为你的专业实践提供更深层次的理论基础。大多数大学都提供在职攻读研究生文凭、硕士学位，或者在哲学硕士、哲学博士学位或专业型博士级别学习的机会。其中许多机会针对专门从事教育或终身学习的人，有些特别针对在后义务教育工作的人。有些课程可以采用远程学习的方式进行。研究生课程种类繁多，令人眼花缭乱。如果你想获得这一级别的资格，你需要从多所大学获取信息。大多数大学的网站和招生简章上都有这些信息。

　　硕士级别的工作通常需要以研究项目或论文的形式进行重要和持续的学习。如果你不确定是否能把时间花在这方面，你通常可以学习到获取文凭或证书需要达到的水平。学习内容可能类似：你不必承诺承担一项独立的工作，也不必参加有很多全额奖学金的课程。证书、文凭和短期课程有助于你了解最新的想法和理论基础。这些课程中的大多数都有学分，可以在以后用于申请全额奖学金。

　　许多人决定参加一个短期课程，看看他们是否能够管理好时间和精力，然后继续争取完整的资格。其他人则从短期课程中获益匪浅，认为不可能或没有必要进一步学习。重要的是决定你为什么要为奖学金而学习或为什么参加短期课程，找出对学习水平、时间投入以及适当内容和方法的要求很重要。你可能会发现，你的教师发展管理者可以就合适的课程向你提供建议，甚至向你提供课程是否有资金资助的信息。

　　在学习上述任何课程时，一定要记得与你所在组织的其他教育管理者、教工培养管理者或课程管理者的部门主管交谈。他们可能知道学习过这些课程的其他同事，可以帮你决定这些课程是否适合你。你的机构也许特别热衷于赞助你获得某些荣誉。即使你的机构没有提供资金，你也可以了解如何获得资金或专业发展贷款。请记住，在任何机构中，都有许多经验丰富的同事参与过各种专业发展计划。他们的经历可以帮助你考虑更多的选择，而不是依靠自己去发现。

反思活动 17.3　规划专业发展

　　与同事讨论你的专业发展计划。你的组织或部门可能会使用一种方法来记录你们的讨论，有时我们把这一方法称为专业发展计划（professional development plan，PDP）。有哪些资源可以帮助你实现你的计划？你工作的最佳期限是什么？

总结

专业实践只是你生活的一部分。你是谁、你过去的经历、生活方式、你的环境、你在哪里工作以及和谁在一起等因素，对它都有影响。正如我们谈论教与学的任何一个方面都不能脱离大局一样，我们谈论发展自己的专业实践时也不能不考虑它如何与我们今后的生活相适应。在今天的英国，长时间工作成为一种趋势。我们读过并经历过工作中高度的压力。我们的学生因自己忙碌的生活而疲惫不堪。我们被要求在越来越紧迫的期限内完成任务。我们要求自己达到一系列质量指标。我们想成为"完美"的教师，并设法抽出时间来处理我们业余生活的所有需求。

自 20 世纪 70 年代末以来，FAVE 行业一直在发展和变化。技术革新了课堂、工作场所和社区环境中的实践活动。我们可以利用图像，与世界各地的人们建立联系，并将这些图像带进我们的学习环境，这是70 年代末老师们梦寐以求的教学方式。然而，FAVE 也受到了严格的审查、控制，并在很大程度上受到监管。当《继续教育和成人教育中的反思性教学》（*Reflective Teaching in Further and Adult Education*）第一版问世时，许多环境中的主要学习资源包括纸质讲义和白板，以及经常从一个房间移到另一个房间（有时在教学过程中又移回来）的高架投影仪。并不是每个人都能使用电脑，甚至影印机也是一种稀缺资源，尤其是在成人教育中。到目前为止，继续教育已经经历了结构性变化，兼职教师发现更难找到稳定的工作。各大学为学习者相互竞争，教师转向签署不同的合同和服务条款。然而，在此期间，在 FAVE 行业学习的人数有所增长，学习者获得了资格证书，进入了工作岗位，学习了新技能，为他们人生即将进入的任何阶段做好准备。一些教师看到参与培训和发展活动的机会增加了，我们也发现了增加这些机会的新方法，特别是通过发展互联网来实现。

本书的新版本和附带的网站提供给读者一种方式，去发现实践是如何向前发展的。作为撰写本版的作者，我们很享受讨论的时刻，我们认真地讨论，以便找到写这本书的方法，我们希望这本书能推动对我们行业的深入承诺，同时认识到我们都有很多需要发现和分享的东西。我们讨论了身份和专业性的概念，研究了反思和包容的含义，探讨了原则、教学法和它们的关系，并将其与我们不断发展的看法放在一起，这些看法包含了学习、参与和交流的性质以及它们与质量评估和评价的关系。我们尝试在书中的每一章都呈现这些讨论和争论。

　　反思性教学为我们提供了一个机会，去质疑我们所做的是否对我们自己和学习者的生活产生了积极的贡献。对许多人来说，观看学习者进步的满足感足以抵消他们繁忙、紧张的工作状况。不过，我们必须当心我们所相信的东西就一定会蓬勃发展起来。如果把学习者放在我们专业活动的中心，那么我们会发现，必须不时地挑战一些已经实施的政策。我们必须为我们所信仰的价值观发言，尊重他人，鼓励独立思考，建立信心，歌颂成功。我们还必须承认我们所做的事情的价值，并公开庆祝。我们希望你的职业生涯能让你有时间反思行业内教学与学习的基本乐趣，以及你可以为此做出的贡献。我们建议，通过追求你的专业之旅，你将发现自己可以按照教学和研究计划（TLRP）的所有原则以及比斯塔（Biesta，2010a）提出的三个维度（其概述参见第四章与Biesta，2015，**Reading 1.1**）为基础进行实践。要实现教育价值观和原则，避免教条，不仅要维护教师的权利，而且要维护教师的义务，为了他人的利益，为了共同的利益，需要仔细思考和行动，这并不总是一件容易的事。你在学习过程中遇到的挑战、奋斗和胜利无疑都会对你成为一名怎样的教师产生影响。

主要阅读文献

　　第一章、第三章和第五章推荐的阅读书目也与本章有关。
　　事实上，关于教育与民主之间关系的许多哲学思想是杜威（Dewey，1916）很久以前提出的，请参见：

Dewey, J. (1916) *How We Think: A Restatement of the Relation of Reflective Teaching in the Educative Process.* Chicago: Henry Regnery.

　　基普在一本论文集中的某一章对 FAVE 行业教育政策中的关键问题和辩论提供了有力的评论，请参见：

Keep, E. (2011) The English policy narrative, in Ann Hodgson, Ken Spours and Martyn Waring (2011) (eds) *Post-Compulsory Education and Lifelong Learning across the United Kingdom: Policy, organisation and governance*. London: Institute of Education.

　　以下这篇期刊文章讨论了 FAVE 行业兼职讲师的性质和作用，以及他们中许多人工作的背景和条件，请参见：

Hillier, Y. and Jameson, J. (2004) *The Ragged Trousered Philanthropists*. London: LSDA.

　　关于专业素养、教师教育和教师专业知识发展，请参见：

Wiliam, D. (2007) *Assessment for Learning: Why, What and How?* Inaugural lecture. Institute of Education, University of London, 24 April. **(Reading 17.1)**

Sahlberg, P., Furlong, J. and Munn, P. (2012) Report of the International Review Panel on the Structure of Initial Teacher Education Provision in Ireland: Review Conducted on Behalf of the Department of Education and Skills. Dublin: Higher Education Authority of Ireland, 5, 14–15. **(Reading 17.2)**

Menter, I., Hulme, M., Elliot, D. and Lewin, J. (2010) Teacher Education in the 21st Century. Edinburgh: The Scottish Government, 21–5. **(Reading 17.3)**

　　以下著述对 FAVE 行业内的研究和实践网络进行了深入的描述，请参见：

Appleby, Y. and Hillier, Y. (2012) 'Exploring practice-research networks for critical professional learning', *Studies in Continuing Education*, 34(1), pp.31–43.

　　关于将教育视为商业实践（和／或必须测量的东西）而非道德实践的调查，请参见：

Ball, S. (2012) *Global Education Inc. New Policy Networks and the Neo-liberal Imaginary*. London: Routledge.

　　以下这篇文献综述借鉴了苏格兰和其他地方的有效实践，有助于讨论教师教育的作用及其对学习者体验的影响，请参见：

Menter, I., Hulme, M., Elliot, D. and Lewin, J. (2010) *Teacher Education in the 21st Century*. Edinburgh: Scottish Government.

致　谢

　　我们要感谢安德鲁·波拉德再次邀请我们为"反思性教学"丛书贡献力量，感谢他一直以来的支持、鼓励和慷慨；感谢上一版《继续教育、成人教育及职业教育中的反思性教学》团队的所有成员，特别是伊芳·希利尔对我们灵感、想法和信念的启发；感谢艾米·波拉德的支持和反馈；感谢布鲁姆斯伯里出版社的所有人，包括艾莉森·贝克、金·布朗和海伦·特雷吉特，他们在本书新版的各个阶段都给予了支持。我们还要感谢桑德兰大学的丹尼尔·格雷格森，他帮助我们准备这本书的手稿，创建索引，感谢他持续的支持。

　　我们非常感谢整个作者团队，感谢他们的专业知识、想法、精力、时间以及全力以赴的意愿。我们非常感谢大家能够相聚一堂，讨论我们的贡献，成为更广泛的作者社群中的一员，我们共同希望以反思、批判和创造性的方式影响教学和学习。我们写作团队的所有人都有家人、朋友、同事和学生，他们支持、鼓励我们的思考和写作，并为此做出了贡献。我们在书中提出的许多问题，就是借鉴了他们提供的经历，并以此作为展示。对他们，我们身怀感激之情。尽管不能一一列举，我们还是要在此感谢他们的贡献。

　　最后，我们（玛吉和萨姆）花了很多时间在一起进行高强度的写作，努力寻求如何表达我们坚定的信念，并代表为我们做出贡献的人。这有时是一种挑战，有时是一种乐趣，但始终是一种荣耀。为这次经历，我们对彼此以及整个《继续教育、成人教育及职业教育中的反思性教学》写作团队（加里、凯文、杰伊、劳伦斯、蕾切尔、罗宾和特里什）深表感谢。

玛吉·格雷格森，萨姆·邓肯

2020 年 3 月

参考文献

Action on Hearing Loss. Available from www.actiononhearingloss.org.uk/ (accessed 3 October 2019).

Addis, M. and Winch, C. (2017) 'Education and Expertise', *Journal of Philosophy of Education*, 51.

Adelman, C. and Alexander, R. (1981) 'Who Wants to Know That? Aspects of institutional self-evaluation.' In Oxtonby, R. (ed.). *Higher Education at the Crossroad*. Guildford: Society for Research in Higher Education, pp. 150–8.

Agarwal, P. (in press) 'Retrieval practice and Blooms taxonomy: Do students need fact knowledge before higher order learning?', *Journal of Educational Psychology*.

Ainscow, M., Booth, T. and Dyson, A. (2006) *Improving Schools, Developing Inclusion*. London: Routledge.

Akkerman, S. and Bakker, A. (2011) Boundary crossing and boundary objects. *Review of Educational Research*, 81(2), pp. 132–69.

Alexander, R. J. (2008) *Essays on Pedagogy*. London: Routledge.

Alexander, R. J. (eds). (2010) Children, their World, their Education. *Final Report of the Cambridge Primary Review*. London: Routledge.

Alexander, R. (2017) *Towards Dialogic Teaching. Rethinking Classroom Talk. Fifth Edition*. Dialogos.

Allan, D. (2017) *Teaching English and Maths in FE: what works for vocational learners?* Exeter: Learning Matters.

Althusser, L. (1971) 'Ideology and the ideological state apparatus'. In Cosin, B. R. (ed.). *Education Structure and Society*. Harmondsworth: Penguin.

Anderson, C. and Hounsell, D. (2007) 'Knowledge practices: "Doing the subject" in undergraduate courses', *The Curriculum Journal*, 18 (4), pp. 463–78.

Anderson, L. and Krathwohl, D. (2000) 'Taxonomy of teaching and learning: a revision of Bloom's Taxonomy of educational objectives'. In *Educational Psychology* (pp. 479–80). Boston, MA: Allyn & Bacon.

Andrews, R. (2009) *The Importance of Argument in Education*. Inaugural professorial lecture. London University Institute of Education (IOE). London: IOE Press.

Appleby, Y. (2010) 'Who are the Learners?'. In N. Hughes and I. Schwab (eds). *Teaching Adult Literacy: Principles and Practice*. London: Open University Press.

Appleby, Y. and Hillier, Y. (2012) 'Exploring practice-research networks for critical professional learning', *Studies in Continuing Education*, 34 (1), pp. 31–43.

Archer, M. (1979) *The Social Origins of Educational Systems*. London: SAGE.

Argyris, C. (1977) 'Double loop learning in organizations', *Harvard Business Review*, 55(5), pp. 115–25.

Armitage, A., Bryant, R., Dunhill, R., Hammersley, M., Hayes, D., Hudson, A. and Lawes, S. (1999) *Teaching and Training in Post-Compulsory Education*. Buckingham: Open University Press.

Armitage, A., Evershed, J., Hayes, D., Hudson, A., Kent, J., Lawes, S., Poma, S. and Renwick, M. (2012) *Teaching and Training in Lifelong Learning*. 4th edn. Berks: Open University Press.

Assessment Reform Group (1999) *Assessment for Learning: Beyond the Black Box*. Cambridge: University of Cambridge, Faculty of Education.

Association of Colleges (2017) College Key Facts, 2017–18, https://www.aoc.co.uk/sites/default/files/Key%20Facts%202017-18_1.pdf.

Ausubel, D. P. (1968) *Educational Psychology: A cognitive view*. New York, NY: Holt, Rinehart and Winston.

Ausubel, D. P., Novak, J. D. and Hanesian H. (1978) *Educational Psychology: A Cognitive View* (2nd edn). New York: Holt, Rhinehart and Winston.

Avis, J. (2010) 'Education, Governance and the "New" Professionalism: radical possibilities?', *Power and Education*, 2(2), pp. 197–208.

Avon County Council (2003) *Collaborative Learning in Primary Schools*. Bristol: Avon County Council.

Bailey, B. and Robson, J. (2004) 'Learning Support Workers in Further Education in England: A hidden revolution?', *Journal of Further and Higher Education*, 28(4).

Baillie, C., Bowden, J. and Meyer, J. (2013) 'Threshold capabilities, threshold concepts and knowledge capability linked through variation theory', *Higher Education*, 65, pp. 227–46.

Baines, E., Blatchford, P., Kutnick, P., Chowne, A., Ota, C. and Berdondini, L. (2008) *Promoting Effective Group Work in the Primary Classroom. A Handbook for Teachers and Practitioners*. London: Routledge.

Ball, S. (1981) 'Initial encounters in the classroom and the process of establishment'. In Woods, P. F. (eds). *Pupil Strategies*. London: Croom Helm.

Ball, S. (2003) 'The teacher's soul and the terrors of performativity', *Journal of Education Policy*, 18 (2), pp. 215–28.

Ball, S. (2006) *Education Policy and Social Class*. London: Routledge.

Ball, S. (2008a) *The Education Debate: Policy and Politics in the Twenty-First Century*. London: Policy Press.

Ball, S. (2008b) *The More Things Change . . . Educational Research, Social Class and 'Interlocking' Inequalities*. London: Institute of Education.

Ball, S. (2012) *Global Education Inc. New policy networks and the neo-liberal imaginary*. London: Routledge.

Barker, B. (1987) 'Visions are off the agenda', *Times Educational Supplement*. 3 December, p. 4.

Baron, S., Field, J. and Schuller, T. (2000) *Social Capital: Critical perspectives*. Oxford: Oxford University Press.

Barton, D., Hamilton, M. and Ivanic, R. (eds). (2000) *Situated Literacies: Reading and Writing in Context*. London: Routledge.

Barton, D., Ivanic, R., Appleby, Y., Hodge, R. and Tusting, K. (2007) *Literacy, Lives and Learning*. Abingdon, Oxon: Routledge.

Barton, I. and Butcher, C. (2012) *Enabling Further Learning through Available Technologies*. Coventry: Learning and Skills Improvement Service.

Bathmaker, A. M. (2013) 'Defining "knowledge" in vocational education in England: an analysis of key stakeholders and their constructions of knowledge purposes and content', *Journal of Vocational Education and Training*, 65 (1), pp. 87–107.

Bathmaker, A. M. and Avis, J. (2005) 'Becoming a lecturer in further education in England: the construction of professional identity and the role of communities of practice', *Journal of Education for Teaching*, 31 (1), pp. 47–62.

Baxter Magolda, M. B. (2004) *Making their own way: Narratives for transforming higher education to promote self-development*. Stylus Publishing.

Beaty, L., Gibbs, G. and Morgan, A. (1997) 'Learning orientations and study contracts'. In F. Marton, D. Hounsell and N. Entwistle (eds). *The Experience of Learning*. 2nd edn. Edinburgh: Scottish Academic Press, pp. 72–86.

Becher, T. and Trowler, P. (2002) *Academic Tribes and Territories: Intellectual Enquiry and the Cultures of Discipline*. Buckingham, SRHE: Open University Press.

Beckett, D. and Hager, P. (2002) *Life, Work and Learning: Practice in Postmodernity*. London: Routledge.

Beetham, H., White, D. and Wild, J. (2013) Students' expectations and experiences of the digital environment literature review. Retrieved from http://repository.jisc.ac.uk/5573/1/JR0005_STUDENTS_EXPECTATIONS_LITERATURE_REVIEW_2.0.pdf.

BeLL – *Benefits of Lifelong Learning Final Report* (2014). European Union Education, Audio-visual and Cultural Executive Agency. Available from: http://www.bell-project.eu/cms/wp-content/uploads/2014/06/Final-Report1.pdf (accessed 4 March 2019).

Bennett, T. (2012) *Teacher: Mastering the Art and Craft of Teaching*. London: Continuum, pp. 71–121.

Berger, P. L. and Luckman, T. (1967) *The Social Construction of Reality*. New York: Doubleday.

Berliner, D. (1986) 'In pursuit of the expert pedagogue', *Educational Researcher*, 1(7), pp. 5–13.

Berliner, D. (1990) 'What's all the Fuss about Instructional Time?'. In M. Ben-Peretz and R. Bromme (eds). *The Nature of Time in Schools* New York: Teacher College Press, pp. 3/35.

Bernstein, B. (1971a) *Class, Codes and Control*, Vol. 1. London: Routledge and Kegan Paul.

Bernstein, B. (1971b) On the classification and framing of educational knowledge. In Young, M. F. D. (eds). *Knowledge and Control*. London: Collier-Macmillan.

Bernstein, B. (1996) *Pedagogy, Symbolic Control and Identity*. London: Taylor and Francis.

Bevan, R. (2007) From Black Boxes to Glass Boxes: On-screen learning in schools with concept maps. *Research Briefing*, 21. London: TLRP.

Bezen, S., Aykutlu, I., Secken, N. and Bayrak, C. (2017) 'Metaphorical perceptions of the concepts "teaching profession" and "raising students"', *Eurasian Journal of Educational Research*, 71, pp. 141–58.

Biesta, G. (2005) 'Against learning reclaiming a language for education in an age of learning', *Nordisk Pedagogik*, 25, pp. 54–66. Oslo.

Biesta, G. (2007) 'Why "what works" won't work: evidence based practice and democratic deficit in educational research', *Educational Theory*, 57 (1), pp. 1–22.

Biesta, G. (2010a) *Good Education in an age of Measurement*. London: Paradigm Publishers.

Biesta, G. (2010b) 'Why "what works" still won't work: from evidence-based education to value-based education', *Studies in Philosophy and Education*, 29.5, pp. 491–503.

Biesta, G. (2012a) 'Giving teaching back to education: responding to the disappearance of the teacher', *Phenomenology and Practice*, 6 (2), pp. 35–49.

Biesta, G. (2012b) *Improving education through research? A critical discussion of TLRP's 10 principles for effective pedagogy*. Paper for the 2012 Annual Conference of the Scottish Educational Research Association, Ayr, 21–23 November 2012.

Biesta, G. (2015) 'Expertise – Becoming Educationally Wise'. In Gregson, M., Nixon, L. Pollard, A. and Spedding, P. (2015) (eds). *Readings for Reflective Teaching in Further Adult and Vocational Education*. London. Bloomsbury Publishing.

Biesta, G., Field, J., Hodkinson, P., Macleod, F. J. and Goodson, I. F. (2011) *Improving Learning through the Lifecourse: Learning Lives*. London: Routledge.

Biggs, J. (1993) 'From theory to practice: a cognitive systems approach', *Higher Education Research and Development*, 12(1), pp. 73–85.

Biggs, J. (1999) *Teaching for Quality Learning in Higher Education*. Buckingham: SRHE/Open University Press.

Biggs, J. (2003) *Teaching for Quality in Higher Education*. 2nd edn. Buckingham: Open University Press and Society for Research into Higher Education.

Biggs, J. (2011) *Teaching for Quality Learning in Higher Education.* Buckingham: SRHE/Open University Press.

Biggs, J. (2014) 'Constructive alignment in university teaching', HERDSA Review of Higher Education, 1, 6–22.

Biggs, J. and Tang, C. (2011) *Teaching For Quality Learning At University.* Maidenhead: McGraw-Hill Education

Billett, S. (2001) 'Learning through work: workplace affordances and individual engagement', *Journal of Workplace Learning*, 13 (5), pp. 209–14.

Black, P., Wiliam D. (2002) *Working Inside the Black Box: Assessment for Learning in the Classroom.* London: Kings College.

Black, P. and Wiliam, D. (1998a) 'Assessment and classroom learning', *Assessment in Education*, 5 (1), pp. 7–74.

Black, P. and Wiliam, D. (1998b) *Inside the Black Box: Raising Standards through Classroom Assessment.* London: King's College.

Black, P., Gardner, J. and Wiliam, D. (2008) *Joint memorandum on reliability of assessments.* Submitted to the House of Commons, Children, Schools and Families Committee: Testing and Assessment. Third Report of Session 2007–2008. Vol. II. HC169–II. Norwich: The Stationery Office.

Black, P., Harrison, C., Lee, C., Marshall, B. and Wiliam, D. (2003) *Assessment for Learning: Putting It into Practice.* Buckingham: Open University Press.

Black, P. and Wiliam D. (2002) *Working Inside the Black Box: Assessment for Learning in the Classroom.* London: Kings College.

Blenkin, G. M. and Kelly, A. V. (1981) *The Primary Curriculum.* London: Harper and Row.

Bloom, B. (1956) Taxonomy of Educational Objectives. Vol. 1: Cognitive Domain. New York: McKay.

Bloom, B. S. (1956) *Taxonomy of Educational Objectives: the classification of educational goals. Handbook 1. The cognitive domain.* New York, McKay.

Bloom, B. S., Engelhart, E. J., Hill, W. H. and Krathwohl, D. R. (1956) *The Classification of Educational Goals, Handbook 1: Cognitive Domain.* New York: McKay,

Bloome, D., Castanheira, M., Leung, C. and Rowswell, J. (2019) *Re-theorizing Literacy Practices: Complex cultural and social contexts.* London: Routledge.

Boud, D. (2008) Relocating reflection in the context of practice. In H. Bradbury et al. (eds). *Beyond Reflective Practice: New Approaches to Professional Lifelong Learning.* London: Routledge.

Boud, D. (2010) Relocating reflection in the context of practice. In H. Bradbury et al. (eds). *Beyond Reflective Practice: New Approaches to Professional Lifelong Learning.* London: Routledge, pp. 25–36.

Boulton-Lewis, G. M., Marton, F., Lewis, D. C. and Wilss, L. A. (2000) 'Learning in formal and informal contexts: Conceptions and strategies of Aboriginal and Torres Strait Islander university students', *Learning and Instruction*, 10 (5), pp. 393–414.

Bourdieu, P. and Passeron, J. C. (1977) *Reproduction in Education, Society and Culture.* London: SAGE.

Bradbury, H., Frost, N., Kilminster, S. and Zukas, M. (eds). (2008) *Beyond Reflective Practice: New Approaches to Professional Lifelong Learning.* London: Routledge.

Brandom, R. (2000) *Articulating Reasons: An introduction to inferentialism.* Cambridge, MA: Harvard University Press.

Brandt, D. (2001) *Literacy in American Lives.* Cambridge: Cambridge University Press.

Bransford, J. D., Brown A. I. and Cocking, R. R. (eds). (1999) *How People Learn: Brain, Mind, Experience and School.* Washington, DC, National Academy Press.

Brew, A. (2006) *Research and Teaching Beyond the Divide.* London: Palgrave MacMillan.

Brighouse, T. (1987) 'Goodbye to the Head and the History Man', *The Guardian.* 21 July, p. 11.

British Deaf Association. Available from http://www.bda.org.uk (accessed December 2013).

Britzman, D. P. (2003) *Practice Makes Practice: A Critical study of Learning to Teach*. Albany, GA: State University of New York.

Broad, J. (2016) 'Vocational knowledge in motion: rethinking vocational knowledge through vocational teachers' professional development', *Journal of Vocational Education & Training*, 68 (2), pp. 143–60.

Brockbank, A. and McGill, I. (2007) *Facilitating Reflective Learning in Higher Education* (2nd edn). Buckingham: SRHE/Open University Press.

Bronfenbrenner, U. (1979) *The Ecology of Human Development: Experiments by Nature and Design*. Cambridge, MA: Harvard University Press.

Bronfenbrenner, U. (1993) 'Ecological models of human development', *International Encyclopaedia of Education*, 3. Oxford: Elsevier.

Brookfield, S. D. (1988) *Training Educators of Adults: The Theory and Practice of Graduate Adult*. San Francisco: Jossey-Bass.

Brookfield, S. D. (1990) *The Skilful Teacher*. San Francisco: Jossey-Bass.

Brookfield, S. D. (1993) 'Breaking the code: Engaging practitioners in critical analysis of adult education literature', *Studies in the Education of Adults*, 25, pp. 1, 64–91.

Brookfield, S. D. (1995) *Becoming a Critically Reflective Teacher*. San Francisco: Jossey-Bass.

Brookfield, S. D. (1998) 'Against Naive Romanticism: from celebration to the critical analysis of experience', *Studies in Continuing Education*, 20 (2), pp. 127–42.

Brosnan, K. (2000) The Virtual Learning Community: Informating the Learning Process with On-Line Learning Environments. In I. McNay (ed.). *Higher education and its communities* (pp. 184–93). Buckingham: Society for Research into Higher Education & Open University Press.

Brosnan, K. and Burgess, R. (2003) 'Web based continuing professional development – a learning architecture approach', *Journal of Workplace Learning*, 15 (1), pp. 24–33.

Brown, K. (2002) *The Right to Learn: Alternatives for a Learning Society*. Routledge Falmer.

Brown, S. and McIntyre, D. (1993) *Making Sense of Teaching*. Buckingham: Open University Press.

Bruner, J. S. (1996) *The Culture of Education*. Cambridge, MA: Harvard University Press, pp. 45–50.

Bruner, J. S. (2006) *In Search of Pedagogy Volume II: The Selected works of Jerome S. Bruner*. New York: Routledge.

Bryan, C. and Clegg, K. (2019) *Innovative Assessment in Higher Education: A Handbook for Academic Practitioners*, 2nd edn, London: Routledge.

Brynner, J., McCormick, R. and Nuttal, D. (1982) *Organisation and Use of Evaluation*. Milton Keynes: Open University Press.

Bynner, J. and Parsons, S. (2006) *New Light on Literacy and Numeracy*. London: NRDC.

Burke, A. (2018) 'What are the barriers for teachers regarding LGBTQ (lesbian, gay, bisexual, transgender and queer) inclusivity in the classroom in a British university English language teaching centre?' Dissertation submitted for the award of MA TESOL, UCL Institute of Education, London, 2018.

Calderhead, J. (1994) 'Can the complexities of teaching be accounted for in terms of competences? Contrasting views of professional practice from research and policy'. Memo produced for an Economic and Social Research Council Symposium on Teacher Competence, pp. 1–2.

Callaghan, J. (1976) 'A rational debate based on the facts'. Speech given at Ruskin College Oxford. Available from: http://www.educationengland.org.uk/documents/speeches/1976ruskin.html.

Cameron, C. (2010) 'Nothing to do with me: everything to do with me: disability, self and identity'. Available from: http://www.disabilityartsonline.org.uk/domains/disabilityarts.org/local/media/audio/Nothing_to_do_with_me_FINAL.pdf.

Cameron, D. (2007) *The Teacher's Guide to Grammar.* Oxford: OUP.

Candappa, M. (2011) 'Invisibility and Otherness: asylum-seeking and refugee students in the classroom'. In G. Richards and F. Armstrong (eds). *Teaching and Learning in Diverse and Inclusive Classrooms.* London: Routledge, pp. 156–69.

Canning, R. (2011) 'Reflecting on the reflective practitioner: vocational initial teacher education in Scotland', *Journal of Vocational Education & Training*, 63 (4), pp. 609–17.

Carlile, R. (2004) 'Transferring, translating, and transforming: an integrative framework for managing knowledge across boundaries', *Organisation Science*, 15 (5), pp. 555–68.

Carr, W. (1986) 'Theories of theory and practice', *Journal of Philosophy of Education*, 20 (2), 177–86.

Carr, W. (1987) 'What is an educational practice?', *Journal of Philosophy of Education*, 21(2), 163–75.

Carr, W. (1995) *For Education: Towards Critical Educational Inquiry.* Buckingham: Open University Press.

Carr, W. and Kemmis, S. (1986) *Becoming Critical.* Lewes: Falmer.

Casey, H., Cara, O., Eldred, J., Grief, S., Hodge, R., Ivanic, R., Jupp, T., Lopez, D. and McNeil, B. (2006) 'You wouldn't expect a maths teacher to teach plastering. . .' Embedding literacy, language and numeracy in post-16 vocational programmes – the impact on learning and achievement. London: NRDC [www] https://dera.ioe.ac.uk/22311/1/doc_3188.pdf (accessed 28 April 2018).

Cash, R. (2011) *Advancing Differentiation: Thinking & Learning for the 21st Century.* MN: free Spirit Publishing.

Cassidy, S. (2012) 'Exploring individual differences as determining factors in student academic achievement in higher education', *Studies in Higher Education*, 37, pp. 793–810.

Castro, A. J. (2014) 'Visionaries, reformers, saviors, and opportunists: Visions and metaphors for teaching in urban schools', *Education and Urban Society*, 46 (1), pp. 135–60.

Chaplain, R. (2003) *Teaching Without Disruption in the Secondary School.* New York: Routledge.

Clark. W. and Holt, D. (2010) FE to HE Transitions: Understanding Vocational Learner Experiences in Higher Education. Final report to: Linking London Lifelong Learning Network, University of Westminster. Available from: http://www.bbk.ac.uk/linkinglondon/development-projects/copy_of_FEtoHETransitions_FinalReport_May2010withnostats.pdf.

Clarke, S. (2001) *Unlocking Formative Assessment: Practical Strategies for Enhancing Pupils' Learning in the Primary Classroom.* London: Hodder and Stoughton.

Clarke, S. (2005) *Formative Assessment in Action: Weaving the elements together.* London: Hodder and Stoughton.

Clarke, S. (2008) *Active Learning through Formative Assessment.* London: Hodder and Stoughton.

Clarke, S. (2011) *The Power of Formative Assessment: Self-belief and active involvement in the process of learning* (DVD). Shirley Clarke Media Ltd.: Sussex.

Clarke, S. (2014) *Outstanding Formative Assessment Culture and Practice.* London: Hodder Education.

Claxton, G. (2002) *Building Learning Power: Helping Young People Become Better Learners.* Bristol: TLO.

Claxton, G., Chambers, M., Powell, G. and Lucas, B. (2011) *The Learning Powered School: Pioneering 21st Century Education.* Bristol: TLO.

Coffield, F. (2006) *Running Ever Faster Down the Wrong Road: an alternative future for education and skills.* Inaugural lecture Institute of Education, University of London, 5 December.

Coffield, F. (2007) *'Running Ever Faster Down the Wrong Road: an alternative future for education and skills'.* Inaugural lecture Institute of Education, University of London Institute of Education (IOE) London: IOE Press.

Coffield, F. (2008) *Just Suppose Teaching and Learning Became the First Priority.* London: Learning and Skills Network.

Coffield, F. (2009) *All you ever wanted to know about learning and teaching but were too cool to ask.* London: LSN (Learning and Skills Network).

Coffield, F. (2010) *Yes, but what has Semmelweis to do with my professional development as a tutor?* London: LSN (Learning and Skills Network).

Coffield, F. (2011) *Pedagogy, Power and Change in Vocational Education.* LSIS National Teaching and Learning Fair, 11 July 2011. London: University of London, Institute of Education (IOE).

Coffield, F. (2013) *'Can we transform classrooms and colleges without transforming the state?'* Keynote address to the Future of Further Education Conference: Guildford, 22 March 2013.

Coffield, F. (2014) in F. Coffield, with C. Costa, W. Muller and J. Webber, *Beyond Bulimic Learning: improving teaching in further education.* London: Institute of Education Press, pp. 1–21.

Coffield, F. (2017) *Can the Leopard Change its Spots? A new model of inspection for Ofsted,* London: IoE Press.

Coffield, F. and Williamson, B. (2011) *From Exam Factories to Communities of Discovery: The Democratic Route.* London: Institute of Education.

Coffield, F. and Williamson, B. (2011) *From Exam Factories to Communities of Discovery. The democratic route.* London: IOE Press.

Coffield, F., Moseley, D., Hall, E. and Ecclestone, K. (2004) *Learning Styles and Pedagogy in Post 16 Learning: A Systematic and Critical Review.* London: Learning and Skills Research Centre.

College Development Network (CDN) (2018) *Professional Standards for Lecturers in Scotland's Colleges.* Edinburgh: CDN. Available at: https://www.cdn.ac.uk/professional-standards/ accessed 29 April 2019).

Colley, H., James, D., Tedder, M. and Diment, K. (2007) 'Learning as becoming in vocational education and training: class, gender and the role of vocational habitus', *Journal of Vocational Education and Training*, 55 (4), pp. 471–97.

Cook, V. (eds). (2003) *Effects of the Second Language on the First.* Clevedon: Multilingual Matters.

Cooper, B. and Baynham, M. (2005) *Rites of Passage: Embedding meaningful language, literacy and numeracy skills in skilled trades courses through significant and transforming relationships.* London: National Research and Development Centre for Adult Literacy and Numeracy (NRDC).

Corson, D. (1985) 'Education for work: reflections towards a theory of vocational education', *International Review of Education*, 31 (3), pp. 283–302.

Cotterall, S. (2011) 'Doctoral students writing: where's the pedagogy?', *Teaching in Higher Education*, 16 (4), pp. 413–25.

Cowley, S. (2010) *Getting the Buggers to Behave* (4th edn). London: Continuum.

Cowley, S. (2013) *The Seven T's of Practical Differentiation.* Bristol: Sue Cowley Books Ltd.

Crawley, J. (2011) *In at The Deep End: A Survival Guide for Teachers in Post Compulsory Education.* 2nd edn. Abingdon: Routledge.

Creative Commons (2019) State of Creative Commons website, https://stateof.creativecommons.org (accessed 12 July 2019).

Crotty, M. (1996) *Phenomenology and Nursing Research.* Melbourne: Churchill Livingstone.

Crouch, C., Watkins, J., Fagen, A. and Mazur, E. (2007) 'Peer instruction: Engaging students one-on-one, all at once'. In E. Redish and P. Cooney (eds). Research-Based Reform of University Physics. College Park, MD: American Association of Physics Teachers. Available online: http://www.per-central.org/document/ServeFile.cfm?ID=4990 (accessed 24 May 2019).

Crowther, J. and Shaw, M. (2011) 'Education for resilience and resistance in the "big society"'. In D. Cole (ed.). *Surviving Economic Crises through Education.* Frankfurt Am Main: Peter Lang.

Crozier, G. (2000) *Parents and Schools: Partners or Protagonists?* Stoke-on-Trent: Trentham Books.

Crozier, G. and Reay, D. (eds). (2005) *Activating Participation· Parents and Teachers Working Towards Parnership.* Stoke-on-Trent: Trentham Books.

Crystal, D. (2005) *The Stories of English*, London: Penguin Books.

Cummings, J. (2005) 'A Proposal for Action: Strategies for Recognizing Heritage Language Competence as a Learning Resources within the Mainstream Classroom', *The Modern Languages Journal*, 89, pp. 585–92.

Cunningham, B. (2008) 'Critical incidents in professional life and learning'. In B. Cunningham (ed.). *Exploring Professionalism*. London: Institute of Education Press.

Dakin, J. (2012) 'Writing bilingual stories: developing children's literacy through home languages'. In Mallows, D. (eds). *Innovations in English Language Teaching for Migrants and Refugees*. London: The British Council, pp. 11–21.

Data Protection Act (2018) London: HMSO.

Davy, N. (2016) 'Let's take college higher education to the next level', TES (11 July) https://www.tes.com/news/further-education/breaking-views/lets-take-college-higher-education-next-level.

Day, C., Fernandez, A., Hauge, T. and Muller, J. (eds). (2000) *The Life and Work of Teachers International Perspectives in Changing Times*. Brighton: Falmer Press.

Dennis, C. A. (2012) 'Quality: an ongoing conversation over time', *Journal of Vocational Education & Training*, 64 (4), pp. 511–27. doi: 10.1080/13636820.2012.727854.

Department for Education (DFE) (2010) *The Importance of Teaching – Schools White Paper.* London: DFE.

Department for Education (2011a) *Building Engagement, Building Futures.* http://webarchive.nationalarchives.gov.uk/20130401151715/ https://www.education.gov.uk/publications/standard/publicationDetail/Page1/HMG-00195-2012#downloadable parts (accessed October 2013).

Department for Education (2011b) *The Framework for the National Curriculum. A Report by the Expert Panel for the National Curriculum Review.* London: DfE.

Department for Education & Learning and Work Institute (2018) Adult Participation in Learning Survey 2017. Online: https://www.learningandwork.org.uk/wp-content/uploads/2018/08/Adult-Participation-in-Learning-Survey-2017.pdf.

Department for Education and Science (1973) *Russell Report on Adult Education: A Plan for Development.* London: HMSO.

Department for Education and Science (1989) Discipline in Schools, Report of the Committee of Enquiry, Chaired by Lord Elton. London: HMSO.

Department for Education and Skills (2001) *Adult Literacy Core Curriculum.* Department for Education and Skills. London: DfES.

Department for Innovation, Universities and Skills (2008) *Informal Adult Learning, Shaping the Way Ahead*, http://www.bis.gov.uk/assets/biscore/innovation/docs/s/urn-ial2008d-shaping-the-way-ahead-consultation-analysis (accessed May 2014).

Derrick, J. and Gawn, J. (2010) 'Planning and Assessment'. In N. Hughes and I. Schwab (eds). *Teaching Adult Literacy: Principles and practice*. London: Open University Press.

Derrick, J. (2011) 'The craft so long to lerne', *Adults Learning*. April 2011.

Derrick, J. (2013) '"Practitioner learning", not "professional learning": towards a non-technocratic model of autonomous development for post-compulsory sector teachers', *Research in Post Compulsory Education*, 18(3), pp. 269–79.

Derrick, J. (2019) *Learning, innovation and 'tacit pedagogy' in workplace practice: a comparison of two high-performing organisations in different sectors.* Unpublished Ed D thesis, UCL Institute of Education.

Derrick, J., Gawn, J. and Ecclestone, K. (2009) Formative Assessment in Adult Literacy, Language and Numeracy: A Rough Guide to Improving Teaching and Learning. Leicester: NIACE.

Derrick, J., Howard, U., Field, J., Lavender, P., Meyer, S., Nuissi von rein, E. and Schuller, T. (2011) *Remaking Adult Learning*. London: Institute of Education.

Derrington, C. (2011) 'Supporting Gypsy, Roma and Traveller pupils'. In Richards, G. and Armstrong, F. (eds). *Teaching and Learning in Diverse and Inclusive Classrooms*. London: Routledge, pp. 156–69.

Desforges, C. and Abouchaar, A. (2003) The impact of parental involvement, parental support and family education on pupil achievement and adjustment: a literature review: Department for Education and Skills.

Dewey, J. (1916) *How we think: A Restatement of the Relation of Reflective Teaching in the Educative Process*. Chicago: Henry Regnery.

Dewey, J. (1933) *How We Think: a Restatement of the Relation of Reflective Thinking to the Educative Process*. Chicago: Henry Regnery.

Doherty, G. (2008) On quality in education. *Quality Assurance in Education*, 16(3), pp. 255–65.

Donaldson, G. (2011) *Teaching Scotland's Future: Report of a review of teacher education in Scotland*. Edinburgh: The Scottish Government. Available at: https://www.webarchive.org.uk/wayback/archive/20170401065815/http://www.gov.scot/Publications/2011/01/13092132/15 (accessed 29 April 2019).

Doyle, W. (1977) 'Learning the classroom environment: an ecological analysis', *Journal of Teacher Education*, 8, XXVIII (6), pp. 51–4.

Dreyfus, H. and Dreyfus, S. (1986) *Mind Over Machine: The Power of Intuition and Expertise in the Era of the Computer*. Oxford: Blackwell.

Duckworth, V., Smith, R. and Husband, G. (2018) 'Adult Education, transformation and social justice (Editorial)', *Education and Training*, 60 (6), pp. 502–04.

Duckworth, V. (2013) *Learning Trajectories, Violence and Empowerment amongst Adult Basic Skills Learners*. London: Routledge.

Duncan, N. (2011) 'The role of the school in reducing bullying.' In Richard, G. and Armstrong, F. (eds). *Teaching and Learning in Diverse and Inclusive Classrooms*. London: Routledge, pp. 31–41.

Duncan, S. (2010) *'Literacy learning for adults with global learning difficulties'*. In Hughes, N. and Schwab, I. (eds). *Teaching Adult Literacy*. Maidenhead: Open University Press.

Duncan, S. (2012) *Reading Circles, Novels and Adult Reading Development*. London: Bloomsbury.

Duncan, S. (2015) Biographical learning and non-formal education: Questing, threads and choosing how to be older. *Studies in the Education of Adults*, 47 (1), pp. 35–48.

Dunne, J. (1993) *Back to the Rough Ground: Practical Judgement and the Lure of Technique*. Notre Dame, IN: University of Notre Dame Press.

Duran, D. and Topping, K. (2017) *Learning by Teaching. Evidence-based Strategies to Enhance Learning in the Classroom*. London: Routledge.

Dweck, C. S. (2006) *Mindset: The New Psychology of Success*. New York: Ballantine.

Dweck, C. S. (2013) Self-theories: Their Role in Motivation, Personality, and Development. New York: Psychology Press.

Dzubinski, L., Hentz, B., Davis, K. and Nicolaides, A. (2012) 'Envisioning an Adult Learning Graduate Program for the Early 21st Century', *Adult Learning*. 23 (3).

Earl, L. and Katz, S. (2008) 'Getting to the core of learning: using assessment for self-regulation and self-monitoring'. In Swaffield, S. (ed.). *Unlocking Assessment: Understanding for Reflection and application*, pp. 90–104. Abingdon: Routledge.

Earl, L., Watson, N., Levin, B., Leithwood, K., Fullan, M. and Torrance, N. with Jantzi, D., Mascall, B. and Volante, L. (2003) *Watching and Learning 3: Final Report of the External Evaluation of England's National Literacy and Numeracy Strategies*. Toronto: Ontario Institute for Studies in Education.

EBSN (2019) European Basic Skills Network website: https://basicskills.eu/ (accessed 12 July 2019).

Ecclestone, K. (2002) *Learning Autonomy in Post 16 Education*. London: Routledge Falmer.

Ecclestone, K. (2013) *How to Assess the Vocational Curriculum*. London: Routledge.

Education and Training Foundation (ETF) (2014) *Professional Standards for Further Education Teachers and Trainers in England*. London: ETF.

Education and Training Foundation (ETF) (2017). *College Based Higher Education*, https://www.et-foundation.co.uk/wp-content/uploads/2017/08/RCU-National-16N003-FINAL.pdf.

Education Scotland (2016) 'Scotland's Adult Literacies Curriculum Framework Guidelines: Learning, Teaching and Assessment', Crown Copyright https://education.gov.scot/Documents/adult-literacies-curriculum-framework.pdf education.

Edwards, A. (2010) *Being an Expert Professional Practitioner: The relational turn in expertise*. Dordrecht: Springer.

Edwards, A. (2012) *New Technology and Education*. London: Continuum, pp. 86–8.

Eisner, E. W. (1985) *The Art of Educational Evaluation: A Personal View*. Lewes: Falmer Press.

Eisner, E. W. (2002) *The Arts and the Creation of Mind*. New Haven and London: Yale University Press.

Elliott, G. (1976) *Teaching for Concepts. Place, Time and Society 8-11*. London: Schools Council.

Elliott, J. (1991) 'A model of professionalism and its implication for teacher education', *British Educational Research Journal*, 17 (4), pp. 310–14.

Elliott, J. (2001) 'Making Educational Evaluation More Educational', *British Educational Research Journal*, 7 (25), pp. 555–74).

Engeström, Y. (2004) The new generation of expertise: seven theses. In *Workplace Learning in Context*, ed. Rainbird H., Fuller, A. and Munro, A. London: Routledge.

Engeström, Y. (2010) *From Teams to Knots: Activity – Theoretical Studies of Collaboration and Learning at Work*. Cambridge: Cambridge University Press.

Entwistle, N. J. (2009) *Teaching for Understanding at University: Deep Approaches and Distinctive Ways of Thinking*. Basingstoke, Hampshire: Palgrave Macmillan.

Entwistle, N. (2018) *Student Learning and Academic Understanding: A Research Perspective with Implications for Teaching*. London: Academic Press.

Entwistle N. and Hounsell, D. (2007) 'Learning and teaching at university: The influence of subjects and settings', Teaching and Learning Research Briefing, 31 December 2007. London: Teaching and Learning Research Programme.

Entwistle, N. and McCune, V. (2013) 'The disposition to understand for oneself at university: Integrating learning processes with motivation and metacognition', *British Journal of Educational Psychology*, 83, 267–79.

Entwistle, N. J. and Peterson, E. R. (2004) Conceptions of learning and knowledge in higher education: Relationships with study behaviour and influences of learning environments. *International Journal of Educational Research*, 41(6), 407–28.

EPALE (2019) Electronic Platform for Adult Learning in Europe. Online: https://ec.europa.eu/epale/en [accessed 21 March 2019].

Equality Act 2010, http://www.legislation.gov.uk/ukpga/2010/15/contents (accessed December 2013).

Eraut, M. (1994) *Developing Professional Knowledge and Competence*. London: Falmer.

Eraut, M. (2004) 'Transfer of knowledge between education and workplace settings'. In A. Fuller, A. Munro and H. Rainbird (eds). *Workplace Learning in Context*. London: Routledge, pp. 211–20.

Eraut, M. and Hirsh, W. (2007) *The Significance Of Workplace Learning for Individuals, Groups and Organisations*. SKOPE Monograph 9, Oxford.

European Union White Paper on Education and Training – Teaching and Learning – Towards the Learning Society (1995) Europe: https://publications.europa.eu/en/publication-detail/-/publication/d0a8aa7a-5311-4eee-904c-98fa541108d8/language-en.

Evans, K., Hodkinson, P., Rainbird, H. and Unwin, L. (2006) *Improving Workplace Learning*. Abingdon: Routledge.

Evripidou, D. and Cavusolglu, Ç. (2015) 'English Language Teachers' Attitudes Towards the Incorporation of Gay and Lesbian Related Topics in the Classroom: The Case of Greek Cypriot EFL Teachers', *Sexuality Research and Social Policy*, 12 (1), pp. 70–80.

Farady, S., Overton, C. and Cooper, S. (2011) *Effective teaching and learning in vocational education*. Retrieved from http://learning.gov.wales/docs/learningwales/publications/150304-effective-teaching-and-learning-en.pdf.

Fawbert, F. (2008) *Teaching in Post Compulsory Education*. London: Continuum.

Feinstein, L., Vorhaus, J. and Sabates, R. (2008) *Learning Through Life: Future Challenges*. Foresight Mental Capital and Wellbeing Project. London: The Government Office for Science.

Felstead, A., Fuller, A., Jewson, N. and Unwin, L. (2009) *Improving Working as Learning*. London: Routledge.

Field, J. (2005) *Social Capital and Lifelong Learning*. Bristol: Policy Press.

Fieldhouse, R. (1996) *A History of Modern British Adult Education*. Leicester: NIACE.

Fielding, M. (2012) Beyond Student Voice: Patterns of Partnership and the Demands of Deep Democracy. *Revista de educación* (359), pp. 45–65. doi: 10.4438/1988-592x-Re-2012-359-195

Fielding, M., Bragg, S., Craig, J., Cunningham, I., Eraut, M., Gillinson. S., Horne, M., Robinson, C. and Thorp, J. (2005) *Factors Influencing the Transfer of Good Practice*. London: Department for Education and Skills RR 615.

Fisher, R. (2013) *Teaching Thinking: Philosophical Enquiry in the Classroom*. London: Bloomsbury, pp. 2–26.

Flanagan, C. (1954) 'The Critical Incident Technique', *Psychological Bulletin*, 51 (4), pp. 327–58.

Frederickson, N. and Cline, T. (2009) *Special Educational Needs, Inclusion and Diversity* (2nd edn). Maidenhead: McGraw Hill/Open University Press.

Fredman, S. (2001) *Discrimination and Human Rights: The Case of Racism*. Oxford: Oxford University Press.

Freedom of Information Act (2000) London: HMSO

Freire, P. (1972) *Pedagogy of the Oppressed*. London: Penguin Books.

Freire, P. (2000) *Pedagogy of the Oppressed*. London: Continuum.

Freire, P. (2002) *Pedagogy of Hope: Reliving Pedagogy of the Oppressed*. London: Continuum.

Fuller, A. and Unwin, L. (2003) 'Learning as apprentices in the contemporary UK workplace: creating and managing expansive and restrictive participation', *Journal of Education and Work*, 16 (4), pp. 407–26.

Fuller, A. and Unwin, L. (2004) *Expansive learning environments: Integrating personal and organisational development*. eprints.soton.ac.uk/55801.

Fuller, A. and Unwin, L. (2009) *Improving Working and learning*. London: Routledge.

Fuller, A. and Unwin, L. (2010) ' "Knowledge Workers" as the New Apprentices: The Influence of Organisational Autonomy, Goals and Values on the Nurturing of Expertise', *Vocations and Learning* (3), pp. 203–22.

Fuller, A. and Unwin, L. (2015) *Creating and Managing Expansive Learning Environments: Improving Vocational and Professional Education*. London: Routledge.

Further Education Regional Research Network East (2011) *Holding up the mirror: raising awareness of behaviours that impede good tutor-student relationships*. Project Report FERRN East [online] https://www.sparqs.ac.uk/ch/E2%20Holding%20Up%20the%20Mirror%20 Raising%20awareness%20of%20behaviours%20that%20impede%20good%20tutor%20 student%20relationships.pdf (accessed 1 February 2019).

Gaillie, W. B. (1955) 'Essentially Contested Concepts', *Proceedings of the Aristotelian Society New Series*, 56 (1955–56), pp. 167–98.

Gallacher, J. and Reeve, F. (eds). (2018) *New Frontiers for College Education: International Perspectives*. London: Routledge.

Galton, M. (2007) *Learning and Teaching in the Primary Classroom*. London: Paul Chapman.

Gardner, J., Holmes, B. and Leitch, R. (2008) 'Where there is smoke, there is (the potential for) fire: soft indicators of research and policy impact', *Cambridge Journal of Education*, 38 (1), pp. 89–104.

Geographical Association (2012) *Thinking Geographically. Response to the Consultation on the National Curriculum Review*. London: Geographical Association.

Ghaye, T. (2011) Chapter 5: Reflection-on-values: being a professional, *Teaching and learning through reflective practice: a practical guide for positive action* (pp. 90–109). London: David Fulton Publishers.

Gherardi, S. (2012) 'Why do practices change and why do they persist? Models of explanations'. In Hager, P., Lee, A., and Reich, A. (eds). *Professional and Practice-based Learning*. Dordrecht: Springer, pp. 217–31

Gibbs, G. (1981) *Teaching Students to learn. A student Centred Approach*. Milton Keynes: Open University Press.

Gibbs, G., Habeshaw, S. and Habeshaw, T. (1986) *53 Interesting Ways to Assess Your Students*. Bristol: Technical and Educational Services.

Gibbs, G. (1988) *The Reflective Cycle*. Oxford: Further Education Unit, Oxford Polytechnic.

Gibbs, G. (2010) *Dimensions of Quality*. York: Higher Education Academy.

Gibson, E. J. (1977) 'The theory of affordances'. In Shaw, R. and Bransford, J. (eds). *Perceiving, Acting and Knowing*. Hillsdale NJ: Lawrence Earlbaum.

Gicheva, N. and Petrie, K. (2018) Vocation, Vocation, Vocation, The role of vocational routes into Higher Education, The Social Market Foundation, London. Available online: http://www.smf.co.uk/publications/the-role-of-vocational-routes-into-higher-education/?doing_wp_cron=1577388559.7577040195465087890625.

Giddens, A. (1984) *The Constitution of Society: Outline of the Theory of Structuration*. Barkley: University of California Press

Gillborn, D. (2008) 'Developing antiracist school policy'. In Mica Pollock (ed.). *Everyday Antiracism: Getting real about racism in school*. New York: The New Press, pp. 246–51.

Gillborn, D. (2008) *Racism and Education: Coincidence or conspiracy?* London: Routledge.

Gillborn, D. (2013) Personal email correspondence with Sam Duncan, 11 June 2013.

Gingell, J. and Winch, P. (2004) *Philosophy and Education Policy*. London: Routledge.

Gipps, C. and MacGilchrist, B. (1999) 'Primary school learners'. In Mortimore, P. (ed.). *Understanding Pedagogy and its Impact on Learning*. London: Paul Chapman.

Gonzalez, N., Moll. L. C. and Amanti, C. (eds). (2005) *Funds of Knowledge: Theorising practices in households, communities and classrooms*. New Jersey: Lawrence Erlbaum Associates.

Goodall, J. and Vorhaus, J. (2011) *Review of Best Practice in Parental Engagement*. London: Department of Education.

Goodley, D., Hughes, B. and Davis, L. (eds). (2012) *Disability and Social Theory: New Developments and Directions*. London: Palgrave Macmillan.

Goodson, I. (1989) 'Sponsoring the Teacher's Voice: teachers' lives and teacher development'. *Cambridge Journal of Education*, 21 (1), pp. 35–42.

Goodson, I. (2003) *Professional Knowledge Professional Lives*. Maidenhead: Open University Press.

Goodson, I. (2007) 'All the lonely people: the struggle for private meaning and public purpose in education', *Critical Studies in Education*, 48 (1), pp. 131–48.

Gorard, S. Rees, G. Fevre and R. Furlong, J. (1998) 'Society is not built by education alone: alternative routes to a learning society', *Research in Post-Compulsory Education*, 3 (1), pp. 25–37.

Gramsci, A. (1978) *Selections from Political Writings*. London: Lawrence and Wishart.

Green, A. and Janmaat, J. (2011) *Regimes of Social Cohesion: Societies and the Crisis of Globalization*. Basingstoke: Palgrave Macmillan.

Green, A., Preston, J. and Janmaat, J. G. (2006) *Education, Equality and Social Cohesion. A Comparative Analysis* London: Palgrave.

Gregson, M. and Nixon, L. (2009) 'Assessing Effectiveness: ways of Seeing Impact', *International Journal of Interdisciplinary Social Sciences*, 21 (3).

Gregson, M. and Todd, B. (2019) 'Realizing Standards of Practice in Vocational Education and Training'. In S. McGrath, M. Mulder, J. Papier and R. Suart (eds). Cham Switzerland: Springer, forthcoming 27 September 2019.

Gregson, M., Nixon, L. and Spedding, P. (2011) *Tackling Prejudice Together,* paper presented at University of Sunderland, Faculty of Education and Society Conference, 5 September and Published in *Readings for Reflective Teaching* (2015, pp. 225–59), London: Bloomsbury Publishing.

Gregson, M., Nixon, L., Spedding, P. and Kearney, S. (2015) *Helping Good Ideas Become Good Practice*. London: Bloomsbury.

Grief, S. and Chatterton, J. (2007) *Writing – developing adult teaching and learning: practitioner guides.* Leicester: NIACE.

Griffin, C. (1989) Cultural studies, critical theory and adult education. In Bright, B. (eds). *Theory and Practice in the Study of Adult Education: The Epistemological Debate.* London: Routledge pp. 121–40.

Griffiths, G. and Stone, R. (eds). (2013) *Teaching Adult Numeracy: Principles and Practice.* Maidenhead: Open University Press.

Guile, D. (2014) 'Professional knowledge and professional practice as continuous recontextualisation: a social practice perspective'. In Young, M. and Muller, J. (eds). *Knowledge, Expertise and the Professions.* London: Routledge, pp. 78–92.

Guo, S. and Jamal, Z. (2006) *'Toward inclusive education: Integrating cultural diversity into adult learning'.* Paper presented at the 36th Annual SCRUTREA Conference, 4–6 July 2006, Trinity and All Saints College, Leads.

Halsey, A. H. (1986) *Change in British Society.* Oxford: Oxford University Press.

Hamilton, M. and Hillier, Y. (2006) *The Changing Faces of Adult Literacy, Language and Numeracy.* Stoke on Trent: Trentham Books.

Hargreaves, A. (1998) 'The emotional place of teaching', *Teaching and Teacher Education*, 14 (8), pp. 835–54.

Hargreaves, A. (2007) *The Persistence of Presentism and the Struggle for Lasting Improvement.* Professorial Inaugural Lecture, Institute of Education, University of London.

Hargreaves, A. and Fullan, M. (2012) *Professional Capital: Transforming Teaching in Every School.* London: Routledge.

Hargreaves, D. H. (1972) *Interpersonal Relationships and Education.* London: Routledge.

Harlen, W., Gipps, C., Broadfoot, P. and Nuttall, D. (1992) 'Assessment and the improvement of Education', *Curriculum Journal*, 3(3), pp. 217–15.

Harper, H. (2013) *Outstanding Teaching in Lifelong Learning.* Maidenhead: OUP Press / McGraw-Hill Education.

Harris, L. R. and Brown, G. T. L. (2018) Using Self-Assessment to Improve Student Learning. New York: Routledge.

Harris, R. (1995) 'Disappearing language: fragments and fractures between speech and writing'. In Mace, J. (ed.). (1995) *Literacy, Language and Community Publishing*, Clevedon: Multilingual Matters.

Hart, S., Dixon, A., Drummond, M.-J. and McIntyre, D. (2004) *Learning Without Limits.* Maidenhead: Open University Press.

Harvey, S. and Daniels, H. (2009) *Comprehension & Collaboration: Inquiry Circles in Action.* Portsmouth, NH: Heinemann.

Hascher, T. (2003) 'Well-being in school – why students need social support.' In Mayring, P. and Von Rhoeneck, C. (eds). *Learning Emotions: The Influence of Affective Factors on Classroom Learning.* Frankfurt: Peter Lang.

Haste, H. (1987) *'Growing into rules'.* In Bruner B.S. and Haste, H. (eds). *Making Sense: The Child's Construction of World.* London Metheun.

Hattie, J. (2009) *Visible Learning. A Synthesis of Meta-Analyses Relating to Achievement.* London: Routledge.

Hattie, J. (2012) *Visible Learning for Teachers: Maximising Impact on Learning.* London: Routledge.

Hattie, J. and Clarke, S. (2019) Visible Learning: Feedback. Abingdon, Oxon: Routledge.

Hawkins J. M. (2012) Don't Ask about and Don't Tell the Lies my Teacher Told me. In: Hickman, H. and Porfilio, B. J. (eds). *The New Politics of the Textbook. Constructing Knowledge* (Curriculum Studies in Action), vol 1. Rotterdam: SensePublishers.

Haynes, A. (2010) *The Complete Guide to Lesson Planning and Preparation.* London: Continuum.

Health and Safety at Work Act (1974) UK, Link: https://www.legislation.gov.uk/ukpga/1974/37/pdfs/ukpga_19740037_en.pdf

Heilbronn, R. (2011) 'Practical judgement and evidence-informed practice'. In Heilbronn, R. and Yandell, J. (eds). *Critical Practice in Teacher Education: A Study of Professional Learning.* London: IOE Press.

Herrington, M. (2010) 'Dyslexia'. In Hughes, N. and Schwab, I. (eds). *Teaching Adult Literacy: Principles and Practice.* Maidenhead: Open University Press.

Hickson, H. (2011) 'Critical Reflection: reflecting on learning to be reflective', *Reflective Practice: International and Multidisciplinary Perspectives*, 12: 6, pp. 829–39.

Higher Education Research Act (HERA) (2017) England: http://www.legislation.gov.uk/ukpga/2017/29/section/2/enacted.

Hillier, Y. (1994) *Informal Practitioner Theory in Adult Basic Education.* University of East London, unpublished PhD thesis.

Hillier, Y. (2006) *Everything you need to know about FE policy.* London: Continuum.

Hillier, Y. (2010) Counting me in and Getting On. In Jackson, S. (eds). *Innovations in Lifelong Learning Critical Perspectives on Diversity, Participation and Vocational Learning.* London: Routledge, pp. 142–61.

Hillier, Y. (2012) *Reflective Teaching in Further and Adult Education* (3rd edn). London: Continuum.

Hillier, Y. and Jameson, J. (2003) *Empowering Researchers in Further Education.* Stoke on Trent: Trentham.

Hillier, Y. and Jameson, J. (2004) *A rich Contract or The Ragged Trousered Philanthropists? The deployment and development of part-time staff in the learning and skills sector.* London: LSDA.

Hillier, Y. and Jameson, J. (2004) *The Ragged Trousered Philanthropists.* London: LSDA.

Hillier, Y. and Jameson, J. (2006) *Managing the Ragged Trousered Philanthropists.* London: LSDA.

Hillier, Y. and Morris, A. (2010) 'Critical practitioners, Developing researchers: the story of practitioner research in the Learning and Skills Sector', *Journal of Vocational Education and Training Volume*, 61(1), pp. 85–97.

Hinds, D. (2019) *Plans launched to boost quality of post-16 qualifications*, https://www.gov.uk/government/news/plans-launched-to-boost-quality-of-post-16-qualifications--2 (accessed 1 May 2019).

Hirsch, E. (2016) Age-appropriate teaching has no scientific basis. *Times Education Supplement*, December 2016 (12/2/16), Issue 5226, pp. 38–41.

Hirsch, A. (2018) *Brit(ish): On Race, Identity and Belonging* London: Vintage.

Hirst, P. (1965) *Liberal Education and The Nature of Knowledge in Philosophical Analysis and Education.* London: Routledge.

HMI Inspectorate of Schools in England and Wales (1985) *The Curriculum for 5 to 16.* London: HMSO.

HMSO (1975) *Adult Education: The Challenge of Change* (The Alexander Report), Edinburgh.

HMSO (1977) *Professional Education and Training for Community Education*, Edinburgh.

Hodgson, A., Spours, K. and Waring, M. (2011) (eds). *Post-Compulsory Education and Lifelong Learning across the United Kingdom: Policy, organisation and governance*. London: Institute of Education.

Hodgson, A. and Spours, K. (2012) 'Towards a universal upper secondary education system in England: a unified and ecosystem vision', Inaugural professorial lecture, Institute of Education, University of London, 27 June.

Hodkinson, A. and Vickerman, P. (2009) *Key issues in special educational needs and inclusion*. London: Sage.

Hodkinson, P. M. and James, D. (2003) 'Transforming learning cultures in further education', *Journal of Vocational Education and Training*, 55 (4), pp. 389–406.

Hofer, B. K. (2002) Personal epistemology as a psychological and educational construct: An introduction. *Personal epistemology: The psychology of beliefs about knowledge and knowing*, 3–14.

Hofer, B. K. and Pintrich, P. R. (eds). (2012) *Personal Epistemology: The psychology of beliefs about knowledge and knowing*. London: Routledge.

Hofer, B. K. and Sinatra, G. M. (2010) 'Epistemology, metacognition, and self-regulation: musings on an emerging field', *Metacognition and Learning*, 5 (1), pp. 113–20.

Hogan, D. (2012) 'Yes Brian, at long last, there is pedagogy in England – and in Singapore too'. In James, M. and Pollard, A. (eds). *Principles for Effective Pedagogy. International Responses to the UK TLRP*. London: Routledge.

Hoppe, R. (2010) *The Governance of Problems: Puzzling, powering, participation*. Bristol: The Policy Press.

Hounsell, D. and Anderson, C. (2009) 'Ways of thinking and practicing in biology and history: Disciplinary aspects of teaching and learning environments'. In C. Kreber (ed.). *The University and its Disciplines, Teaching and Learning Within and Beyond Disciplinary Boundaries*. New York: Routledge, pp. 71–83.

Hoyle, E. (1974) 'Professionality, professionalism and control in teaching', *London Education Review*, 3 (2), pp. 13–9.

Huddleston, P. and Unwin, L. (2007) *Teaching and Learning in Further Education: Diversity and change* (3rd edn). London. Routledge.

Hughes M. and Pollard, A. (2000) 'Home-school knowledge exchange and transformation in primary education'. ESRC Project L139251078. Bristol. University of Bristol.

Hughes, N. and Schwab, I. (2010a) 'Language Variety'. In Hughes, N. and Scwab, I. (eds). *Teaching Adult Literacy: Principles and Practice*. Maidenhead: Open University Press, pp. 99–127.

Hughes, N. and Schwab, I. (2010b) *Teaching Adult Literacy: Principles and Practice*. London: Open University Press, McGraw-Hill Education.

Human Rights Act (1998) UK, Link: http://www.legislation.gov.uk/ukpga/1998/42/contents

Hyde, L. (2008) *'Making It'*. *New York Times*, 6 April. Available online: http://www.nytimes.com/2008/04/06/books/review/Hyde-t.html?_r=0&pagewanted=print (accessed 5 January 2014).

Hyland, T. (2009) 'Mindfulness and the Therapeutic Function of Education', *Journal of Philosophy of Education*, 43 (1).

Hyland, T. (2017) 'Craft Working and the "Hard Problem" of Vocational Education and Training', *Open Journal of Social Sciences*, 5 (9), pp. 304–25.

Hyland, T. (2018) 'Embodied Learning in Vocational Education and Training', *Journal of Vocational Education and Training*, 71 (2), DOI 1080/13636820.2018.1517129.

Immordino-Yang, M. H. and Damasio, A. (2007) 'We feel, therefore we learn: the relevance of affective and social neuroscience to education', *Mind, Brain and Education*, 1 (1), 3–10.

Institute of Education (2017) 'Further education in England needs more policy attention, says study', http://www.ucl.ac.uk/ioe/news-events/news-pub/aug-2017/fe-needs-more-policy-attention

Integrating ICT into everyday classroom practices. *Teaching and Learning Research Briefing* No. 19.

Ivanic, R., Appleby, Y., Hodge, R., Tusting, K. and Barton, D. (2004) *Listening to Learners: Practitioner Research on the adult Learners' Project*. London: NRDC.

Ivanic, R., Edwards, R., Barton, D., Martin-Jones, M., Fowler, Z., Hughes, B., Mannion, G., Miller, K., Satchwell, C. and Smith, J. (2009) *Improving Learning in College: Rethinking literacies across the curriculum*. London: Routledge.

Jackson, S. (eds). (2011) *Lifelong Learning and Social Justice: Communities, Work and Identities in a Globalised World*. Leicester: NIACE.

Jacques, D. (2000) *Learning in Groups* (3rd edn). London: Kogan Page.

James, D. and Biesta, G. (2007) *Improving Learning Cultures in Further Education*. London: Routledge.

James, D. and Unwin, L. (2016) *What Works in Further Education: Fostering High Quality Vocational Further Education in Wales*. Cardiff: Public Policy Institute for Wales.

James, M. (2005) *'Insights on teacher learning from the Teaching and Learning Research Programme (TLRP)'*. Research Papers in Education.

James, M. and Pollard, A. (2006) *Improving Teaching and Learning in Schools: A Commentary by the Teaching and Learning Research Programme*. London: TLRP.

James, M. and Pollard, A. (2011) TLRP's ten principles for effective pedagogy: rationale, development, evidence, argument and impact. *Research Papers in Education*, 26 (3), pp. 275–328.

James, M. and Pollard, A. (2012) *Principles for Effective Pedagogy: International Responses to Evidence from the UK Teaching and Learning Research Programme*, London: Routledge.

James, M., Black, P., Carmichael, P., Drummond, M-J., Fox, A., MacBeath, J., Marshall, B., Pedder, D., Proctor, R., Swaffield, S., Swann, J. and Wiliam, D. (2007) *Improving Learning How to Learn: Classrooms, Schools and Networks*, London: Routledge.

Jameson, J., Hillier, Y. and Betts, D. (2004) *The Ragged-trousered Philanthropy of LSC Part-time Staff*. Presented at the British Educational Research Association Conference, UMITST, Manchester. 16–18 September.

Jarvis, P. (1990) *An International Dictionary of Adult and Continuing Education*. London: Routledge.

Jeffrey, B. and Troman, G. (eds). (2012) *Performativity in UK education: Ethnographic cases of its effects, agency and reconstructions*. Painswick: E&E Publishing.

JISC. (2017) Embedding blended learning in further education and skills. Retrieved from https://www.jisc.ac.uk/guides/embedding-blended-learning-in-further-education-and-skills

Kathleen, E. and Graves, W. (2012) 'Cultivating a Rainbow Median Through the study of Sexuality in Second Language Acquisition.' The University of Mississippi.

Keep, E. (2011) 'The English policy narrative'. In Ann Hodgson, Ken Spours and Martyn Waring (2011) *Post-Compulsory Education and Lifelong Learning across the United Kingdom: Policy, organisation and governance*. London: Institute of Education, pp. 18–38.

Kenner, C., Al-Azami, S., Gregory, E. and Ruby, M. (2008a) 'Bilingual poetry: expanding the cognitive and cultural dimensions of children's learning', *Literacy*, 42 (2), pp. 92–100.

Kenner, C., Gregory, E., Ruby, M. and Al-Azami, S. (2008b) 'Bilingual learning for second and third generation children', *Language, Culture and Curriculum*, 21 (2), pp. 120–37.

Kenner, C., Ruby, M., Gregory, E. and Al-Azami, S. (2007) 'How research can link policy and practice: bilingualism as a learning resource for second and third generation children', *NALDIC Quarterly*, 5(1), pp. 10–13.

Kent, N. A. and Facer, K. L. (2004) 'Different worlds? Children's home and school computer use', *Journal of Computer Assisted Learning*, 20 (6), pp. 440–55.

Keogh, B. and Naylor, S. (1999) 'Concept cartoons, teaching and learning in science: an evaluation', *International Journal of Science Education*, 21 (4), pp. 431–46.

Kidscape, 'Antibullying Policy for Schools'. Available from: http://www.kidscape.org.uk (accessed December 2013).

Kidscape, http://www.kidscape.org.uk/ (accessed December 2013).

Kivinen, O. and Ristela, P. (2003) 'From constructivism to a pragmatist conception of learning', *Oxford Review of Education*, 29, pp. 363–75.

Kogan, M. (1978) *The Politics of Educational Change*. London: Fontana.

Kolb, D. (1984) *Experiential Learning*. Englewood Cliffs New Jersey: Prentice-Hall.

Kolb, D. A. (2014) *Experiential Learning: Experience as the source of learning and development*. New Jersey: Pearson Education.

Kounin, J. (1970) *Discipline and Group Management in Classrooms*. New York: Holt, Rinehart and Winston.

Kreber, C. (ed.). (2009) *The University and its Disciplines· Teaching and Learning Within and Beyond Disciplinary Boundaries*. New York: Routledge.

Kress, G. (2010) 'The Profound Shift of Digital Literacies'. In Gillen, J. and Barton, D. (eds). *Digital Literacies. TLRP – Technology Enhanced Learning*. London: Institute of Education, 2–3.

Land, R. (2011) 'There could be trouble ahead: Using threshold concepts as a tool of analysis', *International Journal for Academic Development*, 16 (2), pp. 175–78.

Laurillard, D. (2008) *Digital technologies and their role in achieving our ambitions for education* (Inaugural Professorial Lecture). London: Institute of Education.

Lave, J. and Wenger, E. (1991) *Situated Learning: Legitimate Peripheral Participation*. New York: Cambridge University Press.

Lewin, K. (1935) *A Dynamic Theory of Personality*. New York: McGraw-Hill.

Lewin, K. (1951) *Field Theory in Social Sciences*. New York: Harper and Row.

Lifelong Learning UK (LLUK) (2007) *New overarching professional standards for teachers, tutors and trainers in the lifelong learning sector*. London: Lifelong Learning UK. Available at: https://webarchive.nationalarchives.gov.uk/20100913122309/http://www.lluk.org/4597.htm (accessed 2 February 2019).

Light, G. and Micari, M. (2013) *Making Scientists: Six Principles for Effective College Teaching*. Cambridge MA: Harvard University Press.

Light, G., Calkins, S. and Cox, R. (2009) *Learning and Teaching in Higher Education: The Reflective Professional*. London: Sage.

Light, P. and Littleton, K. (1999) *Social Processes in Children's Learning*. Cambridge: Cambridge University Press.

Lima, L. C. (2018) 'Adult and permanent education in times of crisis: A critical perspective based on Freire and Gelpi', *Studies in the Education of Adults*, 50 (2), pp. 219–38.

Lingfield. (2012) *Professionalism in Further Education Final Report of the Independent Review Panel*. London: BIS.

Lipman, M. (2003) *Thinking in Education*. Cambridge, Cambridge University Press.

Lovett, T. (1988) *Radical Approaches to Adult Education*. London: Routledge.

Lumby, J. and Foskett, N. (2005) *Education Policy, Leadership and Learning*. London: Sage.

Lyndon, S. and Hale, B. (2014) 'Evaluation of How the Blended Use of a Virtual Learning Environment (VLE) Can Impact on Learning and Teaching in a Specific Module', *Enhancing Learning in the Social Sciences*, 6 (1), 56–65. doi:10.11120/elss.2014.00019.

MacDonald, B. and Parlett, M. (1973) 'Rethinking Formative Evaluation: notes from the Cambridge Conference', *Cambridge Journal of Education*, 3 (1973), pp. 74–82.

Mace, J. (2002) *The Give and Take of Writing: Scribes, literacy and everyday life*. Leicester: NIACE.

Mackie, S. (2009) Virtual learning environments – help or hindrance for the 'disengaged' student? *ALT-J*, 17 (1), pp. 49–62. doi:10.1080/09687760802657577.

Mallows, D. (eds). (2012) *Innovations in English Language Teaching for Migrants and Refugees*. London: British Council. Available online here: https://englishagenda.britishcouncil.org/continuing-professional-development/teacher-educator-framework/understanding-teaching-context/innovations-english-language-teaching-migrants-and-refugees.

Manen, M., van (1991) *The Tact of Teaching: The Meaning of Pedagogical Thoughtfulness.* London, Ontario: The Althouse Press.

Manen, M., van (1999) 'The language of pedagogy and the primacy of student experience'. In Loughran, J. (ed.). *Researching Teaching Methodologies and Practices for Understanding Pedagogy*, 19–22. London: Falmer Press.

Manninen, J., Sgier, I., Fleige, M., Thöne-Geyer, B., Kil, M., Možina, E. and Diez, J. (2014) *Benefits of lifelong learning in Europe: Main results of the BeLL-project.* German Institute for Adult Education DIE.

Marschark, M. and Spencer, P. E. (2011) *The Oxford Handbook of Deaf Studies, Language, and Education* (2nd edn). Oxford: Oxford University Press.

Martínez-Fernández, J. and Vermunt, J. (2013) 'A cross-cultural analysis of the patterns of learning and academic performance of Spanish and Latin-American undergraduates', Studies in Higher Education.

Marton, F. (2014) *Necessary Conditions of Learning.* New York: Routledge.

Marton, F. and Saljo R. (1997) 'Approaches to learning'. In Marton, F., Hounsell, D. and Entwistle, N.J. (eds). *The Experience of Learning.* Edinburgh: Scottish Academic Press.

Marton, F., Dall'Alba, G. and Beaty, E. (1993) 'Conceptions of learning', *International Journal of Educational Research*, 19, pp. 277–300.

Maslow, A. (1968) *Towards a Psychology of Being.* New York: Van Nostrand.

Mayo, M. and Thompson J. (eds). (1995) *Adult Learning, Critical Intelligence and Social Change.* Leicester: NIACE.

McCarthy, M. (2008) 'The scholarship of teaching and learning in higher education: an overview. In R. Murray (eds). *The Scholarship of Teaching and learning in Higher Education.* Maidenhead Berks: Society for Research Higher Education and Open University Press.

McCune, V. and Hounsell, D. (2005) 'The development of students' ways of thinking and practising in three final-year biology courses', *Higher Education*, 49, pp. 255–89.

McGill, R. M. (2017) *Mark. Plan. Teach.* London: Bloomsbury.

McLaughlin, F. (2013) *It's about work . . . Excellent adult vocation education and teaching.* London: Learning and Skills Improvement Service.

Mehmedbegovic, D. (2007) '"Miss, who needs the languages of immigrants?": London's multilingual schools, in Education in a Global City'. In T. Brighouse and L. Fullick, (eds). *Essays from London.* London: University of London, Institute of Education.

Mehmedbegovic, D. (2012) 'In search of high level learner engagement: autobiographical approaches with children and adults'. In Mallows, D. (eds). *Innovations in English Language Teaching for Migrants and Refugees.* London: The British Council, pp. 65–78.

Mehmedbegovic, D. 'Researching attitudes and values attached to first language maintenance', *Language Issues* (December 2003, Volume 15): London.

Meighan, R. and Harber, C. (2007) *A Sociology of Educating* (5th edn). London: Continuum.

Menter, I., Hulme, M., Elliot, D. and Lewin, J. (2010) *Teacher Education in the 21st Century.* Edinburgh: Scottish Government.

Mercer, N. (1995) *The Guided Construction of Knowledge: Talk amongst Teachers and Learners.* Clevedon: Multilingual Matters.

Mercer, N. (2000) *Words and Minds: How We Use Language to Think Together.* London: Routledge.

Mercer, N. and Littleton, K. (2007) *Dialogue and the Development of Children's Thinking: A Socio-cultural Approach.* London: Routledge.

Meyer, J. and Land, R. (2005) 'Threshold concepts and troublesome knowledge (2): Epistemological considerations and a conceptual framework for teaching and learning', *Higher Education*, 49, pp. 373–88.

Meyer, J. W. and Kamens, D. H. (1992) 'Conclusion: Accounting for a World Curriculum'. In J. W. Meyer, D. H. Kamens, and A. Benavot with Y. K. Cha and S. Y. Wong (eds). *School*

Knowledge for the Masses: World Models of National Primary Curricular Categories in the Twentieth Century. London: Falmer.

Meyer, J. H. F., Land, R. and Davies, P. (2008) 'Threshold concepts and troublesome knowledge (4): Issues of variation and variability'. In R. Land, J. H. F. Meyer and J. Smith, *Rotterdam and Taipei: Threshold concepts within the disciplines*. Sense Publishers, pp. 59–74.

Mezirow, J. (1998) 'On Critical Reflection', *Adult Education Quarterly*, 38 (3), pp. 185–98.

Mighty Redcar, The (2018) BBC Two Television, 19 October 2018.

Millar, R., Leach, J., Osborne, J. and Ratcliffe, M. (2006) *Improving Subject Teaching: Lessons from Research in Science Education*. London: Routledge.

Mills, C. W. (1959) *The Sociological Imagination*. New York: Oxford University Press.

MIND: the mental health charity. Available from: http://www.mind.org.uk (accessed December 2013).

Mirza, H. S. and Meetoo, V. (2012) *Respecting Difference: Race, faith and culture for teacher educators*. London: Institute of Education.

Misra, P. K. (2011) 'VET teachers in Europe: policies, practices and challenges', *Journal of Vocational Education and Training*, 63 (1), pp. 27–45.

Mitchell, C., D. Pride, et al. (1998) *Ain't Misbehavin'. Managing Disruptive Behaviour*. London: Further Education Development Agency.

Moll, L. C. and Greenberg, J. B. (1990) Creating zones of possibilities: combining social contexts for instruction. In Moll, L. C. (eds). *Vygotsky and Education*. Cambridge: Cambridge University Press.

Mooney, A. and Evans, B. (2019) *Language, Society and Power: an introduction* (5th edn), London: Routledge.

Moore, I. (2011) Evaluating your teaching innovation. *The National HE STEM Programme*. Retrieved from https://www.birmingham.ac.uk/Documents/college-eps/college/stem/evaluating-your-teaching-innovation.pdf.

Mortiboys, A. (2012) *Teaching with Emotional Intelligence: A step by step guide for higher and further education professionals* (2nd edn). London: Routledge.

Moseley, D., Baumfield, V., Elliott, J., Gregson, M., Higgins, S., Miller, J. and Newton, D.P. (2005) *Frameworks for Thinking*. Cambridge: Cambridge University Press.

Mulder, M. (2017) Competence-Based Education Vocational and Professional Education. Springer International. https://doi.org/10.1007/978-3-319-41713-4.

National Foundation for Educational Research (NFER) (2011) *Report on Subject Breadth in International Jurisdictions. Review of the National Curriculum in England*. London: DfE.

Neuman, W. R. (2017) Charting the Future of US Higher Education: A Look at the Spellings Report Ten Years Later. *Liberal Education*, 103 (1), n1.

Nicol, D. J. and Boyle, J. T. (2003) Peer instruction versus class-wide discussion in large classes: A comparison of two interaction methods in the wired classroom. *Studies in Higher Education*, 28 (4), pp. 457–73.

Nixon, L., Gregson, M. and Spedding, P. (2007) 'Challenging the Intuitive Appeal of Learning Styles', later published as 'Pedagogy and the Intuitive Appeal of Learning Styles in Post-Compulsory Education in England', *Journal of Vocational Education and Training*, 59 (1), pp. 39–50.

Nonaka, I. and Takeuchi H. (1995) *The Knowledge Creating Company: How Japanese Companies Create the Dynamics of Innovation*. Oxford: Oxford University Press.

Northedge, A. and McArthur J. (2009) 'Guiding Students into a discipline – the significance of the teacher.' In C. Kreber (ed.). *The University and its Disciplines*, New York: Routledge, pp. 107–18.

Oates, T. (2010) *Could Do Better. Using International Comparisons to Refine the National Curriculum in England*. Cambridge: Cambridge Assessment.

O'Leary, M. (2014) *Classroom Observation: A guide to the effective observation of teaching and learning*. London: Routledge.

O'Leary, M. (2016) *Reclaiming Lesson Observation*. London: Routledge.

OER Commons (2019) Open Commons website, https://www.oercommons.org, accessed 12 July 2019.

Office for National Statistics (2012) UK, *The Official Year Book of the United Kingdom*. London: The Stationery Office.

Office for National Statistics (2018) 'Statistical bulletin: Young people not in education, employment or training (NEET), UK: March 2018' Release date: 1 March 2018. Accessed online, 27 November 2018.

Ofsted. (2008) *Using Data, Improving Schools*. London: Ofsted.

Organisation for Economic Co-operation and Development (OECD) (2001) *Education Policy Analysis: Education and Skills*. Paris: OECD.

Orr, K. and Gregson, M. (2013) Initial teacher training and CPD for adult vocational teaching and learning.

Pachler, N. (2013) The social-cultural ecological approach to mobile learning. Available at: http://www.slideshare.net/servusuk/norbert-pachler-on-mobile-learning-somobnet-ubc#.

Pagel, M. (2008) in Sennett, R., *Reviewers' Comments*. London: Penguin Books.

Pardoe, S. and Ivanic, R. (2007) *Literacies for Learning in Further Education: Making Reading and Writing Practices Across the Curriculum More Useful for Learning*, DVD and accompanying booklet, Lancaster: PublicSpace Ltd and Lancaster University.

Parlett, M. and Hamilton, D. (1972) *Evaluation as Illumination: a new approach to the study of innovatory programmes*. Occasional Paper of the Centre for Research in Education Studies, Edinburgh: University of Edinburgh.

Parlett, M. and Dearden, G. (eds). (1977) *Introduction to Illuminative Evaluation: Studies in Higher Education*. California: Pacific Soundings Press.

Paton, A. and Wilkins, M. (eds). (2009) *Teaching Adult ESOL: Principles and Practice*. Maidenhead: Open University Press.

Peechey, N. (2012) *'Technology is changing how students learn, teacher say'*. Learning Technologies, (1 November), [Online]. Available at: http://www.scoop.it/t/learning-technology/p/3165751798/technology-is-changing-how-students-learn-teachers-say.

Penna, D. (2019) 'Students bring fresh wave of climate strikes to UK streets'. London. *Guardian* (12 April 2019). Available from: https://www.theguardian.com/environment/2019/apr/12/students-climate-strikes-protests-london-environment (accessed 12 April 2019).

Perrot, E. (1982) *Effective Teaching: A Practical Guide to Improving Your Teaching*. London: Longman, pp. 56–91.

Persico, D., Pozzi, F. and Goodyear, P. (2018) 'Teachers as designers of TEL interventions', *British Journal of Educational Technology*, 49 (6), pp. 975–80. doi:10.1111/bjet.12706.

Peters, R. S. (1966) *Ethics and Education*. London: Unwin University Books.

Philipson, N. and Wegerif, R. (2017) *Dialogic Education. Mastering Core Concepts Through Thinking Together*. London: Routledge.

Pintrich, P. R. and Zusho, A. (2007) Student motivation and self-regulated learning in the college classroom. In R. P. Perry and J. C. Smart (eds). *The Scholarship of Teaching and Learning in Higher Education: An evidence-based perspective* (pp. 731–810). New York: Springer.

Polanyi, M. (1962) *Personal Knowledge. Towards a Post-critical Philosophy*. London: Routledge.

Pollard, A (1985) *The Social World of the Primary School*. London: Cassell.

Pollard, A. (2010) *Professionalism and Pedagogy: A Contemporary Opportunity*. London: TLRP.

Pollard, A. (2008) *From Learning Cultures to Educational Cultures: Values and Judgements in Educational Research and Educational Improvement*. London: Continuum.

Pollard, P. (2019) *Reflective Teaching in Schools*. London: Bloomsbury.

Popper, K. (1962) *The Open Society and its Enemies: Volume 2 Hegel and Marx* (4th edn). London: Routledge.

Priestley, M., Biesta, G. and Robinson, S. (2015) *Teacher Agency: An Ecological Approach*. London: Bloomsbury.

Pring, R. (1999) *Closing the Gap: Liberal Education and Vocational Preparation*. London. Hodder & Stoughton.

Pring, R. (2004) *The Philosophy of Education*. London: Bloomsbury Publishing.

Pring, R. (2014) Bloom's Taxonomy: A philosophical critique (2). In *Curriculum and the Teacher* (pp. 44–50). Routledge.

Pring, R., Hayward G., Hodgson, A., Johnson, J., Keep E., Oancea, A., Rees, G., Spours K. and Wilde S. (2009) *Education for All: The future of education and training for 14–19 year olds*. London: Routledge.

Prosser, M. and Trigwell, K. (1999) *Understanding Learning and Teaching: The experience in higher education*. Philadelphia PA: Open University Press.

Putnam, R. D. (1995) 'Bowling alone: America's declining social capital', *Journal of Democracy*, 6 (1), pp. 65–78.

Race Relations Act (1976) UK, http://www.legislation.gov.uk/ukpga/1976/74/pdfs/ukpga_19760074_en.pdf.

Ramsden, P. (2003) *Learning to Teach in Higher Education*. London: Routledge.

Rapley, E. (2012) 'HE in FE – past, present and future', *Journal of Pedagogic Development*, 2 (2), https://www.beds.ac.uk/jpd/volume-2-issue-2/he-in-fe-past,-present-and-future.

Raven, N. (2018) 'The HE progression of BTEC learners: trends, challenges and tactics'. In S. Broadhead, J. Butcher, M. Hill, S. Mckendry, N. Raven, S. Sims and T. Ward (eds). *Concepts of Value and Worth: National and International Perspectives on Widening Access and Participation*, London: Forum for Access and Continuing Education, pp. 137–57.

Reay, D. (2000) 'A useful extension of Bourdieu's conceptual framework? Emotional capital as a way of understanding mothers' involvement in their children's education', *The Sociological Review*, 48 (4), pp. 568–85.

Reid, I. (1998) *Class in Britain*. Cambridge: Polity.

Rice, M. and Brooks, G. (2004) *Developmental Dyslexia in Adults: A research review*. London: NRDC.

Richards, G. and Armstrong, F. (eds). (2011) *Teaching and Learning in Diverse and Inclusive Classrooms*. London: Routledge.

Richards, M. and Light, P. (eds). (1986) *Children of Social Worlds*. Oxford: Blackwell.

Richardson, R. (2009) *Holding Together*. Stoke-on-Trent: Trentham Books.

Rieser, R. (2011) 'Disability, human rights and inclusive education, and why inclusive education is the only educational philosophy and practice that makes sense in today's world'. In Richards, G. and Armstrong, F. (eds). *Teaching and Learning in Diverse and Inclusive Classrooms*. London: Routledge, pp. 156–69.

RNIB, Available from: www.rnib.org.uk/Pages/Home.aspx (accessed December 2013).

Rogers, A. (2014) 'The classroom and the everyday: The importance of informal learning for formal learning', *Investigar em educação*, 2 (1).

Rogers, B. (2011) *Classroom Behaviour. A practical guide to effective teaching, behaviour management and colleague support*. London: Sage.

Rogers, C. (1983) *Freedom to learn for the 1980s*. Columbus: Merrill.

Rogers, C. R. (1961) *On Becoming a Person*. London: Constable.

Rogers, C. R. (1969) *Freedom to Learn*. New York: Merrill.

Rogers, C. R. (1980) *A Way of Being*. Boston, MA: Houghton Mifflin.

Rogers, L. (2016) *Disengagement from Education*. London. IOE.

Rosenthal, R. and Jacobson, L. (1968) *Pygmalion in the Classroom: Teacher Expectation and Pupils' Intellectual Development*. New York: Holt, Rinehart and Winston.

Rowland, S. (1987) Child in Control: Towards an interpretive model of teaching and learning. In Pollard, A. (eds). *Children and their Primary Schools*. London: Falmer.

Rowntree, D. (1977) *Assessing Students: How shall we know them?* London: Routledge.

Royal Society of Arts, The (RSA). (2013) *Opening Minds: The Competence Framework*. London: RSA.

Rudduck, J. and McIntyre, D. (2007) *Improving Learning Through Consulting Pupils*. London: Routledge.

Rutledge, N. (2010) *Primary Science: Teaching the Tricky Bits in Science*. Maidenhead Berks: Open University Press.

Ryan, R. M. and Deci, E. L. (2000) 'Intrinsic and extrinsic motivations: Classic definitions and new directions', *Contemporary Educational Psychology*, 25 (1), pp. 54–67.

Ryle, G. (1945) *The Concept of Mind*, London: Hutchinson

Sahlberg, P. (2011) *Finnish Lessons: What Can the World Learn from Educational Change in Finland*. New York: Teachers College Press, pp. 1–6, pp. 140–5.

Sahlberg, P., Furlong, J. and Munn, P. (2012) Report of the International Review Panel on the Structure of Initial Teacher Education Provision in Ireland: Review conducted on behalf of the Department of Education and Skills. Dublin: Higher Education Authority of Ireland, 5, 14–15.

Sainsbury, D. (2016) *Report of the Independent Panel on Technical Education*. London. DBIS & DEF.

Säljö, R. (1979) Learning about learning. *Higher Education*, 8 (4), pp. 443–51.

Salmon, G. (2013) *E-tivities: The key to active online learning* (2nd edn). London and New York: Routledge.

Sarason, S. B. (1990) *The Predictable Failure of Educational Reform. Can we change course before it's too late?* San Francisco Jossey-Bass Publishers.

Schagen, I. and Hutchison, D. (2003) 'Adding value in educational research – the marriage of value-added measures for school improvement data and analytical power', *British Educational Research Journal*, 29(5).

Schön, D. (1983) *The Reflective Practitioner*. San Francisco: Jossey-Bass.

Schuller, T. and Watson, D. (2009) *Learning Through Life Inquiry into the future for Lifelong Learning*. Leicester: NIACE.

Schuller, T., Preston, J., Hammond, C., Brassett-Grundy, A. and Bynner, J. (2004) *The Benefits of Learning: The Impact of Education on Health, Family Life and Social Capital*. Falmer: Routledge.

Schwab, J. (1978) Education and the structure of the disciplines. In Westbury, I. and Wilkof, N. J. (eds). *Science curriculum & liberal education (pp. 229–72)*. Chicago: University of Chicago Press.

Sclater, N., Peasgood, A. and Mullan, J. (2016) *Learning Analytics in Higher Education*. Retrieved from https://www.jisc.ac.uk/sites/default/files/learning-analytics-in-he-v3.pdf.

Scottish Education Department (1975) 'Adult Education: the Challenge of Change', Edinburgh UK: HMSO.

Scriven, M. (1967) 'The Methodology of Evaluation'. In Stake, R. E. (ed.). (1967) *Perspectives of Curriculum Evaluation*. American Educational Research Association. Monograph Series on Curriculum Evaluation No. 1, pp. 38–89. Chicago: Rand McNally.

Scruton, J. and Ferguson, B. (2014) Teaching and Supporting Adult Learners. Northwich: Critical Publishing.

Sebba, J., Kent, P. and Tregenza, J. (2012) *Joint practice development (JPD.) What does the evidence suggest are effective approaches?* Nottingham: National College for School Leadership.

Selwyn, N., Gorard, S. and Furlong, J. (2005) *Adult Learning in the Digital Age*. London: Routledge.

Sennett, R. (2008) *The Craftsman*. London: Penguin.

Sennett, R. (2012) *Together*. London: Penguin.

Sex Discrimination Act (1975) UK, Link: http://www.legislation.gov.uk/ukpga/1975/65/pdfs/ukpga_19750065_en.pdf.

Sfard, A. (1998) 'On the two metaphors of learning and the dangers of just choosing one', *Education Researcher*, 27 (2), pp. 4–13.

Sfard, A. (2009) 'Moving between discourses: From learning as acquisition to learning as participation', American Institute of Physics, Physics Education Research Conference Proceedings, 1179, 55–58.

Sfard A. (2015) 'Metaphors for learning'. In Gunstone R. (eds). *Encyclopedia of Science Education*. Dordrecht: Springer.

Shain, F. and Gleeson, D. (1999) 'Under new management: changing conceptions of teacher professionalism and policy in the further education sector', *Journal of Education Policy*, 14 (4), pp. 445–62.

Shulman, L. S. (1986) 'Those who understand: knowledge growth in teaching', *Educational Researcher*, February, pp. 9–10.

Sikes, P. Measor, L. and Woods, P. (1985) *Teacher Careers: Crises and Continuities*. London: Falmer.

Silver, H. (1980) *Education and the Social Condition*. London: Methuen.

Simon, B. (1981) 'Why no Pedagogy in England'? In B. Simon and W. Taylor (eds). *Education in the Eighties: The Central Issues*. London: Batsford, pp. 128–40.

Simon, B. (1985) *Does Education Matter?* London: Lawrence and Wishart.

Simon, B. (1992) *What Future for Education?* London: Lawrence and Wishart.

Skinner, B. F. (1954) 'The science of learning and the art of teaching', *Harvard Educational Review*, 24, pp. 86–97.

Smith, M. (2011) 'Half a million unseen, half a million unheard: inclusion for gender identity and sexual orientation'. In Richards, G. and Armstrong, F. (eds). *Teaching and Learning in Diverse and Inclusive Classrooms*. London: Routledge, pp. 19–30.

Smith, S., Joslin, H. and Jameson, J. (2017) *Progression of College Students in London to Higher Education 2011–2014*. Project Report. Linking London, London.

Sockett, H. (1976). *Approaches to Curriculum Planning Unit 16 of course E203 Curriculum Design and Development*. Milton Keynes: Open University Press.

Spenceley, L. (2014) *Inclusion in Further Education*. Northwich: Critical Publishing.

Spours, K. and Hodgson, A. (2013) 'Why IfL should promote triple Professionalism', *Intuition*, 13, pp. 16–18.

SPRAQS (Student Partnerships in Quality Scotland) (SPARQS). Available from: https://www.sparqs.ac.uk/culture.php?page=733 (accessed 30 September 2019).

Stan and Ollie (2018), DVD, Entertainment One, BBC Films, UK, Distributed by Entertainment One, Written by Jeff Pope and A. J. Marriott, Directed by Jon S. Baird, Starring Steve Coogan and John C. Reilly.

Stenhouse, L. (1975) *An Introduction to Curriculum Research and Development*. London: Heinemann.

Stonewall. (2006) *The School Report: The Experiences of Young Gay People in Britain's Schools*. London: Stonewall.

Stonewall. (2009) *The Teachers' Report: Homophobic Bullying in Britain's Schools*. London: Stonewall.

Sutherland, J. and Robertson, S. (2006) Using computers to enhance learning: integrating ICT into everyday classroom practices', *Teaching and Learning Research Briefing*, 19.

Swaffield, S. (2000) *'Record keeping'*. Primary File, 38, pp. 61–4.

Swaffield, S. (2011) 'Getting to the heart of authentic assessment for learning', *Assessment in Education: Principles Policy and Practice*, 18 (4), pp. 441–3.

Swain, J. and French, S. (2000) 'Towards an affirmation model of disability', *Disability and Society*, 15 (4), pp. 569–82.

Sylva, K., Melhuish, E., Sammons, P., Siraj-Blatchford, I. and Taggart, B. (2010) *Early Childhood Matters. Evidence from the Effective Pre-school and Primary Education Project*. London: Routledge.

Taubman, D. (2013) *Towards a UCU Policy on Professionalism*. London: UCU.

Tett, L., Hamilton, M. and Hillier, Y. (2006) *Adult Literacy, Numeracy and Language: Policy, Practice and Research*. Maidenhead: McGraw Hill.

The Commission on Adult Vocational Teaching and Learning (CAVTL)(2013) *It's about work . . . Excellent adult vocational teaching and learning: the summary report of the Commission on Adult Vocational Teaching and Learning*. London: LSIS/BIS.

The Management of Health and Safety at Work (1999) UK. Available from http://www.legislation. gov.uk/uksi/1999/3242/pdfs/uksi_19993242_en.pdf

The National Autistic Society. http://www.autism.org.uk/ (accessed December 2013).

Thompson, N. and Pascal, J. (2012) 'Developing Critically Reflective Practice', *Reflective Practice: International and Multidisciplinary Perspectives*, 13 (2), pp. 311–25.

Thomson A. and Tuckett A. (2010) *Lifelong learning in challenging times; an agenda for a new government*. Leicester: Niace.

Thorndike, E. L. (1911) *Human Learning*. New York: Prentice Hall.

Tickell, C. (2011) *The Early Years: Foundations for Life, Health and Learning*. London: DfE.

Todd, B. (2013) *Training Plan for Apprentice Engineers*. Newcastle. Personal E-mail communication.

Todd, B. Assessment for Learning in Engineering Apprenticeships (July 2019, Unpublished PhD Thesis) University of Sunderland.

Tomlinson, S. (2007) 'Gifted, talented and high ability: Selection for education in a one-dimensional world', *Oxford Review of Education*, 34 (1), pp. 59–74.

Trigwell, K., Ashwin, P. and Millan, E. (2013) 'Evoked prior learning experience and approach to learning as predictors of academic achievement', British Journal of Educational Psychology, 83, 363–78.

Tyler, R. (1949) *Basic Principles of Curriculum and Instruction*. Chicago: University of Chicago.

United Nations (1948) U*niversal Declaration of Human Rights:* United Nations.

Unwin, L. (2009) *Sensuality, Sustainability and Social Justice Vocational Education in Changing Times*. Inaugural lecture. London: Institute of Education.

Usher, R. and Bryant, I. (1989) *Adult Education as Theory, Practice and Research: The Captive Triangle*. London: Routledge.

Valdes, G. (2005) 'Bilingualism, Heritage Language Learners, and SLA Research: Opportunities Lost or Seized?' *The Modern Languages Journal*, 89, pp. 410–26.

van Rossum, E. and Hamer, R. (2010) *The Meaning of Learning and Knowing*. Rotterdam: Sense Publishers.

Vermunt, J. (2007) 'The power of teaching-learning environments to influence student learning'. In N. Entwistle and P. Tomlinson (eds). *Student Learning and University Teaching*. Leicester: British Psychological Society, pp. 73–90.

Vescio, V., Ross, D. and Adams, A. (2008) 'A review of research on the impact of professional learning communities on teaching practice and student learning', *Teaching and Teacher Education*, 24 (1), p. 80.

Vincent, C. (1996) *Parents and Teachers: Power and Participation*. London: Falmer

Vincent, C. (2000) *Including Parents? Education Citizenship and Parental Agency*. Buckingham: Open University Press.

Vizard, D. (2007) *How to Manage Behaviour in Further Education*. London: Sage.

Vorhaus, J., Feinstein, L. and Sabates, R. (2008) *The Wider Benefits of Further and Higher Education: A Review of the Literature*. London: SKOPE.

Vosniadou, S. (2007a) 'The cognitive-situative divide and the problem of conceptual change', *Educational Psychologist*, 42 (1), pp. 55–66.

Vosniadou, S. (2007b) 'Conceptual change and education', *Human Development*, 50 (1), pp. 47–54.

Vowell, J. and Phillips, M. (2015) 'All Aboard! The Polar Express Is Traveling to Science—Understanding the States of Matter while Differentiating Instruction for Young Learners', *Science Activities: Classroom Projects and Curriculum Ideas*, 52 (1), pp. 1–8.

Vygotsky, L. S. (1934) *Thought and Language*. Cambridge Mass: MIT Press.

Vygotsky, L. S. (1962) *Thought and Language*. Cambridge: MIT Press.

Vygotsky, L. S. (1978) *Mind in Society: the Development of Higher Psychological Processes*. Cambridge, MA: Harvard University Press.

Wallace, S. (2002) *Managing Behaviour and Motivating Students in Further Education*. Learning Matters.

Wallace, S. (2010) 'Joining the goblins: fictional narratives and the development of student-teachers' reflection on practice in the further education sector', *Educational Action Research*, 18 (4), pp. 467–79.

Warnke, G. (1987) *Gadamer: Hermeneutics, Tradition and Reason*. Oxford: Polity Press.

Warwick, P, Hennessy, S. and Mercer, N. (2011) 'Promoting teacher and school development through co-enquiry: developing interactive whiteboard use in a 'dialogic classroom', *Teachers and Teaching: Theory and practice*, 17 (3), pp. 303–24.

Wasserman, S. (2017) *The Art of Interactive Teaching. Listening, Responding, Questioning*. London: Routledge.

Watkins, C. (2003) *Learning: A Sense Makers Guide*. London: ATL.

Watkins, C. (2011) *Managing Classroom Behaviour*. London: ATL.

Watts, J. (2019) Greta Thunberg hopes to join climate protests during London visit. London. *Guardian* (19 April 2019), https://www.theguardian.com/environment/2019/apr/19/greta-thunberg-hopes-to-join-climate-protests-during-london-visit-extinction-rebellion (accessed 19 April 2019).

Way Out West (1937) DVD, Hal Roach Studios and Stan Laurel Productions, United States, Distributed by Lions Gate Films Home Entertainment, Written by Jack Jevne, Charley Rogers, Felix Adler, James Parrott, Directed by James W Horne, Staring Stan Laurel and Oliver Hardy.

Webb, R. and Vulliamy, G. (2002) 'The social work dimension of the primary teacher's role', *Research Papers in Education*, 17(2), pp. 165–84.

Wells, G. (1999) *Dialogic Inquiry: Towards a sociocultural practice and theory of education*. New York: Cambridge University Press.

Wells, G. (2008) 'Dialogue, inquiry and the construction of learning communities'. In B. Linguard, J. Nixon and S. Ranson (eds). *Transforming Learning in Schools and Communities*. London: Continuum, pp. 236–42.

Welsh Assembly Government. (2008) *The School Curriculum for Wales*. Cardiff: Welsh Government.

Welsh Government (2017) *Professional standards for further education teachers and work-based learning practitioners in Wales*. Cardiff: Welsh Government. Available at: https://learning.gov.wales/docs/learningwales/publications/171129-fe-wbl-professional-standards-en.pdf (accessed 29 April 2019).

Wenger, E. (1999) *Communities of Practice. Learning, Meaning and Identity*. Cambridge: Cambridge University Press.

Wenger, E. (2010) 'Communities of practice and social learning systems: the career of a concept'. In *Social Learning Systems and Communities of Practice* (pp. 179–98). London: Springer.

Westwood, S. and Thomas, J. E. (1991) *The Politics of Adult Education*. Leicester: NIACE.

Whittaker, S. and Boeren, E. (2018a) *An overview of provision in Scotland in seven types of education for adults*. Edinburgh: University of Edinburgh Centre for Research in Education Inclusion and Diversity (CREID).

Whittaker, P. and Hayes, R. (2018b) *Essential Tips for the Inclusive Secondary Classroom: A Road Map to Quality-first Teaching*. London: Routledge.

Wiliam, D. (2010) *The Classroom Experiment*. Episode One BBC2, 27 September.

Wiliam, D. (2007) *Assessment for Learning Why, What and How?* Inaugural Professorial Lecture delivered at the Institute of Education, University of London, on 24 April 2007.

Wiliam, D. (2009) *Assessment for Learning Why, What and How?* Based in an Inaugural Professorial Lecture delivered at the Institute of Education, University of London, on 24 April 2007. London: Institute of Education.

Wiliam, D. (2011) *Embedded Formative Assessment* (2nd edn). Bloomington, Indiana: Solution Tree Press.

Wiliam, D. (2018) *Embedded Formative Assessment* (2nd edn). Bloomington, Indiana: Solution Tree Press.

Wilkinson, R. and Pickett, K. (2010) *The Spirit Level: Why Equality is Better for Everyone.* London: Penguin.

Wilson, A and Hunter, K. (2007) 'Effective Learning for Adults with Learning Difficulties' (A Research Report for Learning Connections, Directorate of Lifelong Learning), The Scottish Government. Accessed through http://www.scotland.gov.uk/Publications/2007/11/13115549/11

Wilson, J. (2000) *Key Issues in Education and Teaching.* Cassell: London.

Withall, J. (1949) 'The development of a technique for the measurement of social-emotional climate in the classroom', *Journal of Experimental Education,* 17, pp. 347–61.

Wolf, A. (2011) *Review of vocational education: the Wolf report.* London. DBIS & DEF.

Woods, P. (1986) *Researching the Art of Teaching.* London: Routledge.

Wragg, E. C. (2000) *Class Management.* London: Routledge.

Young, M. (1971) *Knowledge and Control: New Directions for the Sociology of Education.* London: Collier Macmillan.

Young, M. (2008) *Bringing Knowledge Back In.* London: Routledge.

Young, M. (2013) Powerful Knowledge in Education. London: University of London, Institute of Education.

Zenobia (1939) DVD, United Artists, United States, Distributed by United Artists, Written by Corey Ford, Directed by Gordon Duglass, Staring Oliver Hardy.

Zusho, A. and Edwards, K. (2011) 'Self-regulation and achievement goals in the college classroom', *New Directions for Teaching and Learning,* 126, pp. 21–31.

图书在版编目（CIP）数据

继续教育、成人教育及职业教育中的反思性教学 ：
第五版／（英）玛吉·格雷格森，（英）萨姆·邓肯主编；
闫怡恂，马雪静，历娜译. — 北京 ：商务印书馆，2024
ISBN 978-7-100-23941-7

Ⅰ．①继… Ⅱ．①玛… ②萨… ③闫… ④马… ⑤历
… Ⅲ．①继续教育－教学研究②成人教育－教学研究③职
业教育－教学研究 Ⅳ．①G72②G71

中国国家版本馆CIP数据核字(2024)第092214号

继续教育、成人教育及职业教育中的反思性教学
（第五版）
〔英〕玛吉·格雷格森〔英〕萨姆·邓肯 主编
闫怡恂 马雪静 历娜 译

商 务 印 书 馆 出 版
（北京王府井大街 36 号　邮政编码 100710）
商 务 印 书 馆 发 行
艺堂印刷（天津）有限公司印刷
ISBN　978-7-100-23941-7

2024 年 6 月第 1 版　　　　开本 710×1000　1/16
2024 年 6 月第 1 次印刷　　　印张 35½
定价：148.00 元